Elementos de Metodologia Jurídica

Elementos de Metodologia Jurídica

2016

José Lamego
Professor da Faculdade de Direito da Universidade de Lisboa
Advogado

ELEMENTOS DE METODOLOGIA JURÍDICA
AUTOR
José Lamego
EDITOR
EDIÇÕES ALMEDINA, S.A.
Rua Fernandes Tomás, nºs 76, 78 e 79
3000-167 Coimbra
Tel.: 239 851 904 · Fax: 239 851 901
www.almedina.net · editora@almedina.net
DESIGN DE CAPA
FBA.
PRÉ-IMPRESSÃO
EDIÇÕES ALMEDINA, S.A.
IMPRESSÃO E ACABAMENTO

Setembro, 2016
DEPÓSITO LEGAL
....

Os dados e as opiniões inseridos na presente publicação são da exclusivas responsabilidade do(s) seu(s) autor(es).
Toda a reprodução desta obra, por fotocópia ou outro qualquer processo, sem prévia autorização escrita do Editor, é ilícita e passível de procedimento judicial contra o infrator.

 GRUPOALMEDINA

BIBLIOTECA NACIONAL DE PORTUGAL – CATALOGAÇÃO NA PUBLICAÇÃO
LAMEGO, José. 1953-
Elementos de metodologia jurídica. – (Manuais Universitários)
ISBN 978-972-40-6737-7
CDU 340

APRESENTAÇÃO

Este livro tem a sua origem num curso de mestrado leccionado na Faculdade de Direito da Universidade de Lisboa, no semestre de inverno do ano lectivo de 2012-2013. Nos anos lectivos de 2013-2014 e 2014-2015, orientei na Faculdade de Direito da Universidade Nova de Lisboa, no semestre de verão, um Seminário de 3º ciclo, que me tinha sido proposto com a designação "Metodologias da Análise do Direito", tendo eu, no essencial, usado como base de exposição os apontamentos que são agora dados à estampa.

Estes *Elementos de Metodologia Jurídica* constituem apenas uma exposição de enquadramento geral. Procuram limitar-se ao território próprio da metodologia, evitando fazer incursões pela filosofia do Direito, como recomendava, aliás, um dos mais brilhantes cultores da disciplina, Philipp Heck (1858-1943). Esse propósito nem sempre consegue ser respeitado, como se verifica, por exemplo, no caso de algumas considerações sobre a "natureza" da interpretação jurídica (§4), quando se trata de expor os rudimentos da lógica jurídica (§9) e, mais em geral, em relação à justificação das linhas orientadoras da investigação (§12). Por outro lado, os pontos de contacto com outra disciplina meta-dogmática, a Teoria do Direito, são inúmeros, nomeadamente quando se apresenta uma tipologia dos enunciados jurídicos (§2), se abordam problemas de racionalidade formal dos sistemas jurídicos (§5), ou se discute a noção de "sistema jurídico" e o seu alcance metodológico (§6).

Em bom rigor, a exigência de demarcação do território próprio da metodologia jurídica em relação às investigações da filosofia do Direito traduz um cepticismo perante argumentos ontológicos e axiológicos (*v. g.*: "a coisa Direito", a "natureza das coisas", "princípios de justiça"), em que se apoia, por vezes, uma transformação interpretativa ou até uma preterição dos conteúdos do Direito legislado. Não se pretende, todavia, que uma consciência metodológica apurada esteja alheada de toda e qualquer consideração axiológica: pelo contrário, a recusa de argumentos ontológicos e da invocação de critérios de justiça "material" no processo de aplicação do Direito radica numa filosofia moral e política assente na relatividade e variabilidade dos valores (isto é, no primado da liberdade individual) e o arrimo a uma orientação de metodologia jurídica que, em termos genéricos, pode ser qualificada como "legalista" e "formalista" é, em última análise, justificada com base na arquitectura política do Estado democrático-constitucional. Vistas a esta luz, as questões metodológicas são, em primeira linha, refracções de questões constitucionais.

Lisboa, Julho de 2015

INTRODUÇÃO

A metodologia jurídica é a doutrina da aplicação prática do Direito. Em termos gerais, a metodologia jurídica deve proporcionar: *i*) critérios para a determinação das "fontes" do Direito, como base para o reconhecimento de argumentos jurídicos válidos; *ii*) directrizes para a interpretação das disposições legislativas ou de outras bases da argumentação jurídica; *iii*) uma doutrina sobre o desenvolvimento judicial do Direito, especificando as suas diversas modalidades e os limites da admissibilidade de cada uma delas; *iv*) regras para a resolução de conflitos entre normas; *v*) uma concepção da estrutura racional da aplicação do Direito[1].

Por vezes, a metodologia jurídica é apresentada não como doutrina da aplicação prática do Direito, mas como teoria da ciência do Direito: o manual de metodologia mais influente na jurisprudência dos tribunais alemães, da autoria de Karl Larenz (1903-1993), tem como título, precisamente, *Metodologia da Ciência do Direito*[2]. A concepção da metodologia jurídica como acervo das regras para a elaboração científica do Direito é ainda uma reminiscência das concepções de "método" da Pandectística alemã, como conjunto de procedimentos ordenados à "construção" de um sistema conceptual com vista a dominar intelectualmente o material jurídico positivo, numa época em que o Direito

---

[1] Sobre a noção de "método" e as funções da metodologia jurídica, cf. Wolfgang Fikentscher, *Methode des Rechts in vergleichender Darstellung*, vol. IV, *Dogmatischer Teil*, Tübingen, 1977, pág. 121 e segs.; Franz Bydlinski, *Juristische Methodenlehre und Rechtsbegriff*, Viena, 1982, pág. 391 e segs.; A. Castanheira Neves, *Metodologia Jurídica. Problemas fundamentais*, Coimbra, 1993, pág. 9 e segs.; Werner Krawietz «Welche Methode lehrt die juristische Methodenlehre?», in: *Jus* 10 (1970), págs, 425-432; Bernd Rüthers, *Rechtstheorie. Begriff, Geltung and Anwendung des Rechts*, Munique, 1999, págs. 364 e segs. e 538 e segs.; Ernst A. Kramer, *Juristische Methodenlehre*, 4ª edição, Berna, 2013, *maxime* pág. 35 e segs.

[2] Cf. Karl Larenz, *Metodologia da Ciência do Direito*, tradução da 6ª edição (1991), a cargo de José Lamego, Lisboa, 1997.

romano servia ainda como Direito comum entre os vários Estados alemães e em que a própria ciência jurídica era vista como "fonte" de Direito[3].

A utilidade da reflexão metodológica para as práticas institucionais de aplicação do Direito é frequentemente posta em causa: Gustav Radbruch (1878-1949) considerava que, tal como as pessoas que se torturam com a introspecção são, no mais das vezes, pessoas doentes, também uma ciência obcecada com a reflexão sobre os seus próprios métodos é uma ciência pouco saudável[4]; Walter Wilburg (1905-1991) costumava dizer que um pintor não reflecte sobre a estrutura do seu pincel: pega nele e pinta – e assim também deve actuar o jurista; Josef Esser (1910-1999) era de opinião *"que a nossa metodologia académica não significa para o juiz nem auxílio nem controlo"*[5]. Apesar destas considerações depreciativas da utilidade da reflexão metodológica, parece-nos inequívoco que uma doutrina da aplicação prática do Direito é necessária para a satisfação de um propósito fundamental: estabelecer directrizes que possam reduzir a indeterminação do Direito na solução dos casos individuais.

Como doutrina da aplicação prática do Direito está a metodologia jurídica habilitada para fornecer directrizes válidas para todos os ramos do Direito? Podemos constatar que os autores mais proeminentes no âmbito da metodologia jurídica, de Friedrich Carl von Savigny (1779-1861) a Rudolf von Jhering (1818-1892), Philipp Heck (1858-1943), Karl Larenz (1903-1993) ou Franz Bydlinski (1931-   ), são civilistas; por outro lado, em países como a Áustria, Suíça, Espanha, Itália e Portugal, o quadro das "fontes" do Direito, as directrizes para a interpretação das leis e os métodos da integração das lacunas vêm estabe-

---

[3] A concepção característica da Pandectística alemã segundo a qual a ciência jurídica tem um carácter "produtivo" e não meramente "reprodutivo" encontra a sua formulação clássica na exposição sobre o método jurídico que Rudolf von Jhering (1818-1892) leva a cabo em *Geist des römischen Rechts auf den verschiedenen Stufen seiner Entwicklung* [Espírito do Direito romano nos diferentes estádios do seu desenvolvimento], cujos quatro volumes foram publicados entre 1852 e 1865. Diz Jhering, no primeiro volume (pág. 40), que o tratamento científico do Direito proporciona a possibilidade de um *"acréscimo do Direito a partir de si próprio, um crescimento de dentro para fora. Por meio da combinação dos diferentes elementos, a ciência do Direito consegue construir novos conceitos e proposições jurídicas; os conceitos são produtivos, acasalam uns com os outros e produzem novos conceitos"*. Como exemplo de produção científica do Direito refere as regras sobre a divisibilidade ou indivisibilidade das servidões, do penhor, etc.; as regras sobre a aquisição da propriedade por especificação e acessão (cf. ob. cit., vol. II, tomo 2, pág. 387).

[4] Cf. Gustav Radbruch, *Einführung in die Rechtswissenschaft* (1910), 12ª edição, Estugarda, 1969, pág. 253.

[5] Cf. Josef Esser, *Vorverständnis und Methodenwahl in der Rechtsfindung. Rationalitätsgrundlagen richterlicher Entscheidungspraxis*, 2ª edição, Francoforte, 1972, pág. 7.

lecidas nas disposições introdutórias dos Códigos Civis[6]. Alguma circunspecção recomendaria não descurar, por exemplo, as especificidades metodológicas do Direito Penal; por maioria de razão, a metodologia do Direito Constitucional – mormente a interpretação do catálogo dos direitos fundamentais da Constituição – remete para postulados sobre os fundamentos axiológicos do sistema jurídico com os quais a metodologia do Direito Civil, mesmo que entenda o processo de aplicação do Direito como uma determinação casuística a partir de uma base axiológica – a concepção metodológica da Jurisprudência de valoração (*Wertungsjurisprudenz*) –, tem uma relação muito mais distanciada.

Existem sistemas (*v. g.*: Áustria, Suíça, Espanha, Itália, Portugal) em que, como acabamos de referir, as directrizes metodológicas têm assento na própria legislação, sobretudo nas disposições introdutórias dos Códigos Civis. Noutros países, como, por exemplo, a Alemanha, é a doutrina e a jurisprudência dos tribunais que elaboram essas directrizes. Se pretendêssemos alargar (o que não é o caso) a nossa investigação à metodologia do Direito Constitucional, então teríamos também de analisar como é que o Tribunal Constitucional compreende a sua tarefa de concretização da Constituição.

Certos dados institucionais, como, por exemplo, o papel central da legislação no sistema das "fontes", a organização judiciária ou a prática dos tribunais superiores, não podem deixar de ser levados em conta na elaboração de uma doutrina da aplicação prática do Direito. A metodologia jurídica beneficia, igualmente, com uma visão histórica, que permita sequenciar os diferentes padrões argumentativos metodológicos[7].

Tanto a metodologia jurídica tradicional, com a sua visão legalista e formalista, como o "purismo" do método dogmático de análise do Direito positivo, com a sua elaboração conceptual e classificatória do material linguístico das "fontes", estavam associados às representações características do Estado de Direito liberal oitocentista, segundo as quais há que estabelecer uma fron-

---

[6] Cf. o Código Civil austríaco (ABGB), arts. 6, 7, 10 e 12; o Código Civil suíço (ZGB), arts. 1º e 4º; o Código Civil espanhol (CC), arts. 1º, 3º e 4º; o Código Civil italiano (CC), arts. 1º e 12º; o Código Civil português (CC), arts. 1º, 3º, 8º, 9º e 10º No que à metodologia jurídica portuguesa diz respeito, continua a ser indispensável a leitura de Manuel de Andrade, «Fontes do Direito, Vigência, Interpretação e Aplicação da Lei», in: *Boletim do Ministério da Justiça*, nº 102 (1961), págs. 141-152.

[7] Neste particular, a "Parte Histórico-Crítica" da obra de Karl Larenz, *Metodologia da Ciência do Direito*, cit., oferece um conspecto geral muito interessante, se bem que diga respeito apenas à discussão metodológica ocorrida na Alemanha, de Savigny (1779-1861) aos nossos dias. Na Alemanha, a sequenciação dos padrões argumentativos metodológicos costuma ser feita na base da referência a três orientações metodológicas: *i*) a "Jurisprudência dos conceitos" (*Begriffsjurisprudenz*); *ii*) a "Jurisprudência dos interesses" (*Interessenjurisprudenz*); *iii*) a "Jurisprudência de valoração" (*Wertungsjurisprudenz*).

teira nítida entre os procedimentos de *criação* e os procedimentos de *aplicação* do Direito. Hoje é pacífico que tanto a metodologia jurídica como a ciência do Direito ou dogmática jurídica se apoiam em considerações mediante as quais o material jurídico é reconfigurado, ajustando-o a novas exigências sociais: tanto a metodologia jurídica como a ciência do Direito ou dogmática jurídica contribuem para aquilo que Niklas Luhmann (1927-1998) refere como "*complexidade adequada do sistema jurídico*", isto é, para a capacidade do sistema jurídico como sistema de regulação social de condutas promover soluções que são, simultaneamente, previsíveis e suficientemente diferenciadas[8].

A metodologia jurídica está ao serviço de uma prática institucional de resolução de litígios: não descreve como se decidem, mas pretende oferecer directrizes sobre como devem decidir-se casos individuais com base em critérios normativos identificados e circunscritos pelo sistema das "fontes". O problema nuclear da metodologia jurídica tem que ver com a repartição de competências entre a autoridade *criadora* do Direito (legislador) e a autoridade *aplicadora* do Direito (juiz) na conformação das soluções normativas, uma vez que o Direito é parcialmente indeterminado e incompleto. Esta questão deve ser balizada, em primeira linha, pelas disposições constitucionais relativas à separação e equilíbrio dos poderes, mormente o estatuto constitucional da função jurisdicional[9].

A natureza prescritiva da metodologia jurídica não significa, porém, que as directrizes metodológicas possam abstrair de certos dados institucionais, a começar pela estrutura do sistema jurídico e por aquilo que Alf Ross (1899-1979) refere como "ideologia normativa" dos juízes – as convicções partilhadas pelos juízes de como devem decidir os casos[10]. Ora, nos sistemas jurídicos de matriz romano-germânica, o Direito é composto fundamentalmente por disposições genéricas provindas dos órgãos estaduais ("leis", no sentido amplo do termo) e os juízes perfilham a convicção (para além da obrigação constitucional e legal) de que devem decidir e fundamentar as suas decisões de acordo com um princípio de legalidade. O "legalismo" e o "formalismo" são características da nossa cultura jurídica que são inquestionáveis, por mais sofisticadas que sejam as construções doutrinais que as pretendem contrariar.

Sendo a metodologia jurídica um corpo de directrizes orientadoras das práticas institucionais de aplicação do Direito, uma exposição de metodologia jurídica terá, necessariamente, que começar com a circunscrição dos tipos de critérios normativos que o juiz pode utilizar na fundamentação das suas decisões – aquilo que é referido como "doutrina das fontes do Direito".

---

[8] Cf., por exemplo, Niklas Luhmann, *Rechtssystem und Rechtsdogmatik*, Estugarda, 1974.
[9] Cf. os arts. 202º, 203º e 205º da Constituição da República Portuguesa.
[10] Cf. Alf Ross, *On Law and Justice*, Berkeley, 1959, pág. 75.

§1. As "fontes do Direito"

§1. As "fontes do Direito"

A primeira das tarefas da metodologia jurídica consiste em proceder à identificação do Direito vigente, como base para o estabelecimento dos critérios normativos da resolução judicial dos litígios: esta tarefa incumbe à doutrina das fontes do Direito.

A expressão "fontes do Direito" é uma expressão metafórica, que alude aos elementos de formação (*Entstehungsgründe*) do Direito, como referia Savigny (1779-1861)[1]. É também uma expressão ambígua, que indicia âmbitos problemáticos e tipos de investigação distintos. Alf Ross (1899-1979) identificava três sentidos da expressão "fontes do Direito", que remetiam para três diferentes tipos de investigação: *i*) como questão de teoria jurídica, a expressão refere-se à identificação do Direito vigente, tipificando os actos e os factos por via dos quais são criadas, alteradas ou revogadas as normas do sistema jurídico – podemos falar, neste âmbito, de "fontes do Direito" em sentido formal, dogmático ou técnico-jurídico; *ii*) como questão de sociologia jurídica, a expressão alude aos factores da génese social da norma, isto é, as relações económicas e sociais, as tradições históricas, os interesses classistas, as representações morais e religiosas, etc., que estão na origem da norma; *iii*) como questão ético-política, a expressão "fontes do Direito" refere-se à investigação sobre o fundamento último da obrigatoriedade moral da norma e do sistema jurídico[2].

O sentido da expressão "fontes do Direito" que importa para a metodologia jurídica é, evidentemente, o sentido formal, dogmático ou técnico-jurídico.

---

[1] Cf. Friedrich Carl von Savigny, *System des heutigen römischen Rechts*, vol. I, Berlim, 1840, pág. 13.
[2] Cf. Alf Ross, *Theorie der Rechtsquellen. Ein Beitrag zur Theorie des positiven Rechts auf Grundlage dogmenhistorischer Untersuchung*, Leipzig e Viena, 1929, pág. 290 e seg. Reproduzindo estas linhas de análise de Alf Ross, cf. Hans Kelsen, *Teoria Pura do Direito*, tradução da 2ª edição (1960), a cargo de João Baptista Machado, Coimbra, 1976, pág. 323.

Precisemos um pouco mais: de acordo com o uso linguístico generalizado, a expressão "fontes do Direito" refere os actos de produção normativa geral e abstracta, excluindo desse quadro os actos de produção de efeitos normativos individuais (*v. g.*: a sentença judicial e o acto administrativo) ou os que apenas têm relevância *inter partes* (*v. g.*: os negócios jurídicos, as condições gerais dos contratos, o exercício de poderes estatutários, etc.). Fazendo nossa a definição de Norberto Bobbio (1909-2004), podemos dizer que *"fontes do Direito são os factos ou os actos dos quais o ordenamento jurídico faz depender a produção de normas jurídicas"*[3].

A doutrina das fontes do Direito constitui uma especificação do problema da positividade do Direito: nos sistemas jurídicos de matriz romano-germânica, como o sistema jurídico português, a "fonte" predominante do Direito é a **lei** (em sentido amplo, abrangendo todos os procedimentos de criação de normas gerais pelos órgãos estaduais competentes). Estes sistemas têm uma base de formação que é fundamentalmente legislativa. Tal faz com que exista na nossa cultura jurídica um elevado grau de consenso relativamente às regras de uso da expressão "Direito positivo": como observa Giovanni Tarello (1934-1987), *"por Direito positivo entende-se o conjunto da legislação promulgada e publicada nas formas previstas pela lei e os costumes para os quais a lei faz reenvio"*[4].

A doutrina clássica das fontes do Direito está estritamente vinculada ao conceito de Estado territorial como poder soberano: é uma doutrina sobre a identificação do Direito interno ou estadual, que tem como elemento nuclear a noção de "lei". A doutrina clássica das fontes do Direito é uma decorrência da racionalização formal do Direito moderno e do fenómeno de positivação do Direito: daí que os critérios de uma juridicidade supralegal ou o recurso à equidade ou "justiça" material como critério de decisão judicial tenham sido afastados pela progressão das qualidades formais do Direito nas sociedades modernas ocidentais. A circunscrição das "fontes" do Direito visa a identificação do Direito vigente, sendo, portanto, um correspectivo do princípio da legalidade na administração da justiça[5].

A doutrina das fontes do Direito, como problema de metodologia jurídica, não pode abstrair por completo de uma tomada de posição (mesmo que não explícita) sobre questões fundamentais da filosofia do Direito, como a concepção sobre o conceito e a validade do Direito: como sublinha A. Castanheira

---

[3] Cf. Norberto Bobbio, *Teoria General del Derecho*, Madrid, 1991, pág. 170.
[4] Cf. Giovanni Tarello, «La nozione di diritto positivo», in: Giovanni Tarello, *Cultura giuridica e politica del diritto*, Bolonha, 1988, págs. 205-217, pág. 207.
[5] Sobre este ponto aconselha-se a leitura de Joseph Raz, «Legal Positivism and the Sources of Law», in: Joseph Raz, *The Authority of Law. Essays on Law and Morality*, Oxford, 1979, págs. 37-52.

Neves (1929-   ), *"A concepção do Direito e a teoria das fontes remetem-se assim uma à outra e mutuamente se implicam"*[6]. Do mesmo modo, não pode prescindir de noções elementares da Teoria do Direito, como as noções de "validade", "competência" e "hierarquia" normativa: não é indiferente para a doutrina das fontes do Direito, por exemplo, conceptualizar o problema da validade das normas com base na ideia de produção de acordo com uma cadeia de relações de delegação normativa (perspectiva normativista) ou em termos de reconhecimento por uma entidade jurisdicional (perspectiva realista), ou, de modo mais vincado ainda, por referência a critérios axiológico-materiais (perspectiva jusnaturalista). Com a participação de Portugal no processo de construção europeia, a inclusão do Direito supranacional comunitário (Direito europeu) no quadro das fontes do Direito coloca não só problemas de harmonização à doutrina das fontes do Direito, como, igualmente, ao nível da Teoria do Direito, suscitam-se questões de relacionamento sistémico entre a ordem jurídica racional e a ordem jurídica comunitária, que não podem ser enquadradas conceptualmente com base na distinção tradicional Direito interno/Direito internacional.

No nosso entendimento, a doutrina das fontes do Direito deve começar pela identificação, exegese e sistematização das disposições constitucionais e legislativas que dizem respeito à identificação dos diversos tipos de actos e factos normativos: as Constituições, quando individualizam os actos e factos normativos e conferem e disciplinam o exercício de competências normativas, avançam os critérios fundamentais para o estabelecimento do quadro ou sistema das "fontes" em determinado sistema do Direito positivo[7]; nalguns sistemas jurídicos (*v. g.*: Portugal, Espanha, Itália, etc.), as disposições introdutórias dos Códigos Civis procedem, igualmente, à fixação de uma tipologia dos actos e factos normativos. É pela identificação, interpretação e sistematização destas disposições constitucionais e legais que vamos começar a nossa análise: este modo de proceder assume que é ao Direito positivo que cabe determinar e regular

---

[6] Cf. A. Castanheira Neves, «Fontes do Direito», in: A. Castanheira Neves, *Digesta. Escritos acerca do Direito, do Pensamento Jurídico, da sua Metodologia e Outros*, vol. 2º, Coimbra, 1995, págs. 7-94, pág. 8.

[7] Como diz Bernd Rüthers, *Rechtstheorie. Begriff, Geltung und Anwendung des Rechts*, Munique, 1999, pág. 124, *"A Constituição é, pois, a norma fundamental para a doutrina das fontes do Direito"*; no mesmo sentido, cf., igualmente, Klaus F. Röhl, *Allgemeine Rechtslehre*, Colónia, 1994, pág. 542. Defendendo a ideia de Constituição como **norma primária sobre a produção jurídica** – desempenhando as funções de *i*) identificação das fontes do Direito; *ii*) de estabelecimento dos critérios de validade e eficácia de cada uma das fontes; *iii*) de determinação de competências para a criação de normas jurídicas – e a tese de que o problema das fontes do Direito tem de ser colocado no plano constitucional, cf. J. J. Gomes Canotilho, *Direito Constitucional e Teoria da Constituição*, 3ª edição, Coimbra, 1999, *maxime* pág. 643.

os seus modos de formação, alteração e aplicação[8]. Em termos de representação do sistema jurídico como sistema ordenado e hierarquizado de normas, podemos considerar a Constituição como "fonte originária" ou **norma primária sobre a produção jurídica**, devendo, portanto, as directrizes fundamentais sobre o sistema das fontes ser procuradas, em primeiro lugar, na Constituição.

1.1. O sistema constitucional das fontes do Direito

Sendo o nosso sistema jurídico de formação predominantemente legislativa, há, em primeiro lugar, que procurar determinar o conceito de "lei". De acordo com a Constituição da República Portuguesa, podemos englobar no conceito de "lei": *i*) as leis constitucionais (cf. os arts. 161º, alínea a) e 166º, nº 1); *ii*) as leis da Assembleia da República (cf. os arts. 161º, alínea c) e 166º, nº 3), incluindo as leis orgânicas (cf. os arts. 166º, nº 2, e 168º, nº 5) e as leis de valor reforçado (cf. o art. 168º, nº 6); *iii*) os decretos-leis do Governo (cf. o art. 198º, nº 1); *iv*) os decretos legislativos regionais (cf. o art. 227º, nº 1). Estão, assim, investidos como órgãos com competência legislativa: *i*) a Assembleia da República, *ii*) o Governo; *iii*) as Assembleias Legislativas Regionais[9].

Os actos normativos que constituem manifestação da função legislativa (as leis, os decretos-leis e os decretos legislativos regionais) são distintos dos actos normativos emanados pela Administração no exercício da função administrativa e que têm um carácter executivo e/ou complementar da lei (decretos

---

[8] Esta não é, muito pelo contrário, a perspectiva dominante na metodologia jurídica em Portugal, que parte de uma compreensão material-axiológica do Direito e trava um combate sistemático contra as posições legalistas e formalistas na metodologia jurídica – estamos a referir-nos, sobretudo, a A. Castanheira Neves (1929-   ) e à sua Escola e a João Baptista Machado (1927-1989). Este último rejeita o que diz ser "... *a férrea lógica do positivismo, que através de normas de segundo grau, atribui ao sistema jurídico posto (positivo) a competência exclusiva para decidir sobre as próprias fontes do Direito positivamente válido*": cf. João Baptista Machado, *Introdução ao Direito e ao Discurso Legitimador*, Coimbra, 1982, pág. 154 e seg. A. Castanheira Neves admite critérios de uma juridicidade supralegal, requerendo uma pressuposição axiológico-normativa de *validade* para além dos critérios formais de competência na constituição do Direito: cf., por exemplo, A. Castanheira Neves, «Fontes do Direito», cit., *maxime* pág. 13 e segs. O mais directo continuador do seu magistério, Fernando José Bronze (1947-   ), invoca a *auctoritas* específica do pensamento jurídico para tratar de problemas (como os regulados pelas disposições introdutórias do Código Civil, a saber: as fontes do Direito, a interpretação da lei, a integração das lacunas da lei) que, na sua opinião, não devem ser cometidos à regedoria do poder legislativo: cf. Fernando José Bronze, «Quae sunt Caesaris, Caesari: et quae sunt jurisprudentiae, jurisprudentiae», in: Fernando José Bronze, *Analogias*, Coimbra, 2012, págs. 139-149.

[9] No que ao exercício de competências normativas e ao regime da publicidade dos actos diz respeito, poder-se-iam referir ainda, por exemplo, o art. 119º da Constituição da República Portuguesa e a legislação infra-constitucional respectiva, como a *Lei de Publicação, Identificação e Formulário dos Diplomas* (Lei nº 74/98, de 11 de Novembro).

regulamentares e regulamentos independentes): em sentido estrito, a noção de "lei" abrange apenas o primeiro tipo de actos normativos, sendo o segundo tipo de actos normativos referidos como "regulamentos"[10].

Relativamente ao Direito internacional, há que ter em atenção, em primeiro lugar, o art. 8º da Constituição da República Portuguesa. Nos termos do nº 1 do art. 8º, *"As normas e os princípios de direito internacional geral ou comum fazem parte integrante do direito português"*, consagrando a Constituição o princípio da **recepção automática** do Direito internacional geral ou comum: estas normas são directamente aplicáveis pelos tribunais e outras autoridades encarregadas de aplicar o Direito, não necessitando de transformação em lei ou qualquer acto de Direito interno[11]. O Direito internacional particular, isto é, as normas constantes de tratados ou acordos em que participe o Estado português, desde que regularmente ratificadas ou aprovadas, vigoram na ordem interna após a sua publicação, segundo o nº 2 do art. 8º da Constituição da República Portuguesa: aqui seguiu-se, igualmente, o princípio da recepção automática, condicionada apenas ao facto de a eficácia interna depender da publicação oficial.

Relativamente ao Direito supranacional comunitário (Direito europeu), costuma distinguir-se entre o Direito comunitário *primário* ou *originário* (os tratados constitutivos, os tratados que modificaram os tratados constitutivos, os tratados provenientes de revisões e os tratados de adesão de novos Estados membros) e Direito comunitário *subordinado* ou *derivado* (que tem como instrumentos normativos os regulamentos e as directivas). A aplicabilidade directa dos regulamentos, isto é, o serem os regulamentos automaticamente aplicáveis sem necessidade de interposição do poder normativo nacional, parece evidenciar o facto de que a União Europeia consubstancia aquilo que a teoria política descreve como *"multilevel system of government"* ou estrutura policêntrica de poder.

A par deste facto de os regulamentos serem disposições dotadas de aplicabilidade directa, o Tribunal de Justiça da União Europeia construiu uma doutrina segundo a qual as suas decisões têm eficácia directa nos Estados membros, mesmo quando contrariem as leis ou as próprias Constituições estaduais[12]. Tal não invalida, porém, no nosso entender, o princípio do primado da Constitui-

---

[10] Cf. o art. 112º da Constituição da República Portuguesa.

[11] A este propósito, cf., por todos, J. J. Gomes Canotilho, *Direito Constitucional e Teoria da Constituição*, cit., pág. 763 e seg., e a bibliografia aí referida.

[12] Doutrina expressa, sobretudo, no acórdão Costa/ENEL (1964) e no acórdão Simmenthal (1978): sobre a argumentação expendida pelo TJCE para sustentar a doutrina do primado do Direito comunitário, cf., Francisco Paes Marques, «O Primado do Direito da União Europeia: Fundamento e Limites», in: Ana Maria Guerra Martins (coord.), *Constitucionalismo Europeu em Crise? Estudos sobre a Constituição Europeia*, Lisboa, 2006, págs. 163-235.

ção no plano da hierarquia das fontes do Direito: em termos jurídico-constitucionais, a União só dispõe das competências que lhe forem atribuídas por tratado (*princípio da atribuição*) e os "senhores dos Tratados" (*Herren der Verträge*) são os Estados membros[13].

O nº 4 do art. 8º da Constituição da República Portuguesa, aditado ao texto constitucional pela sexta revisão constitucional (Lei Constitucional nº 1/2004, de 24 de Julho), ao estabelecer que *"As disposições dos tratados que regem a União Europeia e as normas emanadas das suas instituições, no exercício das respectivas competências, são aplicáveis na ordem interna, nos termos definidos pelo direito da União, com respeito pelos princípios fundamentais do Estado de direito democrático"*, exprime uma salvaguarda de competência do legislador constitucional para a defesa dos valores básicos da Constituição[14]. Se o Direito da União é aplicável na ordem interna nos termos por ele definidos, é-o em resultado da competência primária da Constituição – temos, portanto, um quadro de harmonização de fontes que é substancialmente diferente do que resultava do artigo I-6º do Tratado que estabelecia uma Constituição para a Europa, que dispunha que *"A Constituição e o Direito adoptado pelas instituições da União, no exercício das competências que lhe são atribuídas, primam sobre o Direito dos Estados membros"*.[15]

A caracterização mais adequada da identidade institucional da União Europeia é a de uma organização supranacional fundada em Tratados: mesmo que se reconheça na identidade institucional da União Europeia os reflexos de uma "constelação pós-nacional" (Habermas) ou elementos de uma "ordem pós-hobbesiana" (Philippe Schmitter), caracterizada pela dispersão dos poderes e pelo desaparecimento do monopólio estadual da produção do Direito[16], não nos parece ser um anacronismo ou, sequer, um reflexo soberanista continuar a considerar a Constituição política como a "fonte originária" do Direito

---

[13] Esta é a doutrina expendida pelos conhecidos acórdãos do Tribunal Constitucional Federal alemão de 12 de Outubro de 1993 (relativo ao Tratado de Maastricht) e de 30 de Junho de 2009 (relativo ao Tratado de Lisboa).

[14] Neste sentido, cf., por todos, Miguel Galvão Teles, «Constituições dos Estados e eficácia interna do Direito da União e das Comunidades Europeias – em particular sobre o art. 8º, nº 4, da Constituição portuguesa», in: *Estudos em Homenagem ao Professor Doutor Marcello Caetano no centenário do seu nascimento*, Coimbra, 2006, págs. 295 e segs.

[15] Em sentido diferente, cf., no panorama da doutrina nacional, Diogo Freitas do Amaral, *Manual de Introdução ao Direito*, vol. I, Coimbra, 2004, *maxime* págs. 563 e 574 e segs., que defende o primado do Direito supranacional comunitário (Direito europeu) em relação à Constituição da República Portuguesa.

[16] Sobre a emergência de um Direito pós-estadualista e as suas implicações na teoria das fontes do Direito, cf., entre nós, António Manuel Hespanha, *Pluralismo Jurídico e Direito Democrático*, São Paulo, 2013.

vigente[17], pese embora as muitas dificuldades de articulação das várias fontes do Direito, resultantes, sobretudo, da sobreposição de vários ordenamentos normativos (Direito interno, Direito internacional e Direito supranacional comunitário) e as diversas manifestações de erosão do constitucionalismo estadual no quadro transnacional[18].

Feitas estas incursões de carácter generalista pelo sistema constitucional das fontes do Direito, passemos à análise das disposições introdutórias do Código Civil que têm que ver com o estabelecimento do quadro ou sistema das fontes do Direito.

1.2. As disposições introdutórias do Código Civil: a enumeração legal das "fontes"

O art. 1º do Código Civil contém aquilo que o autor da sua redacção, Manuel de Andrade (1889-1958), considerava ser, na "exposição de motivos", *"uma indicação sumaríssima das fontes do Direito"*, atendendo a que, na sua opinião, *"a indicação minuciosa daquelas fontes não tem o seu lugar no Código Civil"*[19]. O nº 1 do art. 1º do Código Civil estabelece como fontes *directas* ou *imediatas* do Direito as leis e as normas corporativas. O termo "lei" é aqui usado, como foi já referido, num sentido amplo – o nº 2 do art. 1º reza assim: *"Consideram-se leis todas as disposições genéricas provindas dos órgãos estaduais competentes"*. Relativamente ao sentido da expressão "normas corporativas", considerava sabiamente Manuel de Andrade que dever-se-ia *"fazê-la corresponder não só à vigente organização corporativa, como*

---

[17] A realidade institucional actual da União Europeia não corresponde ao modelo de uma Democracia pós-nacional baseada numa Constituição europeia: o Tratado de Lisboa (2007) acabou por se saldar, basicamente, num tratado de reforma de tratados. A distinção juspublicista entre "Constituição", como fundamento jurídico do Estado, e "Tratado", como fundamento jurídico das instituições internacionais – reflexo da concepção "dualista" tradicional sobre as relações entre Direito interno e Direito internacional – não foi ainda invalidada por um processo de constitucionalização que tenha conferido à União Europeia as características de um Estado federal. A este propósito, é interessante revisitar os argumentos trocados na polémica entre Dieter Grimm (1937-   ) e Jürgen Habermas (1929-   ) relativamente à necessidade de uma Constituição europeia, denegada pelo primeiro, com base, sobretudo, na teoria democrática clássica da Constituição, que identifica no povo soberano o detentor legítimo do poder constituinte, e defendida pelo segundo, em nome da construção de uma Democracia pós-nacional e como condição para a formação de uma cidadania europeia: cf. Dieter Grimm, *Braucht Europa einer Verfassung?*, Munique, 1995; Jürgen Habermas, «Braucht Europa einer Verfassung? Eine Bemerkung zu Dieter Grimm», in: Jürgen Habermas, *Die Einbeziehung des Anderen. Studien zur politischen Theorie*, 2ª edição, Francoforte, 1997, págs. 185-191.

[18] Para uma visão geral deste fenómeno, cf., entre nós, por todos, Rui Medeiros, *A Constituição Portuguesa num Contexto Global*, Lisboa, 2015.

[19] Cf. Manuel de Andrade, «Fontes do Direito, Vigência, Interpretação e Aplicação da Lei», in: *Boletim do Ministério da Justiça* nº 102 (1961), págs. 141-152, pág. 147.

ainda a possíveis contingências futuras"[20]. Assim é que a generalidade da doutrina portuguesa, após o derrube da ordem político-constitucional consubstanciada na Constituição de 1933, estabeleceu o sentido da expressão à luz de uma interpretação actualista, fazendo corresponder os estatutos e os regulamentos internos das ordens profissionais e das federações desportivas à categoria de "normas corporativas" – reconhecendo a essas entidades, portanto, a natureza de órgãos infra-estaduais de produção do Direito[21].

Temos dúvidas sobre a bondade desta interpretação: os estatutos e os regulamentos dessas associações disciplinam, em primeiro lugar, as relações entre os associados (nomeadamente as condições de admissão na associação, a deontologia profissional e o exercício de poderes disciplinares), não se enquadrando, portanto, no sentido corrente da expressão "fontes do Direito". Parece-nos, assim que, ao invés do que professa a doutrina maioritária, se deveria fazer valer aqui uma interpretação abrogante, em vez de uma interpretação actualista. Pelo que, mesmo reconhecendo a artificialidade de algumas categorias conceptuais, concluímos que, na ordem jurídica portuguesa, fonte *directa* ou *imediata* do Direito é a lei (em sentido amplo, abrangendo todos os procedimentos de criação de normas gerais pelos órgãos estaduais competentes). De entre as diversas categorias abrangidas por este conceito de "lei" (em sentido amplo) temos a Constituição, que, no quadro da hierarquia das "fontes", pelas razões que temos vindo a apresentar, consideramos como "fonte originária" do Direito vigente (princípio da supremacia hierárquico-normativa da Constituição).

1.3. O princípio da supremacia hierárquico-normativa da Constituição

Num ensaio tardio, publicado em 1964, sobre «A função da Constituição», Hans Kelsen (1881-1973) defendia que "*a essência da Constituição consiste na regulação da produção de normas*"[22]. A afirmação pode, eventualmente, causar perplexidade a um constitucionalista, mas a ideia de Constituição como "normação da normação" (*norma normans*) faz todo o sentido no quadro de uma representação "dinâmica" do sistema jurídico, que o considere como uma "cadeia de produção" (*Erzeugungszusammenhang*) de normas, isto é, como um sistema de relações de delegação de produção nor-

---

[20] Cf. Manuel de Andrade, «Fontes do Direito, Vigência, Interpretação e Aplicação da Lei», cit., pág. 147.

[21] Cf., na literatura jurídica mais recente, por todos, Miguel Teixeira de Sousa, *Introdução ao Direito*, Coimbra, 2012, pág. 150.

[22] Cf. Hans Kelsen, «Die Funktion der Verfassung», in: *Forum* XI (1964), págs. 583-586, agora in: Hans Klecatsky/René Marcic/Herbert Schambeck (eds.), *Die Wiener rechtstheoretische Schule*, 2º vol., Viena, 1968, págs. 1615-1622, pág. 1621.

§1. AS "FONTES DO DIREITO"

mativa[23]. Neste quadro, podemos concluir que uma norma é "válida" (*i. e.*: pertence a um sistema jurídico) se tiver sido criada em conformidade com outra norma válida do sistema jurídico em questão: isto é, a validade das normas derivadas é estabelecida de acordo com o critério que Joseph Raz (1939-) denomina como "cadeia de validade" (*chain of validity*)[24]. Critério que, logicamente, não é aplicável à norma ou normas de máxima hierarquia no sistema: é sabido como Kelsen – sobretudo, depois de ter introduzido a doutrina da estrutura escalonada (*Stufenbaulehre*) da ordem jurídica no corpo da Teoria Pura do Direito[25] – resolve o problema, avançando a doutrina da norma fundamental (*Grundnorm*) e explicitando a sua função como elemento último de "atribuição de competência" (*Ermächtigung*) para a criação de normas e, nessa base, como princípio de unificação de uma ordem jurídica[26].

Ora, o recurso à hipótese da norma fundamental traduz apenas a exigência metodológica de colocar no vértice da pirâmide jurídica, como fonte de validade de uma determinada ordem jurídica, não um poder, mas uma norma, salvaguardando, assim, a "pureza" de uma análise normativista do Direito e evitando a incursão pelos terrenos da sociologia, da teoria política, da História, etc., para explicar a natureza desta autoconformação originária[27].

Esta depuração, exigida por uma teoria normativista rigorosa, não é, no entanto, uma pressuposição obrigatória para a teoria clássica do Direito público moderno, que tem como noção central a ideia de "soberania" como poder supremo que não está sujeito a nenhum poder superior (Jean Bodin), nem para a teoria do poder constituinte do constitucionalismo clássico (*v. g.*: Sieyès), que entendia o *poder constituinte* como faculdade originária da comunidade política soberana (a "nação"), distinto, portanto dos poderes regulados pela Constituição (inclusivamente, o poder de revisão da Constituição), que seriam, assim, *poderes constituídos*[28]: de um ponto de vista factual, o exercício do

---

[23] Para uma apresentação sucinta desta visão, cf., por todos, Hans Kelsen, «Die Selbstbestimmung des Rechts» (1953), agora in: Hans Klecatsky/René Marcic/Herbert Schambeck (eds.), *Die Wiener rechtstheoretische Schule*, 2º vol., cit., págs. 1181-1188.

[24] Cf. Joseph Raz, *The Concept of a Legal System*, 2ª edição, Oxford, 1980, *maxime* pág. 105.

[25] Cf., em primeiro lugar, Hans Kelsen, «Die Lehre von den drei Gewalten oder Funktionen des Staates» (1923/24), agora in: Hans Klecatsky/René Marcic/Herbert Schambeck (eds.), *Die Wiener rechtstheoretische Schule*, 2º vol., cit., págs. 1131-1359.

[26] Sobre este ponto, cf. o meu estudo «A função epistemológica e a função sistémica da norma fundamental», in: José Lamego, *Caminhos da Filosofia do Direito Kantiana*, vol. I, Lisboa, 2014, págs. 161-176.

[27] Como explica Kelsen, "... *a norma fundamental significa, num certo sentido, a transformação do poder em Direito*": cf. Hans Kelsen, *General Theory of Law and State*, Cambridge Mass., 1945, pág. 437.

[28] Poderíamos classificar o *poder constituinte* como *inicial* e *incondicionado* e, em contrapartida, os *poderes constituídos* (inclusivamente, o poder de revisão da Constituição) como poderes *derivados* e

poder constituinte tem na sua origem um evento de rotura e significa ele próprio uma rotura na ordem jurídico-constitucional[29].

O alcance normativo e a intensidade da vinculação jurídico-constitucional do legislador são, no entanto, estabelecidos de modo distinto consoante se parta de uma concepção formal de Constituição como "normação da normação" e "ordem quadro" (*Rahmenordnung*) do exercício dos poderes estaduais ou, ao invés, se defenda um modelo axiológico de Constituição como "ordem de valores" (*Wertordnung*): a primeira perspectiva limita-se a explicitar as consequências da supremacia ou superioridade hierárquica da Constituição no sistema das fontes e a sua função de garante dos direitos subjectivos de liberdade enquanto limitação jurídica da actuação dos poderes públicos; o modelo axiológico de Constituição como "ordem de valores" (*Wertordnung*) orientadora das múltiplas esferas da vida social reclama a aplicação directa dos valores e princípios que a inspiram e a irradiação desses valores e princípios de modo a que a Constituição possa impregnar a totalidade do sistema jurídico. Nessa base, a concepção formal de Constituição tem como corolário a ideia de uma autolimitação judicial, deixando um mais amplo espaço à liberdade de conformação do legislador democrático, enquanto o modelo axiológico de Constituição reclama um activismo judicial, convertendo o juiz constitucional, como se usa dizer criticamente, em "dono da Constituição" (*Herr der Verfassung*)[30].

A concepção formal de Constituição decorre de uma compreensão meramente formal e pluralista do Estado de Direito, em que a Constituição se limita ao estabelecimento da arquitectura normativa básica do Estado e ao asseguramento dos direitos subjectivos de liberdade; o modelo axiológico de Constitui-

---

condicionados: se traduzíssemos esta hierarquização de poderes numa hierarquização de normas, teríamos como conceito simétrico do conceito de "poder constituinte" o conceito de "norma fundamental" (*Grundnorm*).

[29] A este propósito, cf. Miguel Galvão Teles, «A Revolução Portuguesa e a Teoria das Fontes do Direito», in: Mário Baptista Coelho (org.), *Portugal: O Sistema Político e Constitucional*, Lisboa, 1989, págs. 561-606; Lourival Vilanova, «Teoria Jurídica da Revolução (Anotações à margem de Kelsen)», in: Lourival Vilanova, *Escritos Jurídicos e Filosóficos*, vol. 1, São Paulo, 2003, págs. 261-299; John Finnis, «Revolutions and Continuity of Law» (1971), agora in: John Finnis, *Philosophy of Law. Collected Essays*, vol. IV, Oxford, 2011, págs. 407-435.

[30] A defesa do modelo axiológico de Constituição teve como expoentes mais importantes Günter Dürig (1920-1996) e Otto Bachof (1914-2006). O núcleo essencial desse "constitucionalismo" axiológico foi recuperado nos tempos mis recentes pelo "constitucionalismo" principialista – que não é apenas uma corrente da Teoria da Constituição e da metodologia do Direito Constitucional, mas pretende ser uma visão alternativa à concepção "legalista" sobre o conceito e validade do Direito –, orientação que tem em Ralf Dreier (1931-   ) e, sobretudo, em Robert Alexy (1945-   ) os seus principais representantes: a este propósito, cf., com maior pormenor, *infra* 11.3.

ção esteve associado, na Alemanha dos anos 50 e 60 do século XX, a uma concepção de "Democracia militante" (*streitbare Demokratie*) e, posteriormente, ao reforço das dimensões sociais e prestacionais do Estado de Direito, atribuindo à Constituição uma função dirigente ou ordenadora dos múltiplos âmbitos da vida social.

O princípio da supremacia hierárquico-normativa da Constituição projecta-se ainda na existência de uma jurisdição constitucional, incluindo a Constituição da República Portuguesa nos limites materiais de revisão constitucional a necessidade da "*fiscalização da constitucionalidade por acção ou omissão de normas jurídicas*"[31]. Além disso, o princípio da supremacia hierárquico-normativa da Constituição arrasta consigo um outro problema, que não interessa apenas à Teoria da Constituição e à doutrina constitucionalista, mas suscitou igualmente discussões interessantes ao nível da Teoria do Direito: estamos a referir-nos ao problema conhecido como "auto-referência normativa", consubstanciado nas disposições constitucionais que regulam o processo de revisão constitucional e estabelecem os limites materiais da revisão constitucional.

1.4. As leis de revisão constitucional

Do ponto de visa da hierarquia das fontes do Direito parece não dúvida de que a Constituição tem um valor normativo hierarquicamente superior ao das leis de revisão constitucional. Muitas Constituições estabelecem um procedimento agravado em relação à formação das leis ordinárias para as leis de revisão constitucional (Constituições rígidas)[32]. Nas Constituições rígidas, o poder de revisão é um poder atribuído por normas da própria Constituição[33].

Na Teoria do Direito entende-se que no caso de alteração da Constituição em conformidade com os preceitos da Constituição sobre a revisão constitucional não existe mudança na base do sistema jurídico, enquanto no caso de alteração da Constituição por via revolucionária surge uma ordem jurídica diferente, mesmo que exista uma estreita continuidade entre o sistema jurídico revogado e o novo sistema jurídico: este parece ser, aliás, o entendimento que melhor se ajusta ao senso comum. Alf Ross (1899-1979) contestou este ponto de vista em nome de um argumento lógico, o "argumento da auto-

---

[31] Cf. o art. 288º, alínea l), da Constituição da República Portuguesa.

[32] A distinção entre Constituições rígidas e Constituições flexíveis deve-se a James Bryce (1838-1922) – cf. James Bryce, «Flexible and Rigid Constitutions» (1905), agora in: James Bryce, *Constitutions*, Aalen, 1980, págs. 3-94.

[33] Sobre o carácter subordinado do poder de revisão, cf., na doutrina constitucionalista portuguesa, por todos, Miguel Nogueira de Brito, *A Constituição Constituinte. Ensaio sobre o Poder de Revisão da Constituição*, Coimbra, 2000.

-referencialidade"³⁴, afirmando que, em qualquer dos dois casos, existe uma mudança de base do sistema jurídico e que as normas que estabelecem o poder para a revisão da Constituição traduzem um facto socio-psicológico, mais do que uma cadeia de derivação normativa³⁵.

As bases da contestação de Ross à ideia de que as leis de revisão constitucional são legislação derivada tem que ver com a perspectiva realista segundo a qual não é possível fundamentar em termos normativistas a validade das normas de máxima hierarquia do sistema. Mas não existe na auto-referencialidade normativa qualquer paradoxo lógico análogo ao problema de auto-referencialidade de frases: em relação a este último, Alfred Tarski (1901-1983) "dissolveu" o problema por via da hierarquização dos níveis da linguagem; na Teoria do Direito, por seu turno, são familiares a doutrina de estrutura escalonada (*Stufenbau*) da ordem jurídica (Kelsen) e as noções de "regras secundárias" (Hart) ou "normas de ordem superior" (von Wright) – isto é, normas cujos conteúdos são actos normativos (de emissão ou revogação de normas)³⁶ Além de que, na História constitucional, desde 1576, em França, tornou-se corrente a distinção entre as *leges imperii* e as *leges fundamentales*, a que o soberano se encontrava vinculado e tinha de garantir e que depois da Revolução francesa se transmudaram

---

[34] Conhecido na lógica pelo "paradoxo do mentiroso". A versão clássica consiste na formulação da oração *"Esta oração é falsa"*. Se a oração é falsa, então o que diz é verdadeira, verificando-se como facto aquilo que ela afirma. Uma versão do paradoxo é conhecida como "paradoxo de Epimenides", relativo a um cretense, chamado Epimenides, que afirmava que *"Todos os cretenses são mentirosos"*. A forma de fugir ao paradoxo foi proposta por Alfred Tarski (1901-1983), na base do reconhecimento de que os predicados "verdadeiro" (V) e "falso" (F) não são predicados de primeira ordem, mas antes predicados metalinguísticos: sobre o "paradoxo do mentiroso", cf. Desidério Murcho, «Paradoxo do mentiroso», in: João Branquinho e Desidério Murcho (eds.), *Enciclopédia de Termos Lógico-Filosóficos*, Lisboa, 2001, págs. 521-522; Susan Haack, *Philosophy of Logics*, Cambridge, 1978, pág. 135 e segs.
[35] Cf. Alf Ross, *On Law and Justice*, Berkeley, 1959, *maxime* pág. 81 e seg.; cf., igualmente, Alf Ross, «On Self Reference and a Puzzle in Constitutional Law», in: *Mind* 78 (1969), págs. 1-24. A tese de Ross foi objecto de uma ampla discussão na literatura jusfilosófica – cf., por exemplo, Herbert Hart, «Self-referring Laws» (1964), in: H. L. A. Hart, *Essays in Jurisprudence and Philosophy*, Oxford, 1983, págs. 170-178; Joseph Raz, «Professor Alf Ross and Some Legal Puzzles», in: *Mind* 81 (1972), págs. 415-421; Norbert Hoerster, «On Alf Ross's Alleged Puzzle in Constitutional Law», in: *Mind* 81 (1972), págs. 422-426; John Finnis, «Revolutions and Continuity of Law», cit.; Ricardo A. Guibourg, «La autorreferencia normativa y la continuidad constitucional», in: Eugenio Bulygin/Martin D. Farrel/Carlos S. Nino/Eduardo A. Rabossi (eds.), *El Lenguage del Derecho. Homenaje a Genaro R. Carrió*, Buenos Aires, 1983, págs. 181-196; Carlos S. Nino, *La validez del Derecho*, Buenos Aires, 1985, pág. 69 e segs.; entre nós, cf., por todos, Miguel Nogueira de Brito, *A Constituição Constituinte. Ensaio sobre o Poder de Revisão da Constituição*, cit., pág. 235 e segs.
[36] Cf., por exemplo, Georg Henrik von Wright, «Normas de Orden Superior», in: *El Lenguage del Derecho. Homenaje a Genaro R. Carrió*, cit., págs. 457-470.

na ideia de Constituição[37]. As leis de revisão constitucional não colocam problemas específicos em matéria de Teoria do Direito ou de lógica das normas que não possam ser resolvidos a partir das noções de "norma de competência", "exercício de uma competência" e "hierarquia normativa"; do ponto de vista da doutrina constitucional e da filosofia política, entende-se, igualmente, que as exigências procedimentais para o exercício do poder de revisão e os limites materiais de revisão têm uma função de garantia da Constituição[38].

Afloradas, apenas, estas questões relativas ao carácter derivado ou subordinado das leis de revisão constitucional, debrucemo-nos agora sobre a legislação ordinária. Como características identificadoras dos actos normativos com valor legislativo costumam ser apontadas: *i*) a generalidade; *ii*) a abstracção e *iii*) a novidade, servindo esta última característica para distinguir os actos normativos com valor legislativo dos actos normativos com valor regulamentar. No sistema constitucional das fontes do Direito, a legislação ordinária engloba, como vimos, as leis da Assembleia da República, os decretos-leis do Governo e os decretos legislativos regionais.

1.5. A legislação e o sistema do Direito positivo

Com o fenómeno de positivação do Direito, o Direito passa a ser visto como um conjunto de regras definíveis em relação a certos actos ou factos sociais de produção normativa. De entre esses actos e factos sociais, avulta a actividade legislativa: os sistemas jurídicos europeus continentais modernos têm uma base de formação que é predominantemente legislativa.

O conceito moderno de "lei" está associado às ideias de "comando" e "autoridade soberana": "lei" é a norma de Direito positivo estadual. A concepção tradicional de "lei" como "*a ordenação da razão em vista do Bem Comum*" [quaedam rationis ordinatio ad bonum commune][39] é despojada das suas conotações axiológicas, passando a "lei" a ser identificada com as prescrições do legislador soberano: segundo Thomas Hobbes (1588-1679), "*Leges civiles... nihil aliud sunt, quam ejus, qui in civitate summa potestate praeditus est, de civium futuris actioni-*

---

[37] A este propósito, cf., por todos, Heinz Mohnhaupt, «Verfassung (I): Konstitution, Status, Lex Fundamentalis», in: Otto Brunner/Werner Conze/Reinhart Koselleck (eds.), *Geschichtliche Grundbegriffe*, vol. 6, Estugarda, 1990, págs. 831-862.
[38] A este propósito, cf., na literatura jurídica portuguesa, por todos, J. J. Gomes Canotilho, *Direito Constitucional e Teoria da Constituição*, cit., *maxime* pág. 987 e segs.
[39] Cf. S. Tomás de Aquino, *Summa Theologiae*, Quaestio 90, 4.

bus mandata"⁴⁰. Este conceito voluntarista de "lei" está ordenado à garantia dos valores da paz e da segurança jurídica⁴¹.

Uma outra contribuição fundamental para a noção moderna de "lei" e "império da lei" (*rule of law*) deve-se à filosofia política de John Locke (1632-1704): partindo da sua concepção contratualista sobre a finalidade individualista da fundação do Estado, Locke defende que na sociedade civil é a lei positiva que determina o âmbito da liberdade individual e vê na lei geral e abstracta a linha de protecção da liberdade e da propriedade contra as ingerências arbitrárias do soberano⁴².

Uma terceira contribuição importante para a noção moderna de "lei" costuma ser reconhecida à filosofia política de Jean-Jacques Rousseau (1712-1778), também ela de base individualista e contratualista: Rousseau vê a lei como expressão da *"volonté générale"* e garantia da liberdade política, enfatizando a "generalidade" ou "universalidade" da lei como a sua característica racional específica⁴³.

Por último, Immanuel Kant (1724-1804): Kant define o Direito positivo (estatutário) como aquele que *"dimana da vontade de um legislador* [was aus dem Willen eines Gesetzgebers hervorgeht]⁴⁴; mas tanto para Kant como para os juristas filosóficos (*philosophische Rechtsgelehrten*) de inspiração kantiana – *maxime*, Paul Johann Anselm Feuerbach (1755-1833) –, a função da lei jurídica (*Rechtsgesetz*) *a priori* ou princípio universal do Direito (*allgemeines Princip des Rechts*) é a delimitação da esfera de livre actividade das pessoas nas suas rela-

---

⁴⁰ Cf. Thomas Hobbes, *De cive* (1642), cap. 6, 9.
⁴¹ Sobre o conceito moderno de "lei", cf. Rolf Grawert, «Gesetz», in: Otto Brunner/Werner Conze/Reinhart Koselleck (eds.), *Geschichtliche Grundbegriff*, vol. 2, Estugarda, 1975, págs. 863-922; Ernst-Wolfgang Böckenförde, *Gesetz und gesetzgebende Gewalt. Von den Anfängen der deutschen Staatsrechtslehre bis zur Höhe des staatsrechtlichen Positivismus*, 2ª edição, Berlim, 1981; Christian Starck, *Der Gesetzesbegriff des Grundgesetzes*, Baden-Baden, 1970, *maxime* pág. 109 e segs.; Jan Schröder, *"Gesetz" und "Naturgesetz" in der frühen Neuzeit*, Mainz, 2004, *maxime* pág. 16 e seg.; Heinz Mohnhaupt, «Potestas Legislatoria und Gesetzesbegriff im Ancien Régime», in: *Ius Commune* 4 (1972), págs. 188-239; J. J. Gomes Canotilho, *Direito Constitucional e Teoria da Constituição*, cit., pág. 661 e segs.
⁴² A este propósito, cf. Jean-Fabien Spitz, *John Locke et les fondements de la liberté moderne*, Paris, 2001, *maxime* pág. 215 e segs.; Norberto Bobbio, *Locke e il Diritto Naturale*, Turim, 1963, *maxime* pág. 265 e segs.
⁴³ Sobre a definição de "lei" como expressão da "vontade geral", cf. Judith N. Shklar, *Men and Citizens. A Study of Rousseau's Social Theory*, Cambridge, 1969, *maxime* pág. 184; Patrick Riley, «Rousseau's General Will», in: Patrick Riley (ed.), *The Cambridge Companion to Rousseau*, Cambridge, 2001, págs. 124-153; Simone Goyard-Fabre, *Politique et philosophie dans l'oeuvre de Jean-Jacques Rousseau*, Paris, 2001, *maxime* pág. 48 e segs.
⁴⁴ Cf. Immanuel Kant, *A Metafísica dos Costumes*, tradução a cargo de José Lamego, Lisboa, 2005, pág. 55.

ções recíprocas[45]. A legalidade formal como "império da lei" está associada à preservação das esferas de autonomia pessoal.

Como define Luís Cabral de Moncada (1888-1974), "*A lei propriamente dita é, nos modernos Estados constitucionais* (Rechtsstaaten)... *a norma jurídica solenemente decretada pelo poder legislativo*"[46]. Esta prevalência da lei no quadro ou sistema das fontes do Direito nos sistemas jurídicos de matriz romano-germânica manifesta-se, igualmente, no princípio da legalidade na administração da justiça e na actuação da Administração, que exige que os actos jurisdicionais e administrativos possam ser reconduzidos a uma lei formal.

A concepção legalista e estadualista do Direito, que se afirma com o Iluminismo e se consolida com o Estado de Direito liberal oitocentista, tinha sido precedida pela limitação legislativa da autoridade da doutrina e do Direito romano[47]. Do mesmo modo, a "equidade", que de acordo com a opinião dominante até aos meados do século XVII era considerada como "fonte" do Direito, vê ser-lhe denegado esse estatuto por autores como Wolfgang Adam Lauterbach (1618-1678), Georg Adam Struve (1619-1692) e Samuel Stryk (1640-1710) – os juristas do *usus modernus Pandectarum*[48]; em Portugal, José Homem Correia Telles (1780-1849), no seu *Commentario Crítico à Lei da Boa Razão* (Lisboa, 1836), tece abundantes considerações contra o julgamento segundo a equidade, defendendo que "*o Julgador deve preferir o rigor da Lei à Equidade*" (cf. ob. cit., pág. 97).

Esta prevalência da legalidade formal sobre considerações éticas concretas como critério da resolução judicial dos litígios foi apontada por Max Weber (1864-1920) como o aspecto fundamental da racionalização formal do Direito moderno e associada ao tipo de autoridade que ele refere como "legal-racional": a ossatura dos sistemas jurídicos europeus continentais modernos, de matriz romano-germânica, é constituída por normas gerais e abstractas expres-

---

[45] Sobre este ponto, cf., por todos, o meu estudo «"Direitos" e "deveres" na "dedução" kantiana do conceito de Direito», agora in: José Lamego, *Caminhos da Filosofia do Direito Kantiana*, vol. I, *De Kant ao Neo-Kantismo*, Lisboa, 2014, págs. 27-42.

[46] Cf. Luís Cabral de Moncada, *Lições de Direito Civil. Parte Geral*, 4ª edição, revista, Coimbra, 1995, pág. 90.

[47] Para uma visão geral, cf. Nuno J. Espinosa Gomes da Silva, *História do Direito Português. Fontes do Direito*, 3ª edição, Lisboa, 2000, pág. 380 e segs. Em Portugal, a Lei de 18 de Agosto de 1769 (chamada "Lei da Boa Razão") afasta o Direito romano (§10), opõe-se ao uso das glosas medievais de Acúrsio e Bártolo (§13) e proíbe a decisão judicial contra o Direito expresso (§1): sobre estes pontos, cf., por todos, Rui de Figueiredo Marcos, *A Legislação Pombalina. Alguns Aspectos Fundamentais*, Coimbra, 2006, *maxime* pág. 157.

[48] Sobre este ponto, cf., por todos, Jan Schröder, «Aequitas und der Rechtsquellenlehre in der frühen Neuzeit», in: *Quaderni Fiorentini per la storia del pensiero giuridico moderno* 26 (1997), págs. 265-305.

sas em disposições legislativas, sendo a resolução judicial dos litígios feita com base em normas gerais e não em considerações de razoabilidade ou equidade[49].

Com o fenómeno de positivação do Direito, a lei passou a ser a forma predominante ou exclusiva de constituição do Direito vigente, sendo o costume relegado para o papel de fonte *indirecta* ou *mediata* do Direito: como observa João Baptista Machado (1927-1989), *"na sociedade industrial moderna, fortemente dinâmica e diferenciada, é escassa a possibilidade de formação do Direito pela via consuetudinária."*[50]

1.6. A relevância do costume

Ao contrário dos sistemas da *common law*, com a sua regra de *stare decisis*, e os sistemas jurídicos pós-coloniais, onde vigora um quadro de pluralismo de "fontes"[51], a importância reconhecida ao costume como fonte de Direito interno é bastante restringida. O Código Civil de 1966 (n.º 1 do art. 3.º), numa formulação que é muito próxima da do Código Civil italiano de 1942, reconhece a relevância jurídica dos usos que não sejam contrários aos princípios da boa fé quando a lei o determine; no art. 348.º, o Código Civil refere a invocação do Direito consuetudinário, local ou estrangeiro, para estabelecer regras quanto à prova da sua existência e do seu conteúdo; no art. 1400.º, manda atender aos costumes na divisão de águas, etc.

Relativamente ao costume internacional, o art. 8.º, n.º 1, da Constituição da República Portuguesa consagra, como referimos, o princípio da recepção automática do Direito internacional geral ou comum (de génese consuetudinária); do mesmo modo, o legislador constitucional manda atender aos princípios gerais do Direito internacional comummente reconhecidos para efeitos de declaração como criminosas e puníveis as condutas que os infrinjam (art. 21.º, n.º 2).

Pode, pois, considerar-se o costume como fonte *indirecta* ou *mediata* do Direito: as normas consuetudinárias são Direito quando existir uma norma constitucional ou legal que opere a sua incorporação no sistema jurídico. A positivação do Direito contribuiu, como foi dito, para a desvalorização do costume no elenco das fontes do Direito. No entanto, uma parte considerável da doutrina portuguesa, em obediência a concepções institucionalistas e de plu-

---

[49] Cf. Max Weber, *Economy and Society. An Outline of Interpretive Sociology*, edição a cargo de Guenther Roth e Claus Wittich, Berkeley, 1978, *maxime* pág. 217 e segs.
[50] Cf. João Baptista Machado, *Introdução ao Direito e ao Discurso Legitimador*, cit., pág. 161.
[51] Sobre a questão, cf., na doutrina de língua portuguesa, por todos, Carlos Feijó, *A coexistência normativa entre o Estado e as autoridades tradicionais na ordem jurídica angolana*, Coimbra, 2012.

ralismo jurídico, tende a encarar com grande favor as formas espontâneas e não estaduais de criação do Direito[52].

Já no que diz respeito ao costume abrogante (*desuetudo*), há que reconhecer o fenómeno de eliminação de normas por perda de eficácia, apesar do art. 7º do Código Civil não contemplar esta forma de cessação da vigência da lei. Kelsen define a *desuetudo* como "*o efeito jurídico negativo do costume*"[53]. Mas a contatação deste efeito jurídico negativo não chega para reconhecer ao costume a qualidade de fonte de Direito[54].

Refere-se, por vezes, que os costumes constitucionais *praeter* e *contra legem* desempenham um papel relevante na orientação da prática constitucional: mas concluir-se se se trata ou não aqui de verdadeiro Direito é matéria, sobretudo, de convenção linguística, dado que o acatamento de tais costumes não é sancionado por via jurisdicional. Abreviando e fazendo nossas as conclusões de Luís Cabral de Moncada (1888-1974), diríamos que *"... o costume não é hoje, por si só, "fonte de Direito" autónoma em Portugal; não é Direito por si; não obriga senão quando uma lei lhe atribui esse efeito"*[55].

Questão diversa da do valor jurídico do costume em geral é a do valor jurídico do costume jurisprudencial, isto é, a resposta à questão de se a jurisprudência dos tribunais é fonte de Direito nos sistemas jurídicos europeus continentais e, em particular, no ordenamento jurídico português: a esta questão há que responder negativamente, mas com um conjunto de cautelas que vamos procurar enunciar.

---

[52] É o caso, por exemplo, de Diogo Freitas do Amaral, *Manual de Introdução ao Direito*, vol. I, cit., *maxime* pág. 381 e segs.; ou de José de Oliveira Ascensão, *O Direito – Introdução e Teoria Geral*, 13ª edição, Coimbra, 2005, *maxime* pág. 582.

[53] Cf. Hans Kelsen, *General Theory of Law and State*, cit., pág. 119. Na segunda edição de *Teoria Pura do Direito*, Kelsen diz que a "*desuetudo é como que um costume negativo cuja função essencial consiste em anular a validade de uma norma existente*": cf. Hans Kelsen, *Teoria Pura do Direito*, tradução da 2ª edição (1960), a cargo de João Baptista Machado, Coimbra, 1976, pág. 299.

[54] Sectores da doutrina defendem que se trata aqui de costume *contra legem* e que tal não deve ser confundido com o desuso: cf., por exemplo, Miguel Teixeira de Sousa, *Introdução ao Direito*, Coimbra, 2012, pág. 157. Temos dúvidas: no nosso entender, o costume *contra legem* não pode saldar-se na criação de uma norma consuetudinária contrária à norma legal, mas tão-somente na perda de eficácia da norma legal (normalmente uma norma proibitiva). Se a proibição deixa de ter eficácia, uma vez que os órgãos de aplicação do Direito deixam de reagir à sua violação aplicando sanções coercitivas, isso não significa que foi criada uma nova norma, mas tão-somente que as condutas em causa passam a situar-se num "espaço juridicamente vazio" (*rechtsleerer Raum*), isto é, deixam de ser deonticamente qualificadas pelo Direito, tornam-se irrelevantes para o Direito.

[55] Cf. Luís Cabral de Moncada, *Lições de Direito Civil. Parte Geral*, cit., pág. 104.

1.7. O papel da jurisprudência consolidada

Nos sistemas jurídicos europeus continentais, de matriz romano-germânica, a opinião prevalecente é a de que a doutrina que promana das sentenças judiciais tem força meramente persuasiva, isto é, que a jurisprudência dos tribunais não é fonte de Direito. Mas com esta afirmação genérica não fica arrumada a questão em todas as suas implicações.

Entende-se que sobre o juiz que rompe com uma tradição jurisprudencial consolidada recai um "ónus de argumentação" (*Argumentationslast*) que afaste a "presunção a favor dos precedentes" (*Präjudizienvermutung*), isso é, a presunção (ilidível) de correcção (*Richtigkeit*) da orientação jurisprudencial até aí prevalecente[56]. Fala-se, a este propósito, de uma *auctoritas rerum similiter judicatarum*, que reduz a incerteza no processo de aplicação do Direito, como estabilização de expectativas e asseguramento das posições jurídicas subjectivas[57].

Antes da revogação, pelo Decreto-Lei nº 329-A 95, de 12 de Dezembro, do instituto dos assentos, na sequência do acórdão do Tribunal Constitucional nº 810/93, que julgou inconstitucional "*a norma do artigo 2º do Código Civil na parte que atribui aos tribunais competência para fixar doutrina com força obrigatória geral, por violação do disposto no artigo 115º, nº 5, da Constituição*", figuravam no elenco das fontes do Direito os assentos proferidos em recurso para o tribunal pleno com vista a estabelecer, relativamente à mesma questão fundamental do Direito, uma solução com força vinculativa geral, perante a existência de dois acórdãos do Supremo Tribunal de Justiça – e, excepcionalmente, do Tribunal da Relação –, proferidos no domínio da mesma legislação, que propugnassem soluções opostas[58]. Nesta conformidade, os assentos foram substituídos pela possibilidade de julgamento ampliado do recurso de revista, quando tal se revelar necessário ou conveniente para assegurar a *uniformidade da jurisprudência*: mas a sua eficácia uniformizadora da jurisprudência é, fundamentalmente, persuasiva, porquanto a decisão proferida para efeitos de uniformização de jurisprudência carece de força obrigatória geral.

Mesmo em tradições jurídicas mais propensas ao reconhecimento de um Direito judicial supletivo da lei (*gesetzvertretendes Richterrecht*), como a alemã, o

---

[56] Cf., neste sentido, Martin Kriele, *Theorie der Rechtsgewinnung, entwickelt am Problem der Verfassungsinterpretation*, 2ª edição, Berlim, 1976, maxime pág. 243 e segs.

[57] Em vários dos seus acórdãos, o Tribunal Constitucional Federal alemão e o Tribunal do Trabalho Federal alemão consideraram ser a sua "*tarefa suprema*" assegurar a uniformidade e continuidade da jurisprudência.

[58] Sobre a questão, cf., por todos, A. Castanheira Neves, «O Problema da Constitucionalidade dos Assentos (Comentário ao Acórdão nº 810/93 do Tribunal Constitucional)», agora in: A. Castanheira Neves, *Digesta. Escritos acerca do Direito, do Pensamento Jurídico, da sua Metodologia e Outros*, vol. 3., Coimbra, 2010, págs. 337-377.

precedente judicial é, tão-somente, considerado como "fonte material", isto é, um elemento que o juiz deverá levar em conta na elaboração da decisão, e não "fonte formal", quer dizer, Direito formalmente válido, vinculativo[59]. Ao contrário dos sistemas de *common law*, que são formados, basicamente, a partir dos precedentes judiciais – dos quais o juiz pode, todavia, distanciar-se com base nas técnicas do *distinguishing* e do *overruling* –, nos sistemas de *civil law*, europeus continentais, o precedente não tem valor jurídico formal. Como refere Luís Cabral de Moncada, "... *a jurisprudência dos tribunais não é hoje, no sistema do Estado moderno, fonte de Direito, a não ser no sentido extrajurídico de fonte mediata ou indirecta, que, como já vimos, não nos interessa do ponto de vista da ciência do Direito*"[60].

Mas precisamente neste último sentido não é de menosprezar a autoridade ou força persuasiva da jurisprudência dos tribunais superiores (*höchstrichterliche Rechtsprechung*) na conformação do Direito vigente[61]. Por outro lado, devemos reconhecer a especificidade e, eventualmente, o carácter perturbador para a tese tradicional (que acatamos) de que a jurisprudência não é fonte de Direito das sentenças do Tribunal Constitucional declarativas de inconstitucionalidade ou ilegalidade, que têm força obrigatória geral (cf. art. 282º, nº 1, da Constituição da República Portuguesa). Mas, em bom rigor, o Tribunal Constitucional não é apenas um órgão jurisdicional: é um "legislador negativo" (Kelsen) e as suas decisões que declarem, de forma abstracta, a inconstitucionalidade ou ilegalidade de uma norma eliminam essa norma, isto é, produzem alterações no sistema jurídico[62]. Não menos complexas são as questões levantadas pela jurisprudência do Tribunal de Justiça da União Europeia: o Tratado de Lisboa, que entrou em vigor em 1 de Dezembro de 2009, atribui ao Tribunal um conjunto de competências no âmbito do "Espaço de Liberdade, Segurança e Justiça"

---

[59] Cf, neste sentido, Karl Larenz, *Metodologia da Ciência do Direito*, tradução da 6ª edição alemã (1991), a cargo de José Lamego, Lisboa, 1997, pág. 614; Günther Less, *Vom Wesen und Wert des Richterrechts*, Erlangen, 1954; Franz Wieacker, *Gesetz und Richterkunst. Zum Problem der außergesetzlichen Rechtsordnung*, Karlsruhe, 1958; Giovanni Orrù, «Das Problem des Richterrechts als Rechtsquelle», in: *Zeitschrift für Rechtspolitik* 12 (1989), págs. 441-445, *maxime* pág. 442. A tese de que os precedentes judiciais são fonte de Direito foi defendida, sobretudo, por Oskar Adolf Germann, *Präjudizien als Rechtsquelle*, Estocolmo, 1960, *maxime* pág. 45 e segs.
[60] Cf. Luís Cabral de Moncada, *Lições de Direito Civil. Parte Geral*, cit., pág. 112.
[61] Bernd Rüthers (1930-   ) fala do *"efeito normativo oculto que têm as sentenças dos tribunais superiores"* [verdeckte Normwirkung der höchstrichterlichen Entscheidungen]: cf. Bernd Rüthers, *Rechtstheorie. Begriff, Geltung und Anwendung des Rechts*, cit., pág. 143.
[62] Sobre este ponto, cf. Rui Medeiros, *A Decisão de Inconstitucionalidade*, Lisboa, 1999, *maxime* pág. 767 e segs.; Ricardo Branco, *O Efeito Aditivo da Declaração de Inconstitucionalidade com Força Obrigatória Geral*, Coimbra, 2009.

que obrigam a uma atenuação da tese tradicional de que a jurisprudência não é fonte de Direito[63].

Não obstante, é de reiterar a tese de que a jurisprudência dos tribunais não é fonte de Direito. Como estabelece o art. 203º da Constituição da República Portuguesa, "*Os tribunais são independentes e apenas estão sujeitos à lei*": o princípio da independência dos tribunais compreende a autonomia na interpretação e aplicação do Direito, pelo que a vinculação ao precedente judicial consubstanciaria a violação do princípio constitucional da independência dos tribunais (*non exemplis sed legibus iudicandum est*).

Se ao Direito judicial (*Richterrecht*) não é reconhecida a qualidade de fonte de Direito – em sentido formal, dogmático ou técnico-jurídico –, essa qualidade muito menos é reconhecida à doutrina ou ciência do Direito: de acordo com a visão estabelecida, as *regulae dogmaticae*, diferentemente das regras jurídicas de onde são extraídas, limitam-se a fornecer informação ou instrução (*docent, erudiunt*) sobre o Direito vigente; isto é, a doutrina ou ciência do Direito justifica as conclusões normativas que apresenta como explicitações do Direito vigente. No entanto, esta visão deve ser historicamente contextualizada, pois reporta-se, tão-somente, ao modelo de doutrina ou ciência do Direito que tem como matriz os sistemas jurídicos de base legislativa e que conheceram a introdução de Códigos, no sentido técnico e moderno do termo[64].

1.8. A doutrina ou ciência do Direito

A concepção comum entre os juristas é a de que a doutrina ou ciência do Direito interpreta, sistematiza e descreve os materiais do Direito positivo, desempenhando, portanto, uma função de "reprodução" e não de "produção" do Direito vigente.

---

[63] Sobre o valor normativo da jurisprudência do Tribunal de Justiça da União Europeia, cf., Rüdiger Stotz, «Die Rechtsprechung des EuGH», in: Karl Riesenhuber (ed.), *Europäische Methodenlehre*, 2ª edição, Berlim, 2010, págs. 653-678.

[64] Sobre os pressupostos e as consequências do movimento de codificação do Direito, cf. Giovanni Tarello, *Storia della cultura giuridica moderna*, vol. I, *Assolutismo e codificazione del diritto*, Bolonha, 1976; Franz Wieacker, «Aufstieg, Blüte und Krisis der Kodifikationsidee», in: *Festschrift für Gustav Böhmer*, Bona, 1954, págs. 34-50; Max Gutzwiller, «Weltanschauliche Grundlagen in den großen Privatrechtskodifikationen der Neueren Zeit», in: Max Gutzwiller, *Elemente der Rechtsidee. Ausgewählte Aufsätze und Reden*, Basileia, 1964, págs. 64-90; Pio Caroni, *Saggi sulla storia della codificazione*, Milão, 1998. Sobre as diversas linhas de sistematização do Direito civil e o movimento de codificação civil, cf., com interesse, José Tavares, *Os Princípios Fundamentais do Direito Civil*, Coimbra, 1922, pág. 289 e segs.; António Menezes Cordeiro, *Tratado de Direito Civil Português*, vol. I, *Parte Geral*, tomo I, 3ª edição, Coimbra, 2005, pág. 73 e segs. Sobre a codificação civil em Portugal, cf., por todos, Mário Reis Marques, *O liberalismo e a codificação civil em Portugal. Subsídios para o estudo da implantação em Portugal do Direito moderno*, Coimbra, 1987.

§1. AS "FONTES DO DIREITO"

No entanto – e atendendo apenas à época moderna –, verificamos que a ciência jurídica da Pandectística alemã (Savigny, Puchta, Windscheid, Dernburg, etc.), tendo como base a civilística do Direito comum europeu, representou um modelo de ciência jurídica que ia muito para além de uma orientação meramente exegética. A ciência jurídica "construtiva", apoiada num pensamento conceitual lógico-abstracto, da chamada Jurisprudência dos conceitos (*Begriffsjurisprudenz*) considerava-se a si própria como fonte produtiva de Direito: o defensor mais enérgico da qualidade de fonte de Direito do Direito científico (*wissenschaftliches Recht*) era Georg Friedrich Puchta (1798-1846)[65].

O método de produção científica do Direito foi teorizado, sobretudo, por Rudolf von Jhering (1818-1892), que, em particular nos §§ 38-41 do volume II, tomo 2 (dado à estampa em 1858), de *Geist des römischen Rechts auf den verschiedenen Stufen seiner Entwicklung* [Espírito do Direito romano nos diferentes estádios do seu desenvolvimento], descreve a "construção jurídica" (*juristiche Konstruktion*) como método de produção científica do Direito baseado nas operações de análise, concentração lógica e síntese. A concepção da Jurisprudência dos conceitos (*Begriffsjurisprudenz*) segundo a qual os conceitos sistemáticos são dotados de força produtiva de novas regras jurídicas por via de meras operações lógico-dedutivas tem neste escrito de Jhering a sua formulação emblemática.

A ideia de "Direito científico" (*wissenschftatliches Recht*) reportava-se a uma situação das "fontes" anterior à existência dos Códigos modernos, em que a actividade da ciência do Direito estava, em primeira linha, orientada pela necessidade de ordenar e sistematizar o *Corpus juris*, para, como dizia Jhering, "*ter um seguro domínio prático do Direito*"[66]: a ciência jurídica da Pandectística alemã do século XIX propunha-se a reconstrução, com base num sistema conceptual, do Direito romano *actual* (ou seja, do Direito civil usado nos Estados alemães antes da unificação política, em 1871, e da entrada em vigor, em 1900, do BGB)[67].

---

[65] Cf. Georg Friedrich Puchta, *Das Gewohnheitsrecht* II, Erlangen, 1837, pág. 15 e segs.; num sentido semelhante, Heinrich Thöl, *Einleitung in das deutsche Privatrecht*, Göttingen, 1858, pág. 138; Leopold August Warnkönig, *Juristische Encyclopädie oder organische Darstellung der Rechtswissenschsaft mit vorherrschender Rücksicht auf Deutschland*, Erlangen, 1853, pág. 41 e segs.; Carl Friedrich Gerber, *System des deutschen Privatrechts*, 11ª edição, Jena, 1873, §30.

[66] Cf. Rudolf von Jhering, *Geist des römischen Rechts auf den verschiedenen Stufen seiner Entwicklung*, vol. II, tomo 2 (1858), 2ª edição, Leipzig, 1869, pág. 312.

[67] Metodologia construtivista que veio a ser transposta para a doutrina do Direito público por Carl Friedrich Gerber (1823-1891) – cf., sobretudo, Carl Friedrich Gerber, *Grundzüge eines Systems des deutschen Staatsrechts*, Leipzig, 1865 – e desenvolvida por Paul Laband (1838-1918) e Georg Jellinek (1851-1911): sobre este ponto, cf., por todos, Walter Wilhelm, *Zur juristischen Methodenlehre im 19. Jahrhundert. Die Herkunft der Methode Paul Labands aus der Privatrechtswissenschaft*, Francoforte, 1958.

Nos países em que a codificação do Direito civil ocorreu mais cedo, a ciência jurídica civilista assumiu uma feição predominantemente exegética. Nesses países, não fazia sentido falar-se de "produção científica do Direito" ou "Direito científico" (*wissenschaftliches Recht*), à semelhança da Alemanha, onde a Pandectística tinha construído um sistema de Direito privado com base num edifício lógico-conceptual que mergulhava as suas raízes no Direito romano-justinianeu: a codificação reduzia o Direito à lei positiva e a ciência do Direito à exegese e sistematização do Direito positivo[68].

De acordo com esta perspectiva, a elaboração doutrinal do Direito vigente servia para a fixação do sentido das disposições legislativas e, nessa base, favorecia a estabilização do processo de aplicação do Direito: só que, como argumenta Niklas Luhmann (1927-1998), a elaboração de um instrumentário conceptual dogmático – seja na dogmática teológica, seja na dogmática jurídica – não serve par reforçar o carácter vinculativo dos "textos", mas, ao invés, para promover a sua flexibilização, permitindo, assim, uma evolução que se adapta a novas condições sociais[69].

Não obstante o acerto desta consideração sociológica – comprovado, em primeira linha, pela História da "recepção" do Direito romano e comum[70] –, à doutrina ou ciência do Direito não é reconhecida a qualidade de fonte de Direito, apesar do impacto efectivo que tem na conformação do Direito vigente[71]. Após estes nossos excursos sobre o papel a reconhecer à lei, ao costume, à jurisprudência e à doutrina enquanto fontes do Direito, chegamos à conclusão que, de acordo com a Constituição, o elenco das fontes constante do Código Civil e com a "ideologia normativa" estabelecida, fonte *directa* ou *imediata* do Direito é apenas a lei.

Uma outra questão que se coloca hoje à doutrina das fontes do Direito e à concepção estadualista do Direito são as formas de regulação que procedem de sujeitos desprovidos de autoridade normativa e que carecem de sanção em razão do incumprimento, os denominados instrumentos de *soft law*. Estes ins-

---

[68] Para uma visão geral, cf., por todos, Mathias Gläser, *Lehre und Rechtsprechung im französischen Zivilrecht des 19. Jahrhunderts*, Francoforte, 1996.
[69] Cf., sobretudo, Niklas Luhmann, *Rechtssystem und Rechtsdogmatik*, Estugarda, 1964.
[70] Para uma visão geral sobre o tratamento científico do Direito romano na Europa medieval e moderna, cf. Peter Stein, *Roman Law in European History*, Cambridge, 1999; Franz Wieacker, *História do Direito Privado Moderno*, tradução da 2ª edição, a cargo de António Hespanha, Lisboa, 1980; Helmut Coing, *Europäisches Privatrecht*, vol I: *Älteres Gemeinrecht (1500 bis 1800)*, Munique, 1985.
[71] Como diz António Manuel Hespanha, "*o seu alegado carácter meramente explicativo (anotativo) ou derivado (ancilar) em relação à lei é uma ficção*": cf. António Manuel Hespanha, *Pluralismo Jurídico e Direito Democrático*, São Paulo, 2013, pág. 103.

trumentos são relevantes na orientação de comportamentos e podem traduzir estágios preparatórios de elaboração de *hard law*: mas não podem, em bom rigor, ser considerados como "fontes" (em sentido formal, dogmático ou técnico-jurídico) de normas jurídicas.

1.9. Os instrumentos de *soft law*

É hoje comum afirmar que o fenómeno da globalização da economia põe em causa o paradigma estadualista do Direito e invocar a necessidade das convenções entre Estados para o estabelecimento de um Direito uniforme, aduzindo como exemplos a Convenção de Viena sobre a venda internacional de coisas móveis corpóreas ou a Convenção de Washington sobre a protecção internacional da propriedade industrial: mas trata-se, aqui, de instrumentos normativos resultantes de acordos entre Estados soberanos, que não põem em causa a doutrina tradicional das fontes do Direito e o paradigma estadualista do Direito. A par do fenómeno da globalização da economia, haveria ainda que registar a emergência de uma série de actores não estaduais produtores de um conjunto de quadros normativos de regulação: esta nova modalidade de "pluralismo jurídico" traduziria uma forma de fragmentação normativa das sociedades contemporâneas a que se convencionou chamar *soft law*.

O universo da *soft law* é muito amplo e diferenciado: códigos de boas práticas em matéria financeira, fiscal e de *corporate governance*, planos e programas de orientação da Administração pública, normas técnicas emitidas por entidades privadas sobre as características a que deve obedecer determinado produto, recomendações, etc. Trata-se de instrumentos de regulação de condutas que são distintos da *hard law*, a lei estadual: são instrumentos de regulação que se baseiam no carácter voluntário da aceitação das suas fórmulas e que não estão associados à coerção em caso de incumprimento.

Já no âmbito da uniformização legislativa do Direito europeu dos contratos e da responsabilidade civil, por exemplo, há que ter em conta os esforços de actores não estaduais, como aqueles que conduziram, em 2009, ao Projecto Comum de Referência do Direito Europeu dos Contratos, preparado pelo Grupo de Estudo para um Código Civil Europeu e pelo Grupo de Investigação sobre o Direito Privado da União Europeia (*Acquis Group*)[72]. É legítimo ver estes documentos como *trabalhos preparatórios* de um Código Civil europeu, que num futuro mais ou menos longínquo acabará por ver a luz do dia: mas a redac-

---

[72] Cf. Christian von Bar *et alii* (eds.), *Draft Common Frame of Reference* (DCFR), Munique, 2009. Os textos do Grupo de Estudo e do *Acquis Group* são acessíveis em www.law-net.eu. Sobre as iniciativas de harmonização legislativa do Direito Civil no espaço da União, cf., por todos, Thomas Henninger, *Europäisches Privatrecht und Methode*, Tübingen, 2009, pág. 33 e segs.

ção final e aprovação desse Código não deixará de ter a chancela dos Estados membros da União[73].

Apesar da doutrina das fontes do Direito e a própria Teoria do Direito não poderem deixar de ter em atenção as tendências no sentido da superação de um paradigma estadualista e legalista do Direito, esse paradigma não é, no nosso entender, invalidado pela fragmentação normativa traduzida na emergência de uma *soft law* – tal como o não é, conforme é nosso convencimento acima afirmado, pela necessidade de harmonização do quadro das fontes resultante do relacionamento sistémico entre Direito interno e Direito supranacional comunitário.

Em consonância com estas considerações, concluiríamos, pois, que a lei escrita, que promana de órgãos estaduais, é a fonte de Direito, por excelência, nos sistemas jurídicos europeus continentais modernos. De um ponto de vista linguístico, a lei escrita é um "texto" ou enunciado. Vamos agora, a partir da identificação dos diversos tipos de enunciados que se apresentam na linguagem das "fontes", passar a caracterizar os diferentes tipos de normas e identificar as diversas funções normativas.

---

[73] Para um balanço da discussão relativa à hipótese de um Código Civil europeu, cf. António Menezes Cordeiro, *Tratado de Direito Civil Português* I, *Parte Geral*, Tomo I, 3ª edição, cit., pág. 280 e segs.

§2. A análise da linguagem das "fontes": os diferentes tipos de enunciados jurídicos

§2. A análise da linguagem das "fontes": os diferentes tipos de enunciados jurídicos

As normas, enquanto padrões sociais de orientação do comportamento, carecem de formulação linguística, a fim de poderem ser comunicadas aos agentes ou sujeitos normativos. À formulação linguística das normas chamamos "formulação normativa" ou "disposição normativa". De um ponto de vista lógico-linguístico, as "formulações normativas" típicas expressam "prescrições", isto é, são enunciados dirigidos à orientação da conduta dos destinatários. Mas nem todos os enunciados que integram a linguagem das "fontes" são enunciados deste tipo ou podem ser "reduzidos" a enunciados deste tipo.

Para além dos enunciados que expressam "prescrições", isto é, cujo significado são normas de conduta ou normas primárias de obrigação[1], a linguagem das "fontes" é integrada por outros tipos de enunciados que não têm como função, pelo menos directamente, a orientação da conduta, ordenando, proibindo ou permitindo. A ocorrência destes tipos de enunciados, que, em bom rigor, não podemos caracterizar como enunciados normativos (*stricto sensu*) ou deônticos, comprova que o Direito não tem carácter exclusivamente prescritivo: a "natureza" do Direito como ordem normativa institucionalizada só pode ser entendida se tivermos em atenção que a linguagem das "fontes" é constituída por diversos tipos de enunciados jurídicos, para além dos enunciados que

---

[1] A denominação deste tipo de normas como "normas de conduta" (*norms of conduct*; *Verhaltensnormen*) é a mais corrente: cf., por exemplo, Alf Ross, *On Law and Justice*, Berkeley, 1959, pág. 32; Alf Ross, *Directives and Norms*, Londres, 1968, pág. 118; Stig Strömholm, *Allgemeine Rechtslehre*, Göttingen, 1976, pág. 50 e segs.; Klaus Adomeit, «Zivilrechtstheorie und Zivilrechtsdogmatik – mit einem Beitrag zur Theorie der subjektiven Rechte», in: Werner Maihofer/Helmut Schelsky (eds.), *Jahrbuch für Rechtssoziologie und Rechtstheorie* II, Düsseldorf, 1972, págs. 503-522, pág. 511; Reinhold Zippelius, *Einführung in das Recht*, 2ª edição, Munique, 1978, pág. 14. No espaço de língua inglesa, a denominação "normas de obrigação" (*mandatory norms*) é também utilizada: cf., por exemplo, Joseph Raz, *Practical Reason and Norms*, Londres, 1975, pág. 49 e segs.

expressam "prescrições"[2]. De entre os enunciados que não têm como função a qualificação normativa de condutas, vamos tomar em consideração na nossa análise: *i*) as definições legais; *ii*) os enunciados que expressam normas de competência; *iii*) as disposições revogatórias; *iv*) as disposições remissivas.

Sendo o Direito um sistema de orientação da conduta, os enunciados típicos que integram a linguagem das "fontes" são os enunciados que expressam "prescrições". A explanação do modo específico como o Direito desempenha a sua função de orientação da conduta humana, incentivando e, sobretudo, desincentivando condutas, é passível de um primeiro esclarecimento recorrendo à análise linguística e lógica das "prescrições" jurídicas, isto é, pondo em evidência a sua estrutura hipotético-condicional e o seu conteúdo geral e abstracto[3].

2.1. As "prescrições"

De um ponto de vista linguístico e lógico, somente os enunciados que expressam "prescrições" são enunciados normativos ou deônticos (*ought-statements*). Os enunciados que expressam definições legais, normas de competência, disposições revogatórias ou disposições remissivas só em sentido lato podem ser qualificados como enunciados normativos, pois não orientam a conduta dos destinatários (pelo menos, directamente).

A análise clássica das normas prescritivas ou "prescrições" encontra-se em Georg Henrik von Wright (1916-2003), na obra intitulada *Norm and Action. A Logical Enquiry* (Londres, 1963). O livro, esclareça-se, não é um livro de teoria das normas jurídicas, mas pretende ser uma investigação sobre a teoria geral

---

[2] A concepção prescritivista ou imperativista do Direito tem a sua formulação clássica nas obras de Jeremy Bentham (1748-1832) e John Austin (1790-1859) – sobretudo, na deste último – e nos representantes da Teoria Geral do Direito (*Allgemeine Rechtslehre*) alemã da segunda metade do século xix, como August Thon (1839-1912) e Ernst Rudolf Bierling (1841-1919). No entanto, as origens desta concepção remontam à distinção conceptual entre "conselho" (*consilium*) e "comando" (*praeceptum*), tal como se encontra na obra de Francisco Suárez (1548-1617) e vem a ser expressa nos escritos de Thomas Hobbes (1588-1679) e Christian Thomasius (1655-1728): sobre este último ponto, cf. Norberto Bobbio, «Comandi e consigli», in: *Rivista trimestrale di diritto e procedura civile* XV (1961), págs. 369-390.

[3] Em bom rigor, a caracterização da normatividade do Direito, isto é, a explanação do modo específico como o Direito desempenha a sua função de orientação da conduta humana, deve tomar como ponto de partida não a análise da estrutura lógico-linguística das disposições jurídicas, mas a teoria do sistema jurídico, como sistema normativo complexo e institucionalizado: na Teoria do Direito, esta perspectiva tem a sua formulação clássica no capítulo V do livro *O Conceito de Direito* (1961), de Herbert Hart (1907-1992). Como diz um seu discípulo, Joseph Raz (1939-   ), *"A explanação da normatividade do Direito, ao depender das relações internas entre normas, passa a estar baseada no conceito de sistema jurídico, mais do que no conceito de norma"* – cf. Joseph Raz, *The Concept of a Legal System* (1970), 2ª edição, Oxford, 1980, pág. 169 e seg.

das normas: em bom rigor, é, sobretudo, uma teoria geral das "prescrições". Georg Henrik von Wright apresenta como o exemplo típico das "prescrições" as leis do Estado.

O nosso autor enumera os seguintes elementos das normas prescritivas ou "prescrições": *i)* o carácter; *ii)* o conteúdo; *iii)* a condição de aplicação; *iv)* a autoridade; *v)* o sujeito; *vi)* a ocasião; *vii)* a promulgação; *viii)* a sanção. Vejamos, com maior pormenor, cada um destes elementos:

i) o *carácter* de uma "prescrição" é estabelecido em função das modalidades deônticas obrigatório, proibido e permitido: a norma pode prescrever que algo deva, não deva ou possa ser feito; assim, segundo o *carácter*, podem ser classificadas como normas de obrigação, de proibição e permissivas ou facultativas.

ii) o *conteúdo* é aquilo que a "prescrição" estabelece como obrigatório, proibido ou permitido (*v. g.*: pagar impostos, matar, etc.).

iii) a *condição* de aplicação é a circunstância necessária para que exista a oportunidade de realizar o conteúdo da norma; em relação à condição de aplicação, as prescrições podem ser classificadas como *categóricas* ou *hipotéticas* (*v. g.*: "fecha a janela"; "se chover, fecha a janela").

iv) a *autoridade* de uma "prescrição" é o agente que a emite ou a determina; em relação à autoridade, as prescrições podem ser classificadas como *teónomas* (as normas emanadas de Deus) ou *positivas* (determinadas por um ser humano); em relação a este elemento, podem ainda ser classificadas como *autónomas* (autoridade e sujeito normativo coincidem na mesma pessoa) e *heterónomas* (a autoridade estabelece as normas para outros sujeitos normativos).

v) o *sujeito* de uma "prescrição" é o agente ou agentes a que ela se destina; em relação ao sujeito, as prescrições podem ser classificadas como *particulares* – quando se destinam a um ou vários agentes determinados – e gerais – quando se destinam a agentes indeterminados por meio de uma descrição (*v. g.*: "as empresas que tenham dívidas ao fisco ou à segurança social", "os residentes fiscais não habituais").

vi) A *ocasião* é a localização espacial ou temporal em que deve ser cumprido o conteúdo de uma "prescrição" (*v. g.*: "é proibido fumar nos edifícios públicos" indica uma ocasião espacial; "a declaração de património deve ser entregue até 30 dias após o início das funções" indica uma ocasião temporal); em relação à ocasião, as prescrições podem ser classificadas em *particulares* e *gerais*. Quando uma norma é geral, tanto em relação ao *sujeito* como em relação à *ocasião*, von Wright denomina-a como *eminentemente geral*.

vii) A *promulgação* é a formulação da "prescrição" (não se deve confundir o sentido deste elemento com o sentido que habitualmente o termo tem em contexto jurídico).

viii) A *sanção* é a cominação de um dano que a autoridade normativa pode associar à "prescrição" para o caso de não cumprimento.

A análise de von Wright das normas que são "prescrições" é relevante para a Teoria do Direito. Usualmente, entende-se que a norma jurídica é:

i) uma "prescrição" (um comando de acção ou de omissão);
ii) que está dotada de um conteúdo geral e abstracto;
iii) que tem uma estrutura linguística e lógica hipotético-condicional.

Esta caracterização da norma jurídica é devedora, sobretudo, das investigações de John Austin (1790-1859) e Hans Kelsen (1881-1973)[4] e corresponde a uma concepção prescritivista ou imperativista do Direito. A abrir o livro *The Province of Jurisprudence Determined*, que inclui as seis primeiras "Lectures on Jurisprudence" proferidas na universidade de Londres em 1832, John Austin afirma que as leis e sentido próprio são comandos; a partir desta definição, procede a uma clarificação das leis, dividindo-as em leis em sentido próprio e leis em sentido impróprio: as primeiras são as leis divinas e as leis positivas; as segundas, as normas da moral e as leis em sentido metafórico ou figurativo. O objecto da ciência do Direito (*jurisprudence*) é constituído pelas leis positivas.

Segundo Austin, o termo "comando" deve ser analisado com precisão, pois constitui *"a chave para as ciências da jurisprudência e da moral"* [the key to the sciences of jurisprudence and morals][5]. "Comando" é, na definição de Austin, a expressão de um desejo por parte de um superior de que certas pessoas se comportem de determinada forma, com a particularidade de que as pessoas a quem é expresso o desejo estão sujeitas à imposição de um mal, no caso de não adequação do seu comportamento a um tal desejo. A partir da noção de "comando", Austin procede à definição de "dever", como a possibilidade de ser imposto um mal ao destinatário do comando em caso de não observância, isto é, define "comando" e "dever" como termos correlativos. O mal infli-

---

[4] Sem negligenciar, bem entendido, o facto de que Kelsen se faz eco de um conjunto de investigações em matéria de teoria das normas que marcaram a Teoria do Direito na Alemanha dos finais do século XIX. Refira-se, por exemplo, o penalista Karl Binding (1841-1920) e a sua obra clássica *Die Normen und ihre Übertretung* (1872), August Thon (1839-1912) e a também clássica *Rechtsnorm und subjectives Recht. Untersuchungen zur allgemeinen Rechtslehre* (1878), e, sobretudo, Ernst Rudolf Bierling (1841-1919), cuja monumental *Juristische Prinzipienlehre* (com os diversos volumes publicados entre 1894 e 1917) constitui, porventura, a investigação mais estruturada em matéria de Teoria do Direito de entre todas aquelas que precederam a obra de Hans Kelsen (1881-1973).

[5] Cf. John Austin, *The Province of Jurisprudence Determined*, "Lecture I", pág. 21 [tomamos como referência a edição ao cuidado de Wilfrid E. Rumble, Cambridge, 1995].

gido em caso de não observância do dever imposto pelo comando é a "sanção": na análise de Austin, existe, portanto, uma conexão entre os três conceitos, "comando", "dever" e "sanção".

Nas restantes lições, Austin prossegue o seu esforço analítico no sentido de uma diferenciação entre as leis positivas e os restantes tipos de leis ou normas, procurando delimitar com maior rigor o objecto da ciência do Direito (*jurisprudence*). Na "Lecture IV", aprofunda esta sua explanação sobre as características diferenciadoras das leis positivas ou leis em sentido próprio analisando os conceitos de "soberania" (*sovereignty*), "sujeição" (*subjection*) e "sociedade política independente" (*independent political society*), bem como as suas interrelações. O nosso autor considera que a análise do conceito de "soberania" é um requisito indispensável para a explicação da "natureza" do Direito, que ele caracteriza a partir da ideia de comando de um soberano ou superior político dirigido a uma população que manifesta um hábito de obediência.

A caracterização e os elementos das "prescrições" segundo a teoria geral das normas de von Wright e a definição de John Austin do Direito em termos de comandos do legislador apoiados em sanções coercitivas, bem como a sua análise do elemento de autoridade implicado no Direito na base da relação entre soberano e súbdito, oferecem perspectivas interessantes para a caracterização das normas jurídicas. Uma outra contribuição clássica é a doutrina da norma jurídica completa, de Hans Kelsen (1881-1973). De acordo com esta doutrina, a norma jurídica completa resulta de um processo de reconstrução analítica que incorpora material jurídico disperso por diversas leis, podendo a estrutura lógico-linguística da norma jurídica completa ser explicitada em termos de uma norma hipoteticamente formulada que estabelece as condições de aplicação de sanções coercitivas. Seria esta, segundo Kelsen, a forma "canónica" de representação do Direito como técnica de motivação indirecta de condutas com base em sanções coercitivas socialmente organizadas[6].

A doutrina kelseniana da norma jurídica completa reflectia, aliás, a posição dominante na Teoria do Direito na Alemanha dos finais do século xix: Ernst Rudolf Bierling (1841-1919), por exemplo, reservava a denominação "normas jurídicas autónomas" (*selbständige Rechtssätze*) para os "comandos" (*Gebote*) e as "proibições" (*Verbote*), considerando como "normas jurídicas não autónomas" (*unselbständige Rechtssätze*) todas as disposições (*v. g.*: definições legais, normas

---

[6] Sobre a doutrina kelseniana da norma jurídica completa, cf., por último, Luís Duarte d'Almeida, «In Canonical Form: Kelsen's Doctrine of "Complete" Legal Norm», in: Luís Duarte d'Almeida/John Gardner/Leslie Green (eds.), *Kelsen Revisited. New Essays on the Pure Theory of Law*, Oxford, 2013, págs. 259-282.

de atribuição de competência, normas remissivas, etc.) que por si só e isoladamente não têm aptidão para orientar as condutas[7].

Em termos gerais, deve sublinhar-se a heterogeneidade da estrutura e a diversidade de funções das normas expressadas pelos diferentes tipos de enunciados que ocorrem na linguagem das "fontes", denegando, portanto, a possibilidade de "reduzir" esses diferentes tipos e enunciados a "prescrições", isto é, a enunciados que expressam normas de conduta ou normas primárias de obrigação.

Vamos começar por apontar as deficiências da concepção prescritivista ou imperativista do Direito tomando em consideração o problema das definições legais e dando nota sobre a discussão relativa ao carácter das definições legais.

2.2. As definições legais

Tomamos aqui em consideração apenas as definições legais, aquelas que constam da linguagem das "fontes", e não as definições jurídicas em geral que são fornecidas pela doutrina. Num artigo clássico sobre o carácter e as funções das definições legais, Carlos Alchourrón (1931-1996) e Eugenio Bulygin (1931-   ) interpretam as definições legais como regras semânticas, que visam os seguintes fins, não excludentes entre si: *i*) dar maior precisão a um termo, restringindo o seu alcance; *ii*) ampliar o alcance de um termo para incluir nele situações que não se encontram (ou não se encontram claramente) cobertas pelo seu sentido; *iii*) introduzir um novo termo, inexistente no uso linguístico comum[8]. Por outro lado, relativamente à discussão sobre o carácter das definições legais, Alchourrón e Bulygin fazem ordenar as diversas opiniões a duas teses fundamentais: *i*) a tese normativista e *ii*) a tese da função identificadora. Os nossos autores situam-se entre os defensores da tese da função identificadora e rejeitam a aceitação difusa no mundo jurídico da concepção normativista, aceitação que é indiciada pelo uso pelos juristas de uma terminologia indiscriminada que refere como "norma" qualquer disposição legislativa – as definições são distintas das normas e, como eles dizem, "*o Direito é um conjunto de coisas bastante mais heterogéneas do que costuma crer-se*"[9].

---

[7] Cf. Ernst Rudolf Bierling, *Juristische Prinzipienlehre*, vol. I, Freiburgo e Leipzig, 1894, *maxime* pág. 87.
[8] Cf. Carlos E. Alchourrón e Eugenio Bulygin, «Definiciones y Normas», in: Eugenio Bulygin/ Martin D. Farrell/Carlos S. Nino/Eduardo A. Rabossi (eds.), *El Lenguaje del Derecho. Homenaje a Genaro R. Carrió*, Buenos Aires, 1983, págs. 11-42, *maxime* pág. 22 e seg.
[9] Cf. Carlos E. Alchourrón e Eugenio Bulygin, «Definiciones y Normas», cit., pág. 42.

Kelsen (1881-1973), por seu lado, inclui as definições legais entre as modalidades de "normas jurídicas não autónomas" (*unselbständige Rechtsnormen*), isto é, normas que não prescrevem sanções coercitivas e que só têm carácter normativo em conexão com outros enunciados que estabelecem as condições de aplicação de sanções coercitivas. Diz Kelsen: *"Como normas não autónomas devem finalmente considerar-se ainda aquelas que determinam com maior exactidão o sentido de outras normas, definindo porventura um conceito utilizado na formulação de uma outra norma ou interpretando autenticamente uma norma"*[10]. Esta tese de Kelsen segundo a qual as definições legais são normas jurídicas não autónomas (*unselbstständige Rechtsnormen*) ou "fragmentos" de normas fazia-se, aliás, eco da concepção largamente dominante na doutrina germânica dos finais do século XIX sobre a natureza e o carácter vinculativo das definições legais e que era partilhada, entre outros, por autores como August Thon (1839-1912), Karl Binding (1841--1920), Ernst Rudolf Bierling (1841-1919), Felix Somló (1873-1920) e Ernst Zitelmann (1852-1923). Mais tarde, também Alf Ross (1899-1979) veio a acolher, na esteira de Kelsen, esta tese segundo a qual as definições legais são partes ou "fragmentos" de normas. Uma caracterização semelhante das definições legais na doutrina portuguesa é a de João Baptista Machado (1927-1989), para quem *"os enunciados legais que se limitam a estabelecer definições e classificações não são, evidentemente, normas autónomas ou completas: contêm apenas partes de normas que hão-de integrar outras disposições legais, resultando dessa combinação uma norma completa"*[11].

A caracterização das definições legais como normas jurídicas não autónomas constitui uma variante da tese normativista e é subsidiária da doutrina kelseniana da norma jurídica completa, doutrina segundo a qual as normas jurídicas têm uma estrutura lógico-linguística comum, a prescrição de sanções coercitivas, sendo esta a forma canónica a que pode ser "reduzido" todo o material dado nas disposições legislativas. Há que conceder à tese normativista que as definições legais têm efeitos normativos, no sentido de que uma modificação de uma definição legal tem como resultado uma modificação do *status* normativo de uma acção ou estado de coisas: um sistema normativo é alterado se se alterarem as definições legais que nele figuram. Mas as definições legais

---

[10] Cf. Hans Kelsen, *Teoria Pura do Direito*, tradução da 2ª edição (1960), a cargo de João Baptista Machado, Coimbra, 1976, pág. 91 e seg.
[11] Cf. João Baptista Machado, *Introdução ao Direito e ao Discurso Legitimador*, Coimbra, 1982, pág. 110.

não são, em bom rigor, normas, nem podem ser reduzidas a normas de conduta ou normas primárias de obrigação[12].

As deficiências de uma concepção prescritivista ou imperativista do Direito que vemos evidenciadas a propósito das definições legais manifestam-se, igualmente, a propósito da caracterização das normas de competência (*norms of competence*; *power-conferring rules*; *Ermächtigungsnormen*) e da tentativa de as assimilar a normas de conduta ou normas primárias de obrigação. As normas de competência não são redutíveis ao esquema geral das normas que impõem obrigações ou proibições. Um dos argumentos nesse sentido é o de que enquanto as normas que prescrevem condutas podem ser violadas, decorrendo da violação a aplicação de uma sanção, o não preenchimento de uma condição essencial para o exercício da competência determina uma invalidade: as invalidades não podem ser assimiladas às sanções[13].

2.3. As normas de competência

Herbert Hart (1907-1992) sublinhava que sem a análise das regras que conferem poderes (*power-conferring rules*) não pode oferecer-se uma definição geral ou análise do Direito[14]. Por esse facto, a discussão sobre o carácter e a estrutura lógica das normas de competência mobilizou os autores mais representativos da Teoria do Direito de orientação analítica e da lógica das normas[15]. Pese embora as teses muito díspares sobre o carácter das normas de competência,

---

[12] No século XVIII e até tarde no século XIX, a opinião dominante – *v. g.*: Christian Wolff (1679-1754), Paul Johann Anselm von Feuerbach (1775-1833), Franz von Zeiller (1751-1828), Fridolin Eisele (1837-1920), Otto Fischer (1853-1929), Adolf Wach (1843-1926) – é a de que a definição corresponde a um acto de conhecimento e não a um acto de vontade, pelo que o legislador deve agir com parcimónia nesse domínio: a este propósito, cf., por todos, Friedrich Ebel, *Über Legaldefinitionen*, Berlim, 1974.

[13] A este propósito, cf., por todos, Herbert Hart, *O Conceito de Direito* (1961), tradução a cargo de Armindo Ribeiro Mendes, Lisboa, 1986, *maxime* pág. 41 e segs.

[14] Cf. Herbert Hart, «Legal Powers», in: H. L. A. Hart, *Essays on Bentham. Jurisprudence and Political Theory*, Oxford, 1982, págs. 194-219, pág. 196. Hart usa o termo "poder" (*power*) na mesma acepção com que o faz Hohfeld (1879-1918); o uso linguístico europeu continental e escandinavo atribui à noção de "competência" exactamente o mesmo sentido, pelo que "normas de competência" (*norms of competence*), "normas de atribuição de competência" (*Ermächtigungsnormen*) ou "regras de atribuição de poderes" (*power-conferring rules*) são expressões equivalentes.

[15] Para um panorama geral da discussão, cf. Torben Spaak, *The Concept of Legal Competence. An Essay in Conceptual Analysis*, Dartmouth, 1994; uma exposição clara e pormenorizada é a oferecida por Jordi Ferrer Beltrán, *Las normas de competencia. Un aspecto de la dinámica jurídica*, Madrid, 2000; uma resenha condensada pode encontrar-se em Rafael Hernández Marín, «Autoridad – Competencia», in: Ernesto Garzón Valdés e Francisco J. Laporta (eds.), *El derecho y la justicia*, 2ª edição, Madrid, 2000, págs. 117-131.

§2. A ANÁLISE DA LINGUAGEM DAS "FONTES" JURÍDICOS...

podemos reduzi-las a duas concepções fundamentais: *i*) concepções prescritivistas e *ii*) concepções não prescritivistas. Na primeira coluna, a das concepções prescritivistas, podemos fazer enfileirar as teses de: *i*) Kelsen (1881-1973), para quem as normas de atribuição de competência (*Ermächtigungsnormen*) são "fragmentos" de normas ou "normas jurídicas não autónomas" (*unselbständige Rechtsnormen*); *ii*) Alf Ross (1889-1979), que, em *On Law and Justice* (Berkeley, 1959), defendia que as normas de competência são normas de conduta em formulação indirecta[16]: no dizer de Ross, "*são directivas para o efeito de que as normas criadas em conformidade com um modo de procedimento estabelecido serão olhadas como normas de conduta*"[17]; *iii*) mais matizada é a posição de Georg Henrik von Wright (1916-2003): o nosso autor começa por considerar as normas de competência a partir da análise do carácter das normas de ordem superior, isto é, das normas cujo conteúdo são acções normativas de promulgação, revogação ou derrogação de normas; as normas de ordem superior podem permitir, proibir ou obrigar a realização de uma acção normativa: as normas de competência poderiam, assim, ser interpretadas como normas permissivas de ordem superior[18].

Na coluna das concepções não prescritivistas, poderíamos fazer alinhar as teses de: *i*) Herbert Hart (1907-1992), para quem as normas que conferem poderes (*power-conferring rules*) não são redutíveis ao esquema geral das normas que impõem obrigações ou proibições[19]; *ii*) Eugenio Bulygin (1931-   ), que interpreta as normas de competência como "regras conceptuais"[20], isto é, como "regras constitutivas", no sentido que John R. Searle (1932-   ) atribui à expressão – as regras que instituem certas práticas (*v. g.*: as regras dos jogos)[21]; *iii*) numa linha semelhante, Alf Ross (1889-1979) defende, em *Directives and Norms* (Londres, 1968), a interpretação das normas de competência como "regras constitutivas"[22], afastando-se da tese que tinha apresentado em *On Law and Justice* (Berkeley, 1959), segundo a qual as normas de competência são normas de obrigação indirecta. Ross começa por definir "competência" a partir da noção de "poder" (*power*) de Hohfeld (1879-1918), dizendo que a "competência" é um caso especial de "poder", de aptidão de produção de efeitos jurídicos,

---

[16] Cf. Alf Ross, *On Law and Justice*, Berkeley, 1959, *maxime* págs. 32 e 50.
[17] Cf. Alf Ross, *On Law and Justice*, cit., pág 32.
[18] Cf. Georg Henrik von Wright, *Norm and Action. A Logical Enquiry*, cit. cap., X, 4.
[19] Cf. Herbert Hart, *O Conceito de Direito*, cit., *maxime* cap. III, «A Diversidade das Leis», pág. 33 e segs.
[20] Cf. Eugenio Bulygin, «Sobre las normas de competencia», in: Carlos E. Alchourrón e Eugenio Bulygin, *Análisis lógico y Derecho*, Madrid, 1991, págs. 485-498.
[21] Cf. John R. Searle, *Speech Acts. An Essay in the Philosophy of Language*, Cambridge, 1969, *maxime* pág. 32 e segs.
[22] Cf. Alf Ross, *Directives and Norms*, Londres, 1968, *maxime* pág. 53 e segs.

e define a norma de competência como a norma que institui essa capacidade e estabelece as condições necessárias para o seu exercício[23]; *iv*) o autor norueguês Nils Kristian Sundby (1942-1978) considera as normas de competência como um tipo especial de disposições qualificatórias, isto é, como enunciados metalinguísticos cujo sentido é estabelecer as condições de validade de um acto de produção normativa[24].

Como enunciados que estabelecem as condições de validade de actos de produção normativa, poderíamos ainda, seguindo Riccardo Guastini (1946-   ), assinalar cinco tipos distintos de normas de competência: *i*) normas que conferem uma competência normativa; *ii*) normas que disciplinam o exercício de uma competência normativa; *iii*) normas que circunscrevem o exercício de uma competência normativa; *iv*) normas que estabelecem uma reserva de competência normativa; e *v*) normas que limitam o possível conteúdo normativo de uma competência normativa[25].

As normas de competência reflectem o facto de que o Direito é um sistema normativo complexo e institucionalizado e desempenham, como referimos, um papel central na representação "dinâmica" do Direito positivo. Um outro tipo de enunciados que é essencial para a compreensão da "dinâmica" jurídica é constituído pelas disposições revogatórias.

2.4. As disposições revogatórias

Ao contrário das prescrições ou normas-prescrição, as disposições revogatórias não se referem a condutas, mas à validade de outras normas. Hans Kelsen (1881-1973) inclui-as, por isso, no grupo de normas jurídicas não autónomas (*unselbständige Rechtsnormen*)[26]. No nosso uso linguístico, falamos de "revogação" como forma de eliminação da validade de uma norma por outra norma. Noutras culturas jurídicas e noutras comunidades linguísticas, aquilo que compreendemos por "revogação" aparece referido como "derrogação": Kelsen, por exemplo, define "derrogação" como "*um problema da esfera de validade das nor-*

---

[23] Cf. Alf Ross, *Directives and Norms*, cit., *maxime* pág. 130.
[24] O tratamento mais aprofundado do conceito de "competência" e das normas de competência como disposições qualificatórias é o oferecido por Nils Kristian Sundby, *Om normer* [Sobre as normas], Oslo, 1972; cf., igualmente, Torstein Eckhoff e Nils Kristian Sundby, *Rechtssysteme. Eine systematische Einführung in die Rechtstheorie*, Berlim, 1988, *maxime* pág. 74 e segs. Numa linha semelhante, cf. Rafael Hernández Marín, *Introducción a la teoria de la norma jurídica*, 2ª edição, Madrid, 2002, *maxime* pág. 346 e segs.
[25] Cf. Riccardo Guastini, *Il Giudice e la Legge. Lezioni di Diritto Costituzionale*, Turim, 1995, pág. 136 e segs.; cf., igualmente, Riccardo Guastini, *Distinguendo. Studi di Teoria e Metateoria del Diritto*, Turim, 1996, pág. 266 e segs.
[26] Cf. Kelsen, *Teoria Pura do Direito*, cit., *maxime* pág. 90.

§2. A ANÁLISE DA LINGUAGEM DAS "FONTES"JURÍDICOS...

mas, especialmente da esfera temporal de validade"[27], estando, portanto, a referir-se àquilo que no nosso uso linguístico entendemos por "revogação". No caso da revogação, trata-se da supressão, total ou parcial, da validade de uma norma efectuada por uma outra norma. A revogação é o contrário da promulgação, que consiste na adição de uma norma ou conjunto de normas ao sistema. Promulgação e revogação são actos normativos (ou o resultado de actos normativos) que têm que ver com a esfera temporal de validade das normas e com o conteúdo do sistema jurídico.

A remissão ao momento temporal na identificação e na determinação do conteúdo do sistema jurídico possibilita uma análise mais rigorosa dos actos de promulgação e revogação de normas jurídicas. A propósito do momento temporal na identificação e na determinação do conteúdo do sistema jurídico, Joseph Raz (1939-   ) fala de sistemas jurídicos momentâneos (*momentary legal systems*) e sistemas jurídicos não momentâneos (*non-momentary legal systems*)[28]. Carlos Alchourrón (1931-1996) e Eugenio Bulygin (1931-   ) fazem a distinção entre "sistema jurídico" como sistema momentâneo e "ordem jurídica", como sequência de sistemas momentâneos sucessivos num certo intervalo de tempo: de acordo com a convenção terminológica proposta por estes autores, por "sistema jurídico" deve entender-se um conjunto de normas válidas em certo momento conformemente a certos critérios de pertença, enquanto por "ordem jurídica" se designa uma sequência de sistemas jurídicos[29].

Se, tal como propõem Alchourrón e Bulygin, admitirmos que cada sistema jurídico contém não apenas as normas explicitamente formuladas pela *autoridade normativa* (*i. e.*, pelo emissor da norma), mas também a totalidade das consequências lógicas delas decorrentes, a promulgação da norma **n** implica que no momento **m** o sistema jurídico esteja integrado por **n** mais todas as normas que sejam consequência lógica de **n**: o sistema jurídico é, portanto, constituído pelas normas que foram objecto de promulgação formal ou explícita e pelas normas logicamente derivadas[30]. A revogação expressa é a operação oposta à promulgação formal ou explícita e é também realizada pela *autoridade norma-*

---

[27] Cf. Hans Kelsen, «Derogation», in: Ralph A. Newmann (ed.), *Essays in Jurisprudence in Honor of Roscoe Pound*, Indianápolis, 1962, págs. 339-361, agora in: Hans Klecatsky/René Marcic/Herbert Schambeck (eds.), *Die Wiener rechtstheoretische Schule*, 2º vol., Viena, 1968, págs. 1169-1180, pág. 1170.

[28] Cf. Joseph Raz, *The Concept of a Legal System*, cit., maxime pág. 187 e segs.

[29] Cf., sobretudo, Alchourrón/Bulygin, «Sobre el concepto de orden jurídico», in: Carlos E. Alchourrón e Eugenio Bulygin, *Análisis lógico y Derecho*, cit., págs. 393-407.

[30] Alchourrón e Bulygin baseiam-se na noção de sistema dedutivo elaborada por Alfred Tarski (1901-1983) – cf. Tarski, *Logic, Semantics, Metamathematics*, Oxford, 1956 – para definir o sistema jurídico como um conjunto de enunciados (que formam a base axiomática do sistema) e as suas

tiva. A promulgação formal ou explícita e a revogação expressa constituem formas deliberadas de alteração da ordem jurídica, baseando-se num critério de "legalidade", como critério "dinâmico" de identidade da ordem jurídica; as normas logicamente derivadas baseiam-se num critério de "dedutibilidade", como critério "estático" de identidade do sistema jurídico momentâneo. Mas a promulgação e a revogação não são operações simétricas: o acto de promulgação não provoca aquilo que Alchourrón e Bulygin referem como "indeterminação lógica" do sistema, enquanto o acto de revogação, incidindo sobre normas que foram objecto de promulgação formal, não é suficientemente determinado em relação às normas logicamente derivadas que são afectadas pela revogação[31].

A revogação expressa diz-se "nominada" quando a disposição revogatória indica com precisão o objecto sobre que incide: "Consideram-se revogados os artigos x e y da lei l"; diz-se "inominada" quando é uma disposição revogatória genérica: "Considera-se revogada toda a legislação em contrário". No caso de revogação expressa, tanto nominada como inominada, as disposições revogatórias são disposições de segundo grau, que expressam metanormas, isto é, normas sobre normas. Para além destas formas de revogação expressa, deve considerar-se também a revogação tácita ou por incompatibilidade, de acordo com o princípio segundo o qual a norma posterior prevalece sobre a anterior (*lex posterior derogat priori*): neste caso, estamos perante um princípio de resolução de conflitos normativos e não perante um processo intencional de alteração normativa, como no caso da revogação expressa.

No Direito português, os tipos de revogação estão estabelecidos no nº 2 do art. 7º do Código Civil, que consagra três tipos de revogação: *i*) revogação expressa; *ii*) revogação tácita; *iii*) revogação sistemática. Este último tipo verifica-se quando se conclui que é intenção do legislador que certo diploma passe a ser o único a regular determinada matéria.

Diz o nº 2 do art. 7º do Código Civil: *"A revogação pode resultar de declaração expressa, da incompatibilidade entre as novas disposições e as regras precedentes ou da circunstância de a nova lei regular toda a matéria da lei anterior"*.

Da revogação, como forma de eliminação da validade de uma norma por outra norma, há que distinguir a abrogação pelo costume ou *desuetudo*, em que

---

consequências dedutivas: cf. Carlos E. Alchourrón e Eugenio Bulygin, *Normative Systems*, Viena/Nova Iorque, 1971, *maxime* pág. 54.

[31] A este propósito, cf., com maior pormenor, Eugenio Bulygin, «Logische Fragen der Gesetzgebungstechnik», in: Jürgen Rödig (ed.), *Studien zu einer Theorie der Gesetzgebung*, Berlim, 1976, págs. 612-627, *maxime* pág. 617 e seg.

a norma é eliminada por perda de eficácia. E também a declaração de nulidade de normas e a desaplicação de normas em razão de vícios de inconstitucionalidade. No entanto, a declaração de inconstitucionalidade com força obrigatória geral de uma norma pelo Tribunal Constitucional constitui também uma forma de eliminação da validade de normas, pois o Tribunal Constitucional, para além de órgão jurisdicional, é também *autoridade normativa*, funciona, como dizia Kelsen, como "legislador negativo", em termos de "rejeição" (*Verwerfung*) da lei inconstitucional.

Quanto ao estatuto das disposições revogatórias, trata-se de disposições de segundo grau, que não podem, portanto, ser logicamente reduzidas a enunciados normativos ou deônticos. A propósito do estatuto das disposições revogatórias, há que recordar a caracterização de Kelsen destas disposições como "normas jurídicas não autónomas" (*unselbständige Rechtsnormen*), na 2ª edição (1960) de *Teoria Pura do Direito*; no entanto, no artigo de 1962, já mencionado, «Derogation», e na obra póstuma (1979) *Teoria Geral das Normas*, Kelsen afasta-se desta caracterização e reconhece a especificidade da função normativa desempenhada por este tipo de normas: no elenco das funções normativas, Kelsen distingue agora as funções de comando, permissão, atribuição de competência e revogação[32].

Por último, de entre os enunciados jurídicos que não são logicamente redutíveis a enunciados normativos (*stricto sensu*) ou deônticos (*ought-statements*), isto é, a enunciados que estabelecem uma conduta como devida, procuremos caracterizar o estatuto e a função das disposições remissivas: em termos genéricos, as disposições remissivas funcionam como instrumento de técnica legislativa para complementação de uma disposição parcialmente incompleta mediante elementos de uma outra ou outras disposições.

2.5. As disposições remissivas

As disposições remissivas não regulam directamente uma certa matéria, antes tornam indirectamente aplicáveis as disposições que são objecto de remissão. A remissão tanto pode estar dirigida ao segmento de estatuição da disposição objecto da remissão (que expressa a norma *ad quam*, a norma para que se remete), como ao segmento de previsão: no primeiro caso, amplia o âmbito de

---

[32] Sobre este ponto, cf. as considerações de Kelsen desenvolvidas em *Allgemeine Theorie der Normen*, Viena, 1979, cap. 27, IV. Para uma visão geral sobre a evolução do pensamento de Kelsen a este propósito, cf. Josep Aguiló Regla, «La Derogación de Normas en la Obra de Hans Kelsen», in: *Doxa* 10 (1991), págs. 223-258.

aplicação da disposição objecto da remissão; no segundo, contribui para a definição da hipótese ou previsão legal[33].

Vejamos, como exemplos de remissão para a estatuição: o n.º 2 do art. 394.º do CC, que alarga a inadmissibilidade da prova testemunhal estabelecida no n.º 1 à prova do acordo simulatório e ao negócio dissimulado, quando invocado pelos simuladores; o art. 433.º do CC, que equipara a resolução do contrato, quanto aos efeitos, à nulidade ou anulabilidade do negócio jurídico (remetendo, assim, para o art. 289.º do CC). Como exemplo de remissão para a previsão veja-se o art. 947.º do CC: "*A doação pode ser revogada por ingratidão, quando o donatário se torne incapaz, por indignidade, de suceder ao doador, ou quando se verifique alguma das ocorrências que justifiquem a deserdação*" – neste caso, existe remissão para o art. 2166.º do CC (causas de justificação da deserdação), sendo que o n.º 2 do art. 2166.º do CC equipara o deserdado ao indigno para todos os efeitos legais, operando, assim, uma remissão para o art. 2037.º do CC (efeitos da indignidade). O objectivo é estabelecer em que circunstâncias é conferido ao doador o direito potestativo de revogar a doação.

As disposições remissivas não se confundem com as normas de conflitos (arts. 25.º a 65.º do CC), que estabelecem critérios de devolução de competência a outras ordens jurídicas para o julgamento de litígios, atendendo a elementos de conexão territorial[34]. Em contrapartida, as "ficções legais" são equiparadas por parte da doutrina às disposições remissivas, considerando que funcionam como remissões implícitas, por via de uma assimilação fictícia dos antecedentes normativos[35]. Faz uso desta técnica de remissão implícita, por exemplo, o art.

---

[33] Uma análise das diversas modalidades de remissão pode encontrar-se, por exemplo, em Ernst Rudolf Bierling, *Juristische Prinzipienlehre*, vol. I, cit., pág. 100 e seg.

[34] Neste mesmo sentido, cf., entre nós, João Baptista Machado, *Introdução ao Direito e ao Discurso Legitimador*, cit., pág. 108; em sentido contrário, José de Oliveira Ascensão, *O Direito. Introdução e Teoria Geral*, Coimbra, 1993, pág. 538.

[35] Sobre as ficções legais como técnicas remissivas, cf., por exemplo, Ernst Rudolf Bierling, *Juristische Prinzipienlehre*, vol. I, cit., pág. 101 e seg.; Felix Somló, *Juristische Grundlehre* (1917), reimpressão, Aalen, 1973, pág. 525; Alf Ross, *Directives and Norms*, Londres, 1968, pág. 31; Dieter Meurer, «Die Fiktion als Gegenstand der Gesetzgebungslehre», in: Jürgen Rödig (ed.), *Studien zu einer Theorie der Gesetzgebung*, cit., págs. 281-295, *maxime* pág. 285 e segs. Um enquadramento filosófico das ficções legais pode encontrar-se em Hans Kelsen, «Zur Theorie der juristischen Fiktionen. Mit besonderer Berücksichtigung von Vaihingers Philosophie des Als-ob», in: *Annalen der Philosophie* 1 (1919), págs. 630-658, agora in: Hans Klecatsky/René Marcic/Herbert Schambeck (eds.), *Die Wiener rechtstheoretische Schule*, 2.º vol., Viena, 1968, págs. 993-1014; com interesse, igualmente, Josef Esser, *Wert und Bedeutung der Rechtsfiktionen*, 2.ª edição, Francoforte, 1969. Uma parte da doutrina rejeita a equiparação das ficções legais às disposições remissivas, preferindo enquadrá-las, conjuntamente com as definições legais, nas "disposições qualifi-

805º, nº 2, alínea c), do CC, que estabelece que se o devedor impedir a interpelação, considera-se interpelado na data em que normalmente o teria sido.

Com esta análise da tipologia dos enunciados que integram a linguagem das "fontes", quisemos evidenciar que nem todos esses enunciados são enunciados normativos (*sctricto sensu*) ou deônticos ou podem ser reduzidos a enunciados que expressam "prescrições". Esta diversidade torna evidente que o Direito não é um sistema normativo simples, composto unicamente por normas de conduta ou normas primárias de obrigação, mas um sistema normativo complexo e institucionalizado.

Concluída a análise das funções normativas no quadro da elaboração de uma tipologia dos enunciados jurídicos, há que chamar a atenção para o facto de que na determinação das consequências normativas em relação a certas matérias ou casos, os juízes podem encontrar soluções normativas não apenas com base em normas (ou "regras") como também em princípios jurídicos. Estas duas espécies normativas – normas (ou "regras") e princípios – possuem características estruturais e funcionais distintas, como vamos procurar explicitar em seguida. Mas o reconhecimento de um conjunto de características diferenciadoras dos princípios em relação às normas (ou "regras") não contraria as teses centrais do legalismo e do formalismo metodológico sobre a estrutura do sistema jurídico e o processo de argumentação judicial, como pretendem algumas concepções principialistas do Direito, de recorte jusnaturalista.

catórias": nesta linha, cf., por exemplo, Rafael Hernández Marin, «Ficciones Jurídicas», in: *Doxa* 3 (1986), págs. 141-147.

§3. Normas e princípios

§3. Normas e princípios

De acordo com os postulados gerais do legalismo e do formalismo metodológico, a aplicação de normas (ou "regras") gerais a casos individuais é justificada na base da correspondência entre as circunstâncias do caso individual e a descrição em abstracto do comportamento contida na norma (ou "regra"). É evidente que o processo de aplicação do Direito, isto é, o modo como os juízes decidem casos individuais com base em normas gerais, é um processo muito mais complexo. Em primeiro lugar, a norma (ou "regra") é o conteúdo de significação da "formulação normativa" ou "disposição normativa": a norma (ou "regra") é o *resultado* de um processo de interpretação[1]. Logo aí confronta-se o processo de aplicação do Direito com problemas de indeterminação semântica, que são característicos das linguagens naturais e que tornam impreciso o âmbito de aplicação dos enunciados e conceitos[2].

Este problema de base agudiza-se quando na fundamentação da decisão se recorre a uma espécie normativa distinta das normas (ou "regras"): os princípios jurídicos. Os princípios jurídicos carecem de pressupostos tipificados

---

[1] Esta distinção analítica entre as "formulações normativas ou "disposições normativas" como entidades linguísticas – e as "normas"– como entidades semânticas – pode ser traduzida numa distinção institucional, com vista a sublinhar a diferenciação entre a actividade dos órgãos de *criação* do Direito (que emitem as "formulações" ou "disposições") e a actividade de *interpretação* e *aplicação* do Direito (que leva a cabo a derivação das "normas" das "formulações normativas" ou "disposições normativas"): neste sentido, cf., por exemplo, Riccardo Guastini, «Disposizione vs. norma», in: Riccardo Guastini, *Dalle fonti alle norme*, Turim, 1990, págs. 15-33. Numa outra perspectiva, poderíamos concluir que as doutrinas sobre a interpretação jurídica ou "convenções interpretativas" – que prescrevem o modo como as normas devem ser derivadas dos enunciados linguísticos das "fontes" – têm um carácter constitutivo do Direito positivo: modificadas as "convenções interpretativas", modifica-se, de facto, o Direito vigente.

[2] Sobre os problemas de indeterminação semântica na aplicação do Direito, cf. *infra*, 5.1.

de previsão e estatuição, pelo que são afectados por um muito maior grau de indeterminação semântica do que os enunciados que formulam normas (ou "regras"). Além disso, um grande número de princípios jurídicos não decorre de estatuições do legislador, sendo, antes, o resultado da actividade jurisprudencial ou doutrinal.

A "natureza" dos princípios jurídicos e os critérios de distinção entre princípios e normas (ou "regras"), como espécies normativas diferenciadas, são temas abundantemente tratados na Teoria do Direito e na metodologia jurídica[3]. Mas, mais do que isso, com base nessa problematização, pretendeu-se contradizer as teses do legalismo e do formalismo metodológico. Na cultura jurídica europeia continental, no quadro de uma orientação metodológica de Jurisprudência de valoração (*Wertungsjurisprudenz*) – orientação que, basicamente, visa tornar operacional um conceito de Direito vinculado a valores[4] –, colocou-se a ênfase na dimensão axiológico-material dos princípios jurídicos. Na cultura jurídica anglo-americana, a questão dos princípios jurídicos serviu de ponto de partida para o ataque lançado por Ronald Dworkin (1931-2013) contra o positivismo jurídico, na base da alegação de que os princípios escapam aos critérios positivistas de validade, que são, fundamentalmente, critérios de origem (*pedigree*) e hierarquia formal[5]. Fazendo confluir as teses de Dworkin sobre os princípios e a sua teoria normativa da aplicação jurisdicional do Direito com a concepção material-axiológica do Direito característica

---

[3] De entre a interminável literatura, refira-se: Giorgio del Vecchio, «Sui principi generali del diritto», in: *Archivio giuridico* LXXXV (1921), págs. 39-90; Josef Esser, *Grundsatz und Norm in der richterlichen Fortbildung des Privatrechts*, Tübingen, 1956; Norberto Bobbio, «Principi generali di diritto» (1966), agora in: Norberto Bobbio, *Contributi ad un dizionario giuridico*, Turim, 1994, págs. 257-299; Ronald Dworkin, «The Model of Rules I», in: Ronald Dworkin, *Taking Rights Seriously*, Londres, 1977, págs. 14-45; Franz Bydlinski, *Fundamentale Rechtsgrundsätze*, Viena, 1988; Robert Alexy, «Zum Begriff des Rechtsprinzips», in: *Rechtstheorie* Beiheft 1 (1979), págs. 59-87; Jan-R. Sieckmann, «Principles as Normative Arguments», in: *Rechtstheorie* Beiheft 21 (2005), págs. 197-210; Ralf Poscher, «Principles: How Many Theories? What Merit?», in: Matthias Klatt (ed.), *Institutionalized Reason. The Jurisprudence of Robert Alexy*, Oxford, 2012, págs. 218-247; Mario Jori, «I principi nel diritto italiano», in: Mario Jori, *Saggi di Metagiurisprudenza*, Milão, 1985, págs. 301-332; Riccardo Guastini, «I principi nel diritto positivo», in: Riccardo Guastini, *Distinguendo. Studi di teoria e metateoria del diritto*, Turim, 1996, págs. 115-145; Paolo Comanducci, «Principi giuridici e indeterminazione del diritto», in: Paolo Comanducci, *Assagi di metaetica due*, Turim, 1998, págs. 81-95; Manuel Atienza e Juan Ruiz Manero, «Sobre principios y reglas», in: *Doxa* 10 (1991), págs. 101-120; Humberto Ávila, *Teoria dos Princípios – da definição à aplicação dos princípios jurídicos*, 4ª edição, São Paulo, 2004; António Cortês, *Jurisprudência dos Princípios. Ensaio sobre os Fundamentos da Decisão Jurisdicional*, Lisboa, 2010.

[4] Sobre as pressuposições desta orientação metodológica, cf., com maior pormenor, *infra*, *maxime* 11.2.

[5] Cf., sobretudo, Ronald Dworkin, «The Model of Rules I», cit.

§3. NORMAS E PRINCÍPIOS

da Jurisprudência de valoração (*Wertungsjurisprudenz*) continental, Robert Alexy (1945-   ) sublinha a dimensão ético-deontológica dos princípios jurídicos e apresenta-os como premissas de um raciocínio prático justificatório. Vamos englobar estas linhas de contestação ao positivismo legalista e ao formalismo metodológico sob a designação genérica de "*concepções principialistas do Direito*", como defesa de um modelo axiológico-normativo ou ético-deontológico do Direito.

Antes, porém, de caracterizarmos a concepção principialista do Direito e as linhas gerais do seu ataque ao positivismo legalista e ao formalismo metodológico, vamos indicar, numa breve revista, os critérios de distinção entre normas (ou "regras") e princípios que são usualmente avançados pela doutrina.

3.1. A distinção entre normas e princípios

O primeiro critério de diferenciação entre normas (ou "regras") e princípios tem que ver com as características estruturais das "formulações normativas" ou "disposições normativas" de onde se retiram normas e princípios. A este propósito, poderíamos explicitar ainda dois sub-critérios: *i)* o maior grau de indeterminação semântica dos enunciados que formulam "princípios"; *ii)* a estrutura lógico-gramatical hipotético-condicional dos enunciados que formulam "normas" e a estrutura categórica dos enunciados que formulam "princípios" (*v. g.*: "A integridade moral e física das pessoas é inviolável" – nº 1 do art. 25º da Constituição da República Portuguesa). Os critérios linguísticos lançam alguma luz sobre a estrutura argumentativa das decisões baseadas em princípios jurídicos, mas deparam, desde logo, com uma dificuldade: existem princípios jurídicos desprovidos de formulação linguística em textos normativos, os chamados *princípios jurídicos implícitos*, que são obtidos mediante dedução lógica do texto legal; por outro lado, a estrutura lógico-gramatical hipotético-condicional é característica apenas dos enunciados que expressam "prescrições" ou normas prescritivas[6]; por último, as "formulações normativas" ou disposições normativas" são, todas elas, afectadas pela indeterminação semântica que é inerente a qualquer linguagem natural, pelo que o critério da indeterminação semântica exprime uma diferenciação "fraca" (relativa ao **grau** de indeterminação) entre normas (ou "regras") e princípios.

Relacionada com o carácter estruturalmente vago dos enunciados que formulam princípios jurídicos está a ideia do grau de contribuição do aplicador do Direito para a conformação da pauta normativa: costuma dizer-se que a norma é obtida por via de "interpretação" e o princípio por via de "construção" a partir dos enunciados linguísticos que os expressam; a determinação do conteúdo

---

[6] Sobre a estrutura lógico-gramatical das "prescrições" ou normas prescritivas, cf. *supra*, 2.1.

normativo dos princípios requer um continuado processo de "densificação", que é obra, sobretudo, da jurisprudência dos tribunais[7].

Na mesma linha de considerações, poder-se-ia concluir que, expressando as normas orientações determinadas, a sua aplicação obedece a uma lógica de **subsunção**, enquanto a aplicação dos princípios obedece a uma lógica de **ponderação**[8]. Como é que se caracterizam, respectivamente, a lógica de **subsunção** e a lógica de **ponderação**? Na lógica de subsunção, a aplicação da norma baseia-se na correspondência entre as características do caso individual e a descrição do comportamento contida no antecedente normativo. Na lógica de ponderação, a aplicação depende de razões vinculadas ao caso: recorrendo a uma noção hoje muito em voga, a de "revogabilidade" (*defeasibility*), poder-se-ia dizer que uma característica dos princípios é o grau forte de "revogabilidade" (*defeasibility*) isto é, os princípios, como espécies normativas caracterizadas por um elevado grau de indeterminação, consubstanciam orientações *prima facie*, que podem ser corrigidas em razão de princípios concorrentes, ponderadas as circunstâncias específicas do caso individual[9].

Em termos resumidos: a distinção entre normas (ou "regras") e princípios assenta, simultaneamente, em critérios baseados na análise linguística e lógica de enunciados e no critério da natureza da justificação exigida na aplicação, sendo que existe uma relação de congruência e complementaridade entre estes dois critérios: o maior grau de indeterminação dos enunciados que expressam princípios, traduzido na ausência de pressupostos tipificados de previsão e estatuição, tem como consequência o facto de que o raciocínio jurídico baseado em princípios requer uma justificação argumentativa, enquanto o raciocínio jurídico baseado em normas (ou "regras") se aproxima de um modelo lógico-dedutivo ou lógico-subsuntivo de justificação.

Antes de procedermos a uma maior explicitação destes critérios, é conveniente advertir que com a designação "princípios jurídicos" se referem entida-

---

[7] Como observa Karl Larenz, "... o princípio não contém ainda nenhuma *especificação de previsão e consequência jurídica mas só uma "ideia jurídica geral"*, pela qual se orienta a concretização ulterior como por um fio condutor" – cf. Karl Larenz, *Metodologia da Ciência do Direito*, tradução da 6ª edição (1991), a cargo de José Lamego, Lisboa, 1997, pág. 674.
[8] A este propósito, cf., por exemplo, Robert Alexy, «On Balancing and Subsumption. A Structural Comparison», in: *Ratio Juris* 16 (2003), págs. 433-449.
[9] Sobre este ponto, cf. Martin Borowski, «Rules, Principles, and Defeasibility», in: *Archiv für Rechts- und Sozialphilosophie* Beiheft 19 (2010), págs. 79-91; cf., igualmente, Manuel Atienza e Juan Ruiz Manero, «Rules, Principles, and Defeasibility», in: Jordi Ferrer Beltrán e Giovanni Battista Ratti (eds.), *The Logic of Legal Requirements. Essays on Defeasibility*, Oxford, 2012, págs. 238-253. Defendendo uma concepção dos princípios como normas *prima facie* ou *pro tanto*, cf. Nils Jansen, *Die Struktur der Gerechtigkeit*, Baden-Baden, 1998, *maxime* pág. 81.

§3. NORMAS E PRINCÍPIOS

des que são muito diferentes entre si, a saber: *i*) princípios normativos (*v. g*.: o princípio da boa fé na execução dos contratos); *ii*) directrizes ou normas programáticas (*v. g*.: as disposições do art. 9º da CRP, que enuncia as "tarefas fundamentais do Estado"); *iii*) princípios sistemáticos (*v. g*.: o princípio do carácter relativo dos direitos de crédito); *iv*) princípios organizatórios (*v. g*.: os princípios processuais); *v*) princípios ou máximas de origem doutrinal, as chamadas *regulae juris* (*v. g*.: o princípio *cessante ratione legis, cessat lex ipsa*, o princípio *lex specialis derogat legi generali*, etc.).

A explicitação do modo como os princípios funcionam como base de justificação das decisões judiciais não pode deixar de ter em conta esta diversidade. No que segue, vamos concentrar a nossa atenção nos princípios jurídicos que referimos como "princípios normativos": a este tipo de princípios costuma ser reconhecido um carácter ético-jurídico fundamental, pelo que a doutrina os designa habitualmente como "princípios ético-jurídicos"[10].

3.2. Princípios normativos e princípios sistemáticos

Apesar de ser, por vezes, difícil traçar uma linha divisória estrita entre a função representativa de um princípio jurídico e a sua função de regulação, parece evidente que a função de regulação de um princípio sistemático (como, por exemplo, o princípio do carácter relativo dos direitos de crédito) não é análoga à função de regulação de um princípio normativo (como, por exemplo, o princípio da boa fé): a propósito deste último tipo de princípios, fala-se de "*um excesso de conteúdo deontológico ou, se quisermos, axiológico*" face à generalidade das normas escritas[11]. Poderíamos dizer a propósito dos princípios normativos que se trata das valorações fundamentais subjacentes ao ordenamento jurídico positivo ou a sectores particulares do ordenamento – mas, nessa base, dever-se-ia concluir que também desempenham uma função representativa: ajudam à representação das conexões materiais intrínsecas ao ordenamento ou a certos sectores do ordenamento, isto é, contribuem para a construção do "sistema interno" do Direito positivo, que pode, assim, ser definido como "*ordem axiológica ou teleológica de princípios jurídicos gerais*"[12].

---

[10] Cf., por exemplo, Karl Larenz, *Metodologia da Ciência do Direito*, cit., *maxime* pág. 599. Entre nós, João Baptista Machado (1927-1989) refere esta categoria de princípios como "*princípios fundamentais de Direito*", distinguindo-os dos "*princípios gerais do ordenamento interno*", aos quais atribui uma função meramente representativa e integradora: cf. João Baptista Machado, Introdução ao Direito e ao Discurso Legitimador, Coimbra, 1982, pág. 163 e seg. A. Castanheira Neves (1929-) usa a designação "princípios axiológico-normativos".
[11] Cf. Emilio Betti, *Interpretazione della Legge e degli Atti Giuridici*, Milão, 1971, pág. 205.
[12] Usando a formulação de Claus-Wilhelm Canaris, *Pensamento Sistemático e Conceito de Sistema na Ciência do Direito*, tradução da 2ª edição (1983), a cargo de António Menezes Cordeiro, Lisboa,

Os princípios sistemáticos resultam de abstracções lógicas de regulamentações legais[13]. A este tipo de princípios assinala-se uma função essencialmente representativa – mas podem exercer, simultaneamente, uma função de integração, como base de uma analogia global ou *analogia juris*. Como mera representação de normas particulares do sistema, das quais são inferidos por abstracção lógica, os princípios sistemáticos não suscitam problemas particulares em termos de doutrina das "fontes" e da estrutura de justificação das decisões judiciais.

Já os princípios normativos colocam dificuldades de vária ordem: por vezes, não encontram expressão directa num texto legal (*v. g.*: o princípio da tutela da confiança dos cidadãos na actuação dos poderes públicos, princípio que o Tribunal Constitucional faz decorrer do princípio do Estado de Direito democrático – art. 2º da CRP)[14]; na ausência de pressupostos tipificados de previsão e estatuição, a justificação da decisão com base num princípio tem um carácter menos rigoroso do que a justificação com base numa norma, etc. Por esse facto, difundiu-se a opinião de que a percepção adequada do modo como os princípios operam no raciocínio jurídico supõe a superação do legalismo e do formalismo em relação aos métodos de aplicação do Direito. A discussão sobre os princípios jurídicos suporia, assim, não apenas a análise das características dos princípios jurídicos como espécies normativas distintas das normas (ou "regras"), mas teria implicações ao nível da própria compreensão da juridicidade do Direito positivo: é esta a tese central das concepções principialistas do Direito.

Na doutrina portuguesa, tem largo curso uma abordagem do problema dos princípios jurídicos baseada em pressuposições de filosofia do Direito de

---

1989, *maxime* pág. 77. Sobre a construção do "sistema interno" do Direito positivo, cf. *infra*, §6.

[13] Josef Esser (1910-1999) chama a estes princípios "princípios axiomáticos": cf. Josef Esser, *Grundsatz und Norm in der richterlichen Fortbildung des Privatrechts*, cit., *maxime* pág. 52 e segs. Na doutrina portuguesa, João Baptista Machado (1927-1989) refere os princípios sistemáticos como "princípios gerais do ordenamento interno", caracterizando-os *"... como princípios de Direito aos quais pode ser reconduzida uma pluralidade de normas legais ou cuja adopção pelo ordenamento positivo vigente se pode por vezes induzir do seu aflorameno numa ou noutra solução estabelecida pela lei. Estes princípios são particularmente importantes no domínio da interpretação e, sobretudo, da integração do ordenamento vigente (cfr. Art. 10º, 3)"* – cf. João Baptista Machado, *Introdução ao Direito e ao Discurso Legitimador*, cit., pág. 164.

[14] Sobre o papel da doutrina e da jurisprudência dos tribunais na formulação de princípios por referência a textos legais, cf., em geral, Franz Wieacker, *Zur rechtstheoretische Präzisierung des §242 BGB*, Tübingen, 1955; com referência, em especial, ao princípio da tutela da confiança na jurisprudência do Tribunal Constitucional português, cf., por todos, Jorge Reis Novais, *Os Princípios Constitucionais Estruturantes da República Portuguesa*, Coimbra, 2004, *maxime* pág. 261 e segs.

§3. NORMAS E PRINCÍPIOS

recorte jusnaturalista, em primeiro lugar, na tese segundo a qual a juridicidade do Direito positivo não se pode bastar com a estrita positividade, mas requer uma dimensão material de validade, que lhe é conferida pelos princípios, como representações de *"postulações eliciadas da própria 'ideia de Direito'"* (João Baptista Machado), como *"constitutivos fundamentos de validade da própria juridicidade"* (A. Castanheira Neves) ou como *"preceitos que atingem e remetem para o núcleo essencial da ideia de Direito"* (António Cortês). Justifica-se, pois, o exame das repercussões metodológicas decorrentes do enquadramento do papel dos princípios jurídicos numa compreensão "material" da juridicidade do Direito positivo que é característica destas concepções, que, por comodidade, designamos aqui como "concepções principialistas do Direito".

3.3. As concepções principialistas do Direito

As concepções principialistas do Direito podem ser caracterizadas a partir da defesa de três teses fundamentais: *i*) expressando os princípios valores superiores do ordenamento jurídico, a sua autoridade normativa decorre directamente da sua dimensão axiológico-material; *ii*) a prioridade axiológico-normativa dos princípios jurídicos legitima a decisão *contra legem*, fazendo valer no caso individual critérios de justiça material; *iii*) a aplicação dos princípios jurídicos é regida por uma lógica de ponderação e não de subsunção – a lógica de ponderação obedece a considerações de razoabilidade e de justiça ligadas às circunstâncias do caso individual.

A defesa destas três teses em comum não significa que a visão principialista do Direito apresente um perfil rigorosamente unitário: certas variantes assumem um recorte mais ontológico, defendendo que os princípios remetem para o núcleo essencial da ideia de Direito (*Rechtsidee*) ou efectuam uma mediação entre a ideia de Direito (*Rechtsidee*) e o Direito positivo[15]; outras apontam a um modelo tópico-argumentativo, considerando-os como conteúdos pré-positivos que devem ser feitos valer no processo de realização do Direito, em ordem à justiça material da decisão[16]; outras ainda referem os princípios jurídicos como expressão das exigências da razão prática, com vista ao assegura-

---

[15] Cf., nesta linha, por exemplo, Karl Larenz, *Richtiges Recht. Grundzüge einer Rechtsethik*, Munique 1979; Arthur Kaufmann, *Recht und Sittlichkeit*, Tübingen, 1964; entre nós, cf. A. Castanheira Neves, «A unidade do sistema jurídico: o seu problema e o seu sentido» in: A. Castanheira Neves, *Digesta. Escritos acerca do Direito, do Pensamento Jurídico, da sua Metodologia e Outros*, vol. 2º, Coimbra, 1995, págs. 94-180; João Baptista Machado, *Introdução ao Direito e ao Discurso Legitimador*, cit., maxime pág. 164; António Cortês, *Jurisprudência dos Princípios. Ensaio sobre os Fundamentos da Decisão Jurisdicional*, cit., maxime pág. 142 e segs.

[16] Nesta linha, cf., sobretudo, Josef Esser, *Grundsatz und Norm in der richterlichen Fortbildung des Privatrechts*, cit.

mento da correcção (*Richtigkeit*) da decisão judicial[17]. Trata-se, no entanto, em todas essas variantes, da defesa de uma visão "substancialista" do Direito: ao nível da metodologia jurídica, esta compreensão "material" da juridicidade do Direito positivo está subjacente às orientações habitualmente designadas como "Jurisprudência de valoração" (*Wertungsjurisprudenz*) e a um seu sucedâneo, o "constitucionalismo" principialista[18].

3.3.1. A dimensão axiológico-material dos princípios jurídicos

Uma das características que costuma ser identificada nos princípios jurídicos – nos denominados "princípios ético-jurídicos" ou "princípios normativos" – é o seu conteúdo material de justiça[19]. Daí que os representantes das concepções principialistas do Direito reconduzam a autoridade normativa dos princípios ao seu carácter ético-jurídico fundamental e não a critérios de validade formal.

A generalidade destes autores parte da diferenciação entre "lei" e "Direito" para refutar as orientações metodológicas legalistas e formalistas: Arthur Kaufmann (1923-2001), por exemplo, configura o processo de realização do Direito em termos de uma estrutura escalonada em que o estrato mais elevado é constituído pelo sistema dos princípios jurídicos gerais, sendo os outros estratos relativos às normas jurídicas (*Rechtsnormen*) e às decisões judiciais (*Rechtsentscheidungen*)[20]; entre nós, A. Castanheira Neves (1929-   ) sustenta, igualmente, que os princípios jurídicos, enquanto ideias valorativas fundamentais, consubstanciam o primeiro dos estratos do processo de realização do Direito[21]; Robert Alexy (1945-   ) considera os princípios jurídicos como "*non--authoritative legal reasons*", em contraposição às "*authoritative reasons*" do Direito legislado[22].

---

[17] Cf., por exemplo, Robert Alexy, «Rechtssystem und praktische Vernunft», in: *Rechtstheorie* 18 (1987), págs. 405-419.
[18] Para uma caracterização destas orientações metodológicas, cf. *infra*, 11.2 e 11.3.
[19] Cf., por exemplo, Karl Larenz, *Metodologia da Ciência do Direito*, cit., pág. 599; Arthur Kaufmann, «Gesetz und Recht», in: *Existenz und Ordnung. Festschrift für Erik Wolf zum 60. Geburtstag*, Francoforte, 1962, págs. 357-397, agora in: Arthur Kaufmann, *Rechtsphilosophie im Wandel. Stationen eines Weges*, 2ª edição, Colónia, 1984, págs. 131-165; A. Castanheira Neves, *Metodologia Jurídica. Problemas Fundamentais*, Coimbra, 1993, *maxime* pág. 282; António Cortês, *Jurisprudência dos Princípios. Ensaio sobre os Fundamentos da Decisão Jurisdicional*, cit., *maxime* pág. 228 e segs.
[20] Cf. Arthur Kaufmann, «Gesetz und Recht», cit. Sobre o "modelo da equiparação" (*Gleichsetzungsmodell*) da realização do Direito de Arthur Kaufmann, cf., com maior pormenor, *infra*, 8.3.1.
[21] Cf. A. Castanheira Neves, *Metodologia Jurídica. Problemas Fundamentais*, cit., *maxime* pág. 155 e segs.
[22] Cf. Robert Alexy, «An Answer to Joseph Raz», in: George Pavlakos (ed.), *Law, Rights and Discourse. The Legal Philosophy of Robert Alexy*, Oxford, 2007, págs. 37-55, *maxime* pág. 51.

§3. NORMAS E PRINCÍPIOS

Para estes autores, os princípios jurídicos são critérios de uma juridicidade supralegal, entendendo eles que o Direito, enquanto "ordem de validade" ou sistema de "razões para a acção" (*reasons for action*), constitui uma realidade mais abrangente do que a lei[23]. Na base dessas considerações, atribuem aos princípios jurídicos uma força de expansão que não é de índole lógica ou dogmática, mas de índole valorativa ou axiológica. Por último, fazem decorrer da tese da prioridade axiológico-normativa dos princípios jurídicos a admissibilidade de decisões rectificadoras ou contrárias aos preceitos legais expressos, ou, para usar o modo de expressão de A. Castanheira Neves, a possibilidade de *"correcção, preterição ou superação conforme os princípios"* do Direito legislado[24].

3.3.2. A prioridade axiológico-normativa dos princípios jurídicos
O entendimento dos princípios como critérios de uma juridicidade supralegal tem a sua projecção metodológica mais óbvia, mas também mais controvertida, na tese da admissibilidade do desenvolvimento judicial do Direito *contra legem*, como prevalecimento da *ratio juris* sobre a *ratio legis*, fazendo valer o "sentido específico da juridicidade" – para usar, de novo, o modo de expressão de A. Castanheira Neves – contra o teor expresso de uma norma legal.

No nosso entendimento, a prevalência normativa tem de basear-se exclusivamente em critérios de hierarquia formal no sistema das "fontes" – *v. g.*: um princípio constitucional afasta a aplicabilidade de uma norma da legislação ordinária. A tese da prioridade normativa dos princípios jurídicos como critérios de uma juridicidade supralegal esbarra contra um conjunto de objecções, simultaneamente no plano da doutrina das fontes do Direito, da metodologia jurídica e, sobretudo, no plano político-constitucional, ao atribuir à função jurisdicional poderes de correcção ou afastamento de soluções estabelecidas pelo poder legislativo.

---

[23] Neste sentido, cf., por exemplo, Arthur Kaufmann, «Gesetz und Recht», cit.; Karl Larenz, *Richtiges Recht. Grundzüge einer Rechtsethik*, cit., maxime pág. 155; Franz Bydlinski, *Fundamentale Rechtsgrundsätze*, cit., maxime pág. 67; Jörg Neuner, *Die Rechtsfindung contra legem*, 2ª edição, Munique, 2005, maxime pág. 7 e segs.; entre nós, cf. A. Castanheira Neves, *O direito hoje e com que sentido? O problema actual da autonomia do Direito*, Lisboa, 2002; A. Castanheira Neves, *A Crise Actual da Filosofia do Direito no Contexto da Crise Global da Filosofia*, Coimbra, 2003; João Baptista Machado, *Introdução ao Direito e ao Discurso Legitimador*, cit., maxime pág. 157; Fernando José Bronze, *Lições de Introdução ao Direito*, 2ª edição, Coimbra, 2010, maxime pág. 438 e segs.; António Cortês, *Jurisprudência dos Princípios. Ensaio sobre o Fundamento da Decisão Jurisdicional*, cit., maxime pág. 99 e segs.

[24] Cf. A. Castanheira Neves, *Metodologia Jurídica. Problemas Fundamentais*, cit., maxime pág. 189 e segs.

A jurisprudência do Tribunal Constitucional Federal alemão admite que *"princípios jurídicos suprapositivos sobrepostos a qualquer Direito escrito"* possam servir de critério de rectificação do Direito legislado (cf. BVerfGE 1, 14, 61). A doutrina e a jurisprudência dos tribunais na Alemanha recorrem para fundamentar esta posição não só a considerações de cariz jusfilosófico sobre a juridicidade do Direito positivo, mas, em primeiro lugar, à secção III do art. 20º da Constituição, que estabelece que *"O legislador está submetido à ordem constitucional, o poder executivo e o poder judicial à lei e ao Direito"*. Esta formulação *"à lei e ao Direito"* é interpretada, muitas vezes, como fazendo alusão a uma essência axiológica supralegal, que incumbe ao poder judicial salvaguardar – a ideia do poder judicial como verdadeiro guardião do Direito (*Rechtsbewahrer*)[25].

À interpretação *contra legem* mas, pretensamente, *secundum jus* costuma chamar-se "interpretação correctiva". Na nossa doutrina, mesmo autores de pendor jusnaturalista, como José Oliveira Ascensão (1932-), defendem que *"a interpretação correctiva é inadmissível na ordem jurídica portuguesa"*, alicerçando essa sua tese em *"razões extremamente ponderosas de segurança e de defesa contra o arbítrio"*[26]. Como bem sintetiza Miguel Teixeira de Sousa (1954-), invocando o princípio da vinculação do juiz à lei (cf. art. 203º da CRP), *"a função jurisdicional não tem poderes de correcção das leis emitidas pelo poder legislativo"*. A objecção fundamental contra a admissibilidade da interpretação *contra legem* é de natureza político-constitucional: decorre da arquitectura constitucional da separação dos poderes.

Por último, examinemos o modo como as concepções principialistas do Direito promovem a abertura à criação judicial do Direito, defendendo um modelo de justificação argumentativa da decisão judicial baseado numa lógica de ponderação.

3.3.3. Princípios jurídicos e lógica de ponderação
Como foi referido, os princípios jurídicos são bases de argumentação de carácter fortemente indeterminado, meros pontos de partida (*starting points*) para a

---

[25] Esta ideia tem, igualmente, um papel central na orientação jurisprudencialista de A. Castanheira Neves (1929-) e da sua Escola: cf., por exemplo, A. Castanheira Neves, «O papel do jurista no nosso tempo» (1968), agora in: A. Castanheira Neves, *Digesta. Escritos acerca do Direito, do Pensamento Jurídico, da sua Metodologia e Outros*, vol. 1º, Coimbra, 1995, págs. 9-50; num sentido semelhante, de modo enfático, Fernando José Bronze, «Quae sunt Caesaris, Caesari: et quae sunt jurisprudentiae, jurisprudentia» (2006), agora in: Fernando José Bronze, *Analogias*, Coimbra, 2012, págs. 139-149.

[26] Cf. José de Oliveira Ascensão, *O Direito. Introdução e Teoria Geral. Uma Perspectiva Luso-Brasileira*, 7ª edição, Coimbra, 1993, pág. 411.

§3. NORMAS E PRINCÍPIOS

construção da base de decisão do caso individual[27]. Relacionada com o carácter estruturalmente indeterminado dos princípios jurídicos está a alegação de que os princípios jurídicos são espécies normativas que são aplicadas de modo **contingente**, vale dizer: mesmo que o caso individual se reporte *prima facie* ao âmbito de aplicação de um determinado princípio, tal não implica necessariamente que as consequências jurídicas decorrentes desse princípio se venham a verificar, pois, atendendo às circunstâncias do caso individual, pode um outro princípio vir a obter prevalência. Como sublinha Robert Alexy (1945-   ), a ponderação (*Abwägung*) é *"a forma de aplicação do Direito que é característica para os princípios"*[28]. Ou, como refere António Cortês (1971-   ), *"os princípios aplicam-se (sem o amparo de um esquema lógico-formal) segundo um método geral de ponderação, ou seja, de acordo com o peso que tenham nas circunstâncias"*[29].

Os princípios jurídicos seriam, assim, uma espécie de **topoi**, isto é, pontos de vista plausíveis tendentes a fundamentar a decisão judicial do modo mais convincente possível e cuja prevalência tem que ver com considerações de razoabilidade e de justiça ligadas às circunstâncias do caso individual. Sendo os princípios jurídicos espécies normativas estruturalmente indeterminadas e não se afigurando como possível estabelecer em abstracto e de modo fixo e permanente uma ordem de prevalência ou hierarquia entre princípios, bens e valores jurídicos fundamentais, são inevitáveis as margens de livre apreciação ou discricionariedade judicial. A metodologia jurídica, como doutrina da aplicação prática do Direito, deve oferecer critérios para estreitar essas margens de livre apreciação ou discricionariedade: o principal recurso para um tal desiderato consiste na comparação e tipificação de casos, tendo em vista, em primeiro lugar, as sentenças dos tribunais superiores[30].

---

[27] Como diz Dworkin, o princípio *"rather... states a reason that argues in one direction, but does not necessitate a particular decision"*: cf. Ronald Dworkin, «The Model of Rules I», cit., pág. 26. Neste mesmo sentido, cf., igualmente, Josef Esser, *Grundsatz und Norm in der richterlichen Fortbildung des Privatrechts*, cit., *maxime* pág. 80.

[28] Cf. Alexy, «Rechtssystem und praktische Vernunft», cit., pág. 216.

[29] Cf. António Cortês, *Jurisprudência dos Princípios. Ensaio sobre os Fundamentos da Decisão Jurisdicional*, cit., pág. 227. Sobre a noção de "ponderação", cf. John Broome, *Weighing Goods*, Oxford, 1991; Wolfgang Enderlein, *Abwägung im Recht und Moral*, Freiburgo, 1992; Robert Alexy, «On Balancing and Subsumption. A Structural Comparison», cit.; Bartosz Brozek, «The Weight Formula and Argumentation», in: George Pavlakos (ed.), *Law, Rights and Discourse. The Legal Philosophy of Robert Alexy*, cit., pág. 319-330; Jan-R. Sieckmann, «Zur Begründung von Abwägungsurteilen», in: *Archiv für Rechts- und Sozialphilosophie* 84 (1998), págs. 405-419; Matthias Klatt (ed.), *Prinzipientheorie und Theorie der Abwägung*, Tübingen, 2013.

[30] Sobre a comparação e tipificação de casos como instrumentos para a determinação do conteúdo e do alcance dos diversos princípios jurídicos, isto é, para a sua "densificação", cf., por todos, Franz Wieacker, *Zur rechtstheoretische Präzisierung des §242 BGB*, cit.

A metáfora da ponderação, como sopesamento de razões, pode lançar luz sobre a estrutura argumentativa da decisão judicial quando o critério normativo é um princípio e não uma norma (ou "regra"). No entanto, esta constatação não significa a aceitação em geral de uma concepção prudencial e "tópica" do processo de aplicação do Direito: essa concepção aponta para um sistema de "fontes" de raiz jurisprudencial e legitima um casuísmo que é incompatível com as exigências do princípio da legalidade na actuação do juiz[31].

Em termos gerais, as concepções principialistas do Direito, com a sua orientação a instâncias axiológicas extra-sistemáticas, a legitimação da decisão *contra legem* e a defesa de um pensamento jurídico orientado ao problema, conduzem ao enfraquecimento das qualidades formais características do Direito moderno, abrindo o caminho a puras decisões casuísticas com base nas convicções morais do julgador. Mas a rejeição destas concepções não implica ignorar os princípios jurídicos – como espécies normativas distintas das normas (ou "regras") – e o facto de que, como tão exemplarmente demonstrou Josef Esser (1910-1999), mesmo nos sistemas jurídicos de matriz romano-germânica, existem modos de criação jurisprudencial e doutrinal do Direito que uma visão estritamente normativista e legalista tende a negligenciar[32]. Pode, então, dar-se conta da estrutura e do funcionamento dos princípios jurídicos sem endossar os pressupostos e as teses das concepções principialistas do Direito?

3.4. Princípios jurídicos e método jurídico

Apesar da numerosa literatura sobre os princípios jurídicos, a sua estrutura e o modo de funcionamento no raciocínio judicial, esta é uma das questões que continua a requerer um esforço de clarificação ao nível da metodologia jurídica. A abundância e a sofisticação da doutrina é, porventura, mais fonte de perplexidade do que esclarecimento, ao implicar com as questões centrais da filosofia do Direito e da metodologia jurídica, como a concepção sobre o conceito e a validade do Direito, a doutrina das "fontes" e o modelo de fundamentação das decisões judiciais.

De todo o modo, no sentido de conseguir uma maior clarificação sobre o problema, há que apontar alguns erros em que incorrem muitas das aborda-

---

[31] Sobre os perigos de uma extrapolação no uso indevido do método da "ponderação", cf. Matthias Jestaedt, «The Doctrine of Balancing – its Strengths and Weaknesses», in: Matthias Klatt (ed.), *Institutionalized Reason. The Jurisprudence of Robert Alexy*, Oxford, 2012, págs. 152-172; cf., igualmente, Joachim Rückert, «Abwägung – die juristische Karriere eines unjuristischen Begriffs, oder: Normstrenge und Abwägung im Funktionswandel», in: Nils Jansen e Peter Oestmann (eds.), *Gewohnheit. Gebot. Gesetz. Normativität in Geschichte und Gegenwart*, Tübingen, 2011, págs. 181-220.

[32] Cf. Josef Esser, *Grundsatz und Norm in der richterlichen Fortbildung des Privatrechts*, cit.

§3. NORMAS E PRINCÍPIOS

gens: *i*) não é possível uma teoria dos princípios jurídicos sem a percepção da sua diversidade; *ii*) não é adequada uma teoria dos princípios jurídicos que não tenha em conta o modo diverso como operam os princípios nos sistemas jurídicos da *common law* e nos sistemas jurídicos de matriz romano-germânica – nos primeiros, os princípios e as máximas de decisão têm um papel central na fundamentação das sentenças; nos sistemas jurídicos de matriz romano-germânica, as decisões dos juízes são apresentadas como inferências de normas estatuídas ou como consequências interpretativas dessas normas; *iii*) não se podem fazer prevalecer critérios de superioridade axiológico-material sobre critérios de superioridade hierárquico-formal no caso de antinomias ou incompatibilidades normativas.

A análise da diversidade dos princípios constitui um requisito incontornável de uma doutrina dos princípios. Não levar em conta uma tal diversidade conduz, por exemplo, a confundir a dimensão representativa e a dimensão normativa (ou prescritiva) dos princípios jurídicos; ou, como faz Robert Alexy (1945-), a concluir que os princípios, ao prescreverem categoricamente, estabelecem metas ou estados ideais: esta definição pode ser adequada para as "directrizes" ou "normas programáticas", não para os princípios normativos, que, do ponto de vista lógico, são "prescrições" ou "normas" de um determinado tipo[33]. Restringindo a nossa análise aos princípios normativos, diríamos que a diferença essencial entre princípios e normas (ou "regras") reside na indeterminação estrutural dos princípios, consistente na ausência de pressupostos tipificados de previsão e estatuição: é esta característica que está na base do diferente modo de aplicação e do diferente modo de colisão de princípios e normas (ou "regras")[34].

A referência a um princípio jurídico pode orientar a busca da norma aplicável e a sua interpretação. Mas, de modo algum, é de admitir a possibilidade de uma decisão *contra legem* com base na invocação de um princípio jurídico. O afastamento da aplicação de uma norma só pode ser justificado em razão de

---

[33] No sentido, igualmente, de que os "princípios" visam metas ou estados ideais, tendo que ver com uma lógica de dever-ser (*Seinsollen*), pelo que têm um modo de aplicação gradativa – são mandados de optimização (*Optimierungsgebote*), na linguagem de Alexy –, enquanto as "regras" (melhor dito: as regras prescritivas ou "prescrições") têm que ver com uma lógica do dever-fazer (*Tunsollen*), cf. Francisco J. Laporta, «Legal Principles. Some Conjectures for Discussion», in: Georg Meggle (ed.), *Actions, Norms, Values. Discussions with Georg Henrik von Wright*, Berlin, 1999, págs. 279-284.

[34] A este propósito, é de referir a construção principialista das disposições de direitos fundamentais da Constituição de Robert Alexy (1945-), que implica que o modo característico da sua aplicação sejam juízos de "ponderação" (*Abwägung*): sobre este ponto, cf., com maior pormenor, *infra*, 11.3.

uma pauta normativa – seja ela uma norma (ou "regra") ou um princípio – de escalão superior: é o que acontece, por exemplo, no caso de desaplicação de uma norma legal em virtude da sua inconstitucionalidade material, por violação de uma norma ou princípio da Constituição. Aqui, uma vez mais, a força normativa do princípio é justificada de acordo com os critérios positivistas de hierarquia formal no quadro do sistema jurídico.

O caso dos chamados "princípios jurídicos implícitos", cuja explicitação é levada a cabo pela jurisprudência dos tribunais e pela doutrina, poderia suscitar algumas perplexidades em termos de uma doutrina das "fontes" de cariz estritamente legalista: mas, mesmo aí, a explicitação de tais princípios tende a ser apresentada como consequência interpretativa de enunciados jurídicos produzidos pelo legislador.

Esta constatação remete-nos para a discussão sobre a "natureza" da interpretação jurídica, que não é, obviamente, uma mera operação de determinação do conteúdo semântico dos enunciados jurídicos (a interpretação jurídica como mera exegese de textos legais): esta discussão sobre o que "é" a interpretação jurídica acaba por consubstanciar-se num conjunto de directrizes sobre os padrões argumentativos quer da doutrina quer da jurisprudência dos tribunais e numa doutrina prescritiva sobre a distribuição de competências entre as autoridades legislativas e as autoridades jurisdicionais. À doutrina da interpretação jurídica costuma atribuir-se uma importância nuclear em relação a todas as outras questões que constituem o objecto da metodologia jurídica.

§4. Das disposições às normas: a "natureza" da interpretação jurídica

§4. Das disposições às normas: a "natureza" da interpretação jurídica

A interpretação jurídica, quer a interpretação científica ou doutrinal quer a interpretação realizada pelos órgãos de aplicação do Direito, é uma actividade mais complexa do que a simples explicitação do conteúdo semântico ou investigação do significado de enunciados linguísticos. A interpretação jurídica consiste na determinação de consequências normativas relativamente a certas matérias ou casos: como sublinha Robert Alexy (1945-   ), a interpretação jurídica distingue-se de outros tipos de interpretação pelo seu carácter *prático* – pois nela trata-se sempre de determinar o que num sistema jurídico é ordenado, proibido ou permitido – e *institucional* – uma vez que a interpretação levada a cabo pelos órgãos de aplicação do Direito impõe-se vinculativamente na resolução do caso individual[1]. A interpretação levada a cabo pelos órgãos de aplicação do Direito insere-se num processo social de resolução de conflitos.

Tendo em conta que a doutrina da interpretação jurídica está intrinsecamente relacionada com a "ideologia normativa" dominante numa determinada cultura jurídica, vamos procurar traçar um breve esboço da evolução dessas convenções na cultura jurídica europeia continental dos séculos XIX e XX, em termos de afirmação de uma cultura jurídica formalista, preocupada em assegurar no maior grau possível o princípio da vinculação do juiz à lei, e o questionamento subsequente dos pressupostos do legalismo e do formalismo, a partir da viragem do século XIX para o século XX.

A doutrina tradicional da interpretação jurídica partia do pressuposto de que o Direito é uma realidade previamente constituída (por via legislativa ou consuetudinária) e que a actividade interpretativa se limita a reconstruir significados pré-existentes. De acordo com esta perspectiva, a interpretação jurídica

---

[1] Cf. Robert Alexy, «Juristische Interpretation», in: Robert Alexy, *Recht, Vernunft, Diskurs. Studien zur Rechtsphilosophie*, Francoforte, 1995, págs. 71-92, *maxime* pág. 73 e seg.

é uma actividade de conhecimento, uma tarefa "científica": como dizia ainda nos finais do século XIX o processualista Adolf Wach (1843-1926), "*o escopo da interpretação é científico, não legislativo, é um escopo dedutivo, não produtivo. Deve fazer com que o Direito seja conhecido e não com que seja produzido*"[2]. As doutrinas da interpretação que se afirmaram nos inícios do século XIX (sobretudo a Escola da Exegese, em França, e a orientação conhecida como "Jurisprudência dos conceitos"[3], na Alemanha) apresentavam a interpretação jurídica como actividade de conhecimento dos "textos" das fontes e a aplicação do Direito como procedimento lógico de subsunção dos factos à hipótese ou previsão normativa. Este conjunto de posições costuma ser referido como "formalismo interpretativo".

O questionamento das directrizes metodológicas do "formalismo interpretativo" deve-se, em primeiro lugar, à Jurisprudência teleológica (*Zweckjurisprudenz*) de Rudolf von Jhering (1818-1892)[4]; em França, numa linha análoga, a contestação das directrizes metodológicas da Escola da Exegese foi levada a cabo pela *École de la libre recherche scientifique*, de François Gény (1861-1959) e Raymond Saleilles (1855-1912). A orientação sociologizante e finalista da Jurisprudência teleológica (*Zweckjurisprudenz*) de Jhering foi desenvolvida e aprofundada nos inícios do século XX pela Jurisprudência dos interesses (*Interessensjurisprudenz*). O autor mais representativo desta orientação metodológica, Philipp Heck (1858-1943), explica que as leis têm como função a resolução de conflitos de interesses, criticando a dogmática tradicional por se limitar a pensar a regra jurídica sob o lado do comando (*Gebotseite*), sem tomar em conta o lado dos interesses (*Interessenseite*), a sua função de resolução de conflitos de interesses: de acordo com a orientação metodológica da Jurisprudência dos interesses (*Interessenjurisprudenz*), a interpretação jurídica tem que ter em

---

[2] Cf. Adolf Wach, *Handbuch des Deutschen Civilprozeßrechts*, vol. 1, Leipzig, 1885, pág. 254.

[3] A designação "Jurisprudência dos conceitos" (*Begriffsjurisprudenz*) foi criada por Rudolf von Jhering (1818-1892) para referir, com intuitos depreciativos, a orientação conceptual-sistemática da Pandectística alemã, representada por autores como Georg Friedrich Puchta (1798-1846) ou Bernhard Windscheid (1817-1892), o pai do Código Civil (BGB) alemão: cf. Rudolf von Jhering, *Scherz und Ernst in der Jurisprudenz*, Leipzig, 1884, pág. 360.

[4] A investigação de Jhering costuma ser dividida em duas fases: a primeira, documentada, sobretudo, nos quatros volumes de *Geist des römischen Rechts auf den verschiedenen Stufen seiner Entwicklung* [Espírito do Direito romano nos diferentes estádios do seu desenvolvimento], publicados entre 1852 e 1865; a segunda, representada, sobretudo, por *Der Zweck im Recht* [O Fim do Direito], obra publicada em duas partes, a primeira em 1877 e a segunda em 1883. Na primeira fase da sua investigação, Jhering caracteriza-se por ter levado ao extremo o método "construtivo" da Pandectística alemã; na segunda, por uma orientação oposta, de cariz sociológico-finalista, abandonando o primado da "construção" lógico-conceptual e orientando-se para o estudo das funções do Direito e dos modos da sua formação e transformação.

§4. DAS DISPOSIÇÕES ÀS NORMAS: A "NATUREZA" DA INTERPRETAÇÃO JURÍDICA

conta os aspectos funcionais e práticos do Direito e não apenas a sua dimensão lógico-linguística[5].

Esta tendência anti-formalista é exponenciada por um conjunto de abordagens apoiadas em perspectivas sociológicas[6] – *v. g.*: François Gény (1861-1959) e Raymond Saleilles (1855-1912), em França; a orientação denominada *sociological jurisprudence*, de Roscoe Pound (1870-1964), nos Estados Unidos – e levada ao extremo pelo Movimento do Direito Livre (*Freirechtsbewegung*) na Alemanha dos inícios do século XX e pelo realismo jurídico norte-americano dos anos 30 do século XX: são estas duas correntes que de modo mais vincado exprimem posições de "cepticismo interpretativo".

Luís Cabral de Moncada (1888-1974), nas suas *Lições de Direito Civil. Parte Geral* (4ª edição revista, Coimbra, 1995), procede a uma seriação e caracterização dos diferentes métodos de interpretação da lei, referindo: *i*) o método exegético; *ii*) o método dogmático-objectivo, característico da Jurisprudência dos conceitos (*Begriffsjurisprudenz*); *iii*) o método da Jurisprudência dos interesses (*Interessensjurisprudenz*); *iv*) o método do Direito livre (cf. ob. cit., pág. 177 e segs.)[7].

---

[5] Cf. Philipp Heck, «Gesetzesauslegung und Interessenjurisprudenz», in: *Archiv für die civilistische Praxis* 112 (1914), págs. 1-318, *maxime* §§ 2 e 5 [existe tradução em língua portuguesa, *Interpretação da Lei e Jurisprudência dos Interesses*, a cargo de José Osório, S. Paulo, 1947]. Para uma exposição das linhas gerais da orientação metodológica da Jurisprudência dos interesses (*Interessenjurisprudenz*), cf. Karl Larenz, *Metodologia da Ciência do Direito*, tradução da 6ª edição alemã (1991), a cargo de José Lamego, Lisboa, 1997, pág. 63 e segs.; A. Castanheira Neves, «Jurisprudência dos Interesses», in: A. Castanheira Neves, *Digesta. Escritos acerca do Direito, do Pensamento Jurídico, da sua Metodologia e Outros*, vol. 2º, Coimbra, 1995, págs. 215-246; Wilfried Kalfass, *Die Tübinger Schule der Interessenjurisprudenz – Darstellung und Würdigung*, Francoforte, 1972, *maxime* págs. 9-79; Bernhard Dombek, *Das Verhältnis der Tübinger Schule zur deutschen Rechtssoziologie*, Berlim, 1969, *maxime* págs. 19-32; Jutta Olgad, «Methode und Zivilrecht bei Philipp Heck (1858--1943)», in: Joachim Rückert (ed.), *Fälle und Fallen in der neueren Methodik des Zivilrechts seit Savigny*, Baden-Baden, 1997, págs. 71-103; Heinrich Schoppmeyer, *Juristische Methode als Lebensaufgabe. Leben, Werk und Wirkungsgeschichte Philipp Hecks*, Tübingen, 2001. Uma boa colectânea de textos metodológicos dos autores mais representativos da Jurisprudência dos interesses (*Interessenjurisprudenz*) é a organizada por M. Magdalena Schoch, *The Jurisprudence of Interests*, Cambridge Mass., 1948.

[6] A este propósito, cf., com interesse, Wolfgang Fikentscher, «Von der Zweckjurisprudenz zur "sociological jurisprudence"», in: *Festschrift für Karl Larenz zum 70. Geburtstag*, Munique, 1973, págs.93-108; Tommaso Greco, «Le teorie antiformalistische e l'istituzionalimo giuridico», in: AAVV, *Prospettive di Filosofia del Diritto del Nostro Tempo*, Turim, 2010, págs. 181-217. Sobre a relação da Jurisprudência dos interesses com a sociologia jurídica, cf. Bernhard Dombek, *Das Verhältnis der Tübinger Schule zur deutschen Rechtssoziologie*, cit.

[7] A leitura destas páginas de Luís Cabral de Moncada é, ainda hoje, absolutamente recomendável, pelo rigor da caracterização e concisão da exposição. Uma boa visão de conjunto é também a oferecida por Fernando José Bronze, «Alguns Marcos do Século na História do Pensa-

A fundamentação sociológico-finalista do método da interpretação jurídica veio a ceder o seu lugar a uma orientação centrada na apreensão e realização dos valores substantivos em que se funda o Direito: a chamada "Jurisprudência de valoração" (*Wertungsjurisprudenz*). Esta nova orientação metodológica tinha na sua origem um conjunto de motivações diversas, de entre as quais cumpre assinalar a necessidade de um "novo começo" na vida intelectual e política alemã após a catástrofe provocada pelo regime nacional-socialista: esse "novo começo" apontava para a construção do horizonte valorativo do Direito a partir de uma perspectiva de personalismo ético. No essencial, a Jurisprudência de valoração (*Wertungsjurisprudenz*) defende que cada norma jurídica particular deve ser interpretada, complementada ou até mesmo corrigida pelo juiz a partir do substrato axiológico que lhe confere o seu sentido normativo.

A discussão sobre a "natureza" e o método da interpretação jurídica constitui, em bom rigor, uma tomada de posição sobre o grau de discricionariedade do juiz no processo de resolução de casos individuais com base em normas gerais. A doutrina tradicional da interpretação jurídica, seja na vertente legalista e exegética (Escola da Exegese), seja na vertente conceptualista e "construtiva" (Jurisprudência dos conceitos), procurava eliminar ou, pelo menos, reduzir esse grau de discricionariedade, considerando a interpretação jurídica como mero tratamento exegético da linguagem das "fontes".

4.1. A interpretação jurídica como tratamento exegético da linguagem das "fontes"

A doutrina tradicional da interpretação jurídica caracteriza-se pela defesa de uma fidelidade estrita à formulação literal da norma. Esta directriz interpretativa é enfatizada pela Escola da Exegese[8] – como afirmava um dos mais insignes representantes desta orientação, Jean Charles Florent Demolombe (1804-1887), "... *a minha profissão de fé é: os textos antes de tudo! Eu publico um curso de Código de Napoleão; tenho, portanto, como desiderato explicar o próprio Código de Napoleão, considerado como lei vigente, como lei válida e obrigatória*". A par disso, a Escola da Exegese considerava que o escopo da interpretação consiste na indagação da vontade do legislador histórico (*voluntas, mens legislatoris*). O culto do

---

mento Metodológico-Jurídico», in: *Volume Comemorativo do 75º Tomo do Boletim da Faculdade de Direito (BFD)*, Coimbra, 2003, págs. 151-177.

[8] A designação "Escola da Exegese" foi criada, com propósitos críticos, por Julien Bonnecase (1878-1950): cf. Julien Bonnecase, *L'École de l'Exégése en droit civil. Les traits distinctifs de sa doctrine et de ses méthodes d'après la profession de foi de ses plus ilustres representants*, 2ª edição, Paris, 1921. Sobre a Escola da Exegese, cf., por todos, A. Castanheira Neves, «Escola da Exegese», in: A. Castanheira Neves, *Digesta. Escritos acerca do Direito, do Pensamento Jurídico, da sua Metodologia e Outros*, vol. 2º, cit., págs. 181-191.

§4. DAS DISPOSIÇÕES ÀS NORMAS: A "NATUREZA" DA INTERPRETAÇÃO JURÍDICA

texto da lei e a investigação da vontade do legislador constituem, como sublinhava Cabral de Moncada (1888-1974), os *"dois dogmas fundamentais"* da Escola da Exegese[9].

Uma outra variante da concepção tradicional da interpretação jurídica é a perfilhada pela Pandectística alemã. A formulação canónica dessa doutrina da interpretação deve-se a Friedrich Carl von Savigny (1779-1861), na extensa exposição (§§32-51) que apresenta no volume I de *Sistema do Direito Romano Actual*[10]: aí defende que a tarefa da interpretação consiste na "... *reconstrução do pensamento ínsito na lei*" [die Reconstruction des dem Gesetz inwohnenden Gedankens] e estabelece como elementos da interpretação o elemento *gramatical*, o elemento *lógico*, o elemento *histórico* e o elemento *sistemático* – elementos que têm que actuar em conjunto para que a interpretação seja bem sucedida[11].

Quanto ao escopo da interpretação, prevalecia na Pandectística alemã uma orientação subjectivista, que mandava atender à vontade do legislador – *v. g.*: Bernhard Windscheid (1817-1892), Ernst Rudolf Bierling (1841-1919), etc[12]. Só mais para os finais do século XIX (1885) se começam a afirmar na Alemanha as orientações objectivistas – *v. g.*: Karl Binding (1841-1920), Adolf Wach (1843-1926), Joseph Kohler (1849-1919), etc.[13] Quanto a Savigny, se bem que tradicionalmente seja considerado como representante de uma orientação subjectivista, há que ter em atenção alguns dos postulados românticos da Escola Histórica do Direito e a sua concepção geral sobre a formação orgânica do Direito: assim, por exemplo, a definição da tarefa da interpretação como "*a reconstrução do pensamento ínsito na lei*" não equivale à defesa de uma posição subjectivista histórica, tal como os postulados da unidade e plenitude lógica

---

[9] Cf. Luís Cabral de Moncada, *Lições do Direito Civil*, 4ª edição, Coimbra, 1995, pág. 177.

[10] Cf. Friedrich Carl von Savigny, *System des heutigen römischen Rechts*, vols. 1-8, Berlim, 1840--1849, vol. I, págs. 206-230.

[11] Friedrich Carl von Savigny, *System des heutigen römischen Rechts*, vol. I, cit., *maxime* pág. 213.

[12] É esta também, basicamente, a posição de Guilherme Moreira (1861-1922), o introdutor na civilística portuguesa do método jurídico conceptualista e sistematizador característico da Pandectística alemã: nas suas *Instituições do Direito Civil Português*, Coimbra, 1907, Guilherme Moreira defende que *"A lei, expressão da vontade do legislador, deve ser aplicada pelo juiz aos casos particulares no sentido que o legislador lhe pretendeu dar, em harmonia com o fim que ele se propôs conseguir"* (cf. ob. cit., pág. 37).

[13] Sobre a passagem de uma orientação subjectivista a uma orientação objectivista na doutrina alemã, cf., por todos, Karl Larenz, *Metodologia da Ciência do Direito*, cit., pág. 39 e segs. No entanto, a defesa de uma doutrina subjectivista continuou a ser assumida ao longo do século XX: dando conta do panorama da discussão na Alemanha, Wilhelm Sauer (1879-1962) considerava, em 1940, que a doutrina subjectivista continuava a ser a doutrina dominante: cf. Wilhelm Sauer, *Juristische Methodenlehre*, Estugarda, 1940, pág. 229.

do sistema jurídico não têm em Savigny os mesmos contornos que assumem nos quadros do positivismo legalista: devem, antes, ser entendidos à luz de um idealismo objectivo (particularmente influenciado pelo pensamento de Schelling)[14]. Despojada, progressivamente, dessas tonalidades românticas[15], a doutrina de Savigny veio a gozar de uma difusão muito ampla, tornando-se a doutrina canónica da interpretação jurídica.

Em resumo: a doutrina tradicional da interpretação jurídica, que podemos caracterizar como "formalismo interpretativo", seja na vertente exegética e legalista, seja na vertente conceptualista e "construtiva", entende a interpretação jurídica como uma indagação filológico-semântica sobre a linguagem das "fontes"; por outro lado, a fidelidade estrita à formulação literal da norma visava a promoção dos ideais da *certeza* e da *segurança* como valores jurídicos fundamentais. Este conjunto de representações correspondia aos postulados básicos do positivismo legalista oitocentista e à ideologia jurídica do Estado de Direito liberal, segundo os quais os sistemas jurídicos obedecem a exigências de completude e consistência e todos os casos a decidir podem ser solucionados mediante a aplicação mecânica das normas jurídicas ao caso individual (método lógico-subsuntivo)[16].

A primeira fissura na concepção de interpretação jurídica como actividade meramente exegética é provocada pela acentuação do elemento teleológico na interpretação e a possibilidade de, com base nesse elemento teleológico, se proceder à correcção do teor literal da lei – mas dentro do quadro de possibilidades de significação permitidas pelo teor literal, ainda e sempre, o critério de asseguramento da vinculação do juiz à lei. Esta nova visão metodológica recebe a sua primeira formulação no quadro da Jurisprudência teleológica (*Zweckjurisprudenz*) de Rudolf von Jhering (1818-1892), que promove a abertura do Direito aos factos, ou seja, aos interesses subjacentes às normas, e é aprofundada pela doutrina da interpretação da Jurisprudência dos interesses – *maxime*, Philipp Heck (1858-1943) –, que sublinha a natureza prática e teleológica da interpretação jurídica, identificando como problema central da metodologia jurídica a obtenção do Direito (*Rechtsgewinnung*) no processo de decisão judicial de casos.

---

[14] Sobre a questão, cf., por todos, Joachim Rückert, *Idealismus, Jurisprudenz und Politik bei Friedrich Carl von Savigny*, Ebelsbach, 1984.

[15] Aliás, já bastante atenuadas no Savigny tardio, à época da redacção do *Sistema do Direito Romano Actual*.

[16] Para uma visão geral, cf., por todos, Regina Ogorek, *Richterkönig oder Subsumtionsautomat? Zur Justiztheorie im 19. Jahrhundert*, Francoforte, 1986.

4.2. A afirmação da natureza prática e teleológica da interpretação jurídica: a Jurisprudência dos interesses

No segundo tomo do vol. II de *Geist des römischen Rechts auf den verschiedenen Stufen seiner Entwicklung*, dado à estampa em 1858, Rudolf von Jhering (1818-1892) procede à exposição clássica do método "construtivo", consolidado na Pandectística alemã por Georg Friedrich Puchta (1798-1846): o método "construtivo" representava o ordenamento jurídico como sistema fechado de conceitos jurídicos e apoiava-se no procedimento da inversão (*Inversionsverfahren*), consistente na procura, mediante a dedução lógica de conceitos jurídicos gerais, de novas máximas não expressas na lei[17].

Nessa obra, Jhering propõe que se distinga entre a forma inferior de manifestação do Direito (*die niedere Erscheinungsform des Rechts*), constituída pelas proposições jurídicas (*Rechtssätze*) e os princípios jurídicos (*Rechtsprinzipien*) que lhe estão na base, e a forma superior de manifestação do Direito (*die höhere Erscheinungsform des Rechts*), em que o Direito se apresenta articulado em institutos jurídicos (*Rechtsinstituten*) e em conceitos jurídicos (*Rechtsbegriffen*). Em conformidade, distingue entre uma Jurisprudência inferior (*niedere Jurisprudenz*), a que incumbe proceder à investigação da vontade do legislador, eliminando a obscuridade e a indeterminação da linguagem das "fontes", extrair daí proposições e princípios normativos e ordená-los num sistema coerente – a Jurisprudência inferior (*niedere Jurisprudenz*) é, assim, uma disciplina hermenêutica ou de análise textual. A apreensão da forma superior de manifestação do Direito (*die höhere Erscheinungsform des Rechts*) é propiciada pela elevação a uma Jurisprudência superior (*höhere Jurisprudenz*), que representa o sistema interno e substancial do Direito, por contraposição ao sistema externo e formal do nível inferior[18].

---

[17] Sobre a "genealogia dos conceitos" de Puchta e o método "construtivo" da Jurisprudência dos conceitos (*Begriffsjurisprudenz*), cf. Karl Larenz, *Metodologia da Ciência do Direito*, cit., págs. 21 e segs. e 55 e segs.; Lorenz Brütt, *Die Kunst der Rechtsanwendung*, Berlim, 1907, pág. 73 e segs.; Philipp Heck, «Was ist diejenige Begriffsjurisprudenz, die wir bekämpfen?», in: *Deutsche Juristen-Zeitung* 14 (1909), págs. 1457-1461; Heinrich Stoll, «Begriff und Konstruktion in der Lehre der Interessenjurisprudenz», in: *Festgabe für Heck/Rümelin/Schmidt*, Tübingen, 1931, págs. 60-117; Manuel A. Domingues de Andrade, *Ensaio sobre a Teoria da Interpretação das Leis* (1934), 4ª edição, Coimbra, 1987, pág. 82 e segs. Uma boa visão geral, bem como a indicação de como se efectuou a transposição da orientação conceptual-sistemáticada da Pandectística para a metodologia do Direito público, encontra-se em Walter Wilhelm, *Zur juristischen Methodenlehre im 19. Jahrhundert. Die Herkunft der Methode Paul Labands aus der Privatrechtswissenschfat*, Francoforte, 1958.

[18] Cf., sobretudo, Rudolf von Jhering, *Geist des römischen Rechts auf den verschiedenen Stufen seiner Entwicklung*, vol. II, 2 (1858), §§38-41; cf., igualmente, Rudolf von Jhering, «Unsere Aufgabe» (1857), agora in: *Gesammelte Aufsätze aus den Jahrbüchern für die Dogmatik des heutigen römischen und deutschen Privatrechts*, vol. 1 (1881), reimpressão, Aalen, 1981, págs. 1-46.

A crítica inicial ao formalismo conceptualista e ao método "construtivo" da Pandectística alemã deve-se também, paradoxalmente, a Jhering: numa segunda fase da sua investigação, no livro *Der Zweck im Recht* [O Fim no Direito], o nosso autor começa por esclarecer que "*a ideia-base da presente obra é a de que o fim é o criador de todo o Direito, de que não existe nenhuma proposição jurídica que não deva a sua origem a um fim, ou seja, a um motivo prático*"[19]. Daí retira a conclusão de que na averiguação do sentido de um preceito ou de uma regulação, o elemento teleológico assume uma importância fundamental como critério da interpretação.

O pensamento de Jhering sobre o processo causal de formação do Direito legislado é-nos assim descrito por Philipp Heck (1858-1943): na base, encontramos uma situação de interesses (*Interessenlage*), constituída pelas apetências (*Begehrungsdispositionen*) dos homens, as mais das vezes em conflito recíproco; é esta situação que dá lugar às representações imperativas (*Gebotvorstellungen*) do legislador, representações essas que são fixadas nos conceitos jurídicos (*Rechtsbegriffe*) e, por sua via, plasmadas na formulação verbal da norma[20]. A interpretação deve percorrer o caminho inverso: partindo da formulação verbal da norma, deve remontar aos conceitos jurídicos e às correspondentes representações imperativas do legislador para aceder à situação de interesse onde teve origem o processo causal de formação do Direito; deste modo, a investigação histórica dos interesses (*historische Interessenforschung*) constitui um método fundamental para a interpretação[21].

Estes pontos de vista são aprofundados pela, assim chamada, Escola de Tübingen da Jurisprudência dos interesses (*Interessenjurisprudenz*), representada, entre outros, por nomes como os de Philipp Heck (1858-1943), Heinrich Stoll (1891-1973) e Rudolf Müller-Erzbach (1874-1959): Heck sublinha o carácter prático da interpretação jurídica e da própria ciência dogmática do Direito, dizendo que "*... podemos, sem dúvida, indicar como fim último da ciência dogmática do Direito a obtenção de normas para a decisão judicial de casos*"[22].

Quanto à relação entre a actividade legislativa e a actividade judicial, Heck, mantendo a observância do postulado da vinculação do juiz à lei e reconhecendo que "*a subsunção lógica aos conceitos da lei é também para a Jurisprudência dos*

---

[19] Cf. Rudolf von Jhering, *Der Zweck im Recht*, vol. I, Leipzig, 1877, pág. VII. Sobre esta "viragem" no pensamento de Jhering, cf. Karl Larenz, *Metodologia da Ciência do Direito*, cit., pág. 55 e segs.; cf., igualmente, Joachim Rückert, «Der Geist des Rechts in Jherings "Geist" und Jherings "Zweck"», in: *Rechtsgeschichte* 5 (2004), págs. 128-149.
[20] Cf. Philipp Heck, *Gesetzesauslegung und Interessenjurisprudenz*, cit., *maxime* §2, pág. 18.
[21] Cf., sobretudo, o §6 de «Gesetzesauslegung und Interessenjurisprudenz», cit. Na mesma linha, cf. Rudolf Müller-Erzbach, *Wohin führt die Interessenjurisprudenz?*, Tübingen, 1932.
[22] Cf. Philipp Heck, *Begriffsbildung und Interessenjurisprudenz*, Tübingen, 1932, pág. 18.

interesses... a via normal de obtenção pelo juiz da base da sua decisão do caso"[23], rejeita, no entanto, a concepção segundo a qual o juiz é meramente "*... um mecanismo de subsunção* [ein Subsumptions-apparat], *um autómato, no qual são acolhidas a situação de facto e a norma jurídica e do qual brota a decisão sem qualquer valoração pessoal do juiz*"[24]. As normas jurídicas, segundo Heck, contêm tão-somente enunciados de princípio (*Grundaussagen*), pelo que necessitam de uma elaboração (*Verarbeitung*) pelo intérprete para a obtenção da solução do caso individual[25].

Uma outra directriz metodológica caracteriza a doutrina da interpretação jurídica de Philipp Heck: a interpretação ocorre numa estrutura de significação e não incide somente sobre um preceito isolado, quer dizer, "*o juiz tem de decidir o caso individual, mas aplicando a ordem jurídica na sua globalidade*"[26]. A esta directriz metodológica chama Heck "*máxima da consideração geral*" [Maxime der Generalbeobachtung]. Para além da ordenação externa ou formal do material jurídico, a ordem jurídica apresenta-se como um "todo de sentido" (*Sinnganzes*).

Heck admite que o intérprete possa adaptar o preceito legislativo em razão da alteração da situação normativa, até ao extremo de uma sua reconfiguração (*Umgestaltung*)[27]. Mas sublinha como princípio fundamental a subordinação do juiz à lei. Diz o nosso autor: "*O juiz está subordinado à lei*" [Der Richter steht unter dem Gesetz]; e esclarece: "*Esta subordinação não é uma consequência do postulado da segurança jurídica, mas uma consequência necessária de um princípio do Estado de Direito, do juízo valorativo geral que faz prevalecer a vontade de uma colectividade declarada em forma de lei sobre a vontade do cidadão individual. Também o juiz é súbdito e está, por isso, obrigado a obediência, mesmo que não existisse um tal preceito na organização judiciária ou no juramento judicial*"[28].

Em relação ao escopo da interpretação, Philipp Heck estabelece como objectivo final da interpretação a "determinação dos interesses causais", mas chama a atenção para as diferenças entre uma doutrina que atende em primeira linha à investigação histórica dos interesses e as doutrinas subjectivistas tradi-

---

[23] Cf. Philipp Heck, *Begriffsbildung und Interessenjurisprudenz*, cit., pág. 70.
[24] Cf. Philipp Heck, *Begriffsbildung und Interessenjurisprudenz*, cit., §2, pág. 9.
[25] Cf. Philipp Heck, *Begriffsbildung und Interessenjurisprudenz*, cit., maxime §10.
[26] Cf. Philipp Heck, *Begriffsbildung und Interessenjurisprudenz*, cit., pág. 107.
[27] Cf. Philipp Heck, *Begriffsbildung und Interessenjurisprudenz*, cit., maxime pág. 107 e segs. Sobre o problema da necessidade de uma interpretação modificadora quando funcione de modo convincente o argumento da insustentabilidade (*Untragbarkeitsargument*) da interpretação até aí vigente em razão da alteração da situação normativa, cf. Uwe Diederichsen, «Die "reductio ad absurdum" in der Jurisprudenz», in: *Festschrift für Karl Larenz zum 70. Geburtstag*, Munique, 1973, págs. 155-179, maxime pág. 177.
[28] Cf. Philipp Heck, *Begriffsbildung und Interessenjurisprudenz*, cit., §2, pág. 4.

cionais, que se reportavam às representações do legislador histórico[29]. Esclarecedora da concepção de Heck sobre o escopo da interpretação é a sua imagem do juiz como "auxiliar da legislação" (*Gehilfe der Gesetzgebung*).

As contribuições da Jurisprudência dos interesses (*Interessenjurisprudenz*) para a doutrina da interpretação jurídica poderiam ser resumidas nos seguintes termos: *i*) tese do carácter *prático* da interpretação jurídica, orientada não ao conhecimento do Direito mas à solução do caso individual; *ii*) crítica ao formalismo interpretativo, apontando a investigação histórica dos interesses (*historische Interessenforschung*) como critério fundamental da interpretação; *iii*) reconhecimento do facto de que a sentença judicial não se limita a aplicar um Direito pré-existente, mas é ela própria e dentro de certos limites uma actividade de criação do Direito; *iv*) reconfiguração da relação entre norma geral e caso individual no processo de obtenção do Direito (*Rechtsgewinnung*), considerando que o texto normativo deve ser compreendido em função da sua relação com o caso individual; *v*) defesa de uma posição de "holismo" semântico, segundo a qual o juiz tem de decidir o caso individual atendendo ao contexto significativo da lei: aquilo que Heck referia como "*máxima da consideração geral*".

Na época que antecede a preparação do Código Civil português de 1966, começam a afirmar-se, genericamente, os quadros metodológicos da Jurisprudência dos interesses na doutrina jurídica portuguesa (Manuel de Andrade, Vaz Serra, Ferrer Correia). Mas, eventualmente em razão do clima político da época, em que se procurava a consolidação das instituições do Estado Novo, começa a existir nela uma preocupação especial de vinculação do juiz à lei, que é acentuada, nomeadamente, por via do reforço do pendor subjectivista em matéria de doutrina da interpretação e da restrição da margem de livre apreciação do juiz em matéria de integração das lacunas[30]. Não obstante, a projecção destas perspectivas no texto final do Código acaba por ser fortemente atenuada, resultando o nº 1 do art. 9º do Código Civil numa formulação que, no dizer do Ministro da Justiça Antunes Varela, é "*o menos vinculativa possível*", colocando-se "*acima da velha querela entre subjectivistas e objectivistas*" relativamente ao problema do escopo da interpretação[31].

---

[29] Cf., por exemplo, Philipp Heck, *Das Problem der Rechtsgewinnung*, Tübingen, 1912, pág. 12 e segs.; cf., igualmente, Philipp Heck, «Gesetzesauslegung und Interessenjurisprudenz», cit., *maxime* §6.

[30] Cf., sobretudo, Adriano Paes da Silva Vaz Serra, «Discurso do Ministro da Justiça, pronunciado na sessão de abertura dos Tribunais, em 1 de Outubro de 1940», in: *Boletim Oficial do Ministério da Justiça*, Ano I, nº 1, Lisboa, 1940, págs. 5-12.

[31] Cf. João de Matos Antunes Varela, «Do Projecto ao Código Civil», cit., pág. 26. No sentido de que o legislador do Código Civil acolheu uma "teoria mista (gradualista) ou de síntese" em

As directrizes metodológicas da Jurisprudência dos interesses (*Interessenjurisprudenz*) foram, de um modo geral, incorporadas pela orientação que na Alemanha do pós II Guerra se convencionou chamar "Jurisprudência de valoração" (*Wertungsjurisprudenz*): tal como a Jurisprudência dos interesses (*Interessenjurisprudenz*) tinha promovido a abertura do Direito aos factos, ou seja, aos interesses subjacentes às normas, a Jurisprudência de valoração (*Wertungsjurisprudenz*) promoveu a abertura do Direito aos valores, ou seja, a princípios morais e jurídicos. A Jurisprudência de valoração (*Wertungsjurisprudenz*) orienta-se por um conceito de Direito "vinculado a valores" e procura fazer valer a base axiológica ou valorativa do Direito na interpretação e complementação das disposições do Direito legislado.

4.3. A construção do horizonte valorativo para a interpretação: a Jurisprudência de valoração

A Jurisprudência dos interesses (*Interessenjurisprudenz*) punha em causa o formalismo interpretativo característico do positivismo legalista ao chamar a atenção para os critérios normativos extratextuais (fins, interesses) como elementos da interpretação. Ao mesmo tempo, considerava que o texto normativo deve ser compreendido em função da sua relação com o caso individual e que existe uma unidade entre interpretação e aplicação. Por fim, defendia que na solução de casos individuais não se trata de interpretar normas isoladas, mas realizar a intencionalidade normativa do legislador.

Estas directrizes interpretativas foram, em geral, acatadas pela metodologia jurídica e desenvolvidas pela orientação metodológica que na Alemanha se afirmou na segunda metade do século XX e que se convencionou chamar "Jurisprudência de valoração" (*Wertungsjurisprudenz*). A distinção entre estas duas orientações tem que ver, mais do que com a diversidade das directrizes metodológicas, com o afastamento de uma concepção "naturalista" e sociologizante sobre os critérios normativos extratextuais: na Jurisprudência dos interesses, esses critérios eram genericamente designados como apetências (*Begehrungen*) e "representações de apetência" (*Begehrungsvorstellungen*); a Jurisprudência de valoração socorre-se de critérios de valoração (*Bewertungsmaßstäbe*) na interpretação jurídica e no desenvolvimento judicial do Direito (*richterliche Rechtsfortbildung*)[32].

---

matéria de escopo da interpretação, cf. A. Santos Justo, *Introdução ao Estudo do Direito*, 6ª edição, Coimbra, 2012, pág. 333; no mesmo sentido, Fernando José Bronze, *Lições de Introdução ao Direito*, 2ª edição, Coimbra, 2010, pág. 896.

[32] Sobre a passagem da Jurisprudência dos interesses à Jurisprudência de valoração, cf. Karl Larenz, *Metodologia da Ciência do Direito*, cit., pág. 163 e segs.; Franz Bydlinski, *Juristische Methoden-*

O modo de construção do horizonte valorativo para a interpretação e a integração de lacunas não é idêntico nos diversos autores que podemos considerar como representativos e uma orientação metodológica de Jurisprudência de valoração: Wolfgang Fikentscher (1928-) distingue, nessa base, três modalidades de Jurisprudência de valoração: *i)* uma orientação em que os critérios de valoração são derivados da lei e da Constituição – como representante desta orientação, que refere como "Jurisprudência de valoração imanente à lei" (*gesetzesimmanente Wertungsjurisprudenz*), indica Harry Westermann (1909--1986)[33]; *ii)* uma segunda orientação, em que os critérios de valoração são ancorados na essência axiológica do Direito – como representantes desta orientação poder-se-iam indicar Karl Larenz (1903-1993), Helmut Coing (1912-2000), Arthur Kaufmann (1923-2001) e Reinhold Zippelius (1928-); *iii)* uma terceira orientação, que, para além das valorações do legislador, mormente do legislador constitucional, propõe captar na realidade social os critérios de valoração – como representantes desta orientação Fikentscher aponta Josef Esser (1910-1999) e Franz Wieacker (1908-1994)[34]. Independentemente das varian-

lehre und Rechtsbegriff, Viena, 1982, pág. 123 e segs.; Wolfgang Fikentscher, *Methoden des Rechts in vergleichender Darstellung*, vol. III, Tübingen, 1976, pág. 405 e segs.; Jens Petersen, *Von der Interessenjurisprudenz zur Wertungsjurisprudenz*, Tübingen, 2001; Josef Esser, «Nachwort» [Posfácio] ao volume organizado por Roland Dubischar contendo os escritos metodológicos mais importantes de Philipp Heck, intitulado *Das Problem der Rechtsgewinnung und andere Abhandlungen*, Bad Homburg, 1968, págs. 213-229; Joachim Rückert, «Abbau und Aufbau der Rechtswissenschaft nach 1945», in: *Neue Juristische Wochenschrift* (1995), págs. 1251-1259; Heinrich Schoppemeyer, *Juristische Methode als Lebensaufgabe, Werk und Wirkungsgeschichte Philipp Hecks*, cit., *maxime* pág. 221 e segs.; por último, Hans-Peter Haferkamp, «Zur Methodengeschichte unter dem BGB in fünf Systemen», in: *Archiv für die civilistische Praxis* 214 (2014), págs. 60-92.

[33] Cf. Wolfgang Fikentscher, ob. cit., pág. 406 e seg. As referências de Harry Westermann (1909-1986) aos trabalhos metodológicos de Philipp Heck (1858-1943) são muito frequentes: cf., por exemplo, Harry Westermann, *Wesen und Grenzen der richterlichen Streitentscheidung im Zivilrecht*, Münster, 1955, pág. 14, nota 10; Harry Westermann, *Interessenkolisionen und ihre richterliche Wertung bei Sicherungsrechten an Fahrnis und Forderungen*, Karlsruhe, 1954, *maxime* pág. 6. Westermann considera que o conceito de "interesse" faz diluir a distinção entre "objeto da valoração" (*Bewertungsobjekt*) e "critérios de valoração" (*Bewertungsmaßstäben*) e faz incluir no objeto da valoração todas as representações de apetências, sejam elas vantagens materiais, sejam aspirações ideais. Mais do que uma ruptura com a orientação metodológica da Jurisprudência dos interesses (*Interessenjurisprudenz*), as propostas de Westermann representam um seu aperfeiçoamento.

[34] Em *Grundsatz und Norm in der richterlichen Fortbildung des Privatrechts* [Princípio e Norma no Desenvolvimento Judicial do Direito Privado], Tübingen, 1956, Esser fala de "transformação" para descrever o processo de conversão de certos pontos de vista valorativos e de representações sociais em pautas jurídicas de regulação – os princípios jurídicos Essa "transformação" opera-se, sobretudo, por via da jurisprudência constante. Franz Wieacker procura precisar os tipos e as origens dos critérios de valoração: indica, em primeiro lugar, as valorações do legislador,

tes, a ideia central da Jurisprudência de valoração é a de que o fundamento último de toda a aplicação do Direito é a consciência das valorações em que se funda o ordenamento jurídico – na formulação lapidar de Karl Larenz (1903-1993): "*A passagem a uma "Jurisprudência de valoração" só cobra, porém, o seu pleno sentido quando conexionada... com o reconhecimento de valores ou critérios de valoração "supralegais" ou "pré-positivos" que subjazem às normas legais e para cuja interpretação e complementação é legítimo lançar mão, pelo menos sob certas condições*"[35].

O reconhecimento de critérios de valoração supralegais pré-positivos pressupõe, como dizia Otto Brusiin (1906-1973), a visão do todo (*Ganzheitsschau*) da ordem jurídica[36], isto é, obriga a que se proceda na interpretação e aplicação do Direito de acordo com a directriz que Philipp Heck (1858-1943) referia como "*máxima da consideração geral*". Por outro lado, tratando-se na interpretação jurídica de realizar uma intencionalidade normativa e considerando que esta só pode ser determinada na sua relação com o caso individual, a metodologia jurídica passou a referir o processo de interpretação e aplicação como "concretização" (*Konkretisierung*) ou obtenção do Direito (*Rechtsgewinnung*) no caso individual[37].

A este propósito, não pode deixar de ser feita uma remissão para a obra de A. Castanheira Neves (1929-   ). Desde *Questão-de-facto – Questão-de-Direito* (Coimbra, 1967), tem sido uma constante da sua reflexão o problema da determinação concreta do Direito, sublinhando o carácter prático-normativo da interpretação jurídica e a intencionalidade axiológico-normativa do Direito. Na sua vertente metodológica, a obra deste autor sintetiza e desenvolve de modo original uma orientação de Jurisprudência de valoração, que estabelece a essência axiológica do Direito a partir de uma perspectiva personalista e a faz valer como elemento regulador suprapositivo[38]. Ataque idêntico à concepção exegética e logicista do pensamento jurídico é desenvolvido na obra de João Baptista Machado (1927-1989), na base da alegação de que este tem de ter sempre em mente o sentido axiológico do Direito, contribuindo

---

nomeadamente do legislador constitucional; quando estas não sejam evidentes, deverá o intérprete basear-se em pautas (*standards*) extra-sistemáticas, nos princípios da equidade judicial, na "natureza das coisas", nas estruturas lógico-materiais e, por último, na doutrina jurídica acreditada e no costume judicial consolidado – cf. Franz Wieacker, *Zur rechtstheoretische Präzisierung des §242 BGB*, Tübingen, 1955.

[35] Cf. Karl Larenz, *Metodologia da Ciência do Direito*, cit., pág. 167.
[36] Cf. Otto Brusiin, *Über die Objektivität der Rechtsprechung*, Helsínquia, 1949, pág. 121.
[37] Cf., sobretudo, Karl Engisch, *Die Idee der Konkretisierung in Recht und Rechtswissenschaft unserer Zeit* (1953), 2ª edição, Heidelberga, 1968.
[38] Para uma análise das teses metodológicas de A. Castanheira Neves, cf., com maior pormenor, *infra*, 8.3.2.

para a sua realização. Em João Baptista Machado, assistimos a uma combinação de uma orientação fenomenológica e existencial com métodos tópico-argumentativos como base da crítica aos modelos legalistas e formalistas da interpretação e aplicação do Direito.

Sustentando igualmente a tese de que na interpretação jurídica se trata não de problemas hermenêutico-cognitivos, mas de problemas prático-normativos, o mais directo continuador do magistério de A. Castanheira Neves (1929-), Fernando José Bronze (1947-), considera o caso "*o prius metodológico-jurídico*" e a tarefa do pensamento jurídico a reflexão sobre a fenomenologia da realização do Direito – da "realização judicativo-decisória do Direito" –, promovendo uma crítica radical às concepções exegéticas e lógico-subsuntivas sobre a interpretação e aplicação do Direito, a que chama a "*bíblia positivista*". Numa linha com muitos pontos de contacto com estas perspectivas e invocando, a este propósito, o pensamento de Arthur Kaufmann (1923-2001), António Menezes Cordeiro (1953-) refere-se, igualmente, à "*unidade da realização do Direito*" para rejeitar as directrizes metodológicas legalistas e formalistas.

Em relação aos critérios da interpretação, a concepção própria da Jurisprudência de valoração (*Wertungsjurisprudenz*) não se limita aos quatro elementos de Savigny (elemento *gramatical*, elemento *lógico*, elemento *histórico* e elemento *sistemático*). Karl Larenz (1903-1993), no que pode ser considerado como uma posição representativa dessa orientação metodológica, estabelece como critérios da interpretação os seguintes: *i*) o *sentido literal*, a extrair do uso linguístico geral ou do uso linguístico especial por parte da lei; *ii*) *o contexto significativo da lei*, remetendo para a exigência de concordância material dos preceitos; *iii*) *a intenção reguladora, fins e ideias normativas do legislador histórico*; *iv*) *critérios teleológico-objectivos*, que abrangem tanto as estruturas do âmbito material regulado como os princípios ético-jurídicos; *v*) *o preceito de interpretação conforme à Constituição*.[39] A ideia rectora da Jurisprudência de valoração (*Wertungsjurisprudenz*) é a de coerência axiológica do sistema jurídico, ideia que faz valer tanto em matéria de interpretação como de integração das lacunas – e, nalgumas das suas variantes, como justificação para a rectificação ou, até mesmo, para a preterição do Direito legislado.

A concepção segundo a qual o processo de interpretação e aplicação do Direito não se reduz a um mero tratamento exegético da lei positiva e a operações de subsunção, mas deve nortear-se pelas valorações em que se funda o ordenamento jurídico, buscando a justiça material do resultado em relação com o caso individual a resolver, recebeu nas últimas décadas uma nova fundamen-

---

[39] Cf. Karl Larenz, *Metodologia da Ciência do Direito*, cit., *maxime* pág. 450 e segs.

§4. DAS DISPOSIÇÕES ÀS NORMAS: A "NATUREZA" DA INTERPRETAÇÃO JURÍDICA

tação na base da transposição para a filosofia do Direito e para a metodologia jurídica das teses da Hermenêutica filosófica sobre o carácter "produtivo" da interpretação. A legitimidade dessa transposição deve, porém, ser balizada, em primeira linha, pelos parâmetros constitucionais relativos à separação e ao equilíbrio dos poderes, isto é, deve atender à necessidade de uma diferenciação clara entre a actividade de *criação* de normas e a actividade de *aplicação* de normas, como esferas de competência reconhecidas, respectivamente, ao poder legislativo e ao poder judicial – caso contrário, aquilo que se apresenta como "interpretação" pode vir a consubstanciar-se numa reconfiguração da base normativa de decisão e, desse modo, numa usurpação por parte do poder judicial das funções que são próprias do legislador.

4.4. O carácter "produtivo" da interpretação: metodologia jurídica e Hermenêutica filosófica

A actividade de criação e valoração do juiz no chamado processo de "concretização" ou determinação do Direito no caso individual encontrou nas teses da Hermenêutica sobre o carácter "produtivo" da interpretação – desenvolvidas originariamente no âmbito da investigação filológica e da exegese bíblica[40] – a base filosófica privilegiada de justificação[41]. Mas antes de analisarmos as consequências do compromisso da metodologia jurídica com a Hermenêutica filosófica, em ordem à justificação da recusa das teses do formalismo interpretativo, vejamos em que termos é que esta aborda o problema da linguagem e da interpretação.

A Hermenêutica, como "arte da compreensão" ou "doutrina da boa interpretação", implica um questionamento sobre a essência da linguagem. A linhagem da concepção hermenêutica sobre a linguagem remonta à visão orgânica da linguagem antecipada em Giambattista Vico (1688-1744) e desenvolvida, sobretudo, por Johann Georg Hamann (1730-1788), Johann Gottfried Herder (1744-1803) e Wilhelm von Humboldt (1767-1835)[42]. A mediação linguística que torna o indivíduo como participante de uma comunidade e a natureza da interpretação como *subtilitas intelligendi*, isto é, como capacidade do intérprete de captar a totalidade

---

[40] Sobre o sentido originário do problema hermenêutico como metodologia da exegese bíblica, cf., por todos, Emerich Coreth, *Grundfragen der Hermeneutik*, Freiburgo, 1969.

[41] Para uma visão geral, cf. o meu estudo *Hermenêutica e Jurisprudência. Análise de uma "Recepção"*, Lisboa, 1990.

[42] A concepção da linguagem como actividade espiritual e criadora, como *energeia*: a este propósito, cf., por todos, Ernst Cassirer, *Philosophie der symbolischen Formen*, vol. I, *Die Sprache*, Berlim, 1923, *maxime* pág. 89 e segs.; para uma visão geral, cf., igualmente, Michael N. Forster, *After Herder. Philosophy of Language in the German Tradition*, Oxford, 2010.

do sentido do texto, são tematizadas por Friedrich Daniel Schleiermacher (1768--1834), a figura cimeira da Hermenêutica romântica, a quem se deve uma maior densidade filosófica na configuração do problema da interpretação: para o nosso autor, a Hermenêutica é a "arte da compreensão", a técnica da boa interpretação de um texto falado ou escrito; interpretar significa um aproximar à totalidade de sentido do texto, totalidade que não será nunca alcançada[43]. Esta linha de reflexão constitui o ponto de partida para a compreensão das objectivações do espírito historicamente determinadas, servindo a Johann Gustav Droysen (1808-1884) para estabelecer os cânones metodológicos das ciências do espírito (*Geisteswissenschaften*), por contraposição às ciências da natureza (*Naturwissenschaften*): no âmbito das ciências históricas, trata-se de compreender (*verstehen*) os eventos na sua singularidade e não de os explicar (*erklären*) com base em leis universais[44]. Wilhelm Dilthey (1833-1911) aprofunda esta linha de reflexão sobre a autonomia metodológica das ciências do espírito (*Geisteswissenschaften*), esclarecendo que nelas não se trata de observar um mundo exterior, mas de interpretar uma experiência vivida (*Erlebnis*), em que o acto de conhecer não se distingue do objecto conhecido[45]. Em suma: a Hermenêutica historicista (*maxime*, Dilthey) coloca o problema da interpretação e compreensão (*verstehen*) a um nível que é essencialmente metodológico.

Esse problema assume um outro grau de radicalidade filosófica em Martin Heidegger (1889-1976), que o configura em termos de uma ontologia fundamental (*Fundamentalontologie*). Em *Ser e Tempo* (1927) – *maxime* §§31-33 –, Heidegger apresenta uma analítica do *Dasein*, da existência, como estrutura ontológica da compreensão, como abertura ao "mundo": toda a compreensão tem como pressuposto uma pré-compreensão (*Vorverständnis*)[46], a interpretação move-se numa estrutura

---

[43] Sobre a Hermenêutica de Schleiermacher, cf. Paul Ricoeur, «Schleiermacher's Hermeneutics», in: *Monist* 60 (1977), págs. 181-197; Gianni Vattimo, *Schleiermacher, filosofo dell'interpretazione*, Milão, 1968; Richard E. Palmer, *Hermeneutics: Interpretation Theory in Schleiermacher, Dilthey, Heidegger and Gadamer*, Evanston, 1969, *maxime* capítulo 7 [existe tradução em língua portuguesa, a cargo de Maria Luísa Ribeiro Ferreira, Lisboa, 1986]. A referência fundamental sobre a Hermenêutica de Schleiermacher é, porventura, Manfred Frank, *Das individuelle Allgemeine. Textstrukturieung und -interpretation nach Schleiermacher*, Francoforte, 1985.
[44] A este propósito, cf., por todos, Theodor Bodammer, *Philosophie der Geisteswissenschaften*, Freiburgo, 1987 (sobre Droysen, cf. pág. 28 e segs.).
[45] Cf., sobretudo, Wilhelm Dilthey, *Einleitung in die Geisteswissenschaften*, Leipzig, 1883; sobre a reflexão metodológica de Dilthey, cf. Giuliano Marini, *Dilthey e la compreensione del mondo umano*, Milão, 1965.
[46] O termo "pré-compreensão" (*Vorverständnis*) deve-se a Rudolf Bultmann (1884-1976), no quadro da hermenêutica bíblica: Bultmann defende que toda a interpretação é orientada por um certo modo de colocar a questão, é sempre guiada por uma pré-compreensão da realidade buscada no texto.

§4. DAS DISPOSIÇÕES ÀS NORMAS: A "NATUREZA" DA INTERPRETAÇÃO JURÍDICA

de antecipação[47]. Numa fase ulterior, Heidegger abandona a analítica da existência, adoptando um modo de expressão ainda mais hermético: nos anos 50 do século XX, passa a contrapor à explicação (*Erklärung*) metafísica e à explicitação (*Erläuterung*) fenomenológica a ideia de "*Erörterung*" – literalmente: discussão; problematizando: indicar e observar o lugar (*Ort*). A Hermenêutica é auscultação e anúncio: Heidegger fala agora do acontecimento da linguagem, que procura esclarecer a partir do ser, como horizonte de compreensão[48].

A ideia de que toda a interpretação, como atribuição de significado, remete para o mundo concreto da experiência, historicamente condicionado e linguisticamente interpretado, constitui a linha de força da Hermenêutica filosófica de Hans-Georg Gadamer (1900-2002), exposta na obra *Verdade e Método* (1960)[49]. Segundo Gadamer, a linguagem representa a constituição ontológica de tudo o que pode compreender-se, é o meio universal no qual a compreensão se realiza [*Vielmehr ist die Sprache das universale Medium, in dem sich das Verstehen selber vollzieht*][50]. A concepção da linguagem característica da Hermenêutica filosófica é diametralmente oposta à concepção convencionalista e instrumental da linguagem, que é dominante na tradição filosófica ocidental e se projecta na fase inicial da filosofia analítica da linguagem[51].

A compreensão (*Verstehen*), como apreensão do sentido, é visão (intuição) do todo: a interpretação (*Auslegung*), como explicitação do sentido, é mediada pelo conhecimento racional, que supõe a imediatez da compreensão prévia (*Vorverständnis*). É esta compreensão prévia ou pré-compreensão (*Vorverständnis*), como conjectura de sentido, que guia o processo da compreensão (*Verstehen*). A compreensão realiza-se sobre o fundo da pré-compreensão: daí resulta a estrutura circular (*Zirkelstruktur*) da compreensão, que é tantas vezes invocada pela metodologia jurídica para ilustrar a relação circular entre a construção da questão-de-facto e a determinação da norma aplicável.

Em resumo: para a Hermenêutica, a compreensão do sentido linguístico de um "texto" não é algo meramente receptivo, mas um acontecimento de muitas camadas, em que se vão abrindo novos contextos de sentido e de finalidade.

---

[47] Como diz Heidegger, "*a interpretação de algo como algo está fundada na sua essência na aquisição, visão e apreensão prévias*" [Die Auslegung von Etwas als Etwas wird wesenhaft durch Vorhabe, Vorsicht und Vorgriff fundiert] – cf. Martin Heidegger, *Sein und Zeit*, 16ª reimpressão, Tübingen, 1986, pág. 150.
[48] Cf., sobretudo, Martin Heidegger, *Unterwegs zur Sprache*, Pfullingen, 1959.
[49] Cf. Hans-Georg Gadamer, *Wahrheit und Methode. Grundzüge einer philosophischen Hermeneutik*, 4ª edição, Tübingen, 1975.
[50] Cf. Hans-Georg Gadamer, *Wahrheit und Methode*, cit., pág. 392.
[51] Sobre a questão, cf., por todos, Martin Kusch, *Language as Calculus vs. Language as a Universal Medium. A Study in Husserl, Heidegger and Gadamer*, Dordrecht, 1989.

A Hermenêutica filosófica serviu à metodologia jurídica, sobretudo na Alemanha, para fundamentar a tese de que a interpretação jurídica não se cifra na busca de significados pré-determinados e fixados de uma vez por todas no texto legislativo, mas tem um carácter produtivo de novos significados, constitutivamente ligados à situação particular. Como sublinhava Gadamer, "*o conhecimento do sentido de um texto jurídico e a aplicação do mesmo a um caso jurídico concreto não são dois actos separados mas um processo unitário*"[52]: daí o carácter exemplar da hermenêutica jurídica, cujo objectivo é a concretização da lei, a aplicação da norma geral na resolução do caso individual. A metodologia jurídica e a filosofia do Direito na Alemanha dos anos 60 e 70 do século XX registaram uma "viragem hermenêutica" (*hermeneutische Wende*), seja por referência à Hermenêutica historicista, como em Helmut Coing (1912-2000)[53], seja, com maior ou menor grau de ambição filosófica, com inspiração na nova Hermenêutica de Hans-Georg Gadamer (1900-2002), reflectidas nas obras de autores tão diversos como Josef Esser (1910-1999), Karl Larenz (1903-1993) e Arthur Kaufmann (1923-2001)[54]. O que é comum a estes autores é a ilustração, por vias distintas, da tese hermenêutica da "estrutura aplicativa da compreensão" (*Applikationstruktur des Verstehens*) e a sujeição do processo de aplicação do Direito ao controlo de instâncias axiológicas extra-sistemáticas[55] – bem como a rejeição do modelo "naturalista" de ciência e a defesa de um modelo "científico-espiritual" ou "hermenêutico" como base da sua concepção de ciência do Direito[56].

Numa linha próxima da Hermenêutica, há que fazer referência à doutrina do Direito estruturante (*strukturiende Rechtslehre*), de Friedrich Müller (1938-). O autor distingue entre o "texto normativo" (*Normtext*) e a "norma" (*Norm*): esta compreende não apenas o texto, mas também o "âmbito da norma" (*Normbereich*), isto é, o "*pedaço da realidade social*" objecto de regulação, pelo que o processo de concretização normativa assenta não apenas na interpretação do texto

---

[52] Cf. Hans-Georg Gadamer, *Wahrheit und Methode*, cit., pág. 315.
[53] Cf., sobretudo, Helmut Coing, *Die juristische Auslegungsmethode und die Lehren der allgemeinen Hermeneutik*, Colónia, 1959.
[54] Cf., respectivamente, Josef Esser, *Vorverständnis und Methodenwahl in der Rechtsfindung. Zur Rationalitätsgarantien in der richterlichen Entscheidungspraxis*, Francoforte, 1970; Karl Larenz, *Methodenlehre der Rechtswissenschaft*, 3ª edição, Berlim, 1975 [até aí, o autor orientava-se de acordo com uma perspectiva neo-hegeliana] – em bom rigor, a adesão de Larenz à Hermenêutica gadameriana serviu, no essencial, para uma refundamentação de um pensamento metodológico já consolidado; Arthur Kaufmann, *Beiträge zur juristischen Hermeneutik*, Colónia, 1984.
[55] A este propósito, cf. Joachim Hruschka, *Das Verstehen von Rechtstexten. Zur hermeneutischen Transpositivität des positiven Rechts*, Munique, 1972; cf., igualmente, Jerzy Stelmach, *Die hermeneutische Auffassung der Rechtsphilosophie*, Ebelsbach, 1991.
[56] A este propósito, cf., por todos, Ralf Dreier, «Zum Selbstverständnis der Jurisprudenz als Wissenschaft», in: *Rechtstheorie* 2 (1971), págs. 37-54.

§4. DAS DISPOSIÇÕES ÀS NORMAS: A "NATUREZA" DA INTERPRETAÇÃO JURÍDICA

normativo mas também na análise dos dados reais que constituem o domínio da norma. O legislador cria apenas o texto normativo, ou a disposição normativa: a norma só é fixada mediante a concretização, como articulação dinâmica entre o enunciado linguístico e a estrutura da realidade regulada; a norma é o *resultado* e não o *objecto* da actividade interpretativa[57].

Tomando distâncias em relação à ontologização existencial da Hermenêutica filosófica de raiz heideggeriana, cujo alcance especulativo rejeita, Emilio Betti (1890-1968) coloca-se no terreno da Hermenêutica historicista (Schleiermacher, Droysen, Ranke, Dilthey, Spranger, Rothacker) e apoia-se no realismo fenomenológico de Nicolaï Hartmann (1882-1950) para construir uma Hermenêutica centrada na identificação do significado dos textos, enquanto objectivações do espírito – *sensus non est inferendus, sed efferendus*: o sentido há-de ser aquele que está objectivamente plasmado no texto e não um sentido que, desde fora, para ele se transfere. Betti censura na Hermenêutica existencial a violação do cânone fundamental da "autonomia do objecto" (*Eigenständigkeit des Objekts*), o que, a seu ver, põe em risco a validade objectiva da interpretação, abrindo o caminho à arbitrariedade do intérprete[58]. Esta perspectiva sobre a autoridade do texto e a validade da interpretação inspira um vastíssimo conjunto de trabalhos sobre a interpretação da lei e a interpretação do negócio jurídico e está vertida na sua monumental *Teoria generale dell'interpretazione* (2 vols., Milão, 1955).

O problema da validade da interpretação é um problema central não só da metodologia jurídica como também da hermenêutica filológica e literária – *v. g.* Hans Robert Jauß (1921-1997), Wolfgang Iser (1906-2007), Eric D. Hirsch (1928-   ), Stanley Fish (1938-   ). A Estética da recepção (*Rezeptionsästhetik*) de Jauß e de Iser recorre a um conjunto de categorias hermenêuticas como "horizonte de expectativa" (*Erwartungshorizont*), "leitor implícito" (*implizite Leser*), "lugares de indeterminação" (*Unbestimmtheitsstellen*), etc., para enquadrar a sua

---

[57] Cf., sobretudo, Friedrich Müller, *Normstruktur und Normativität. Zum Verhältnis von Recht und Wirklichkeit in der juristischen Hermeneutik, entwickelt an Fragen der Verfassungsinterpretation*, Berlim, 1966; cf., igualmente, Friedrich Müller, *Juristische Methodik*, 7ª edição, Berlim, 1997, maxime §§ 248 e segs. Acolhendo grande parte das premissas da metódica jurídico-estruturante em matéria de interpretação das normas constitucionais, cf., entre nós, J. J. Gomes Canotilho, *Direito Constitucional e Teoria da Constituição*, 3ª edição, Coimbra, 1999, maxime pág. 1139 e segs.

[58] Cf., sobretudo, Emilo Betti, *Die Hermeneutik als allgemeine Methodik der Geisteswissenschaften*, Tübingen, 1962. Sobre as distâncias de Betti em relação à ontologização existencial da Hermenêutica, cf. Hans-Georg Gadamer, «Emilio Betti und das idealistische Erbe», in: *Quaderni Fiorentini pela storia del pensiero giuridico moderno* 7 (1978), *Emilio Betti e la scienza giuridica del Novecento*, págs. 5-11; cf., igualmente, Luigi Mengoni, «La polemica di Betti com Gadamer», *ibidem*, págs. 125-142.

reflexão sobre o significado do "texto" como encontro da obra com o seu destinatário[59]. Eric D. Hirsch tem no plano da hermenêutica literária preocupações semelhantes às de Betti no plano da hermenêutica jurídica: assegurar a validade e a objectividade da interpretação. O significado do "texto" tem de ser aferido pela intenção do autor[60]. Numa posição oposta, Stanley Fish refere o problema da validade da interpretação à autoridade da comunidade interpretativa: o "texto" não existe independentemente da sua recepção e representação por parte de uma comunidade interpretativa, o sentido do "texto" é criado pela comunidade de intérpretes que partilham as mesmas práticas sociais e estéticas[61].

A concepção "interpretativa" do Direito que Ronald Dworkin (1931-2013) desenvolve em *Law's Empire* (Londres, 1986) denota de modo mais directo a influência destes debates em sede de teoria da literatura e crítica literária do que uma inspiração directa nas teses da Hermenêutica continental em geral e na obra de Gadamer em particular. O seu propósito é desenvolver uma teoria do Direito que se contraponha quer ao que ele refere como teorias "convencionalistas" do Direito – que limitam o Direito de uma comunidade à extensão explícita das suas convenções jurídicas, a legislação e o precedente judicial –, quer ao que designa como teorias "pragmatistas" do Direito – que se traduzem num "cepticismo" e decisionismo interpretativos[62]. A concepção "interpretativa" do Direito visa apresentar o Direito como "integridade" (*integrity*), isto é, fornecer uma visão articulada do Direito por referência a um esquema único e coerente de princípios.

> Desde os seus inícios, com *Taking Rights Seriously* (Londres, 1977), a teoria do Direito de Ronald Dworkin (1931-2013) é desenvolvida a partir da ideia da optimização da tutela e realização dos direitos fundamentais. No entanto, o quadro global de fundamentação desta teoria só vem a ser apresentado em *Law's Empire* (Londres, 1986), em termos de uma concepção "interpretativa" do Direito; anos antes, porém, já Dworkin falava do Direito como "uma prática interpretativa" (*an exercise in interpretation*), estabelecendo um paralelismo entre a actividade de aplicação do Direito na resolução de casos singulares e a hermenêutica literária, que obedece a um

---

[59] Cf., por exemplo, Hans Robert Jauß, *Ästhetische Erfahrung und Literarische Hermeneutik*, Francoforte, 1982; Wolfgang Iser, *Die Appellstruktur der Texte. Unbestimmtheit als Wirkungsbedingungen literarischer Prosa*, Konstanz, 1970.
[60] Cf. E. D. Hirsch Jr., *Validity in Interpretation*, New Haven, 1967.
[61] Cf. Stanley Fish, *Is There a Text in this Class? The Authority of Interpretive Communities*, Cambridge Mass., 1980; cf., igualmente, Stanley Fish, *Doing what Comes Naturally: Change, Rethoric, and the Practice of Theory in Literary and Legal Studies*, Oxford, 1989.
[62] Cf. Ronald Dworkin, *Law's Empire*, cit., *maxime* pág. 94 e seg.

§4. DAS DISPOSIÇÕES ÀS NORMAS: A "NATUREZA" DA INTERPRETAÇÃO JURÍDICA

cânone de coerência entre os diversos elementos da narrativa[63]. Em *Law's Empire* aprofunda esta perspectiva, distinguindo analiticamente três estádios da interpretação: *i*) o estádio pré-interpretativo, em que se trata de identificar os materiais normativos (disposições legislativas, precedentes judiciais, enunciados de carácter doutrinal, etc.); *ii*) o estádio interpretativo, que corresponde à atribuição de significado aos elementos identificados no estádio pré-interpretativo; *iii*) o estádio pós-interpretativo, em que o juiz e o jurista avaliam se o resultado a que chegaram é o que melhor se coaduna com a estrutura valorativa ou axiológica do sistema jurídico[64].

Em matéria de teoria da significação, se bem que as considerações de Dworkin não sejam suficientemente explícitas, parece evidente que ele se arrima a uma concepção de holismo semântico ou do significado, quer dizer, assume que o sentido de um enunciado depende da totalidade ou de uma parte considerável da linguagem a que pertence: a justificação dos enunciados interpretativos na prática social que é o Direito tem uma dimensão que remete para o postulado da coerência valorativa ou axiológica do sistema jurídico, postulado que o estádio pós-interpretativo deve satisfazer[65].

Por outro lado, apresenta uma teoria sobre a validade e a objectividade da interpretação, tomando posição ao nível da hermenêutica jurídica em relação aos debates desenvolvidos no quadro da hermenêutica literária sobre a autoridade do texto e o grau de liberdade hermenêutica do intérprete. Dworkin questiona-se sobre o que é que significa *"descobrir o significado de um texto"*, tarefa habitualmente referida como "interpretação" ou "hermenêutica"[66]. Em *Law's Empire*, identifica duas categorias fundamentais de interpretação, a "interpretação conversacional" e a "interpretação construtiva", esclarecendo que na "interpretação conversacional" aquilo que é determinante é a intenção do autor ou locutor; não assim na "interpretação construtiva", que é a forma apropriada para a explicitação do sentido das obras de arte e das práticas sociais: aqui trata-se de "reconstruir" o objecto da interpreta-

---

[63] Cf., sobretudo, Dworkin, «How Law is Like Literature» (1982), agora in: Ronald Dworkin, *A Matter of Principle*, Cambridge Mass., 1985, págs. 146-166. Sobre a aproximação da teoria jurídica de Dworkin à prática da interpretação literária, cf. Claudia Bittner, *Recht als interpretative Praxis. Zu Ronald Dworkin allgemeine Theorie des Rechts*, Berlim, 1988; na literatura jurídica portuguesa, cf. A. Castanheira Neves, «Dworkin e a Interpretação Jurídica – ou a Interpretação Jurídica, a Hermenêutica e a Narratividade», agora in: A. Castanheira Neves, *Digesta. Escritos acerca do Direito, do Pensamento Jurídico, da sua Metodologia e Outros*, vol. 3, Coimbra, 2010, págs. 413-495; cf., igualmente, Sandra Martinho Rodrigues, *A Interpretação Jurídica no Pensamento de Ronald Dworkin. Uma Abordagem*, Coimbra, 2005.
[64] Cf. Ronald Dworkin, *Law's Empire*, Londres, 1986, *maxime* pág. 65 e segs.
[65] Sobre o holismo semântico de Dworkin, cf., por todos, Andrei Marmor, *Interpretation and Legal Theory*, Oxford, 1992, *maxime* pág. 61 e segs.
[66] Cf. Dworkin, «How Law is Like Literature», cit., pág. 149.

ção à sua melhor luz[67]. A interpretação jurídica é uma "interpretação construtiva" e não uma "interpretação conversacional", razão pela qual não se lhe aplica o modelo mentalista da intenção de comunicação, defendido, por exemplo, por Eric D. Hirsch (1928-   ), como critério aferidor da validade e objectividade da interpretação dos textos literários. Por isso, é de rejeitar a concepção subjectivista ou intencionalista sobre o escopo da interpretação jurídica: na interpretação jurídica, há, segundo Dworkin, que tomar "reflexivamente" em conta os valores que os participantes associam à prática social que é o Direito e aquela que pode ser considerada como a sua melhor justificação[68].

Apesar de Dworkin sustentar que a interpretação é constitutiva do "texto", ele opõe-se à destruição da noção de "autoridade do texto" e da objectividade dos resultados da interpretação a que conduz, por exemplo, em matéria de hermenêutica literária, o "desconstrucionismo" de Stanley Fish (1938-   )[69]. Ao nível da doutrina da interpretação jurídica, estas suas considerações dirigem-se à refutação do "cepticismo interpretativo", segundo o qual os juízes nunca aplicam um Direito pré-existente, tese que caracterizou, sobretudo, o realismo jurídico norte-americano – Oliver Wendell Holmes (1841-1935), Jerome Frank (1889-1957), John Chipman Gray (1839-1915), Karl Llewellyn (1893-1962), etc. – e, mais recentemente, o movimento dos *Critical Legal Studies* (CLS) – Roberto M. Unger (1947-   ), Duncan Kennedy (1942-   ), Mark Tushnet (1945-   ), etc. –, defensor de uma desestabilização dos significados dos "textos" jurídicos e crítico do método jurídico formalista, que promove a "opacidade" da relações de poder na sociedade[70].

As teses de Dworkin sobre o carácter criador da interpretação jurídica como "interpretação construtiva" tiveram o seu âmbito de aplicação mais frutífero a propósito da teoria da interpretação da Constituição, oferecendo uma teoria normativa da interpretação da Constituição que ele refere como "leitura moral da Constituição" (*moral reading of the Constitution*) e que propõe a leitura do texto constitucional à luz dos valores de moralidade política (*political morality*) que nele se encontram

---

[67] Cf. Dworkin, *Law's Empire*, cit., *maxime* pág. 50 e segs.
[68] Cf., por exemplo, Dworkin, «How Law is Like Literature», cit., *maxime* pág. 149 e segs.
[69] Cf., por exemplo, Ronald Dworkin, «My Reply to Stanley Fish (and Walter Benn Michaels): Please Don't Talk about Objectivity Any More», in: W. J. T. Mitchell (ed.), *The Politics of Interpretation*, Chicago, 1983, págs. 287-313. Uma boa visão destes debates pode encontrar-se, na literatura jurídica portuguesa, em Joana Aguiar e Silva, *Para uma Teoria Hermenêutica da Justiça. Repercussões jusliterárias no eixo problemático das fontes e da interpretação jurídica*, Coimbra, 2011.
[70] Sobre a relação dos *Critical Legal Studies* (CLS) com o pós-estruturalismo e a "desconstrução" (Derrida), cf., por exemplo, Jack Balkin, «Deconstructive Practice and Legal Theory», in: *Yale Law Journal* (1987), págs. 743-786; Matthew Kramer, *Legal Theory, Political Theory and Deconstruction. Against Rhadamantus*, Indianapolis, 1991; David Kennedy, «The Turn to Interpretation», in: *Southern California Law Review* 58 (1985), págs. 251-275.

§4. DAS DISPOSIÇÕES ÀS NORMAS: A "NATUREZA" DA INTERPRETAÇÃO JURÍDICA

incorporados (*embedded*)[71] Dworkin reporta-se a um modelo axiológico de Constituição, cuja ideia central é a optimização da tutela e realização dos direitos fundamentais. A sua teoria normativa da interpretação da Constituição à luz da "*best conception of constitutional moral principles*" promove um activismo judicial e uma visão "expansiva" da *judicial review*, contrapondo-se a uma leitura da Constituição baseada na "intenção originária" (*original intent*) dos constituintes e que conduz a um "*self restraint*" judicial[72].

A interpretação jurídica não deve ser conduzida, como pretende Dworkin, de acordo com o cânone metodológico da "hipótese estética", que rege a interpretação literária e a interpretação das obras de arte[73]. Por outro lado, a tese hermenêutica de que a interpretação é constitutiva do "texto" não pode ser confundida com o questionamento céptico da "autoridade do texto" e da objectividade da interpretação, promovido, por exemplo, por Stanley Fish (1938-   ) e o movimento *Law and Literature* (James Boyd White, Richard Weisberg, Sanford Levinson, etc.). A função da interpretação jurídica não é susceptível de ser elucidada apenas com base na reflexão filosófica sobre a natureza da compreensão e da interpretação ou a partir das teses sobre a indeterminação semântica das linguagens naturais: ela supõe, igualmente, considerações sobre o carácter institucionalizado da interpretação jurídica e o princípio da separação dos poderes, nomeadamente o reconhecimento da diferenciação funcional entre a legislação e a função jurisdicional[74]. São estas questões relativas ao grau de amplitude da actividade decisória dos tribunais na conformação do Direito vigente que, no fundo, estão subjacentes à caracterização da interpretação jurídica ou como actividade de natureza cognoscitiva ou como actividade de natu-

---

[71] Cf., sobretudo, Ronald Dworkin, *Freedom's Law: The Moral Reading of the American Constitution*, Cambridge Mass., 1996.

[72] O modelo axiológico de Constituição de Dworkin e a sua visão "expansiva" da *judicial review* denotam um forte paralelismo com certas concepções sobre a Constituição e em matéria de teoria e dogmática dos direitos fundamentais que se afirmaram na doutrina jurídica continental nos anos 50 e 60 do século XX: a Constituição como "ordem de valores" (*Wertordnung*), os direitos fundamentais como normas objectivas de princípio (*objektive Grundsatznormen*), o efeito expansivo ou de irradiação (*Ausstrahlungswirkung*) dos direitos fundamentais, etc. Sobre este ponto, cf., com maior pormenor, *infra*, §11, *maxime* 11.3.

[73] Cf. Dworkin, «How Law is Like Literature», cit., *maxime* pág. 149 e segs.

[74] A distinção entre legislação e função jurisdicional, entre a *criação* e a *aplicação* do Direito, é um elemento fundamental da teoria liberal do Estado de Direito, cuja formulação tem o seu *locus classicus* no livro *Do Espírito das Leis* (1748), de Charles Secondat de Montesquieu (1689-1755): cf. Montesquieu, *De l'Esprit des Lois*, livro XI, cap. VI [remetemos para a tradução a cargo de Miguel Morgado, *Do Espírito das Leis*, Lisboa, 2011, aqui a pág. 305 e segs.].

reza prescritiva, isto é, aos dois tipos-ideais ou modelos de interpretação jurídica: *i*) o formalismo interpretativo e *ii*) o cepticismo interpretativo.

4.5. A "natureza" da interpretação jurídica: formalismo interpretativo e cepticismo interpretativo

O formalismo interpretativo tende a reduzir o problema da determinação das consequências normativas relativamente a certas matérias ou casos a operações intelectuais de apreensão de significados e de subsunção, isto é, a conceber a interpretação jurídica como uma actividade puramente cognoscitiva, consistente na identificação da vontade ou intenção do legislador (*voluntas, mens legislatoris*) – teoria subjectivista da interpretação – ou do sentido objectivo (unívoco e determinado) do texto legislativo (*voluntas, mens legis*) – teoria objectivista da interpretação – e a apresentar a justificação da decisão judicial em termos estritamente lógico-dedutivos.

O formalismo interpretativo alcançou a sua expressão mais vincada na denominada "Escola da Exegese", que pontificou, sobretudo, na doutrina civilista francesa e belga na primeira metade do século XIX e que defendia a máxima adesão à letra das disposições do Code Napoléon (1804)[75]. Coincidindo no tempo, mas correspondendo a uma tradição doutrinal diferente e a um sistema das "fontes" do Direito distinto, baseado numa matriz científico--jurisprudencial e consuetudinária[76], a Pandectística alemã – Friedrich Carl von Savigny (1779-1861), Georg Friedrich Puchta (1798-1846), Rudolf von Jhering

---

[75] Os autores representantes desta orientação eram profissionalmente, na sua maioria, magistrados dos tribunais superiores e a elaboração doutrinal cingia-se à interpretação e comentário das disposições do *Code Napoléon*: cf., por exemplo, Alexandre Duranton, *Cours de droit civil français suivant le Code Civil*, 21 vols., Paris, 1825-1846; Jean Charles Florent Demolombe, *Cours de Code Napoléon*, 31 vols., Paris, 1845-1876; Théofile Huc, *Commentaire théorique et pratique de droit civil*, 15 vols., Paris, 1892-1903.

[76] A Pandectística alemã ocupava-se com a sistematização das fontes do Direito romano, vindo a estruturar um Direito científico (*wissenschaftliches Recht*) ou Direito dos juristas (*Juristenrecht*), que dá resposta às necessidades da sociedade burguesa e capitalista que em França são satisfeitas com o movimento de codificação, mormente com o *Code Napoléon* (1804). O Direito romano serviu como Direito comum entre os vários Estados alemães, mesmo depois da unificação da Alemanha, em 1871: o Código Civil (BGB) alemão, que só é publicado em 1896, entrando em vigor em 1900, é um fruto da Pandectística – a este propósito, cf. Franz Wieacker, *História do Direito Privado Moderno*, tradução da 2ª edição, a cargo de António Hespanha, Lisboa, 1980, *maxime* pág. 491 e segs.; cf., igualmente, Klaus Luig, «Die Theorie der Gestaltung eines nationalen Privatrechtssystems aus römisch-deutschem Rechtsstoff», in: Helmut Coing e Walter Wilhelm (eds.), *Wissenschaft und Kodifikation des Privatrechts im 19. Jahrhundert*, vol. I, Francoforte, 1974, págs. 217-248; Aldo Mazzacane, «Pandettistica», in: *Enciclopedia del diritto* XXI, Milão, 1981, págs. 592-608.

(1818-1892) Bernhard Windscheid (1817-1892) e Heinrich Dernburg (1829-
-1907) – dedica-se a elaborar uma pirâmide dos conceitos jurídicos (*maxime*,
Puchta), visando a obtenção de soluções normativas em termos de uma dedução lógico-conceptual[77]. Podemos, portanto, considerar também a Pandectística alemã como uma manifestação do formalismo jurídico e do formalismo
interpretativo, em particular, que dominou a cultura jurídica europeia continental ao longo do século XIX.

O formalismo interpretativo começa a ser posto em causa nos finais do
século XIX por um conjunto de orientações habitualmente referidas sob a
designação de "modernismo jurídico", que acentuam o finalismo e a teleologia na representação doutrinal e na aplicação do Direito. Em França, Raymond
Saleilles (1855-1912) reclama um *"assouplissement du texte"*, quer dizer, propõe
que o texto legislativo seja considerado não como uma realidade petrificada,
mas como algo sempre aberto a novas exigências sociais. François Gény (1861-
1959) opõe-se ao método formalista da Escola da Exegese e chama a atenção
para as fontes reais do Direito, constituídas pelas relações sociais concretas; por
outro lado, defende que o Direito legislado não está completamente determinado, remetendo o legislador essa determinação para o momento da aplicação
do Direito: *"le législateur ne peut souvent que determiner les lignes générales d'un cadre
juridique donné; il doit laisser à l'application du droit le soin de le remplir..."*.[78] Na Alemanha, Oskar Bülow (1837-1907), no seu famoso discurso reitoral intitulado
Gesetz und Richteramt [Lei e Função Judicial] (Leipzig, 1885), põe em evidência a actividade criadora de Direito da jurisprudência dos tribunais, concluindo
que *"não é a lei, mas a lei e a função judicial quem cria para o povo o seu Direito"* [nicht
das Gesetz, sondern Gesetz und Richteramt schafft dem Volke sein Recht]; o
Direito não é completamente determinado pela actividade do legislador, pois
"a lei fornece apenas uma indicação" [Das Gesetz ertheilt nur eine Anweisung]
de como deve ser instituída a ordem jurídica. Estava dado o tom para o Movi-

---

[77] Sobre a passagem do método sistemático-orgânico da Escola Histórica do Direito à orientação formal lógico-conceptual da Jurisprudência dos conceitos (*Begriffsjurisprudenz*) na Pandectística alemã, cf. Karl Larenz, *Metodologia da Ciência do Direito*, cit., *maxime* pág. 21 e segs.; cf.,
igualmente, Klaus F. Röhl, *Allgemeine Rechtslehre*, Colónia, 1995, *maxime* pág. 49 e segs.; Werner
Krawietz, «Begriffsjurisprudenz», in: Werner Krawietz (ed.), *Theorie und Technik der Begriffsjurisprudenz*, Darmstadt, 1976, págs. 432-437; Hans-Peter Haferkamp, «Georg Friedrich Puchta und
die "Begriffsjurisprudenz"», in: *Studien zur europäischen Rechtsgeschichte* 171 (2004), págs. 183-192;
Ulrich Falk, *Ein Gelehrter wie Windscheid – Erkundungen auf den Feldern der sogennanten Begriffsjurisprudenz*, Francoforte, 1989.

[78] Cf. François Gény, *Méthode et sources en droit privé positif. Essai critique*, vol. 1, Paris, 1899, pág.
212. As propostas metodológicas de Gény são posteriormente aprofundadas nos 4 volumes
(1914-1924) de *Science et technique en droit privé positif*.

mento do Direito Livre (*Freirechtsbewegung*)[79] que se afirma na primeira década do século xx e que conta com nomes como Hermann Kantorowicz (1877--1940), Ernst Fuchs (1859-1929), Eugen Ehrlich (1862-1922) e Hermann Isay (1873-1938)[80]. Em última análise, o Movimento do Direito Livre conduzia a um sistema de criação judicial do Direito (*judge made law*): era isso que, por exemplo, Hermann Isay propugnava, ao afirmar que o Direito não era o sistema das normas, mas o conjunto das sentenças judiciais.

As directrizes metodológicas do Movimento do Direito Livre acabaram por ter um acolhimento pouco mais que efémero. Mas a ideia de insuficiência das fontes formais para a determinação do Direito em concreto e a necessidade de recurso à actividade integradora da jurisprudência dos tribunais, que é enfatizada pelo Movimento do Direito Livre, está subjacente, na Alemanha, quer à orientação metodológica da Jurisprudência dos interesses (*Interessenjurisprudenz*)[81], nas décadas iniciais do século xx, quer, mais tarde, à denominada Jurisprudência de valoração (*Wertungsjurisprudenz*) e à sua admissão de um desenvolvimento judicial do Direito superador da lei[82]. Mas estas

---

[79] A denominação decorre do título de uma conferência proferida por Eugen Ehrlich (1862--1922) em 1903, intitulada *Freie Rechtsfindung und Freie Rechtswissenschaft*; sobre os elementos precursores do Movimento do Direito Livre, cf., por todos, Hermann Kantorowicz, *Aus der Vorgeschichte der Freirechtsschule*, Mannheim, 1925.

[80] Para uma visão geral das propostas metodológicas do Movimento do Direito Livre, cf. A. Castanheira Neves, «Escola do Direito Livre», in: A. Castanheira Neves, *Digesta. Escritos acerca do Direito, do Pensamento Jurídico, da sua Metodologia e Outros*, vol. 2º, Coimbra, 1995, pág. 193-201; Ernst Stampe, *Die Freirechtsbewegung*, Berlim, 1911; Dietmar Moench, *Die methodologischen Bestrebungen der Freirechtsbewegung auf dem Wege zur Methodenlehre der Gegenwart*, Francoforte, 1971; Michael Marx, «Interessenjurisprudenz und Freirechtslehre», in: Arthur Kaufmann e Winfried Hassemer (eds.), *Einführung in Rechtsphilosophie und Rechtstheorie der Gegenwart*, Heidelberga, 1977, pág. 97-102; Arthur Kaufmann, «Freirechtsbewegung – lebendig oder tot? Ein Beitrag zur Rechtstheorie und Methodenlehre», in: Arthur Kaufmann, *Rechtsphilosophie im Wandel. Stationen eines Weges*, Francoforte, 1972, págs. 251-271; Luigi Lombardi, *Saggio sul diritto giurisprudenziale*, Milão, 1967, *maxime* pág. 233.

[81] Cf., por exemplo, Philipp Heck, *Das Problem der Rechtsgewinnung* (1912), 2ª edição, Tübingen, 1932; Philipp Heck, *Gesetzesauslegung und Interessenjurisprudenz*, Tübingen, 1914; Philipp Heck, *Begriffsbildung und Interessenjurisprudenz*, Tübingen, 1932. No juízo de Mario Losano (1939-   ), "*a jurisprudência dos interesses pode ser considerada a ala mais moderada do Movimento do Direito Livre*": cf. Mario G. Losano, *Sistema e Estrutura no Direito*, vol. 2, *O século xx* (2002), tradução a cargo de Luca Lamberti, São Paulo, 2010, pág. 149.

[82] Exemplar, a este propósito, é o livro de Josef Esser, *Grundsatz und Norm in der richterlichen Fortbildung des Privatrechts*, Tübingen, 1956; cf., igualmente, Franz Wieacker, *Gesetz und Richterkunst. Zum Problem der außergesetzlichen Rechtsordnung*, Karlsruhe, 1958. Sobre as modalidades de desenvolvimento judicial do Direito superador da lei (*gesetzübersteigende Rechtsfortbildung*), cf., numa perspectiva característica da Jurisprudência de valoração (*Wertungsjurisprudenz*), Karl Larenz, *Metodologia da Ciência do Direito*, cit., pág. 588 e segs.

§4. DAS DISPOSIÇÕES ÀS NORMAS: A "NATUREZA" DA INTERPRETAÇÃO JURÍDICA

orientações metodológicas rejeitaram as formas radicais e extremas de decisionismo propugnadas pelo Movimento do Direito Livre[83].

Essas formas radicais e extremas são prosseguidas por algumas das variantes do realismo jurídico norte-americano: Jerome Frank (1889-1957), por exemplo, defendia que as decisões judiciais são o produto de factores individuais que fazem parte da personalidade dos juízes, sendo, inclusivamente, a personalidade do juiz um factor de condicionamento em relação aos factos que são considerados como provados ou não provados – Frank considera-se, portanto, não somente um céptico em relação às regras, mas inclusivamente um céptico em relação aos factos[84]. Por outro lado, sustenta que a decisão judicial se inicia com uma conclusão formada por via de uma intuição mais ou menos vaga da solução "correcta" e só num segundo momento é que o juiz procura achar as premissas que convalidem uma tal conclusão, tese que é muito próxima daquilo que Hermann Isay (1873-1938) pensava ser o processo de obtenção da decisão judicial no caso individual[85] e que apresenta algumas similitudes com o modo como Josef Esser (1910-1999) retrata o processo de decisão judicial, a partir das noções hermenêuticas de "pré-compreeensão" (*Vorverständnis*) e de "círculo hermenêutico", em oposição ao modelo dedutivo de fundamentação da decisão judicial, isto é, à ideia de aplicação das normas legais em termos de subsunção lógica[86].

O realismo jurídico norte-americano admite como argumentos jurídicos válidos não apenas aqueles que decorrem da concepção clássica das "fontes" do Direito, mas também juízos morais, económicos ou políticos, os sentimentos de justiça, os usos comerciais, etc. Pese a diversidade das suas orientações e motivações, os autores agrupados neste movimento denotam a influência da jurisprudência sociológica de Oliver Wendell Holmes (1841-1935) e Roscoe

---

[83] Atente-se nos distanciamentos que Philipp Heck (1858-1943) assume em relação ao Movimento do Direito Livre: cf., por exemplo, Heck, *Das Problem der Rechtsgewinnung*, cit., maxime pág. 22 e segs.; Heck, *Begriffsbildung und Interessenjurisprudenz*, cit., maxime págs. 9 e seg., 70, 100 e seg. e 200 e segs. O ponto fundamental desse distanciamento era a recusa de Heck da admissibilidade da decisão *contra legem*.

[84] Cf. Jerome Frank, *Law and the Modern Mind* (1930), Nova Iorque, 1949. O prefácio a esta sexta edição (1949) contém uma excelente visão panorâmica do realismo jurídico norte-americano, na diversidade das suas tendências: aí identifica, dentro do movimento realista, os "cépticos em relação às regras" (*rule-skeptics*) e os "cépticos em relação aos factos" (*fact-skeptics*) – cf. ob. cit., págs. VIII-IX. A primeira das correntes, mais moderada, tem em Karl Llewellyn (1893-1962) o seu principal representante; a segunda, mais radical, está consubstanciada nas teses do próprio Jerome Frank (1889-1957).

[85] Cf. Hermann Isay, *Rechtsnorm und Entscheidung* (1929), Aalen, 1970.

[86] Cf. Josef Esser, *Vorverständnis und Methodenwahl in der Rechtsfindung. Zur Rationalitätsgarantien in der richterlichen Entscheidungspraxis*, cit.

Pound (1870-1964) e do pragmatismo filosófico de William James (1842-1910) e John Dewey (1859-1952), atribuindo à magistratura judicial uma função de *social engineering*[87].

O modo de entender a vinculação do juiz à lei e a justificação das decisões judiciais oscila, portanto, entre o modelo do juiz mecânico aplicador do Direito e o carácter lógico-dedutivo da justificação das decisões judiciais, por um lado, como no caso da Escola da Exegese, e formas extremas de decisionismo, por outro, como nos casos do Movimento do Direito Livre e do realismo jurídico norte-americano[88] – e do seu prolongamento: os *Critical Legal Studies*[89]. Mas os parâmetros da vinculação do juiz à lei têm que ver, como foi apontado, não apenas com questões de metodologia jurídica, mas, sobretudo, com a divisão de funções entre a actividade legislativa e a função judicial: a este propósito, há que examinar as fronteiras entre as tarefas que conhecemos como "interpretação" e "desenvolvimento judicial do Direito", identificando as modalidades do desenvolvimento judicial do Direito e estabelecendo os parâmetros da sua admissibilidade.

4.6. Interpretação jurídica e desenvolvimento judicial do Direito

A interpretação jurídica, enquanto estabelecimento do conteúdo semântico dos enunciados que integram a linguagem das "fontes" ("formulações normativas" ou "disposições normativas"), está balizada pelo sentido literal possível desses enunciados: para além desse limite, estamos já perante formas de desenvolvimento judicial do Direito[90]. A doutrina do sentido literal possível

---

[87] A este propósito, cf., com maior pormenor, *infra*, 8.4.1.

[88] Sobre estes dois modelos de aplicação do Direito, cf., por todos, Regina Ogorek, *Richterkönig oder Subsumtionsautomat? Zur Justiztheorie im 19. Jahrhundert*, Francoforte, 1986.

[89] A base de aproximação entre o realismo jurídico norte-americano e o Movimento dos *Critical Legal Studies* consiste, basicamente, na exigência de estudo do funcionamento real do Direito (*law in action*) e na atitude radicalmente anti-formalista. No resto, sobretudo em termos de enunciação de projectos jurídico-políticos, existe uma enorme distância entre ambas as orientações: a este propósito, cf., com maior pormenor, *infra*, 8.4.2.

[90] Neste sentido, cf. Arthur Meier-Hayoz, *Der Richter als Gesetzgeber*, Zurique, 1951, pág. 42; Karl Larenz, *Metodologia da Ciência do Direito*, cit., pág. 454 e seg., pág. 606; Claus-Wilhelm Canaris, *Die Feststellung von Lücken im Gesetz. Eine methodologische Studie über Voraussetzungen und Grenzen der richterlichen Rechtsfortbildung* praeter legem, Berlin, 1964, pág. 18 e segs.; Reinhold Zippelius, *Einführung in die juristische Methodenlehre*, 2ª edição, Munique, 1974, pág. 52 e seg.; Franz Bydlinski, *Juristiche Methodenlehre und Rechtsbegriff*, Viena, 1982, pág. 471; Peter Raisch, *Vom Nützen der überkommenen Auslegungskanones für die praktische Rechtsanwendung*, Heidelberga, 1988, pág. 29. Em sentido contrário, negando a utilidade do critério do sentido literal possível como fronteira entre a interpretação e o desenvolvimento judicial do Direito, cf. Peter Schiffauer, *Wortbedeutung und Rechtserkenntnis. Entwickelt an Hand einer Studie zum Verhältnis von verfassungskonformer*

§4. DAS DISPOSIÇÕES ÀS NORMAS: A "NATUREZA" DA INTERPRETAÇÃO JURÍDICA

tem, no essencial, como função assegurar o controlo dos resultados da interpretação, isto é, fazer valer o princípio da vinculação do juiz à lei[91]. Como diz Claus-Wilhelm Canaris (1938-   ): *"Na medida em que uma decisão seja compatível com o teor literal da lei, pode apelar directamente à autoridade do comando do legislador; na medida em que vá para além dele, tem de escorar a sua força de convicção noutros fundamentos"*[92].

As orientações anti-formalistas na metodologia jurídica recusam, porém, estabelecer uma distinção rígida entre interpretação e aplicação da lei, integração de lacunas e desenvolvimento judicial do Direito, argumentando que *"a interpretação da lei e o desenvolvimento judicial do Direito não devem ver-se como essencialmente diferentes, mas só como distintos graus do mesmo processo de pensamento"*[93], processo que, entre nós, A. Castanheira Neves (1929-   ) e a sua Escola caracterizam como "o "continuum" *da realização judicativo-decisória do Direito"*[94].

As modalidades e os limites que devem ser colocados ao desenvolvimento judicial do Direito são problemas nucleares da metodologia jurídica, que têm, simultaneamente, projecção ao nível da doutrina das fontes do Direito e ao nível da legitimação constitucional. De acordo com a doutrina tradicional das fontes do Direito, o precedente e o Direito judicial (*Richterrecht*) que dele promana não é fonte de Direito[95]; do ponto de vista da teoria constitucional, trata-se de respeitar a exigência de diferenciação entre a actividade de *criação* de normas e a actividade de *aplicação* de normas, como esferas de competência reconhecidas, respectivamente, ao poder legislativo e ao poder judicial (princípio da separação dos poderes)[96].

Auslegung und Analogie, Berlim, 1979, *maxime* pág. 36 e segs.; entre nós, cf. A. Castanheira Neves, *Metodologia Jurídica. Problemas Fundamentais*, Coimbra, 1993, *maxime* pág. 97.
[91] Sobre a doutrina do sentido literal possível, cf., por último, Matthias Klatt, *Making the Law Explicit. The Normativity of Legal Argumentation*, Oxford, 2008, *maxime* pág. 33 e segs.
[92] Cf. Claus-Wilhelm Canaris, *Die Feststellung von Lücken im Gesetz*, cit., pág. 20.
[93] Cf. Karl Larenz, *Metodologia da Ciência do Direito*, cit., pág. 519. Defendendo que o Direito de criação judicial é uma parte do Direito legal, pelo que não tem sentido estabelecer uma divisão entre interpretação da lei e desenvolvimento judicial do Direito, cf. Josef Esser, *Grundsatz und Norm in der richterlichen Fortbildung des Privatrechts*, cit., pág. 255; cf., igualmente, Esser, «Die Interpretation im Recht», in: *Studium Generale* 7 (1954), págs. 372-379, *maxime* pág. 377.
[94] Sobre a fenomenologia da constituição-realização do Direito segundo A. Castanheira Neves, cf., com maior pormenor, *infra*, 8.3.2.
[95] A este propósito, cf. *supra*, 1.7.
[96] Sobre o princípio da vinculação do juiz à lei e as balizas constitucionais do desenvolvimento judicial do Direito, refira-se: Jörn Ipsen, *Richterrecht und Verfassung*, Munique, 1975, *maxime* pág. 133 e segs.; Hans Peter Schneider, *Richterrecht, Gesetzesrecht und Verfassungsrecht*, Francoforte, 1969; Wolfgang Fikentscher, *Methoden des Rechts in vergleichender Darstellung*, vol. IV, *Dogmatischer Teil*, Tübingen, 1977, *maxime* pág. 331 e segs.; Bernd Rüthers, «Methodenfragen als Verfassungs-

No que segue, vamos apenas ocupar-nos dos aspectos de metodologia jurídica, começando por analisar as diferentes modalidades de desenvolvimento judicial do Direito. Tradicionalmente, costuma distinguir-se entre *i*) desenvolvimento *secundum legem*; *ii*) desenvolvimento *praeter legem*; *iii*) desenvolvimento *contra legem*. O desenvolvimento judicial do Direito *secundum legem* é um fenómeno amplamente reconhecido, sobretudo em relação à especificação de cláusulas gerais e de conceitos jurídicos indeterminados: ele é justificado, simultaneamente, recorrendo a argumentos lógico-linguísticos (problemas de indeterminação semântica) e a considerações institucionais[97]. O desenvolvimento judicial do Direito *praeter legem* verifica-se quando se trata do preenchimento das lacunas, da concretização de princípios jurídicos ou da derivação pela jurisprudência dos tribunais de princípios a partir de outros princípios: é o que acontece, por exemplo, na derivação do princípio da confiança na relação do cidadão com a legislação a partir do princípio do Estado de Direito (cf. o art. 2º da Constituição da República Portuguesa).

Em relação ao desenvolvimento judicial do Direito *contra legem*, a metodologia jurídica costuma equacionar três constelações de casos: *i*) a obsolescência da lei[98]; *ii*) a necessidade de desaplicação da normal legal atendendo à unidade

fragen?», in: *Rechtstheorie* 40 (2009), págs. 253-283. A questão tem, na cultura jurídica anglo-americana, ramificações importantes: por um lado, ao nível da Teoria do Direito, a propósito da discussão do problema da "discricionariedade" (*discretion*) judicial; e, por outro lado, a propósito da contraposição entre doutrinas de "*self-restraint*" e teorias defensoras do activismo judicial em matéria de interpretação constitucional. No primeiro dos planos, remeta-se para a literatura interminável relativa à controvérsia entre Herbert Hart (1907-1992) e Ronald Dworkin (1931-2013); no segundo, veja-se a formulação clássica da doutrina do "*self-restraint*" em John Hart Ely, *Democracy and Distrust. A Theory of Judicial Review*, Cambridge Mass., 1980, e a defesa do activismo judicial em Ronald Dworkin, *Freedom's Law: The Moral Reading of the American Constitution*, Cambridge Mass., 1986.

[97] Justus Wilhelm Hedemann, *Die Flucht in die Generalklauseln. Eine Gefahr für Recht und Staat*, Tübingen, 1933, pág. 58, fala das cláusulas gerais como "*um pedaço da legislação deixado em aberto*" [Ein Stuck offengelassener Gesetzgebung]; Philipp Heck, *Grundriß des Schuldrechts*, Tübingen, 1929, §4,1, fala destas disposições como "normas de delegação" (*Delegationsnormen*) que atribuem ao juiz competência em matéria legislativa. Para uma visão geral, cf., com interesse, Jan Schröder, «Zivilrechtliche Generalklauseln in den Methodendiskussion des frühen 20. Jahrhunderts», agora in: Jan Schröder, *Rechtswissenschaft in der Neuzeit*, Tübingen, 2010, págs. 535-545.

[98] Sobre o afastamento da aplicação de uma lei formalmente válida com base na obsolescência da lei, cf. Karl Larenz, *Metodologia da Ciência do Direito*, cit., pág. 606 e segs.; Franz Bydlinski, *Juristische Methodenlehre und Rechtsbegriff*, cit., pág. 496 e segs.; Hans-Joachim Koch/Helmut Rüßmann, *Juristische Begründungslehre*, Munique, 1982, pág. 253 e segs. Sobre a história e o alcance do preceito, cf., por todos, Wolfgang Löwer, *Cessante ratione legis cessat ipsa lex. Wandlung einer gemeinrechtlichen Auslegungsregel zum Verfassungsgebot?*, Berlin, 1989.

§4. DAS DISPOSIÇÕES ÀS NORMAS: A "NATUREZA" DA INTERPRETAÇÃO JURÍDICA

ou coerência valorativa do sistema[99]; *iii*) a recusa da aplicação da norma legal com base na alegação de que o seu conteúdo preceptivo é incomportavelmente injusto, devendo, portanto, ser considerado como não vinculativo[100]. No nosso entender, nas situações normais de uma ordem jurídica democrático-constitucional, a admissibilidade do desenvolvimento judicial do Direito *contra legem* deve ser restringida às situações de obsolescência da lei: *cessante ratione legis, cessat lex ipsa* – em bom rigor, trata-se aqui, apenas de justificar uma interpretação abrogante. A restrição da admissibilidade da solução *contra legem* a esta hipótese é a posição metodológica mais consentânea com o princípio constitucional da separação dos poderes e a que proporciona resultados mais precisos.

A metodologia jurídica e a jurisprudência dos tribunais superiores na Alemanha defendem maioritamente a admissibilidade de um Direito judicial rectificador da lei (*gesetzeskorrigierendes Richterrecht*). Não entrando numa análise pormenorizada, apontem-se algumas das circunstâncias explicativas de uma tal orientação metodológica e jurisprudencial: desde logo, o facto de que nas origens da tradição metodológica germânica a matriz científico-jurisprudencial e consuetudinária assume uma preponderância em relação à lei e à codificação na génese do Direito positivo[101]; a influência do Movimento do Direito Livre (*Freirechtsbewegung*) nas duas primeiras décadas do século XX, que pôs em causa o domínio do positivismo legalista e a doutrina tradicional da aplicação do Direito; a repercussão, sobretudo no âmbito do Direito das Obrigações, das consequências da I Guerra e da instabilidade monetária no período da República de Weimar (1919-1933)[102]; a atitude de "inimizade" da

---

[99] Entre nós, A. Castanheira Neves (1929-   ) defende a admissibilidade de soluções em que contra os critérios jurídicos positivos se fazem prevalecer os fundamentos normativos que esses critérios deveriam ter respeitado (decisões *contra legem*, mas *secundum jus*): cf. A. Castanheira Neves, *Metodologia Jurídica. Problemas Fundamentais*, cit., *maxime* pág. 189 e segs.

[100] Sobre a legitimidade da preterição judicial do Direito legislado com base na "fórmula de Radbruch", cf. Robert Alexy, *Begriff und Geltung des Rechts*, Freiburgo, 1992, pág. 18 e segs.; para um conspecto geral sobre a recepção da "fórmula de Radbruch" na jurisprudência dos tribunais superiores alemães, cf. Björn Schumacher, *Rezeption und Kritik der Radbruchschen Formel*, Göttingen, 1985. Na nossa opinião, a "fórmula de Radbruch" constitui, basicamente, uma justificação metodológica para a aplicação retroactiva da lei penal.

[101] Tenham-se em conta as posições defendidas por Friedrich Carl von Savigny (1779-1861) no escrito *Vom Beruf unserer Zeit für Gesetzgebung und Rechtswissenschaft* (Heidelberga, 1814), em confronto com a reivindicação da codificação do Direito civil na Alemanha, propagandeada, nomeadamente por Anton Friedrich Justus Thibaut (1772-1840) e Nikolau Thaddäus Gönner (1764-1831): sobre esta polémica, cf., por todos, Joachim Rückert, *Idealismus, Jurisprudenz und Politik bei Friedrich Carl von Savigny*, Ebelsbach, 1984, *maxime* pág. 160 e segs.

[102] Refira-se, como exemplo, o célebre acórdão do *Reichsgericht* de 28 de Novembro de 1923, sobre o equilíbrio material das prestações em matéria de dívidas pecuniárias: cf. o comentário

magistratura conservadora em relação à Democracia parlamentar e à legislação progressista do período de Weimar, atribuindo-se a magistratura a si própria o papel de "guardião do Direito" (*Rechtsbewahrer*); o combate ao formalismo e à dogmática jurídica positivista levado a cabo pelo neo-hegelianismo jurídico nos anos 20 e 30 do século XX[103]; o surgimento de um pensamento neo-jusnaturalista no período subsequente a 1945, movido pela ideia de reconstituição de um núcleo axiologicamente necessário do Direito como "barreira" à perversão despótica do poder, que defendia a admissibilidade de preterição do Direito legislado com base na invocação de um Direito supralegal em caso de *"violação dos limites extremos da justiça"*, isto é, recorrendo à conhecida "fórmula de Radbruch"[104]; a referência à transição do Estado liberal de Direito para o Estado social de Direito como quadro geral de reinterpretação das categorias fundamentais do Direito privado[105] e de legitimação de um Direito judicial supletivo da lei (*gesetzvertretendes Richterrecht*) – mormente no âmbito do Direito do Trabalho[106]; o entendimento do Direito a partir de um núcleo axiológico ou ordem de valores (*Wertordnung*) e a consideração de que cada norma particular deve ser interpretada, complementada ou até mesmo corrigida pelo juiz a partir do substrato axiológico que lhe confere o seu sentido normativo[107]; a cons-

ao acórdão de Philipp Heck, «Das Urteil des Reichsgerichts vom 28. November 1923 über die *Aufwertung* von Hypotheken und die Grenzen der Richtermacht», in: *Archiv für die civilistische Praxis* 122 (1924), págs. 203-226. Para uma informação geral, cf. Markus Klemmer, *Gesetzesbindung und Richterfreiheit. Die Entscheidungen des RG in Zivilsachen während der Weimarer Republik und im späten Kaiserreich*, Baden-Baden, 1996; cf., igualmente, Bernd Rüthers, *Die unbegrenzte Auslegung. Zum Wandel der Privatrechtsordnung im Nationalsozialismus*, 3ª edição, Heidelberga, 1988, *maxime* pág. 64 e segs.

[103] Sobre este ponto, cf. Ralf Dreier, «Julius Binder. Ein Rechtsphilosoph zwischen Kaiserreich und Nationalsozialismus», in: Fritz Loos (ed.), *Rechtswissenschaft in Göttingen. Göttinger Juristen aus 250 Jahren*, Göttingen, 1987, págs. 435-455; cf., igualmente, o meu artigo «Neo-kantismo e neo-hegelianismo na filosofia do Direito», in: José Lamego, *Caminhos da Filosofia do Direito Kantiana*, vol. I, Lisboa, 2014, págs. 225-251; Oliver Lepsius, *Die gegensatzaufhebende Begriffsbildung. Methodenentwicklungen in der Weimarer Republik und ihr Verhältnis zur Ideologisierung der Rechtswissenschaft unter dem Nationaliozialismus*, Munique, 1993.

[104] Cf. Gustav Radbruch, «Gesetzliches Unrecht und übergesetzliches Recht», in: *Süddeutsche Juristenzeitung* 1 (1946), págs. 105-108, ensaio reimpresso em Gustav Radbruch, *Rechtsphilosophie*, 8ª edição, Estugarda, 1973, págs. 327-329.

[105] Cf. por exemplo, Ludwig Raiser, «Vertragsfreiheit heute», in: *Juristenzeitung* 13 (1958), págs. 1-8, agora in: Ludwig Raiser, *Die Aufgabe des Privatrechts*, Kronberg, 1977, págs. 38-61; Fritz von Hippel, *Zum Aufbau und Sinnwandel unseres Privatrechts*, Tübingen, 1957; Franz Wieacker, *Das Sozialmodell der klassischen Privatrechtsgesetzbücher und die Entwicklung der modernen Gesellschaft*, Karlsruhe, 1953.

[106] Cf., por exemplo, Kurt Biedenkopf, *Die Betriebsrisikolehre als Beispiel richterlicher Rechtsfortbildung*, Karlsruhe, 1970.

[107] Em termos gerais, a visão metodológica característica da Jurisprudência de valoração (*Wertungsjurisprudenz*).

tucionalização material do ordenamento jurídico, afirmando a densidade material normativa (*materielle Normierungsdichte*) da Constituição[108]; por fim, o arrimo da metodologia jurídica a orientações como a tópica e a hermenêutica, que evidenciam o papel criador do juiz na obtenção do Direito (*Rechtsgewinnung*) no caso individual e legitimam o activismo judicial[109]. Todos estes factores contribuíram para um certo *pathos* anti-legalista e anti-formalista que caracteriza a cultura jurídica alemã.

Feitas estas considerações, como forma de prevenção contra transposições apressadas, demos agora uma breve nota sobre o quadro das modalidades de desenvolvimento judicial do Direito estabelecido na obra de metodologia jurídica mais influente na Alemanha dos dias de hoje: *Metodologia da Ciência do Direito*, de Karl Larenz (1903-1993). Larenz distingue o "desenvolvimento do Direito imanente à lei" (*gesetzesimmanente Rechtsfortbildung*) e o "desenvolvimento do Direito superador da lei" (*gesetzesübersteigende Rechtsfortbildung*). No desenvolvimento do Direito imanente à lei, trata-se do preenchimento ou integração de lacunas, mantendo-se o juiz vinculado à intenção reguladora e à teleologia inerente à lei na busca da solução normativa que não se encontra directamente na lei. Os procedimentos que consubtansciam o desenvolvimento do Direito imanente à lei são: *i*) a analogia; *ii*) a redução teleológica [110]. Em relação às modalidades de desenvolvimento do Direito superador da lei, Larenz aponta as seguintes: *i*) o desenvolvimento do Direito de acordo com as necessidades do comércio jurídico; *ii*) o desenvolvimento do Direito de acordo com a "natureza das coisas"; *iii*) o desenvolvimento do Direito de acordo com um princípio ético-jurídico[111]. Nestes três casos, o juiz procede, segundo Larenz, a uma "transformação do Direito vigente" (*Umbildung des geltenden Rechts*).

---

[108] Sobre a questão, cf., por todos, Ralf Dreier, «Konstitutionalismus und Legalismus. Zwei Arten juristischen Denkens im demokratischen Verfassungsstaat», in: *Rechtsstaat und Menschenwürde. Festschrift für Werner Maihofer zum 70. Geburtstag*, Francoforte, 1988, págs. 87-107; cf., igualmente, Robert Alexy, «Grundrechte als subjektive Rechte und als objektive Normen», agora in: Robert Alexy, *Recht, Vernunft, Diskurs. Studien zur Rechtsphilosophie*, cit., págs. 262-287.

[109] Para uma visão geral sobre as linhas de ataque ao legalismo e ao formalismo na metodologia jurídica alemã, cf., com maior pormenor, *infra*, §10.

[110] Cf. Karl Larenz, *Metodologia da Ciência do Direito*, cit., pág. 524 e segs. Sobre as diferentes espécies de lacunas e os procedimentos de integração de lacunas, segundo Larenz, cf. *infra*, 5.2.

[111] Cf. Karl Larenz, *Metodologia da Ciência do Direito*, cit., pág. 588 e segs. Larenz dedicou muitos escritos ao problema da admissibilidade e modalidades do desenvolvimento judicial do Direito: de entre eles, refira-se «Kennzeichen geglückter richterlichen Rechtsschöpfung. Eine rechtsmethodologische Untersuchung», in: *Festschrift für Arthur Nikisch*, Tübingen, 1958, págs. 275--305; «Der Richter als Gesetzgeber?», in: *Festschrift für Heinrich Henkel*, Berlim, 1974, págs. 31-45; «Die Sinnfrage in der Rechtswissenschaft», in: *Festschrift für Franz Wieacker zum 70. Geburtstag*, Göttingen, 1978, págs. 411-425.

Jörn Ipsen (1944-), por seu turno, identifica três modalidades de Direito judicial: *i*) o Direito judicial concretizador da lei (*gesetzeskonkretisierendes Richterrecht*); *ii*) o Direito judicial supletivo da lei (*gesetzesvertretendes Richterrecht*); *iii*) o Direito judicial rectificador ou concorrente da lei (*gesetzeskorrigierendes oder gesetzeskonkurrierendes Richterrecht*)[112]. As delimitações entre estas categorias nem sempre são totalmente precisas, além de que a admissibilidade de um Direito judicial rectificador ou concorrente da lei, se bem que goze de ampla aceitação na jurisprudência dos tribunais superiores alemães e na metodologia jurídica alemã, levanta sérias questões em matéria de certeza e previsibilidade das decisões e, sobretudo, do ponto de vista da sua legitimidade constitucional.

Um exemplo célebre na jurisprudência do Tribunal Constitucional Federal alemão de decisão rectificadora da lei é o acórdão Soraya (BVerfGE 34), de 1973, que decidiu a atribuição de uma compensação pecuniária por danos imateriais, ao arrepio do disposto no §253 do Código Civil alemão, que só admite uma tal atribuição nos casos especificados na lei. O Tribunal Constitucional baseou-se na secção III do art. 20º da Lei Fundamental para uma tal atribuição, considerando, na fundamentação da decisão, que a formulação desse preceito implicava a rejeição de um positivismo legalista estreito e que "*o Direito não é idêntico ao conjunto das leis escritas*". E acrescenta: "*Face às estatuições positivas do poder estadual pode, de acordo com as circunstâncias, existir um elemento adicional do Direito* [ein Mehr an Recht]*, que tem a sua fonte no ordenamento jurídico conforme à Constituição como todo de sentido e que pode actuar como correctivo face à lei escrita; proceder à sua determinação e realização é tarefa da jurisprudência dos tribunais*".

Este acórdão do Tribunal Constitucional Federal alemão traduz um entendimento material da Constituição como ordem axiologicamente vinculada (*wertgebundene Ordnung*), configurando a unidade do sistema jurídico como unidade material de fundamentação a partir da ordem de valores da Constituição: ao mesmo tempo, deixa entrever que a interpretação da secção III do art. 20º da Lei Fundamental a que se arrima abre o caminho a critérios de uma juridicidade supralegal[113].

Como tivemos já oportunidade de referir, são de rejeitar, na nossa opinião, as posições metodológicas e jurisprudenciais que admitem a invocação de critérios de juridicidade para além da Constituição e do Direito estatuído segundo os procedimentos constitucionalmente estabelecidos para justificar a preteri-

---

[112] Cf. Jörn Ipsen, *Richterrecht und Verfassung*, cit., pág. 61 e segs.
[113] Sobre as pressuposições desta concepção material-axiológica do Direito, cf., com maior pormenor, *infra*, 11.2 e 11.3.

§4. DAS DISPOSIÇÕES ÀS NORMAS: A "NATUREZA" DA INTERPRETAÇÃO JURÍDICA

ção do Direito legislado – esta rejeição funda-se, em primeiro lugar, no respeito pelo princípio constitucional da vinculação do juiz à lei (cf. o art. 203º da Constituição da República Portuguesa)[114].

Em bom rigor, é o critério da legitimidade constitucional que baliza, em última análise, a admissibilidade e os limites das diversas modalidades de desenvolvimento judicial do Direito: estabelecer até onde deve ir a *"autorização do juiz para criar normas jurídicas"* [Befugnis des Richters zur Schaffung von Rechtssätzen], para utilizarmos a expressão de Philipp Heck (1858-1943)[115], é, em primeiro lugar, uma questão político-constitucional.

Na nossa opinião, a valia das teses metodológicas não deve ser aferida pelo grau de sofisticação especulativa, mas pela conformidade aos princípios constitucionais sobre a separação e o equilíbrio dos poderes e pela aptidão para oferecer à prática critérios seguros de orientação. Isto é particularmente verdadeiro a propósito do modo como a doutrina (a ciência do Direito ou dogmática jurídica) e a jurisprudência dos tribunais enfrentam os problemas de indeterminação das soluções normativas que a interpretação da linguagem das "fontes" não consegue, por si só, solucionar: estamos a referir-nos, sobretudo, à integração das lacunas e à eliminação das antinomias – são estes os dois âmbitos a que deve restringir-se a admissibilidade de o juiz poder actuar, como usa dizer-se, como "legislador intersticial".

---

[114] A este propósito, atente-se, igualmente, no facto de que o legislador constitucional rejeitou tanto na redacção inicial como em diversas revisões da Constituição a utilização de formulações de recorte jusnaturalista relativamente aos critérios de decisão dos tribunais, similares, por exemplo, à secção III do art. 20º da Lei Fundamental alemã – neste contexto, é elucidativo o teor do voto de vencido do Deputado Jorge Miranda, publicado no nº 100 do *Diário da Assembleia Constituinte*, em que se manifesta contra *"a recusa – fruto de um positivismo ultrapassado – de tomar o direito e a justiça, e não apenas a lei, como limite e critério de actuação dos tribunais"*.

[115] Cf. Philipp Heck, «Gesetzesauslegung und Interessenjurisprudenz», cit., pág. 250.

§5. Problemas de indeterminação semântica, problemas de subdeterminação deôntica e problemas de inconsistência

§5. Problemas de indeterminação semântica, problemas de subdeterminação deôntica e problemas de inconsistência

O material linguístico das "fontes" carece de interpretação e sistematização para se poder obter a base normativa da decisão de casos individuais (sistematização judicial). Também a ciência do Direito ou dogmática jurídica desenvolve actividades de interpretação e sistematização (sistematização doutrinal). Num texto clássico, «Scienza del Diritto e Analisi del Linguaggio», Norberto Bobbio (1909-2004) identifica três tipos principais de actividade desenvolvidos pela ciência do Direito ou dogmática jurídica: *i*) a depuração da linguagem legislativa; *ii*) a complementação da linguagem legislativa; *iii*) a sua ordenação[1]. A *depuração* da linguagem legislativa corresponde à fase interpretativa *stricto sensu*; a *complementação* tem que ver com o preenchimento ou integração das lacunas e a *ordenação* com a eliminação de inconsistências (antinomias ou incompatibilidades normativas). *Complementação* e *ordenação* são, pois, as duas operações mais importantes de sistematização levadas a cabo pela ciência do Direito e pela jurisprudência dos tribunais.

Enquanto a *complementação* visa responder a problemas de subdeterminação deôntica, consubstanciados na existência de lacunas, a *ordenação* visa responder a problemas de sobredeterminação deôntica, consubstanciados na existência de antinomias ou incompatibilidades normativas. A metodologia jurídica oferece critérios para a integração das lacunas[2] e para a eliminação das antino-

---

[1] Cf. Norberto Bobbio, «Scienza del Diritto e Analisi del Linguaggio» (1950), agora in: Uberto Scarpelli (ed.), *Diritto e Analisi del Linguaggio*, Milão, 1979, págs. 287-324.

[2] Cf., por exemplo, Enneccerus-Nipperdey, *Allgemeiner Teil des Bürgerlichen Rechts*, 15ª edição, Tübingen, §§58-59; Karl Larenz, *Metodologia da Ciência do Direito*, tradução da 6ª edição (1991), a cargo de José Lamego, Lisboa, 1997, pág. 540 e segs.; Franz Bydlinski, *Juristische Methodenlehre und Rechtsbegriff*, Viena, 1982, pág. 472 e segs.; Bernd Rüthers, *Rechtstheorie. Begriff, Geltung und Anwendung des Rechts*, Munique, 1999, pág. 456 e segs.

mias³. Por outro lado, a Teoria do Direito de orientação analítica tem dedicado uma atenção permanente aos problemas de "incompletude" (subdeterminação deôntica) e aos problemas de "inconsistência" (sobredeterminação deôntica), como iremos, em termos resumidos, evidenciar⁴.

Para além destes problemas de indeterminação de soluções normativas, existem problemas de qualificação ou subsunção que surgem ao nível da aplicação de normas gerais aos casos individuais e que têm que ver com a indeterminação semântica dos enunciados jurídicos. Essa indeterminação semântica é inerente a qualquer linguagem natural e consiste numa dificuldade em determinar se o caso individual se enquadra na previsão normativa – se é subsumível no caso genérico. A indeterminação semântica resultante da "vagueza" é um problema conceitualmente distinto da ausência de regulação ou solução normativa⁵.

5.1. A indeterminação semântica dos enunciados jurídicos

A teoria sociológica do Direito caracteriza o Direito como um sistema de processamento abstracto da experiência (*abstrakte Erlebnisverarbeitung*)⁶. A teoria analítica do Direito põe em evidência essa mesma característica, dizendo, com base num diferente quadro conceptual: *"Se não fosse possível comunicar padrões gerais de conduta que uma multiplicidade de indivíduos pudesse compreender, sem uma orientação ulterior, padrões esses exigindo deles uma certa conduta sempre que a ocasião se proporciona, nada daquilo que reconhecemos hoje como Direito poderia existir. Daí*

---

³ Um bom texto de orientação é o oferecido por Norberto Bobbio, «Sui criteri per risolvere le antinomie», agora in: Norberto Bobbio, *Studi per una teoria generale del diritto*, Turim, 2012, págs. 79-99.
⁴ De entre as monografias mais interessantes, refiram-se: Carlos E. Alchourrón e Eugenio Bulygin, *Normative Systems*, Viena/Nova Iorque, 1971; Amedeo Giovanni Conte, *Saggio sulla completezza degli ordinamenti giuridici*, Turim, 1962; Giacomo Gavazzi, *Delle antinomie*, Turim, 1959.
⁵ Esta diferenciação está bem evidenciada na tipologia das lacunas proposta por Carlos Alchourrón (1931-1996) e Eugenio Bulygin (1931-   ). Para referir a indeterminação semântica do enunciado normativo, cuja raiz é a "vagueza" (*vagueness*) da linguagem natural e que se traduz na dificuldade em delimitar precisamente o seu domínio de aplicação, os nossos autores usam a expressão "lacunas de reconhecimento" (*gaps of recognition*). A par das lacunas de reconhecimento (*gaps of recognition*), Alchourrón e Bulygin falam de lacunas de conhecimento (*gaps of knowledge*), ou seja, as que decorrem de informação insuficiente sobre o caso individual, tornando impossível concluir se pertence ou não a uma classe determinada de casos (caso genérico): lacunas de conhecimento (*gaps of knowledge*) e lacunas de reconhecimento (*gaps of recognition*) situam-se no âmbito dos problemas de qualificação jurídica ou subsunção: cf. Carlos E. Alchourrón e Eugenio Bulygin, *Normative Systems*, cit., *maxime* II, 4. À ausência de regulação ou solução normativa – o entendimento usual de "lacuna" – chamam os nossos autores lacunas normativas (*normative gaps*): cf. ob. cit., *maxime* IV, 6.
⁶ Cf. Niklas Luhmann, *Rechtssoziologie*, 2ª edição, Opladen, 1983, *maxime* pág. 189.

§5. PROBLEMAS DE INDETERMINAÇÃO SEMÂNTICA, PROBLEMAS DE SUBDETERMINAÇÃO...

resulta que o Direito deve predominantemente, mas não de forma alguma exclusivamente, referir-se a categorias *de pessoas e a* categorias *de actos, coisas e circunstâncias, e a sua actuação bem sucedida sobre vastas áreas da vida social depende de uma capacidade largamente difundida de reconhecer actos, coisas e circunstâncias particulares como instâncias das classificações gerais que o Direito faz*"[7].

A propósito da aplicação de regras gerais a casos individuais, seja no contexto da linguagem descritiva ou no contexto da linguagem normativa, surge o problema que os filósofos da lógica e da linguagem conhecem como "vagueza" (*vagueness*) de termos, conceitos, asserções e proposições, isto é, apresentam-se casos de fronteira em que a aplicação não é inequívoca, não existindo uma resposta precisa e concludente sobre a aplicabilidade ou não aplicabilidade a determinado objecto. As linguagens formais carecem de ambiguidade e de "vagueza": não assim a linguagem natural, cuja "textura aberta" (*open texture*) cria um potencial de "vagueza".

Na teoria do Direito de orientação analítica, deve-se a Herbert Hart (1907-1992) a adaptação das conclusões de Friedrich Waismann (1886-1959) sobre a "textura aberta" (*open texture*) da linguagem natural e o seu potencial de "vagueza" para interpretar o fenómeno da indeterminação relativa do Direito e justificar um certo grau de "discricionariedade" (*discretion*) judicial na concretização ou aplicação das regras[8]. Nas suas palavras: *"Todas as regras envolvem o reconhecimento ou a classificação de casos particulares como exemplos de termos gerais e, considerando tudo aquilo que nós aceitamos chamar uma regra, é possível distinguir casos centrais nítidos em que certamente se aplica e outros e que há razões tanto para afirmar como para negar que se aplique. Nada pode eliminar esta dualidade de um núcleo de certeza e uma penumbra de dúvida, quando nos empenhamos em colocar situações concretas sobre as regras gerais"*[9]. O exemplo avançado por Hart é o da norma que proíbe a entrada de veículos em parques públicos: aplica-se a proibição a bicicletas, cadeiras de rodas ou a uma ambulância?[10] Dir-se-ia que o conceito "veículo" não está suficientemente determinado e que só perante as circunstâncias do caso e atendendo às finalidades sociais a que a norma procura dar satisfação é que se pode concluir pela aplicação ou não aplicação da proibição. Hart faz

---

[7] Cf. Herbert Hart, *O Conceito de Direito* (1961), tradução a cargo de Armindo Ribeiro Mendes, Lisboa, 1986, pág. 137 (tradução ligeiramente alterada).

[8] Para uma visão geral, cf. Brian Bix, *Law, Language and Legal Determinacy*, Oxford, 1993, *maxime* pág. 7 e segs.; Claudio Luzzati, *La vaghezza delle norme*, Milão, 1990; Timothy Endicott, *Vagueness in Law*, Oxford, 2000; Maria Cristina Redondo, «Teorias del Derecho e indeterminación normativa», in: *Doxa* 20 (1997), págs. 177-196.

[9] Cf. Herbert Hart, *O Conceito de Direito*, cit., pág. 134.

[10] Cf. Herbert Hart, «Positivism and the Separation of Law and Morals» (1958), agora in: H. L. A. Hart, *Essays in Jurisprudence and Philosophy*, Oxford, 1983, págs. 49-87, *maxime* pág. 63.

radicar na estrutura da linguagem natural e nas suas características semânticas e lógicas, isto é, na "textura aberta" (*open texture*) como potencial de "vagueza", a inelutabilidade de um certo grau de "discricionariedade" (*discretion*) ou livre apreciação judicial. Como ele diz: "*Em qualquer sistema jurídico, deixa-se em aberto um vasto e importante domínio para o exercício do poder discricionário pelos tribunais e por outros funcionários, ao tornarem precisos padrões que eram inicialmente vagos...*"[11].

Esta é a base da sua rejeição do formalismo interpretativo, segundo o qual os sistemas jurídicos obedecem às exigências de completude e consistência e todos os casos podem ser solucionados mediante a aplicação mecânica das normas jurídicas, já integralmente determinadas pelo legislador, uma vez fixado o âmbito factual do problema[12]. A este propósito, uma vez mais, as teses de Hart são contraditadas por Ronald Dworkin (1931-2013), que defende que existe virtualmente sempre uma resposta correcta (*one right answer*) a qualquer questão jurídica[13]: só que Dworkin procura responder às questões de indeterminação semântica a partir da sua teoria dos princípios e da concepção do Direito como "interpretação construtiva" da prática jurídica de uma comunidade[14].

Este problema de indeterminação semântica, como dificuldade de correlacionar ou subsumir um caso individual no caso genérico ou hipotético (pode entrar a bicicleta no parque público?), é distinto dos problemas de subdeterminação deôntica, que consistem no facto de que um caso genérico de um determinado universo de casos não está correlacionado com qualquer solução normativa, isto é, na verificação da existência de uma "lacuna": dada a chamada "proibição de denegação de justiça", o juiz transmuda-se aí de "auxiliar da legislação" (*Gehilfe der Gesetzgebung*: Heck) em verdadeiro "legislador substituto" (*Ersatzgesetzgeber*: Heck).

5.2. Os problemas de subdeterminação deôntica: conceito e espécies de lacunas

De acordo com o uso linguístico mais difundido, os juristas entendem por "lacuna" a ausência de solução normativa. Para elucidar o conceito de "lacuna", vejamos a definição oferecida por Karl Engisch (1899-1990): "*As lacunas são deficiências* [Mängel] *do Direito positivo (do Direito legislado ou do Direito consuetudiná-*

---

[11] Cf. Herbert Hart, *O Conceito de Direito*, cit., pág. 149.
[12] Cf., sobretudo, Herbert Hart, *O Conceito de Direito*, cit., cap. VII, "Formalismo e cepticismo acerca das regras"; cf., igualmente, Hart, «American Jurisprudence through English Eyes: The Nightmare and the Noble Dream» (1977), agora in: H. L. A. Hart, *Essays in Jurisprudence and Philosophy*, cit., págs. 23-144.
[13] Cf., sobretudo, Ronald Dworkin, «No Right Answer?», in: P. M. S. Hacker e Joseph Raz (eds.), *Law, Morality, and Society. Essays in Honour of H. L. A. Hart*, Oxford, 1977, págs. 58-84.
[14] Cf., sobretudo, Ronald Dworkin, *Law's Empire*, Londres, 1986.

rio), *apreensíveis como faltas de conteúdos de regulamentação jurídica para determinadas situações de facto em que é de esperar essa regulamentação e que admitem e requerem a sua remoção através de uma decisão judicial de integração do direito*"[15]. Norberto Bobbio (1909-2004) apresenta uma definição semelhante, afirmando: "*Diz-se que existe uma lacuna do Direito (ou também no Direito) quando falta num dado ordenamento jurídico uma regra de que o juiz possa reclamar-se para resolver uma determinada controvérsia. Um ordenamento jurídico que contém lacunas diz-se 'incompleto', pelo quem o problema das lacunas é também conhecido sob o nome de problema da completude (ou incompletude) do ordenamento jurídico*"[16]. Na doutrina alemã (*v. g.* Elze, Larenz, Canaris) fala-se, a propósito da ocorrência de lacunas, de uma "incompletude contrária ao plano" (*planwidrige Unvollständigkeit*) da lei[17].

Esta "incompletude" pode traduzir-se: *i*) na falta de uma norma jurídica aplicável à solução do caso ou no carácter incompleto de uma norma jurídica particular; *ii*) na falta de todo um regime jurídico, que deveria esperar-se de acordo com a intenção reguladora da lei. Ernst Zitelmann (1852-1923), no livro clássico sobre o problema das lacunas intitulado *Lücken im Recht* (Leipzig, 1903), refere a primeira espécie de lacunas como "lacunas autênticas" (*echte Lücken*) e a segunda espécie como "lacunas inautênticas" (*unechte Lücken*). Acolhendo a classificação proposta por Karl Larenz (1903-1993), chamamos à primeira espécie de lacunas **lacunas normativas** e à segunda espécie **lacunas de regulação**[18].

---

[15] Cf. Karl Engisch, *Introdução ao Pensamento Jurídico* (3ª edição, 1964), tradução a cargo de João Baptista Machado, Lisboa, 1972, pág. 226 (tradução ligeiramente alterada).
[16] Cf. Norberto Bobbio, «Lacune del diritto», in: *Novissimo digesto italiano*, vol. IX, Turim, 1963, agora in: Paolo Comanducci/Riccardo Guastini (eds.), *L'Analisi del Ragionamento Giuridico. Materiali ad Uso degli Studenti*, vol. II, Turim, 1989, págs. 187-205.
[17] Cf. Hans Elze, *Lücken im Gesetz. Begriff und Ausfüllung*, Munique, 1916, pág. 3 e segs.; Karl Larenz, *Metodologia da Ciência do Direito*, cit., pág. 530; Claus-Wilhelm Canaris, *Die Feststellung von Lücken im Gesetz. Eine methodologische Studie über Voraussetzungen und Grenzen der richterlichen Rechtsfortbildung* praeter legem, 2ª edição, Berlim, 1983, pág. 16.
[18] Como exemplo de "lacuna de regulação" (*Regelungslücke*), Larenz aponta a circunstância de o Código Civil alemão só contemplar como incumprimento dos deveres que impendem sobre o devedor a causação culposa da impossibilidade da prestação e a mora, não referindo o cumprimento defeituoso da prestação ou o incumprimento de um dever de protecção fundado na relação contratual: cf. Karl Larenz, *Metodologia da Ciência do Direito*, cit., pág. 528 e seg. Logo após o início da vigência do Código Civil alemão, Hermann Staub (1856-1904) pôs em evidência a existência de uma tal lacuna, considerando a necessidade de regulação desses casos de incumprimento dos deveres do devedor, que ele denominava "violações positivas do contrato": cf. Hermann Staub, «Die positiven Vertragsverletzungen und ihre Rechtsfolgen», comunicação ao 26. *Deutschen Juristentag* (1902).

Atendo-nos ainda à classificação de Larenz, podemos igualmente distinguir entre: *i*) **lacunas patentes** e *ii*) **lacunas ocultas**. Existe uma lacuna patente quando a lei não contém regra alguma para um determinado grupo de casos, se bem que, de acordo com a sua própria teleologia, devesse conter tal regra. Existe uma lacuna oculta quando uma regra, contra o seu sentido literal, mas de acordo com a teleologia imanente à lei, carece de uma restrição que não está contida no texto legal[19].

Em relação com o factor tempo, podemos distinguir entre: *i*) **lacunas iniciais** e *ii*) **lacunas subsequentes**[20]. As lacunas iniciais são as que se verificam desde o início da vigência de um regime jurídico. As lacunas subsequentes podem surgir pelo facto de em consequência da evolução técnica ou económica emergirem novas questões que carecem de regulação de acordo com o escopo regulador da lei.

Larenz rejeita a noção de "lacunas do Direito" (*Rechtslücken*), defendida por vários outros autores (*v. g.*: Engisch, Canaris), argumentando que uma tal noção não se ajusta à ideia de "incompletude contrária ao plano" (*planwidrige Unvollständigkeit*) da lei: sempre que tais imperfeições se refiram a uma realização deficiente de um princípio que há-de extrair-se da própria lei, trata-se de "lacunas da lei" (*Gesetzlücken*); pode, por outro lado, tratar-se de uma omissão intencional, de um "silêncio eloquente" (*beredtes Schweigen*) do legislador, caso em que nem sequer se pode falar de "lacuna", pois o legislador adscreve tais casos ao "espaço livre do Direito" (*rechtsfreier Raum*); restaria, apenas, uma parte das lacunas que Canaris chama "lacunas de princípios ou de valores", problema que Larenz faz situar no plano do "desenvolvimento do Direito superador da lei" (*gesetzesübersteigende Rechtsfortbildung*) e não já no âmbito do "desenvolvimento do Direito imanente à lei" (*gesetzesimmanente Rechtsfortbildung*)[21].

Elucidado o conceito de lacuna e analisadas as diferentes espécies de lacunas, há agora que esclarecer os procedimentos de integração ou colmatação das lacunas. A integração das *lacunas patentes*, quer as normativas quer as de regulação, faz-se por via da **analogia** – seja analogia particular (*analogia legis*), seja a analogia global (*analogia juris*) –, por via do recurso a argumentos logicamente próximos do argumento *a simile* do raciocínio analógico (argumento *a majore ad minus*, argumento *a fortiori*) ou com base no argumento de procedência da

---

[19] Cf. Karl Larenz, *Metodologia da Ciência do Direito*, cit., pág. 535 e seg.
[20] Cf. Karl Larenz, *Metodologia da Ciência do Direito*, cit., pág. 537 e segs.; Claus-Wilhelm Canaris, *Die Feststellung von Lücken im Gesetz*, cit., pág. 135. Klaus F. Röhl, *Allgemeine Rechtslehre*, Colónia, 1995, refere estas duas espécies de lacunas, respectivamente, como *lacunas primárias* e *lacunas secundárias* (cf. ob. cit., pág. 651).
[21] Cf. Karl Larenz, *Metodologia da Ciência do Direito*, cit., pág. 533 e segs. Defendendo a noção de "lacuna do Direito", cf., na doutrina portuguesa, por todos, João Baptista Machado, *Introdução ao Direito e ao Discurso Legitimador*, Coimbra, 1982, pág. 197.

§5. PROBLEMAS DE INDETERMINAÇÃO SEMÂNTICA, PROBLEMAS DE SUBDETERMINAÇÃO...

razão inversa (argumento *a contrario*)[22]. A integração das *lacunas ocultas* efectua-se por via da **redução teleológica**, isto é, restringindo o âmbito de aplicação da norma com base na consideração do fim da regulação ou da conexão de sentido da lei: a redução teleológica efectua-se contrariando o teor literal inequívoco da formulação ou disposição normativa – é uma determinação do Direito (*Rechtsfindung*) *contra verba sed secundum rationem legis*[23].

Justifica-se fazer aqui um breve excurso para precisar melhor os contornos da figura "redução teleológica": ela distingue-se da "interpretação restritiva", na medida em que nesta o elemento teleológico restringe o alcance da norma, mas essa restrição opera-se no quadro do sentido literal possível da formulação normativa ou disposição normativa; por outro lado, distingue-se da "interpretação correctiva" – referida pelos autores como interpretação *contra legem sed secundum jus* –, na medida em que na "redução teleológica" não se trata de corrigir o escopo da norma, mas antes de o realizar efectivamente, por meio da rectificação do sentido literal. A "interpretação correctiva" não é de admitir, pois contraria o princípio da vinculação do juiz à lei (cf. art. 203º (CRP); na "redução teleológica", trata-se de uma "obediência pensante" (*denkender Gehorsam*) à lei, como diria Philipp Heck (1858-1943).

Entre nós, Oliveira Ascensão (1932-   ) tem relutância em admitir a autonomia e utilidade desta figura – cf. José Oliveira Ascensão, *O Direito: Introdução e Teoria Geral. Uma Perspectiva Luso-Brasileira*, 7ª edição, Coimbra, 1993, *maxime* pág. 413. Na jurisprudência dos nossos tribunais superiores, faz-se referência, por vezes, à "redução teleológica", outras vezes, à "interpretação correctiva", numa aparente flutuação de conceitos que coloca à doutrina e à jurisprudência dos tribunais um desafio de maior clarificação conceptual.

Por vezes, faz-se apelo a fórmulas vagas, como o sentimento jurídico (*Rechtsgefühl*), a ideia de Direito (*Rechtsidee*), princípios supralegais (*übergesetzliche Grundsätze*), a natureza das coisas (*Natur der Sache*), a fim de fundar uma unidade valorativa do Direito e propiciar, nessa base, o fundamento para uma analogia global (*analogia juris*). No entanto, o apelo a estas fórmulas não propicia, por si, critérios suficientemente determinados para a solução dos casos

---

[22] Cf. Karl Larenz, *Metodologia da Ciência do Direito*, cit., pág. 540 e segs.; Claus-Wilhelm Canaris, *Die Feststellung von Lücken im Gesetz*, cit., págs. 24, 144; Franz Bydlinski, *Juristische Methodenlehre und Rechtsbegriff*, cit., pág. 475. Para uma formalização lógica deste tipo de argumentos, cf., por todos, Ulrich Klug, *Juristische Logik*, 4ª edição, Berlim, 1982, pág. 109 e segs.

[23] Cf. Karl Larenz, *Metodologia da Ciência do Direito*, cit., pág. 555 e segs.; Canaris, *Die Feststellung von Lücken im Gesetz*, cit., págs. 24, 144; Franz Bydlinski, *Juristische Methodenlehre und Rechtsbegriff*, cit., pág. 480; Hans-Friedrich Brandenburg, *Die teleologische Reduktion*, Göttingen, 1983; Ernst A. Kramer, *Juristische Methodenlehre*, 4ª edição, Berna, 2013, pág. 224 e segs.

nos âmbitos da vida não regulados: são antes, como defende Bernd Rüthers (1930-   ), "pseudo-fundamentações da criação judicial de normas" (*Scheinbegründungen richterlicher Normsetzungen*)[24]. Mais interessantes, do ponto de vista de uma teoria analítica do Direito, do que estas posições, características de uma orientação metodológica conhecida genericamente como "Jurisprudência de valoração" (*Wertungsjurisprudenz*), são as teses sobre a "completude" do sistema jurídico baseadas na interdefinibilidade das modalidades deônticas "permitido" e "proibido", sustentadas por Ernst Zitelmann (1852-1923), Donato Donati (1880-1946), Hans Kelsen (1881-1973) e Joseph Raz (1939-   ) e que afastam os problemas de subdeterminação deôntica por uma via estritamente lógica: para estes autores, a questão da "completude" do sistema é uma verdade analítica, uma necessidade puramente lógica ou conceptual.

5.2.1. "Regras de fecho" e "completude" do sistema jurídico

"Regras de fecho" (*closure rules*) é uma expressão que tomamos de Joseph Raz (1939-   )[25] para referir formulações diferentes de uma mesma ideia – "norma geral negativa" (Kelsen), "norma geral excludente" (Bobbio), "princípio de proibição" (Ambrosio L. Gioja) –, que poderíamos expressar nos seguintes termos: "*as possibilidades de conduta não abrangidas pela proibição são permitidas, pelo que todas as condutas estão deonticamente qualificadas no sistema S*". Esta proposição é analiticamente verdadeira e "fecha" ou confere "completude" ao sistema jurídico[26].

Ernst Zitelmann (1852-1923) formulava esta tese nos seguintes termos: "*Na base de toda a norma particular que sanciona uma acção com uma pena ou com a obrigação de ressarcir os danos ou que atribui qualquer outra consequência jurídica, está sempre subentendida e implícita uma norma fundamental, geral e negativa, segundo a qual, à excepção destes casos particulares, todas as outras acções estão isentas de pena ou*

---

[24] Cf. Bernd Rüthers, *Rechtstheorie. Begriff, Geltung und Anwendung des Rechts*, cit., pág. 501.
[25] Cf., sobretudo, Joseph Raz, «Legal Reasons, Sources, and Gaps», in: Joseph Raz, *The Authority of Law. Essays in Law and Morality*, Oxford, 1979, págs. 53-77, *maxime* pág. 75 e seg.
[26] As "regras de fecho" (*closure rules*) são verdades analíticas e não regras jurídicas positivas, pelo que, de acordo com Raz, não existem lacunas "quando o Direito nada diz" (*when the law is silent*). As lacunas só surgem, segundo ele, "onde o Direito fala com voz incerta" (*where the law speaks with an uncertain voice*), ou "onde fala a muitas vozes" (*where it speaks with many voices*), isto é, nos casos de indeterminação semântica e nos casos de sobredeterminação deôntica: cf. Joseph Raz, «Legal Reasons, Sources, and Gaps», cit., *maxime* pág. 77. Em termos conceptuais, os problemas de indeterminação semântica – geradores de lacunas de reconhecimento – são distintos dos problemas de subdeterminação deôntica – geradores de lacunas normativas e de regulação; por outro lado, no uso linguístico dos juristas a sobredeterminação deôntica é geradora de antinomias ou incompatibilidades normativas, um problema conceptualmente distinto da existência de lacunas.

de ressarcimento, uma vez que toda a norma positiva com a qual se atribui uma pena ou um ressarcimento é, neste sentido, uma excepção à norma fundamental geral e negativa. Donde se depreende que no caso em que falte tal excepção positiva não existe lacuna, porque o juiz pode sempre, aplicando a norma geral negativa, reconhecer que não há lugar ao efeito jurídico que se procura e que não está prevista a sujeição à pena ou a obrigação de ressarcimento"[27].

Na cultura jurídica italiana, a tese de Zitelmann foi acolhida e exposta com ligeiras variações por Donato Donati (1880-1946), para quem toda a norma particular que regula um comportamento é acompanhada de uma norma geral excludente, as mais das vezes inexpressa, que exclui dessa regulamentação todos os outros comportamentos possíveis, pelo que se um comportamento não é regulado pela norma particular cai no âmbito da norma geral excludente; qualquer que seja o caso, é um comportamento juridicamente regulado[28].

É neste mesmo argumento que Hans Kelsen (1881-1973) baseia a sua tese de ausência de lacunas no sistema jurídico. Na primeira edição (1934) de *Teoria Pura do Direito*, afirma que *"Não existem, porém, verdadeiras lacunas, no sentido de que um litígio não pode ser decidido de acordo com as normas vigentes, pelo facto de a lei – como se diz – carecer de um preceito relativo ao caso e não poder, por isso, ser aplicada"*[29]; em *General Theory of Law and State* (1945), reitera esta mesma tese, dizendo: *"A ordem jurídica não pode ter lacunas"*[30]. A ideia de uma "norma geral negativa" está igualmente na base da sua tese da simetria entre a sentença condenatória e a sentença de absolvição no processo de aplicação do Direito – diz Kelsen: *"A aplicação do Direito pode ter lugar não apenas num sentido positivo mas também num sentido negativo, não apenas através da ordenação e execução de uma sanção pelo órgão de aplicação do Direito, mas também pela recusa desse órgão em ordenar ou executar uma sanção"*[31]. Na segunda edição (1960) de *Teoria Pura do Direito*, Kelsen volta a afirmar a tese da ausência de lacunas no sistema jurídico e a ideia de uma "norma geral negativa" como regra de "fecho" do sistema, concluindo: *"Do que fica dito resulta que uma ordem jurídica pode sempre ser aplicada por um tribunal a um caso concreto, mesmo na hipótese de essa ordem jurídica, no entender do tribunal, não conter qualquer norma geral através da qual a conduta do demandado ou acu-*

---

[27] Cf. Ernst Zitelmann, *Lücken im Recht*, cit., pág. 17. A tese de Zitelmann foi objecto de críticas várias na teoria do Direito e na metodologia jurídica: sobre estas críticas e objecções, cf., por todos, Claus-Wilhelm Canaris, *Die Feststellung von Lücken im Gesetz*, cit., pág. 49 e seg.

[28] Cf. Donato Donati, *Il problema delle lacune dell'ordinamento giuridico*, Milão, 1910.

[29] Cf. Hans Kelsen, *Reine Rechtslehre. Einleitung in die rechtswissenschaftliche Problematik*, Viena, 1934, pág. 100.

[30] Cf. Hans Kelsen, *General Theory of Law and State*, Cambridge Mass., 1945, pág. 147.

[31] Cf. Hans Kelsen, *General Theory of Law and State*, cit., pág. 151.

sado seja regulada de modo positivo, isto é, por forma a impor-lhe o dever de uma conduta que ele, segundo a alegação do demandante privado ou do acusador público, não realizou. Com efeito, neste caso, a sua conduta é regulada pela ordem jurídica negativamente, isto é, regulada pelo facto de que tal conduta lhe não ser juridicamente proibida e, neste sentido, lhe ser permitida"[32].Na obra póstuma *Teoria Geral das Normas*, Kelsen fala de "permissão negativa de uma conduta" (ausência de proibição ou permissão "fraca", na acepção de von Wright)[33] como forma de regulação jurídica da conduta: toda a conduta é juridicamente regulada, seja positiva seja negativamente, pelo que, neste sentido, é legítimo falar de "plenitude" ou "completude" do ordenamento jurídico[34].

Aparentada com esta doutrina da "normal geral negativa" de Zitelmann, Donati e Kelsen está a doutrina do "espaço juridicamente vazio" (*rechtsleerer Raum*) formulada com anterioridade por Karl Bergbohm (1844-1927), de acordo com a qual, por definição, não existem lacunas, uma vez que tudo aquilo que não é deonticamente qualificado pelo Direito cai num "espaço juridicamente vazio" (*rechtsleerer Raum*), quer dizer, não é relevante para o Direito – *tertium non datur*[35].

A justificação da "completude" do sistema jurídico por uma via puramente lógica ou conceptual está associada a uma visão imperativista e sancionatória do Direito, pelo que só é verdadeiramente adequado falar de "regras de fecho" (*closure rules*) no âmbito do Direito penal, onde as possibilidades de conduta não abrangidas pela proibição são, *ipso facto*, permitidas, em conformidade com o princípio *nullum crimen, nulla poena, sine lege praevia*.

Uma outra via de justificação da "completude", é a defendida por Ronald Dworkin (1931-2013), para quem os juízes devem assumir que "*o Direito está estruturado por um conjunto coerente de princípios sobre a justiça e a equidade e as garantias processuais* (due process)"[36] e que tal constitui a base para a resposta correcta (*right answer*) a todo o caso que exija uma solução normativa: em Dworkin, a "completude" do sistema resulta de um trabalho construtivo de natureza axiológica ou valorativa.

---

[32] Cf. Hans Kelsen, *Teoria Pura do Direito*, tradução da 2ª edição (1960), a cargo de João Baptista Machado, Coimbra, 1976, pág. 338.
[33] Cf. Georg Henrik von Wright, *Norm and Action. A Logical Enquiry*, Londres, 1963, pág. 85 e segs.
[34] Cf. Hans Kelsen, *Allgemeine Theorie der Normen*, Viena, 1979, cap. 31.
[35] Cf. Karl Bergbohm, *Jurisprudenz und Rechtsphilosophie* I, Leipzig, 1892, *maxime* pág. 371 e segs. Sobre esta doutrina, cf., por todos, Wolfgang Fikentscher, *Methoden des Rechts in vergleichender Darstellung*, vol. IV, *Dogmatischer Teil*, Tübingen, 1977, pág. 160 e segs.
[36] Cf. Ronald Dworkin, *Law's Empire*, Londres, 1986, pág. 243.

5.2.2. A "completude" como coerência valorativa: Ronald Dworkin

Num ensaio publicado no ano da sua morte, Carlos Alchourrón (1931-1996) contrapunha duas concepções de sistema jurídico, a **dedutiva** e a **interpretativa**[37]. O ideal de organização dedutiva dos enunciados jurídicos é retratado, por excelência, na exposição que apresenta, conjuntamente com Eugenio Bulygin (1931-   ), em *Normative Systems* (Viena/Nova Iorque, 1971); a concepção interpretativa do sistema jurídico é representada, em primeira linha, por Ronald Dworkin (1931-2013), sobretudo a partir da obra *Law's Empire* (Londres, 1986).

Como foi referido, Dworkin coloca no centro da sua concepção de sistema jurídico os ideais de "integridade" (*integrity*) ou "coerência" (*coherence*) como designadores de uma propriedade do sistema jurídico: a harmonia (*fitness*) axiológica entre os seus diversos elementos. A eliminação das indeterminações do sistema jurídico é conseguida por via da interpretação com base nos princípios que derivam da teoria jurídica mais adequada (*soundest theory of law*), que permita justificar as práticas institucionalmente reconhecidas: trata-se de uma visão "holista" do sistema jurídico, em que o significado de cada elemento do sistema só pode ser obtido por remissão ao todo[38]. Em termos simplificados, poderíamos dizer que a tese fundamental de Dworkin em matéria de integração de lacunas é a de que a unidade ou coerência valorativa do sistema permite encontrar sempre uma resposta correcta (*one right answer*) para qualquer caso individual[39].

Esta mesma ideia sobre a unidade ou coerência valorativa do sistema e a solução de base axiológica para a integração de lacunas serve também a Dworkin para dar satisfação ao postulado da "consistência", isto é, para a eliminação das antinomias normativas. Antes, porém, de analisarmos o modo como a concepção **interpretativa** do sistema jurídico dá resposta ao problema das antinomias normativas, examinemos o problema nas suas linhas gerais.

---

[37] Cf. Carlos Alchourrón, «On Law and Logic», in: *Ratio Juris* 9 (1996), págs. 331-348.

[38] Sobre o postulado "holista" da "integridade" (*integrity*) e o "holismo" semântico em Ronald Dworkin, cf. *supra*, 4.4.

[39] A este propósito, cf. Ronald Dworkin, «On Gaps in the Law», in: Paul Amselek e Neil MacCormick (eds.), *Controversies about Law's Ontology*, Edimburgo, 1991, págs. 84-90; com interesse, Juan Manuel Pérez Bermejo, *Coherencia y Sistema Jurídico*, Madrid, 2006, *maxime* o capítulo II, "El Sistema «Coherentista» de Ronald Dworkin"; Giovanni Battista Ratti, *Sistema giuridico e sistemazione del diritto*, Turim, 2008, *maxime* o capítulo VI, "Sistema giuridico e sistemazione del diritto nella teoria di Ronald Dworkin"; Riccardo Guastini, «Soluzione dubie. Lacune e interpretazioni secondo Dworkin», in: *Materiali per una storia della cultura giuridica* XIII (1983), págs. 449-467.

5.3. Os problemas de sobredeterminação deôntica: as antinomias normativas

Existe uma antinomia normativa quando duas normas incompatíveis entre si em razão do seu conteúdo prescritivo se propõem regular o mesmo caso genérico ou hipotético, estabelecendo soluções normativas que são contrárias entre si ("obrigatório fazer x" e "proibido fazer x") ou contraditórias entre si ("proibido fazer x" e "permitido fazer x")[40]. Para que exista uma antinomia, as normas têm que pertencer ao mesmo ordenamento e devem ter um âmbito de validade espacial, temporal, pessoal e material idêntico ou, pelo menos, parcialmente coincidente. Relativamente ao âmbito de validade, podemos distinguir, na esteira de Alf Ross (1899-1979)[41], três espécies de antinomias: **total--total**, quando em qualquer caso de aplicação de uma das duas normas existe conflito com a outra (*v. g.*: "é proibido fumar"; "é permitido fumar"); **total-parcial**, quando uma das duas normas não pode, em nenhuma circunstância, ser aplicada sem dar origem a conflito, enquanto a outra tem um âmbito de validade (espacial, pessoal, etc.) mais amplo, de tal modo que a sua aplicação ao âmbito não coincidente não dá lugar a conflito (*v. g.*: "é permitido fumar"; "não é permitido fumar a menores de idade"); **parcial-parcial**, em que cada uma das duas normas tem um âmbito de validade em que existe sobreposição e conflito com o âmbito de validade da outra e um âmbito de validade em que não existe sobreposição e conflito (*v. g.*: "é proibido fumar tabaco e marijuana"; "é permitido fumar tabaco e cigarros electrónicos").

A metodologia jurídica oferece vários critérios para a eliminação das antinomias: *i*) o critério cronológico (*lex posterior derogat legi priori*); *ii*) o critério hierárquico (*lex superior derogat legi inferiori*); *iii*) o critério de especialidade (*lex specialis derogat legi generali*)[42]. Em bom rigor, dever-se-ia distinguir conceptualmente a verificação de uma antinomia dos casos em que uma norma é tornada inválida por incompatibilidade com uma norma superior na hierarquia das fontes ou é revogada por uma norma cronologicamente sucessiva.

---

[40] As noções de "contradição" e "contrariedade" lógica foram estabelecidas para dar conta de relações entre proposições – sobre estas noções, cf., por exemplo, Irving M. Copi, *Symbolic Logic*, 5ª edição, Nova Iorque, 1979, pág. 66 –, mas podem ser utilizadas para dar conta de modalidades de incompatibilidade entre normas, apesar destas não poderem ser definidas com recurso aos predicados "verdadeiro" (V) e "falso" (F).

[41] Cf. Alf Ross, *On Law and Justice*, Berkeley, 1959, pág. 128 e seg. Esta taxonomia das antinomias é retomada, entre outros, por Giacomo Gavazzi, *Delle antinomie*, cit., pág. 69 e segs.; Norberto Bobbio, *Teoria dell'ordinamento giuridico*, Turim, 1960, pág. 91 e segs.; Riccardo Guastini, *L'interpretazione dei documenti normativi*, Milão, 2004, pág. 245 e seg.; Miguel Teixeira de Sousa, *Introdução ao Direito*, Coimbra, 2012, pág. 263.

[42] Sobre estes três critérios tradicionais de solução das antinomias, cf., por todos, Norberto Bobbio, «Sui criteri per risolvere le antinomie», cit.

§5. PROBLEMAS DE INDETERMINAÇÃO SEMÂNTICA, PROBLEMAS DE SUBDETERMINAÇÃO...

Ao nível da lógica jurídica, o problema da aplicação de princípios lógicos em geral e do princípio da não contradição em particular a enunciados normativos ou deônticos é infinitamente mais complexo, sendo habitualmente abordado no contexto da construção da base semântica da lógica deôntica[43]. A este propósito, é elucidativo confrontar-nos com as perplexidades sentidas por Hans Kelsen (1881-1973) e a inflexão das suas posições no período subsequente à publicação da segunda edição (1960) de *Teoria Pura do Direito*, passando a denegar a possibilidade de relações lógicas entre normas[44].

5.3.1. Kelsen e o problema das antinomias

Hans Kelsen (1881-1973) defende que um conjunto de normas só pode ser considerado um sistema normativo se satisfizer os postulados da completude (ausência de lacunas) e da consistência (ausência de antinomias normativas). A questão da completude do sistema jurídico é para Kelsen, como vimos, uma necessidade puramente lógica ou conceptual. Em relação à consistência, trata-se, como é evidente, de um postulado epistemológico, não de uma propriedade do material linguístico das "fontes". Como ele diz, na primeira edição (1934) de *Teoria Pura do Direito*, "*o conhecimento jurídico... propõe-se a mesma tarefa que a ciência da natureza se propõe a si própria: representa o objecto como unidade. O critério negativo desta unidade é a ausência de contradições. Este princípio lógico vale também para o conhecimento no âmbito das normas*"[45]. Em *General Theory of Law and State* (1945), reafirma esta mesma ideia, dizendo: "*Duas normas que, pelo seu significado, se contradigam mutuamente e, portanto, se excluam mutuamente não podem ser admitidas como válidas simultaneamente. É uma das principais tarefas do jurista fornecer uma apresentação coerente do material com o qual trabalha. Como o material é apresentado em expressões linguísticas, é a priori possível que ele contenha contradições normativas. A função específica da interpretação jurídica é eliminar essas contradições,*

---

[43] A este propósito, cf., com maior pormenor, *infra*, §9, *maxime* 9.2 e 9.4.

[44] Em conformidade com essa sua tese, Kelsen defende que, tratando-se aqui do problema da eliminação de uma norma expressa do conjunto de normas válidas, não podemos considerar os critérios *lex superior, lex posterior* ou *lex specialis* como princípios lógicos, mas como normas de Direito positivo que autorizam os órgãos de aplicação do Direito a excluir uma das normas em conflito: tal como a ciência jurídica não pode criar normas jurídicas, tão-pouco pode, na opinião de Kelsen, resolver por via interpretativa conflitos entre normas eliminando uma das normas em conflito – cf. Kelsen, «Derogation», in: Ralph A. Newmann (ed.), *Essays in Jurisprudence in Honor of Roscoe Pound*, Indianapolis, 1962, págs. 339-361, agora in: Hans Klecatsky/René Marcic/Herbert Schambeck (eds.), *Die Wiener rechtstheoretische Schule*, 2º vol., Viena, 1968, págs. 1169-1180, *maxime* pág. 179 e seg.

[45] Cf. Hans Kelsen, *Reine Rechtslehre. Einleitung in die rechtswissenschaftliche Problematik*, cit., pág. 135 e seg.

demonstrando que são contradições meramente aparentes. É por meio da interpretação jurídica que o material jurídico é transformado num sistema jurídico"[46].

O postulado da consistência tem que ver com uma outra questão: a aplicabilidade de princípios lógicos a normas. Na segunda edição (1960) de *Teoria Pura do Direito*, quando discorre sobre a "unidade lógica da ordem jurídica", Kelsen argumenta que "... *os princípios lógicos, e particularmente o princípio da não contradição, são aplicáveis a afirmações que podem ser verdadeiras ou falsas; e uma contradição lógica entre duas afirmações consiste em que apenas uma ou a outra pode ser verdadeira; em que, se uma é verdadeira, a outra tem de ser falsa. Uma norma, porém, não é verdadeira nem falsa, mas válida ou inválida. Contudo, a asserção (enunciado) que descreve uma ordem normativa afirmando que, de acordo com esta ordem, uma determinada norma é válida e, especialmente, a proposição jurídica que descreve uma ordem jurídica, afirmando que, de harmonia com essa mesma ordem jurídica, sob determinados pressupostos, deve ser ou não deve ser posto um determinado acto coercivo, podem – como se mostrou – ser verdadeiras ou falsas"*[47]. E conclui o nosso autor, exprimindo uma posição que mais tarde virá a abandonar: *"Por isso, os princípios lógicos em geral e o princípio da não contradição em especial podem ser aplicados às proposições jurídicas que descrevem normas de Direito e, assim, indirectamente, também podem ser aplicados às normas jurídicas"*[48].

Podemos resumir as teses que Kelsen apresenta na segunda edição (1960) de *Teoria Pura do Direito* em matéria de aplicabilidade de princípios lógicos a normas nos seguintes termos: *i*) a tese segundo a qual os princípios lógicos em geral e o princípio da não contradição em especial podem ser aplicados aos enunciados que descrevem normas jurídicas (proposições jurídicas), o que significa que podem ser aplicados indirectamente às normas jurídicas (§34 c); *ii*) a tese segundo a qual as normas particulares podem ser deduzidas de normas gerais, ao menos nos sistemas "estáticos" (§34b).

Todavia, em 1965, no artigo «Recht und Logik» [Direito e Lógica], Kelsen apresenta uma posição distinta a propósito da possibilidade de aplicação de princípios lógicos a normas, atendendo quer ao problema das inferências ou derivações normativas, quer, sobretudo, ao problema das antinomias ou incompatibilidades entre normas[49]. Em *Teoria Geral das Normas* (1979), Kelsen reitera estas posições, sublinhando que um conflito entre normas não pode ser equi-

---

[46] Cf. Hans Kelsen, *General Theory of Law and State*, cit., pág. 375.
[47] Cf. Hans Kelsen, *Teoria Pura do Direito*, cit., pág. 285 e seg.
[48] Cf. Hans Kelsen, *Teoria Pura do Direito*, cit., pág. 286.
[49] Cf. Hans Kelsen, «Recht und Logik», in: *Forum* XII (1965), págs. 421-425 e 495-500, agora in: Hans Klecatsky/René Marcic/Herbert Schambeck (eds.), *Die Wiener rechtstheoretische Schule*, 2º vol., Viena, 1968, págs. 1201-1224.

parado a uma contradição lógica (cap. 29, II) e rejeitando a aplicação às normas do princípio da não contradição (cap. 57) e a possibilidade de relações de inferência entre normas (cap. 58).

Seria aqui conveniente um breve relance sobre a obra póstuma *Teoria Geral das Normas* e o papel central que o exame da possibilidade da análise lógica das normas nela ocupa: cerca de uma terça parte do texto (caps. 50-61) é dedicada a essa discussão; se, por outro lado, considerarmos que a análise linguística das normas (caps. 38-49) constitui uma questão preliminar em relação ao problema da análise lógica das normas, podemos concluir que cerca de metade do texto é ocupada pela discussão do problema. O interesse do Kelsen tardio pela lógica é por ele confessado na troca epistolar que manteve com Ulrich Klug (1913-1993), entre 1959 e 1965[50]. Os vários capítulos de *Teoria Geral das Normas* comprovam a familiaridade de Kelsen com as investigações sobre lógica deôntica (*v. g.*: Jørgensen, A. Hofstadter e J. C. C. McKinsey, von Wright, Hector-Neri Castañeda) e lógica jurídica (*v. g.*: Engisch, Klug, Kalinowski, Tammelo, Perelman). Não obstante, resulta claro do texto e das extensas notas que Kelsen se debate com alguma dificuldade em fazer enxertar os resultados destas investigações nos seus quadros de referência tradicionais: no domínio da literatura sobre lógica, por exemplo, continua ainda a relevar a importância da obra de Christoph Sigwart (1830-1904), apesar de lhe não ser estranha a lógica proposicional e a lógica de predicados de primeira ordem e a sua aplicação à análise das inferências normativas, desenvolvida, sobretudo, por Ulrich Klug (1913-1993).

Mas quais são, em bom rigor, as razões que conduzem o Kelsen tardio a denegar a possibilidade de relações lógicas entre normas? Logo após a primeira edição (1934) de *Teoria Pura do Direito*, Kelsen abandona a sua caracterização puramente semântica das normas, como entidades ideais pertencentes ao mundo do dever--ser (*Sollen*), e a representação do sistema jurídico como "pura unidade de sentido" (*reine Sinneinheit*), passando a descrever a unidade do sistema jurídico como cadeia de relações entre actos de vontade condicionados; no quadro de uma representação "dinâmica" do sistema jurídico, a função normativa primária é a atribuição de competência (*Ermächtigung*) para a criação de normas de escalão inferior. O afastamento progressivo de Kelsen em relação ao seu programa inicial de jurisprudência analítica, enquanto programa de reconstrução formal do Direito positivo a partir da noção de "proposição jurídica" (*Rechtssatz*), como juízo normativo hipotético da ciência do Direito, e da doutrina da norma jurídica completa – programa que, no essencial, corresponde a uma representação "estática" do Direito positivo – e a sub-

---

[50] Cf. Hans Kelsen/Ulrich Klug, *Rechtsnormen und logische Analyse. Ein Briefwechsel 1959 bis 1965*, Viena, 1981.

sequente adequação do edifício conceptual da Teoria Pura do Direito a uma representação "dinâmica" do Direito positivo – de que *General Theory of Law and State* (1945) constitui o primeiro esboço de exposição articulada – são as razões remotas da defesa pelo Kelsen tardio de concepções voluntaristas em matéria de ontologia das normas e de posições de irracionalismo normativo[51].

Uma outra tese de Kelsen a propósito das contradições entre normas é a doutrina da cláusula alternativa tácita, como cláusula estipulativa de eliminação das contradições entre normas de diferente escalão hierárquico. Diz ele: "*Se uma lei emanada do órgão legislativo é considerada válida apesar de ter sido criada de um outro modo ou de ter um outro conteúdo que não os prescritos pela Constituição, temos de admitir que os preceitos da Constituição relativos à legislação têm um carácter alternativo. O legislador está autorizado pela Constituição ou a aplicar as normas directamente estabelecidas pela Constituição ou a aplicar outras normas que ele próprio venha a decidir. De contrário, uma lei cuja criação ou conteúdo não se conformasse com os preceitos directamente estabelecidos pela Constituição não poderia ser considerada válida*"[52].

A cláusula alternativa tácita não é, bem entendido, uma autorização conferida ao legislador ordinário, mas uma pressuposição da ciência do Direito, uma estipulação com vista à eliminação de uma contradição entre normas de diferente escalão hierárquico. Se a norma de escalão inferior (*v. g.* a normal legal inconstitucional) não foi declarada inválida por não ter havido um processo para esse efeito, então ela é uma norma válida; mas como a validade de uma norma de escalão inferior se funda, segundo Kelsen, na validade da norma de escalão superior, então haveria que proceder "como se" o órgão de onde ela dimana estivesse autorizado a criá-la.

A doutrina da cláusula alternativa tácita deve ser considerada como uma mera curiosidade em termos de assegurar por via estipulativa a ideia de consistência normativa. Mas não pode ser aceite, pois, como diz Eugenio Bulygin (1931-   ), conduz a um decisionismo extremo e priva qualquer norma geral do seu carácter normativo, o que é manifestamente incompatível com o resto do edifício conceptual da Teoria Pura do Direito[53].

---

[51] A este propósito, cf. o meu artigo «A Teoria Pura do Direito entre logicismo e voluntarismo», agora in: José Lamego, *Caminhos da Filosofia do Direito Kantiana*, vol. I, Lisboa, 2014, págs. 141-160.
[52] Cf. Hans Kelsen, *General Theory of Law and State*, Cambridge Mass., 1945, pág. 156.
[53] Cf. Eugenio Bulygin, «Cognition and Interpretation of Law», in: Letizia Gianformaggio e Stanley L. Paulson (eds.), *Cognition and Interpretation of Law*, Turim, 1995, págs. 11-35, *maxime* pág. 17; em sentido contrário, defendendo a doutrina da cláusula alternativa tácita, cf. Paolo Comanducci, «Kelsen e la clausola alternativa tacita», in: Paolo Comanducci, *Assagi di metaetica due*, Turim, 1998, págs. 139-158.

Uma outra contribuição interessante para a análise da estrutura do sistema jurídico e do problema das antinomias normativas é a oferecida por Ronald Dworkin (1931-2013), em particular as suas teses sobre a distinção entre princípios e regras relativamente ao seu diferente modo de colisão.

5.3.2. Colisão entre regras e colisão entre princípios: Ronald Dworkin

Em *Taking Rights Seriously* (1977), Ronald Dworkin (1931-2013) desenvolve a sua tese da diferença da estrutura lógica entre "princípios" e "regras", pondo em evidência: *i*) o diferente modo de aplicação e *ii*) o diferente modo de colisão. Em relação ao primeiro plano, acentua o maior grau de indeterminação semântica ou "vagueza" dos enunciados linguísticos que expressam princípios. Em relação ao diferente modo de colisão, havendo um conflito entre regras, uma delas será aplicada e a outra desaplicada: as regras são aplicadas de um modo "tudo ou nada" (*all or nothing*); os princípios têm uma dimensão de peso ou importância (*weight or importance*): a colisão entre princípios não configura uma antinomia ou incompatibilidade normativa e a sua prevalência relativa é estabelecida em função da consideração das circunstâncias específicas de cada caso[54].

A teoria dos princípios apresentada em *Taking Rights Seriously* (1977) combina-se com a concepção do Direito como integridade (*law as integrity*) desenvolvida, sobretudo, em *Law's Empire* (1986), no sentido de interpretar o Direito como um conjunto estruturado de princípios: a concepção do Direito como integridade (*law as integrity*) coloca o acento na coerência valorativa ou axiológica do sistema jurídico. Não se trata, portanto, apenas de um ideal de consistência lógica entre normas, mas de harmonia (*fitness*) axiológica obtida por via de sistematização interpretativa. A ambição da teoria dos princípios e da concepção do Direito como integridade (*law as integrity*) é contraditar o positivismo jurídico como uma teoria que identifica o Direito de acordo com critérios formais de validade e que abstrai do conteúdo das normas e da justificação da obediência.

---

[54] Cf., sobretudo, Dworkin, «The Model of Rules I», in: Ronald Dworkin, *Taking Rights Seriously*, Londres, 1977, págs. 14-45. Na filosofia do Direito continental, estas teses de Dworkin têm sido desenvolvidas e complementadas, sobretudo, por Robert Alexy (1945-   ): cf., por exemplo, Alexy, «Zum Begriff des Rechtsprinzips», in: *Rechtstheorie* Beiheft 1 (1979), págs. 59-87; Alexy, «Rechtsregeln und Rechtsprinzipien», in: *Archiv für Rechts- und Sozialphilosophie* Beiheft 25 (1985), págs. 13-29; Alexy, «On the Structure of Legal Principles», in: *Ratio Juris* 13 (2000), págs. 294-304; Alexy, «On Balancing and Subsumption. A Structural Comparison», in: *Ratio Juris* 16 (2003), págs. 433-449; Alexy, «Die Gewichtsformel», in: *Gedächtnisschrift für Jürgen Sonnenschein*, Berlim, 2003, págs. 771-792.

As teses de Dworkin evidenciam uma grande proximidade com a concepção característica da Jurisprudência de valoração (*Wertungsjurisprudenz*) continental segundo a qual a resolução de casos individuais com base em normas gerais é sempre uma determinação casuística a partir de uma base axiológica: a "concretização" (*Konkretisierung*) ou "realização" (*Verwirklichung*) do Direito no caso individual[55]. Não obstante, há que observar algum comedimento nas tentativas de transposição, pura e simples, para a cultura jurídica europeia continental das metáforas dworkinianas da "novela em cadeia" (*chain novel*) e da "integridade" (*integrity*), como "reconstrução" da História institucional de decisão de casos: se no sistema jurídico anglo-americano, a ossatura do sistema é constituída pelos princípios e máximas de decisão que são explicitados por uma tradição jurídica consolidada (*common law*), nos sistemas jurídicos romano-germânicos essa ossatura é constituída por normas gerais e abstractas expressas em disposições legislativas, pelo que o modelo de aplicação do Direito (*adjudication*) que foi configurado tendo em atenção as práticas institucionais dos sistemas da *common law* não pode ser transposto, sem mais, para a cultura jurídica europeia continental.

Feita esta prevenção de ordem geral, vejamos como é que deve ser equacionada, ao nível da metodologia jurídica, nos sistemas jurídicos de matriz romano-germânica, a ideia de coerência (axiológica) do sistema.

5.4. Consistência (lógica) e coerência (axiológica)

O postulado da consistência (ausência de antinomias) é uma exigência lógica de qualquer sistema normativo: não se trata de um dado, de algo que seja por si inerente ao material linguístico das "fontes", mas do resultado de operações de *ordenação* levadas a cabo pela doutrina e pela jurisprudência dos tribunais. Mas será o postulado da coerência axiológica ou da isenção de contradições de valoração uma exigência semelhante?

A tese da coerência axiológica é defendida, sobretudo, pelos representantes de uma concepção principialista e valorativa do Direito –, e, mais em geral, pelos defensores da orientação metodológica designada como "Jurisprudência de valoração" (*Wertungsjurisprudenz*)[56]. Neste âmbito, a ideia de unidade interna do sistema jurídico como coerência dos seus valores específicos e o alcance metodológico desta ideia tem o seu tratamento mais conseguido, porventura,

---

[55] Sobre o problema da "concretização", cf., por todos, Karl Engisch, *Die Idee der Konkretisierung in Recht und Rechtswissenschaft unserer Zeit* (1953), 2ª edição, Heidelberga, 1968.

[56] Para uma caracterização destas concepções, cf. *infra*, *maxime* 11.2 e 11.3.

em Claus-Wilhelm Canaris (1937-)[57]. O desiderato de Canaris é a construção do sistema jurídico aplicável ao Direito privado alemão vigente, extraindo daí as consequências metodológicas para a obtenção do Direito (*Rechtsgewinnung*) nos casos individuais.

Canaris caracteriza a noção de "sistema" a partir das notas da *ordem* e *unidade*, procurando a recondução dos elementos intrínsecos a poucos princípios básicos fundamentais. No vértice do sistema jurídico, estão os princípios jurídicos; abaixo deles, os institutos jurídicos; em seguida, os conceitos jurídicos gerais; por último, o sistema de normas. A sua linha inspiradora é a orientação metodológica da Jurisprudência de valoração (*Wertungsjurisprudenz*), a defesa de um pensamento jurídico orientado a valores: mas diferentemente de autores como, por exemplo, Helmut Coing (1912-2000), que aponta para a obtenção de princípios jurídicos materiais na base de uma investigação fenomenológica sobre os valores e da análise da estrutura ontológica do Direito[58], Canaris constrói o sistema jurídico indutivamente, partindo do Direito positivo – no caso, a evidenciação dos princípios jurídicos que regem o Direito privado alemão. Por isso mesmo, a sua ideia de "sistema interno"[59] como sistema de princípios ou pontos de vista valorativos é útil para estabelecer a unidade teleológica do sistema de normas; a exigência de que o juiz e o legislador procedam de forma consequente (*folgenrichtig verfahren*) com os valores escolhidos visa assegurar a coerência axiológica do processo de aplicação do Direito ou obtenção do Direito (*Rechtsgewinnung*) no caso individual: é aqui que reside, segundo Canaris, o significado metodológico da noção de "sistema".

A concepção de Canaris evita alguns dos inconvenientes de certas concepções principialistas e valorativas do Direito, que parecem querer transmudar a aplicação de normas em processos de concretização de valores e alterar o carácter "dogmático" da ciência do Direito. Na Alemanha do pós II Guerra, estas concepções invocavam uma axiologia especificamente caracterizadora do Direito, apoiando-se num conjunto de indagações jusfilosóficas em torno do problema da determinibilidade material do conceito de Direito – *v. g.*: Helmut Coing (1912-2000), Erich Fechner (1903-1991), Arthur Kaufmann (1923-2001)

---

[57] Cf. Claus-Wilhelm Canaris, *Pensamento Sistemático e Conceito de Sistema na Ciência do Direito*, tradução da 2ª edição (1983), a cargo de António Menezes Cordeiro, Lisboa, 1989.
[58] Cf. Helmut Coing, *Grundzüge der Rechtsphilosophie*, 5ª edição, Berlim, 1993, *maxime* pág. 29 e segs.
[59] Sobre a distinção entre "sistema externo" e "sistema interno", cf. Philipp Heck, *Begriffsbildung und Interessenjurisprudenz*, Tübingen, 1932, pág. 139 e segs.; Karl Larenz, *Metodologia da Ciência do Direito*, cit., pág. 621 e segs. e 674 e segs.; Claus-Wilhelm Canaris, *Pensamento Sistemático e Conceito de Sistema na Ciência do Direito*, cit., pág. 26 e segs. e 66 e segs.; Franz Bydlinski, *Über prinzipiell-systematische Rechtsfindung im Privatrecht*, Berlim, 1995, pág. 30 e segs.

– como base para o estabelecimento dos critérios de uma juridicidade supralegal. O seu objectivo era a refutação da concepção positivista-formalista do Direito.

Tradicionalmente, a concepção positivista-formalista do Direito está associada ao relativismo axiológico liberal e defende que o modo como o Direito orienta comportamentos e promove a defesa dos bens jurídicos é fundamentalmente sancionatório e a ordem de valores que lhe é subjacente é, na sua essência, fragmentária. Esta posição de base não é incompatível com a tese segundo a qual as normas de cada sector do ordenamento jurídico podem ser reconduzidas a princípios e valores indutivamente retirados da própria regulação pelo Direito positivo de certa matéria ou matérias. Os princípios e valores assim identificados são, como refere Karl Larenz (1903-1993), critérios coadjuvantes para a interpretação, bem como para a integração de lacunas, servindo aqui como fundamento para uma analogia global (*analogia juris*) e, por vezes, também para uma "redução teleológica" ou "restrição teleológica".

Mas isso não significa que as contradições de valoração possam ser evitadas por via da interpretação ou que tenham que ser sempre eliminadas, como acontece no caso das antinomias ou incompatibilidades normativas: de facto, podem surgir contradições de valoração entre regulações de diferentes matérias, que sejam muito díspares entre si ou que tenham surgido em diferentes épocas[60].

De rejeitar é, no nosso entender, a admissibilidade, em nome da coerência axiológica do sistema, de decisões *contra legem*, invocando uma *ratio juris* constituída por princípios e valores jurídicos fundamentais e baseando em critérios indeterminados – *v. g.*: a "ideia de Direito", a "natureza das coisas", etc. – uma solução normativa que se traduz na correcção, preterição ou superação do Direito legislado, tal como defende, por exemplo, um vasto sector da doutrina alemã[61] ou, entre nós, João Baptista Machado (1927-1989) e A. Castanheira Neves (1929-) e a sua Escola. O argumento de que tais decisões, apesar de *contra legem*, são *intra ius* constitui uma tese metodológica de justificação da sobreposição das valorações do intérprete às valorações do legislador, abrindo o caminho a um activismo judicial que não é aceitável de acordo com a arquitectura constitucional da separação dos poderes e a teoria sobre a base democrática da legislação numa Democracia parlamentar.

---

[60] Cf., neste sentido, Karl Larenz, *Metodologia da Ciência do Direito*, cit., *maxime* pág. 452; Karl Engisch, *Die Einheit der Rechtsordnung*, Heidelberga, 1935, pág. 62 e segs.; Claus-Wilhelm Canaris, *Pensamento Sistemático e Conceito de Sistema na Ciência do Direito*, cit., pág. 200 e segs.

[61] Para um conspecto geral, cf., por todos, Jörg Neuner, *Die Rechtsfindung contra legem*, 2ª edição, Munique, 2005.

§5. PROBLEMAS DE INDETERMINAÇÃO SEMÂNTICA, PROBLEMAS DE SUBDETERMINAÇÃO...

 Estas considerações remetem-nos para um problema nuclear da Teoria do Direito e da metodologia jurídica: a teoria do sistema jurídico. Aqui, de novo, confrontam-se uma concepção de pendor formalista, que concebe o sistema jurídico como um conjunto ordenado de normas, e uma concepção de pendor substancialista, que concebe o sistema jurídico como estrutura articulada de princípios jurídicos materiais, acreditando na possibilidade de reconduzir as normas e decisões dispersas a um núcleo de princípios e valores substantivos.

§6. O significado metodológico da noção de sistema jurídico

§6. O significado metodológico da noção de sistema jurídico

Constitui uma representação comum a ideia de que as normas jurídicas estão concatenadas entre si em termos de um conjunto estruturado e unitário a que se pode atribuir o carácter de "sistema". A teoria do sistema jurídico – a resposta aos problemas da existência, identidade, estrutura e conteúdo de um sistema jurídico – é hoje considerada como o ponto de partida e a parte nuclear da Teoria do Direito.

A Teoria do Direito, como teoria formal do Direito positivo, tinha como ponto de partida nos seus cultores iniciais – Adolf Merkel (1836-1896), Karl Bergbohm (1849-1927), Ernst Rudolf Bierling (1841-1919) e Felix Somlò (1873-1920) – a análise da estrutura lógica das disposições jurídicas[1]. Ao longo do século XX, o centro de gravidade deste programa analítico foi-se deslocando da teoria da norma para a teoria do sistema jurídico: a teoria do sistema jurídico permite entender o fenómeno de "autodeterminação" (*Selbstbestimmung*) do Direito, isto é, o modo como o Direito regula o processo de criação e aplicação de normas (a sua "natureza" sistémica)[2].

Ao nível da sociologia do Direito e da teoria sociológica do sistema jurídico, este fenómeno foi objecto de análise em termos de racionalização formal do Direito moderno (Max Weber) e de auto-referencialidade do sistema jurídico (Luhmann). As análises da Teoria do Direito e da sociologia do Direito, pese embora abordarem a "natureza" sistémica do Direito sob ângulos distintos e recorrendo a instrumentários conceptuais muito diversos entre si, lança luz

---

[1] Sobre o perfil disciplinar da Teoria do Direito, cf. *infra*, 10.2.
[2] Cf. Hans Kelsen, «Die Selbstbestimmung des Rechts» (1963), agora in: Hans Klecatsky/René Marcic/Herbert Schambeck (eds.), *Die Wiener rechtstheoretische Schule*, 2º vol., Viena, 1968, págs. 1181-1188.

sobre aspectos fundamentais da estrutura e funcionamento do Direito como sistema normativo complexo e institucionalizado.

A representação do Direito como "sistema" refere, a um outro nível, não a "autodeterminação" (Kelsen) ou a natureza "auto-poïética" (Luhmann) do Direito, mas a ordenação do material das "fontes". A exigência de ordenação do material das "fontes" é algo que se faz sentir na História do pensamento jurídico pelo menos desde a época clássica em Roma, isto é, desde o século II a. C.: a primeira grande resposta a esta exigência é dada pela compilação ordenada por Justiniano, no ano de 528, cuja parte mais importante, o *Digesto* (latim: *Digesta*; grego: *Pandectae*), entrou em vigor em 31 de Dezembro de 533[3]. Este é o momento inicial de um longo desenvolvimento, que passa pelo estudo do *Corpus iuris civilis Iustinianei* nas universidades medievais, pela reformulação sistemática do Direito justinianeu levada a cabo pelos juristas do Humanismo do século XVI – sobretudo, Cujácio (1522-1590) e Donellus (1527-1591) – e, no século seguinte, pelos juristas do *usus modernus Pandectarum* – sobretudo, Hermann Conring (1608-1681), Wolfgang Adam Lauterbach (1618-1678), Georg Adam Struve (1619-1692) e Samuel Stryk (1640-1719)[4]. Este desenvolvimento culmina na construção de um *systema iuris* na Pandectística alemã do século XIX e na orientação conceptual-sistemática da Jurisprudência dos conceitos (*Begriffsjurisprudenz*), momento em que a ciência do Direito assume, segundo o juízo de Max Weber (1864-1920), o seu mais elevado grau de racionalidade lógico-formal, com o seu sistema de conceitos gerais-abstractos[5].

A História da "recepção" do Direito romano comprova que a sistematização como organização de material jurídico serviu não o objectivo de uma melhor exposição do Direito vigente, mas a sua racionalização e modernização. No fim de contas, as operações de sistematização levadas a cabo pela ciência do Direito e pela jurisprudência dos tribunais servem, paradoxalmente, ao mesmo tempo dois objectivos que são contraditórios entre si: o reforço da certeza do Direito e a adaptabilidade do Direito a novas condições sociais. A representação do Direito como "sistema" não se limita, portanto, a uma ordenação exterior da matéria, com propósitos didácticos e de exposição: o próprio modo como a

---

[3] Sobre o processo e o modo de compilação do *Digesto*, cf., por todos, Tony Honoré, *Justinian's Digest. Character and Compilation*, Oxford, 2000.

[4] Para uma visão geral, cf. Peter Stein, *Roman Law in European History*, Cambridge, 1999; Paul Koschacker, *Europa und das römische Recht*, 4ª edição, Munique, 1966; Helmut Coing, *Zur Geschichte des Privatrechtssystems*, Francoforte, 1962; uma boa nota de síntese sobre a elaboração sistemática do Direito Civil pode encontrar-se em António Menezes Cordeiro, *Tratado de Direito Civil Português*, I, *Parte Geral*, Tomo I, 3ª edição, Coimbra, 2005, pág. 68 e segs.

[5] Cf. Max Weber, *Economy and Society. An Outline of Interpretive Sociology*, edição a cargo de Guenther Roth e Claus Wittich, Berkeley, 1978, *maxime* pág. 657.

§6. O SIGNIFICADO METODOLÓGICO NA NOÇÃO DE SISTEMA JURÍDICO

metodologia jurídica configura a formação do sistema jurídico serve os propósitos não de uma melhor exposição do Direito vigente, mas de uma sua reformulação por via doutrinal, proporcionando a sua evolução e adaptação a novas situações sociais.

As críticas, por exemplo, do Movimento do Direito Livre e da Jurisprudência dos interesses (*Interessenjurisprudenz*) ao modo como a Jurisprudência dos conceitos (*Begriffsjurisprudenz*) configura o sistema jurídico a partir de conceitos abstractos (*v. g.*: "direito subjectivo", "relação jurídica", "negócio jurídico"), aos quais não deveriam ser reconhecidas outras funções senão as de classificação e exposição[6], a exigência de Philipp Heck (1858-1943) de distinção entre o "sistema externo", a que era assinalada uma função expositiva, e o "sistema interno", como ordenação ínsita nas matérias[7] – dando, por essa via, prevalência aos problemas normativos de determinação do Direito no caso individual sobre os problemas de formulação ou exposição[8] – ou a configuração do sistema a partir das valorações fundamentais do ordenamento jurídico, como o faz, genericamente, a metodologia da Jurisprudência de valoração (*Wertungsjurisprudenz*), não têm, obviamente, apenas que ver com a organização lógica da exposição de uma matéria, mas com o problema da repartição de competências institucionais entre o poder legislativo e a função jurisdicional na conformação do Direito vigente. Apesar de, em obediência à "ideologia normativa" dominante, a reconfiguração do Direito vigente ser sempre apresentada como desenvolvimento do conteúdo conceptual do Direito positivo.

A contestação movida pela Jurisprudência dos interesses (*Interessenjurisprudenz*) e pela Jurisprudência de valoração (*Wertungsjurisprudenz*) ao método de formação de conceitos e de construção do sistema característicos da Jurisprudência dos conceitos (*Begriffsjurisprudenz*) e a exigência formulada por algumas das variantes da Jurisprudência de valoração (*Wertungsjurisprudenz*) de, para além dos conceitos gerais-abstractos, a ciência do Direito recorrer a outras formas de pensamento, como os "tipos" e "séries de tipos", os "conceitos jurídicos determinados pela função" e os "princípios jurídicos", encarecendo a aptidão destas formas de pensamento para a apreensão das conexões internas do orde-

---

[6] Nas palavras de Philipp Heck (1858-1943): "*Os conceitos "direito subjectivo" e "negócio jurídico" não são conceitos fundamentais, a partir dos quais as normas jurídicas se explicitam e complementam, mas são etiquetas que nós colamos, gavetas científicas em que arrumamos as normas que nos são dadas e que têm de ser complementadas, para as podermos manusear*" – cf. Philipp Heck, *Interessenjurisprudenz* (conferência proferida na universidade de Francoforte em 15 de Dezembro de 1932), Tübingen, 1932, pág. 28.

[7] Cf., sobretudo, Philipp Heck, *Begriffsbildung und Interessenjurispudenz*, Tübingen, 1932, *maxime* pág. 171.

[8] Cf. Philipp Heck, *Begriffsbildung und Interessenjurispudenz*, cit., pág. 180 e segs.

namento jurídico – isto é, para a formação do "sistema interno" –, traduz-se numa "substancialização" ou "materialização" do pensamento jurídico e, simultaneamente, nalgumas das variantes da Jurisprudência de valoração (*Wertungsjurisprudenz*), na justificação de formas de desenvolvimento judicial do Direito transcendente à lei (*gesetzübersteigende Rechtsfortbildung*)[9].

O modo como se procede à configuração sistemática do Direito condiciona a interpretação e aplicação do Direito: a rejeição do pensamento abstractizante e formalista, em nome da adopção de formas de pensamento orientadas à captação do sentido subjacente às diversas regulamentações jurídicas, era movida por um propósito de "flexibilização" do Direito legislado – isto é patente na corrente que se inicia com a reorientação por Rudolf von Jhering (1818-1892) da metodologia jurídica num sentido sociológico-finalista e em que se incluem o Movimento do Direito Livre e a Jurisprudência dos interesses (*Interessenjurisprudenz*), passando pela "substancialização" do Direito formal promovida pelo neo-hegelianismo jurídico dos anos 20 e 30 do século XX e culminando na compreensão material-axiológica do Direito característica de certas variantes da Jurisprudência de valoração (*Wertungsjurisprudenz*). Nestas últimas, a descoberta da "unidade de sentido" do Direito proporcionada pelos princípios jurídicos permitiria justificar a preterição do Direito legislado, com base no argumento de que tais decisões, apesar de *contra legem*, seriam, ainda assim, *intra jus*.

A representação do Direito como "sistema" foi impulsionada pelas codificações modernas, que obedeciam a um plano racional de ordenação das matérias. A positivação do Direito, isto é, o estabelecimento de um quadro das "fontes" em que a lei assumia um papel exclusivo ou, pelo menos, preponderante, e a codificação do Direito facilitaram os procedimentos de formalização, a partir das ideias de unidade, completude e consistência, procedimentos que foram levados a cabo pela Teoria do Direito, como teoria formal do Direito positivo. Esta formalização desenvolvida pela Teoria do Direito permite o enquadramento de alguns problemas metodológicos, como o problema das lacunas e o problema das antinomias normativas, tal como acima (cf. *supra*, 5.2 e 5.3) tivemos oportunidade de referir – mas não tem que ver, ao menos directamente, com o processo de aplicação prática do Direito. A Teoria do Direito, como teoria formal do Direito positivo, assenta numa orientação analítico-conceptual e leva a cabo uma investigação sobre os aspectos mais gerais da "experiência" jurídica: de entre estes aspectos, a teoria do sistema jurídico assume uma importância nuclear, permitindo dar nota das características fundamentais do

---

[9] Como documentação desta linha de pensamento, cf., por todos, Karl Larenz, *Metodologia da Ciência do Direito*, tradução da 6ª edição (1991), a cargo de José Lamego, Lisboa, 1997, *maxime* pág. 621 e segs.

§6. O SIGNIFICADO METODOLÓGICO NA NOÇÃO DE SISTEMA JURÍDICO

Direito como instrumento de orientação da conduta por meio de regras gerais públicas apoiadas em sanções coercitivas.

6.1. A teoria do sistema jurídico como ponto de partida da Teoria do Direito
O ponto de vista segundo o qual a prioridade conceptual e metodológica na análise do Direito deve ser atribuída à teoria do sistema jurídico e não ao estudo das normas isoladamente consideradas encontra a sua formulação mais clara e concisa na obra de Herbert Lionel Adolphus Hart (1907-1992), para quem "*a chave da ciência da Jurisprudência*", que John Austin (1790-1859) pensava ter encontrado na noção de ordens coercitivas – definindo o Direito em termos de comandos do legislador apoiados em sanções coercitivas e analisando o elemento de autoridade implicado no Direito em termos de relação entre soberano e súbdito[10] –, é dada pela combinação entre as *regras primárias de obrigação* e as *regras que conferem poderes ou atribuem competências* – as regras que conferem poderes para legislar e resolver litígios (poderes públicos) e para criar ou modificar relações jurídicas (poderes privados)[11].

Este ponto de vista não era, aliás, alheio aos dois outros autores clássicos da Teoria do Direito do século XX, Hans Kelsen (1881-1973) e Alf Ross (1899-1979). Kelsen torna-o explícito logo nas linhas iniciais de *General Theory of Law and State* (Cambridge Mass., 1945), afirmando: "*É impossível apreender a natureza do Direito se limitarmos a nossa atenção a uma rega isolada. As relações que ligam as regras particulares de uma ordem jurídica também são essenciais à natureza do Direito. Apenas com base numa compreensão clara das relações que constituem a ordem jurídica é que a natureza do Direito pode ser plenamente entendida*"[12]. Kelsen começou por basear o programa analítico da Teoria Pura do Direito na noção de "proposição jurídica" (*Rechtssatz*), para referir a norma "reconstruída" pela ciência do Direito como juízo hipotético, onde a conexão funcional de elementos é estabelecida por via de uma relação de imputação (*Zurechnung*)[13]: a noção de "proposição jurídica" (*Rechtssatz*) proporciona uma representação "estática" do Direito, como exposição sistemática do conteúdo das normas de um sistema jurídico positivo. O programa de Teoria do Direito de Kelsen deslocou, mais tarde, o seu centro de gravidade da análise do conteúdo semântico ou proposi-

---

[10] Cf. John Austin, *The Province of Jurisprudence Determined* (1832), *maxime* "Lecture I".
[11] Cf. Herbert Hart, *O Conceito de Direito*, tradução portuguesa a cargo de Armindo Ribeiro Mendes, Lisboa, 1986, *maxime* cap. V, "O Direito como União de Regras Primárias e Secundárias", págs. 89-109.
[12] Cf. Hans Kelsen, *General Theory of Law and State*, Cambridge Mass., 1945, pág. 3.
[13] Cf. Hans Kelsen, *Hauptprobleme der Staatsrechtslehre, entwickelt aus der Lehre vom Rechtssatze*, Tübingen, 1911; cf., igualmente, Hans Kelsen, *Reine Rechtslehre. Einführung in die rechtswissenschaftliche Problematik*, Leipzig e Viena, 1934, *maxime* §11.

cional da norma para a análise do processo de produção e aplicação do Direito. Foi, sobretudo, Adolf Julius Merkl (1890-1970), o discípulo mais proeminente de Kelsen, que contribuiu para que fosse incluída no edifício da Teoria Pura do Direito esta perspectiva "dinâmica", com a sua descrição da estrutura escalonada (*Stufenbau*) do sistema jurídico: Constituição, lei, regulamento, sentença judicial, acto administrativo[14]. A introdução por Kelsen, logo a partir do início dos anos 20 do século XX, de elementos de uma teoria jurídica "dinâmica" acaba por reorientar o programa analítico da Teoria Pura do Direito no sentido da representação do Direito como sistema normativo "dinâmico", em que o fundamento de validade de uma norma é indicado como sendo a norma de escalão superior que atribui competência para a produção dessa norma – esta reorientação do programa analítico da Teoria Pura do Direito é exposta de forma sistematizada, pela primeira vez, em *General Theory of Law and State* (Cambridge Mass., 1945)[15].

Também Alf Ross (1899-1979) atribui prioridade conceptual na análise do Direito à resposta aos problemas da existência, identidade e estrutura de um sistema nacional individual de normas, dando eco à visão geral do realismo escandinavo segundo a qual o Direito é um sistema de normas que regula o uso da força por parte de uma organização, o Estado, que logrou o monopólio efectivo do uso da força dentro de um certo território: Ross considera que um sistema jurídico nacional consiste nas regras para o estabelecimento e o funcionamento dos mecanismos estaduais do uso da força, confessando dever este ponto de vista, precisamente, a Hans Kelsen (1881-1973) e Karl Olivecrona (1897-1980)[16]. Nessa base, Ross caracteriza o Direito (*law*) ou sistema jurídico recorrendo a duas notas fundamentais: *i*) em primeiro lugar, o Direito consiste em regras que regulam o uso da força; *ii*) em segundo lugar, o Direito consiste não apenas em normas de conduta, mas também em normas de competência, que instituem um conjunto de autoridades públicas que estabelecem normas de conduta e que exercem a força em conformidade com as competências que lhes são atribuídas[17].

---

[14] C., sobretudo, Adolf Merkl, «Das Recht im Lichte seiner Anwendung» (1917), agora in: Hans Klecatsky/René Marcic/Herbert Schambeck (eds.), *Die Wiener rechtstheoretische Schule*, 1º vol., Viena, 1968, págs. 955-982. No "Preâmbulo" à segunda edição (1923) de *Hauptprobleme der Staatsrechtslehre*, Kelsen dá nota desta contribuição fundamental de Merkl para o desenvolvimento da Teoria Pura do Direito.

[15] Sobre esta reorientação do programa analítico da Teoria Pura do Direito, cf. o meu estudo, «A Teoria Pura do Direito entre logicismo e voluntarismo», in: José Lamego, *Caminhos da Filosofia do Direito Kantiana*, vol. I, Lisboa, 2014, págs. 141-160.

[16] Cf. Alf Ross, *On Law and Justice*, Berkeley, 1959, pág. 53, nota 1.

[17] Cf. Alf Ross, *On Law and Justice*, cit., *maxime* pág. 59.

§6. O SIGNIFICADO METODOLÓGICO NA NOÇÃO DE SISTEMA JURÍDICO

Posição idêntica de recusa de definir o sistema jurídico a partir da noção de norma jurídica e da análise das suas características – a ideia de que as normas jurídicas são "prescrições" que estabelecem as condições de aplicação de sanções coercitivas, perfilhada pela Teoria do Direito tradicional[18] - é sustentada por Carlos Alchourrón (1931-1996) e Eugenio Bulygin (1931-   ), que desenvolvem uma teoria do sistema jurídico como um sistema dedutivo de enunciados em cujas consequências lógicas figuram normas, ou seja, enunciados que correlacionam casos com soluções normativas[19]. A definição de Alchourrón e Bulygin de sistema jurídico como um sistema dedutivo de enunciados e das suas consequências lógicas ou dedutivas apoia-se na definição de Alfred Tarski (1901-1983) de sistema dedutivo de enunciados como conjunto de enunciados que contém todas as suas consequências lógicas: este modo de definição do sistema jurídico, pondo em evidência as propriedades lógicas ou formais da ideia de "sistema" (a "completude" e a "consistência"), oferece uma base interessante para a conceptualização do problema das "lacunas" e das "antinomias", como referimos anteriormente (cf. *supra*, 5.2 e 5.3).

Atribuindo, igualmente, prioridade conceptual e metodológica na análise do Direito à teoria do sistema jurídico, Joseph Raz (1939-   ) defende que *"uma teoria do sistema jurídico é um requisito prévio de uma definição adequada do que seja uma "disposição legislativa"* (a law)"[20]. Raz considera que as três características mais gerais e importantes do Direito são as de que é normativo, institucionalizado e coercitivo – nas suas palavras: *"O Direito é normativo, na medida em que serve, e está feito para que sirva, como guia da conduta humana; é institucionalizado, na medida em que a sua aplicação e modificação são, em grande medida, realizadas ou reguladas por instituições; é coercitivo, na medida em que a obediência a ele e a sua aplicação se encontram internamente garantidas, em última instância, pelo uso da força"*[21]. "Normatividade", "institucionalização" e "coercibilidade" são, pois, as características mais gerais e importantes do Direito.

O conceito de sistema da Teoria do Direito é um instrumento para uma melhor compreensão da "natureza" do Direito, nomeadamente identificando os aspectos distintivos do Direito em relação a outros sistemas normativos, como a moral, a religião, os usos e costumes, etc. De uma outra perspectiva, também a análise sociológica do Direito esclarece com base na noção de "sis-

---

[18] John Austin (1790-1859), na Grã-Bretanha; Karl Binding (1841-1920), August Thon (1839-1912), Ernst Rudolf Bierling (1841-1919) e o próprio Hans Kelsen (1881-1973), com a sua doutrina da norma jurídica completa, como tivemos já ocasião de referir (cf. *supra*, 2.1).
[19] Cf. Carlos E. Alchourrón e Eugenio Bulygin, *Normative Systems*, Viena/Nova Iorque, 1971, *maxime* caps. 1 e 4.
[20] Cf. Joseph Raz, *The Concept of a Legal System* (1970), 2ª edição, Oxford, 1980, pág. 2.
[21] Cf. Joseph Raz, *The Concept of a Legal System*, cit., pág. 3.

tema" aspectos essenciais relativos à estrutura e ao funcionamento do Direito: neste plano de análise, vamos cingir-nos ao exame das teses de Max Weber (1864-1920) sobre o processo de diferenciação do sistema jurídico de outros sistemas normativos (*v. g.*: religião e moral) e a racionalização formal do Direito moderno e a uma referência ao projecto de Niklas Luhmann (1927-1998) de construção de uma teoria sociológica do sistema jurídico com base na teoria geral dos sistemas e na teoria da diferenciação sistémica.

6.2. A teoria sociológica do sistema jurídico

São conhecidas as teses de Max Weber (1864-1920) sobre o processo de racionalização formal do Direito moderno, com a identificação legalista e formalista do Direito com base em normas gerais e abstractas e não de acordo com sentimentos de justiça ou juízos de equidade e a emergência de uma ciência jurídica orientada para a exegese e sistematização conceptual do material linguístico das "fontes"[22].

Desafortunadamente, estes ensinamentos de Weber não são tomados em devida conta pelas orientações metodológicas de base material-axiológica, que procuram contradizer a visão legalista e formalista do Direito invocando uma ideia geral de *prudentia juris* – que não é, manifestamente, adequada para expressar o modo como o juiz, nos sistemas jurídicos europeus continentais modernos, aplica o Direito – e uma *autorictas* específica do pensamento jurídico, como guardião do Direito (*Rechtsbewahrer*). Curiosamente, a maior apropriação na Teoria do Direito e na metodologia jurídica contemporâneas da caracterização de Max Weber do tipo de legitimidade de comando ou autoridade (*Herrschaft*) legal-racional é a que é levada a cabo pelo movimento dos *Critical Legal Studies*: no tipo legal-racional de legitimidade, a obediência é devida não a pessoas mas a uma ordem impessoal legalmente estabelecida; mas, como aduz Weber, a ordem impessoal favorece os grupos economicamente dominantes[23] – "tópico" que é retomado pelo movimento dos *Critical Legal Studies* na sua "desconstrução" das pretensões de neutralidade política do método jurídico e na crítica ao *rule of law* liberal[24].

A ideia de diferenciação sistémica é, igualmente, a ideia nuclear da teoria sociológica do sistema jurídico de Niklas Luhmann (1927-1998). Luhmann compreende o sistema jurídico como parte do sistema social e apoia-se numa teoria da diferenciação sistémica assente na diferenciação entre "sistema"

---

[22] Cf. Max Weber, *Economy and Society. An Outline of Interpretive Sociology*, cit., *maxime* pág. 908 e segs.
[23] Cf. Max Weber, *Economy and Society*, cit., *maxime* pág. 812 e segs.
[24] A este propósito, cf., com maior pormenor, *infra* 8.3 e 12.3.

§6. O SIGNIFICADO METODOLÓGICO NA NOÇÃO DE SISTEMA JURÍDICO

e "ambiente": o sistema diferencia-se do ambiente e, no seu próprio interior, diferencia-se dos subsistemas que o constituem, colocando-se o sistema como ambiente em relação aos subsistemas que o constituem[25].

A teoria sistémica de Luhmann inspira-se nas teorias modernas da auto--organização, desenvolvidas no âmbito da teoria dos sistemas cibernéticos e, também, no âmbito da teoria dos sistemas biológicos em termos de uma teoria geral dos sistemas e a sua aplicação às ciências sociais – na fase final da sua investigação, Luhmann recorre, sobretudo, à interpretação dos organismos vivos como sistemas auto-poiéticos e auto-referenciais, interpretação que foi desenvolvida pelas pesquisas em neurobiologia de Humberto R. Maturana (1928-) e Francisco J. Varela (1945-)[26].

No quadro da teoria geral dos sistemas e da análise das relações sistema/ambiente, entende-se que os sistemas sociais processam comunicação: o sistema jurídico, como subsistema social, processa comunicação de acordo com o código binário lícito/ilícito (*Recht/Unrecht*), não reconhecendo comunicações que não se reportem a este código binário. Esta codificação é que atribui significação jurídica a certas comunicações e que exclui do sistema comunicações baseadas noutros códigos.

Para tornarmos mais compreensível a conceptualização de Luhmann, vejamos o que é que ele entende por "sistema", recorrendo a uma passagem da obra que constitui a sua última formulação de uma teoria sociológica do sistema jurídico com base na teoria geral dos sistemas – diz o nosso autor: "*Por "sistema" compreendemos não, como muitos juristas, uma estrutura de regras concatenadas entre si, mas uma estrutura de operações factualmente executadas, que, enquanto operações sociais, têm de ser comunicações e que adicionalmente são distinguidas como comunicações jurídicas. Mas isto significa: a distinção inicial tem que ser procurada não numa tipologia de normas ou de valores, mas na distinção entre sistema e ambiente.*

A transição para uma teoria sistema/ambiente requer uma outra, que há previamente que esclarecer. Normalmente, as teorias jurídicas reportam-se a estruturas (regras, normas, textos) que são classificadas como Direito. Isto vale também e especialmente para as teorias do Direito positivo; vale explicitamente, por exemplo, para as "rules of recognition" na Teoria do Direito de Hart. A questão de saber o que é ou não é Direito coloca--se apenas tendo em consideração as regras especificamente determinadas. Se, em contra-

---

[25] Cf., sobretudo, Niklas Luhmann, *Soziale Systeme*, Francoforte, 1985.
[26] Sobre as diversas contribuições para as teorias modernas da auto-organização e a concepção de Luhmann do sistema jurídico como sistema auto-poiético (do grego *poïesis*: produção), cf., por todos, Mario Losano, *Sistema e Struttura nel Diritto*, vol. III, Milão, 2002, pág. 193 e segs.

partida, quisermos dar sequência aos estímulos acrisolados na teoria dos sistemas mais recente, então temos que operar uma mudança das estruturas para as operações"[27].

Luhmann sublinha as diferenças entre a teoria sociológica do sistema jurídico e *"a Teoria do Direito, a dogmática jurídica e todos os tipos de tratamento "científico" do Direito a elas adjacente, que, de um ponto de vista sociológico, podem ser compreendidas como* formas de auto-descrição do sistema jurídico [*Formen der Selbstbeschreibung des Rechtssystems*]"[28], ou seja, como elementos internos ao próprio subsistema que é o sistema jurídico. Segundo ele, *"a ciência do Direito ocupa-se de um ordenamento normativo, enquanto a sociologia, independentemente da sua orientação teórica, ocupa-se do comportamento social, das instituições, dos sistemas sociais"*[29].

Não obstante a especificidade do instrumentário conceptual da teoria sociológica do sistema jurídico de Niklas Luhmann, ela oferece perspectivas interessantes à Teoria do Direito e à metodologia jurídica, nomeadamente através das noções de "auto-referencialidade sistémica", "esquematização binária lícito/ilícito" ou "programação condicional". A teoria do sistema jurídico da Teoria do Direito e a teoria sociológica do sistema jurídico fornecem indicações sobre a estrutura e o funcionamento dos sistemas jurídicos modernos (sobretudo, os de *civil law*) que a metodologia jurídica deve ter em conta.

A metodologia jurídica não procede a investigações sobre a "natureza" do Direito como sistema normativo, mas fornece directrizes que dizem respeito às operações de representação e sistematização do material jurídico que são levadas a cabo pela ciência jurídica e pela jurisprudência dos tribunais e que têm que ver com as necessidades da aplicação prática do Direito. Neste plano, o da metodologia jurídica, passemos em revista as ideias sobre a construção do sistema jurídico que são características de cada uma das orientações metodológicas que costumam ser sequencialmente referidas; *i*) a Jurisprudência dos conceitos (*Begriffsjurisprudenz*); *ii*) Jurisprudência dos interesses (*Interessenjurisprudenz*); *iii*) a Jurisprudência de valoração (*Wertungsjurisprudenz*).

Bem entendido que esta ordenação sequencial tem, em primeira linha, que ver com a evolução da ciência jurídica (mormente o Direito civil) na Alemanha dos séculos XIX e XX. Mas é interessante observar como é que a partir do Direito romano como base principal do Direito civil a ciência jurídica alemã do século XIX se tornou, no dizer de Peter Stein (1926-   ), *"a força dominante no pensamento jurídico europeu"*[30].

---

[27] Cf. Niklas Luhmann, *Das Recht der Gesellschaft*, Francoforte, 1993, pág. 40 e seg.
[28] Cf. Niklas Luhmann, *Rechtssoziologie*, 2ª edição, Opladen, 1983, pág. 360.
[29] Cf. Niklas Luhmann, *Das Recht der Gesellschaft*, cit., pág. 14.
[30] Cf. Peter Stein, *Roman Law in European History*, cit., pág. 123.

§6. O SIGNIFICADO METODOLÓGICO NA NOÇÃO DE SISTEMA JURÍDICO

6.3. Metodologia jurídica, formação de conceitos e construção do sistema
A elaboração dogmática do Direito privado a partir do *corpus iuris* justinianeu conferiu à ciência jurídica alemã da primeira metade do século XIX a sua feição peculiar, conceptualista e "construtiva": os manuais de Direito Civil dessa época ostentam, normalmente, os títulos "Direito das Pandectas" (*Pandektenrecht*) ou "Direito romano actual" (*heutiges römisches Recht*); mais tarde, o método "construtivo" da Pandectística foi transposto para o âmbito da doutrina do Direito público, sobretudo por obra de Carl Friedrich von Gerber (1823-1891) e Paul Laband (1838-1918)[31].

Os maiores cultores deste tipo de ciência do Direito – Friedrich Carl von Savigny (1779-1891), Rudolf von Jhering (1818-1892) e Bernhard Windscheid (1817-1892) – baseavam-se numa perspectiva de "positivismo científico" (*wissenschaftlicher Positivismus*), que deduzia os critérios normativos de decisão exclusivamente a partir do sistema conceptual da ciência jurídica, excluindo considerações de ordem ética, política ou de utilidade social (método "jurídico"). A configuração deste tipo de ciência do Direito, de feição conceptualista e "construtivista", é indissociável do carácter tardio da codificação na Alemanha, o que implicou que o Direito romano justinianeu não fosse objecto de uma consideração apenas historiográfica, mas, verdadeiramente, "dogmática": o ponto culminante desta elaboração dogmática do Direito privado é, porventura, o *Tratado das Pandectas* [Lehrbuch der Pandekten], de Bernhard Windscheid (1817-1892)[32].

O que é que explica o carácter tardio da codificação na Alemanha? Em primeiro lugar, a reacção nacionalista e conservadora contra a Revolução francesa e a ocupação dos territórios alemães pelos exércitos napoleónicos; mas também o desejo de superação da fragmentação política da Alemanha e a convicção difusa de que a existência de códigos territoriais constituía um obstáculo à unificação política[33]. Como arauto desta oposição à codificação figurava, sobretudo, Friedrich Carl von Savigny (1779-1861), cujo prestígio intelectual e influência social e política serviu para cimentar na Alemanha romântica uma visão historicista e um cepticismo em relação à tendência do Iluminismo para a codificação[34].

---

[31] Sobre este ponto, cf. Walter Wilhelm, *Zur juristischen Methodenlehre im 19. Jahrhundert. Die Herkunft der Methode Paul Labands aus Privatrechtswissenschaft*, Francoforte, 1958.
[32] Karl Larenz (1903-1993) refere-se a Windscheid como "*o último sistematizador do "Direito comum"*": cf. Karl Larenz, *Metodologia da Ciência do Direito*, cit., pág. 34.
[33] A este propósito, cf., com interesse, James Q. Whitman, *The Legacy of Roman Law in the German Romantic Era*, Princeton, 1990, *maxime* pág. 102 e segs.
[34] O manifesto de política jurídica anti-codificação é constituído pelo escrito *Vom Beruf unserer Zeit für Gesetzgebung und Rechtswissenschaft* [Sobre a vocação do nosso tempo para a legislação e

Os instrumentos de ordenação sistemática a que Savigny recorre são o "instituto jurídico" e a "relação jurídica". O formalismo conceitual rigoroso da Pandectística só é, porém, atingido com Georg Friedrich Puchta (1798-1846), que toma distâncias em relação à perspectiva organicista de Savigny e introduz uma espécie de "genealogia dos conceitos" e a ideia do desenvolvimento do Direito a partir dos conceitos, que está no cerne da concepção de ciência jurídica "construtiva"[35]. A tese de que a organização sistemática da matéria jurídica gera novo Direito e a teorização do método jurídico "construtivo", baseado nas operações de análise, concentração lógica e síntese, tem a sua formulação emblemática, como já referimos, no vol. II, tomo 2 (dado à estampa em 1858) de *Geist des römischen Rechts auf den verschiedenen Stufen seiner Entwicklung* [Espírito do Direito romano nos diferentes estádios do seu desenvolvimento], de Rudolf von Jhering (1818-1892).

Foi, porém, o próprio Jhering que, mais tarde, veio a pôr em causa a pretensão de determinação de soluções normativas por via da "construção", dando o impulso para a reorientação da ciência do Direito e da metodologia jurídica num sentido sociológico e finalista. Esta reorientação deu origem a uma vaga de crítica generalizada à Jurisprudência dos conceitos (*Begriffsjurisprudenz*), que teve a sua expressão mais radical no Movimento do Direito Livre e a sua projecção mais influente na Jurisprudência dos interesses (*Interessenjurisprudenz*). Um dos mais eminentes representantes do Movimento do Direito Livre, Eugen Ehrlich (1862-1922), rejeita a pensamento abstracto-classificatório da Jurisprudência dos conceitos (*Begriffsjurisprudenz*) e a técnica da "construção jurídica" (*juristische Konstruktion*): para este autor, "*a construção jurídica consiste em que para os fins da descoberta do Direito se recorre não aos conceitos a que se referem as avaliações de interesses e a tutela jurídica consubstanciada na norma, mas sim a abstracções desses*

---

a ciência do Direito], que Savigny dá à estampa em 1814, visando contrariar a exigência de "*um Código simples..., ajustado à nossa situação civil e às necessidades do povo*" [ein einfaches Gesetzbuch... unsern bürgerlichen Zustand, den Bedürfnißen des Volkes gemäß] formulada no escrito programático de Anton Friedrich Justus Thibaut (1772-1840) intitulado *Ueber die Nothwendigkeit eines Allgemeine bürgerlichen Rechts für Deutschland* [Sobre a Necessidade de um Direito Civil Geral para a Alemanha], publicado em Heidelberga em 1814: os escritos que deram corpo a esta polémica estão hoje acessíveis em Hans Hattenhauer (ed.), *Thibaut und Savigny: ihre programmatischen Schriften*, Munique, 1973, com uma "Introdução" (págs. 9-51) que dá nota do contexto cultural e político em que ocorreu a polémica.

[35] Sobre este distanciamento, cf. Walter Wilhelm, *Zur juristischen Methodenlehre im 19. Jahrhundert. Die Herkunft der Methode Paul Labands aus der Privatrechtswissenschaft*, cit., pág. 77; Karl Larenz, *Metodologia da Ciência do Direito*, cit., pág. 23; Franz Wieacker, *História do Direito Privado Moderno*, tradução da 2ª edição alemã (1967), a cargo de A. M. Botelho Hespanha, Lisboa, 1980, *maxime* pág. 457.

§6. O SIGNIFICADO METODOLÓGICO NA NOÇÃO DE SISTEMA JURÍDICO

conceitos"[36]. O *caput scholae* da Jurisprudência dos interesses (*Interessenjurisprudenz*), Philipp Heck (1858-1943), distingue na ciência do Direito os conceitos preceptivos (*Gebotsbegriffe*) ou conceitos ordenadores (*Ordnungsbegriffe*), construídos em vista à ordenação do material jurídico num sistema didáctico ou expositivo do Direito, e conceitos de interesse (*Interessenbegriffe*), que servem para a apreensão conceptual dos interesses reconhecidos como prevalecentes pelo legislador como base dos juízos de ponderação dos interesses[37]. Recorrendo a cada um destes dois diferentes tipos de conceitos procede-se a uma "dupla via" (Larenz)[38] de construção do sistema: através da reunião dos conceitos ordenadores forma-se o sistema científico ou expositivo, isto é, o "sistema externo"; os conceitos de interesse servem para a formação do "sistema interno", como conjunto interligado das normas e das decisões de conflito nelas realizadas[39].

Heck propõe que se distinga, a propósito da missão da ciência jurídica, entre os problemas normativos, para os quais a investigação dos interesses se apresenta como o instrumento mais importante, e os problemas de formulação, que recorrem aos conceitos ordenadores, ao sistema externo e à construção dos conceitos ordenadores, e que têm exclusivamente que ver com o interesse de exposição (*Darstellungsinteresse*)[40]: o nosso autor centra a sua atenção não no conhecimento mas na aplicação prática do Direito, atribuindo à ciência do Direito como única missão *"facilitar a função do juiz, de modo a que a investigação da lei e das relações da vida prepare a decisão objectivamente adequada"*[41].

A unidade da ordem jurídica não decorre, segundo Heck, da actividade sistematizadora da ciência jurídica, mas é revelada pelo "sistema interno", como "ordem imanente" ou sistema de conexões materiais. Apesar das críticas de que Jurisprudência dos interesses (*Interessenjurisprudenz*) negligenciaria "o sig-

---

[36] Cf. Eugen Ehrlich, *Die juristische Logik*, 2ª edição, Tübingen, 1925, pág. 252.
[37] Cf. Philipp Heck, *Grundriß des Schuldrechts*, Tübingen, 1929, aditamento, §1,3. Ecos desta conceptualização de Heck na metodologia jurídica portuguesa podem encontrar-se em Adriano Vaz Serra, *Valor prático dos conceitos e da construção jurídica*, Lisboa, 1944. Na doutrina civilista portuguesa, Orlando de Carvalho (1926-2000), na sua análise da relação jurídica civil, justapõe o "conceito de preceito" da relação jurídica civil – considerada esta no aspecto estrutural – ao "conceito de interesse" da relação jurídica civil – apurado no plano funcional da composição paritária dos interesses –, sublinhando o relevo da perspectiva funcional na análise do Direito: cf. Orlando de Carvalho, *Teoria Geral do Direito Civil* (1981), agora in: Orlando de Carvalho, *Teoria Geral do Direito Civil*, edição a cargo de Francisco Liberal Fernandes/Maria Raquel Guimarães/Maria Regina Redinha, Coimbra, 2012, págs. 85-220, pág. 90 e segs.
[38] Cf. Karl Larenz, *Metodologia da Ciência do Direito*, cit., pág. 74.
[39] Cf. Philipp Heck, *Begriffsbildung und Interessenjurisprudenz*, Tübingen, 1932, *maxime* pág. 186.
[40] Cf. Philipp Heck, *Begriffsbildung und Interessenjurisprudenz*, cit., pág. 180 e seg.
[41] Cf. Philipp Heck, *Begriffsbildung und Interessenjurisprudenz*, cit., pág. 4.

nificado do pensamento conceptual, construtivo e sistemático"[42], a distinção de Heck entre "sistema externo" e "sistema interno" serviu à metodologia jurídica posterior para recusar a identificação da noção de "sistema jurídico" com o sistema conceptual-abstracto e para ilustrar a formação dos conceitos e do sistema na ciência do Direito de acordo com uma perspectiva sociológico-finalista e não exclusivamente abstracto-classificatória[43].

Do mesmo modo, poder-se-ia constatar, na esteira de Karl Larenz (1903--1993), que a formulação legislativa mediante conceitos gerais-abstractos (a técnica que esteve subjacente ao BGB), apesar de ser a técnica de formulação legislativa predominante, não é a exclusiva: o Código Civil suíço de 1907, por exemplo, é em grande medida, inspirado por um tipo de formulação legislativa que consiste em simples directivas (*Richtlinienstil*) – cláusulas gerais e conceitos indeterminados[44]; para além de uma outra possível técnica de formulação legislativa, o tipo de formulação casuística, que presidiu, por exemplo, à elaboração do *Allgemeines Landrecht* prussiano de 1794 e que consiste, basicamente, numa enumeração, o mais exaustiva possível, das situações da vida a que a norma se reporta[45].

Em jeito de conclusão: o modo como Heck concebe a formação dos conceitos e do sistema da ciência do Direito acabou por constituir a crítica mais influente e duradoura ao formalismo conceptualista da Jurisprudência dos conceitos (*Begriffsjurisprudenz*). Em particular, a sua noção de "sistema interno", formado não com vista a operações de subsunção, mas em ordem à explicitação da unidade de sentido de uma regulamentação jurídica, haveria de ser retomada pela Jurisprudência de valoração (*Wertungsjurisprudenz*), em termos de um sistema de princípios ou pontos de vista valorativos que possibilita o estabelecimento da unidade teleológica do sistema de normas.

A construção mais conseguida do sistema jurídico como sistema de princípios ou pontos de vista valorativos deve-se, no meu entender, como foi já referido (cf. *supra*, 5.4), a Claus-Wilhelm Canaris (1937-   ), que defende que a concatenação e ordenação interna do sistema é mais claramente evidenciada

---

[42] Cf. Paul Oertmann, *Interesse und Begriff in der Rechtswissenschaft*, Leipzig, 1931, *maxime* pág. 73.
[43] Para uma visão geral, cf., por todos, Karl Larenz, *Metodologia da Ciência do Direito*, cit., pág. 621 e segs.
[44] Também o Código Civil português de 1996 recorre, no dizer de A. Menezes Cordeiro (1953-   ), a *"uma consagração intensa de conceitos indeterminados, que têm permitido – e permitirão – a descoberta de novas e mais adequadas soluções civis"*: cf. António Menezes Cordeiro, *Tratado de Direito Civil Português* I, Parte Geral, Tomo I, cit., pág. 131.
[45] Cf. Karl Larenz, *Allgemeiner Teil des deutschen bürgerlichen Rechts*, 7ª edição, Munique, 1989, pág. 23 e seg. Apoiando-se na análise de Larenz das técnicas de formulação legislativa, cf. Carlos Alberto da Mota Pinto, *Teoria Geral do Direito Civil*, 4ª edição, Coimbra, 2005, pág. 85 e seg.

§6. O SIGNIFICADO METODOLÓGICO NA NOÇÃO DE SISTEMA JURÍDICO

deste modo do que pela conceptualização do sistema como sistema de normas, conceitos jurídicos gerais, institutos jurídicos ou valores[46]. O sistema poderia, assim, ser definido como uma *"ordem axiológica ou teleológica de princípios jurídicos gerais"*[47]. Um tal sistema seria não um sistema "fechado", mas um sistema "aberto", isto é, caracterizado pela incompletude, a capacidade de evolução e a modificabilidade[48].

A formação de conceitos e a construção do sistema servem, pois, como vimos, tanto para promover a certeza do Direito e a calculabilidade da aplicação do Direito, como acontece na Pandectística alemã, como para "flexibilizar" o Direito legislado e facilitar a sua adaptação a novas condições sociais, como pretendiam as orientações sociológicas e finalistas da Jurisprudência dos interesses (*Interessenjurisprudenz*) e do Movimento do Direito Livre. Em certas variantes da Jurisprudência de valoração (*Wertungsjurisprudenz*) de recorte jusnaturalista, a obtenção do Direito a partir do sistema, construído numa base principialista ou valorativa, serve para a correcção, preterição ou superação do Direito legislado, isto é, como argumento de justificação de soluções *contra legem*: é o caso, entre nós, de A. Castanheira Neves (1929-   ) e da sua Escola, como já tivemos oportunidade de referir (cf. *supra*, 5.4).

Estas nossas reservas em relação à possibilidade de derivação de soluções normativas *contra legem* mediante a invocação da essência axiológica do Direito não equivalem a denegar a utilidade metodológica da recondução das normas e decisões individuais a princípios e valores substantivos, como elementos de ordenação sistemática interna, que, para recorrermos à expressão de Mota Pinto (1936-1985), *"têm o valor de fundamentos impregnadores do sentido e*

---

[46] Cf. Claus-Wilhelm Canaris, *Pensamento Sistemático e Conceito de Sistema na Ciência do Direito*, tradução da 2ª edição (1983), a cargo de António Menezes Cordeiro, Lisboa, 1989, *maxime* pág. 80 e segs.

[47] Cf. Claus-Wilhelm Canaris, *Pensamento Sistemático e Conceito de Sistema na Ciência do Direito*, cit., pág. 77.

[48] Cf. Claus-Wilhelm Canaris, *Pensamento Sistemático e Conceito de Sistema na Ciência do Direito*, cit., *maxime* pág. 104 e segs. A doutrina civilista portuguesa mais recente inspira-se directamente nesta perspectiva de construção do sistema de Canaris – ou, pelo menos, coincide com ela: cf., em primeiro lugar, Carlos Alberto da Mota Pinto, *Teoria Geral do Direito Civil*, cit., pág. 96; Luís A. Carvalho Fernandes, *Teoria Geral do Direito Civil* I, *Introdução. Pressupostos da Relação Jurídica*, 3ª edição, Lisboa, 2001, *maxime* pág. 68 e segs.; Rabindranath Capelo de Sousa, *Teoria Geral do Direito Civil* I, Coimbra, 2003, *maxime* pág. 46 e segs.; Pedro Paes de Vasconcelos, *Teoria Geral do Direito Civil*, 4ª edição, Coimbra, 2007, *maxime* pág. 11 e segs. Num registo dissonante, António Menezes Cordeiro (1953-   ) confessa não enjeitar *"a possibilidade aberta pelos estudos de Claus-Wilhelm Canaris de elaborar um sistema de Direito civil, apoiada numa articulação de princípios teleologicamente entendida"*, embora prefira *"traçar uma dogmática geral assente em institutos"* – cf. António Menezes Cordeiro, *Tratado de Direito Civil Português*, I, *Parte Geral*, Tomo I, cit., pág. 368.

da função das normas *que os acolhem e desenvolvem*"⁴⁹. Estes elementos de ordenação sistemática interna são de importância fundamental para os processos de interpretação, integração e aplicação do Direito. É em relação aos processos de interpretação, integração e aplicação do Direito que se determina o significado metodológico da noção de "sistema jurídico".

6.4. O significado metodológico da noção de "sistema jurídico"

A tendência para limitar o significado da noção de "sistema jurídico" à representação ou ordenação do material jurídico para fins didácticos ou expositivos e a denegação da possibilidade de obtenção do Direito a partir do sistema foi, como vimos, resultado do combate dirigido pela Jurisprudência dos interesses (*Interessenjurisprudenz*) contra o método da inversão (*Inversionsmethode*) da Jurisprudência dos conceitos (*Begriffsjurisprudenz*). Mas significava isso a denegação à ideia de sistema de qualquer valor para o processo da aplicação prática do Direito?

Vimos acima (cf. *supra*, 4.2) que o próprio Philipp Heck (1858-1943) estabelecia como directriz da interpretação jurídica a "*máxima da consideração geral*" [Maxime der Generalbeobachtung], que mandava atender às múltiplas conexões "internas" do material jurídico na determinação do Direito do caso (*Rechtsgewinnung*), e que, no seu entendimento, era no "sistema interno" e não no "sistema externo" que deveria ser colhida a visão do todo, a ideia de unidade da ordem jurídica – isto apesar de, como sublinha Claus-Wilhelm Canaris (1937-), a relação da Jurisprudência dos interesses (*Interessenjurisprudenz*) com a ideia de unidade do Direito ter constituído um dos seus pontos fracos essenciais⁵⁰.

Para não ter de endossar a dicotomia heckiana entre "sistema externo" e "sistema interno", a metodologia jurídica começou a usar a figura argumentativa "unidade da ordem jurídica" para referir os postulados da "completude", "consistência" e "coerência" valorativa do Direito⁵¹. Bem entendido que estes postulados são exigências dirigidas à actividade de aplicação do Direito e não propriedades ou características da ordem jurídica: a ideia de sistematicidade do Direito é um princípio orientador do processo de interpretação e aplicação

---

[49] Cf. Carlos Alberto da Mota Pinto, *Teoria Geral do Direito Civil*, cit., pág. 96.
[50] Cf. Claus-Wilhelm Canaris, *Pensamento Sistemático e Conceito de Sistema na Ciência do Direito*, cit., pág. 56.
[51] Cf. Karl Engisch, *Die Einheit der Rechtsordnung*, Heidelberga, 1935. Sobre as diversas perspectivas relativas à construção da unidade sistemática do Direito, cf. A. Castanheira Neves, «A unidade do sistema jurídico: o seu problema e o seu sentido», in: A. Castanheira Neves, *Digesta. Escritos acerca do Direito, do Pensamento Jurídico, da sua Metodologia e Outros*, volume 2º, Coimbra, 1995, págs. 95-180.

§6. O SIGNIFICADO METODOLÓGICO NA NOÇÃO DE SISTEMA JURÍDICO

do Direito, que tem que ver, em primeiro lugar, com a exigência de tratamento igual e a proibição do arbítrio.

O alcance metodológico da ideia de sistematicidade do Direito ou unidade da ordem jurídica revela-se, em primeiro lugar, a propósito do preenchimento das lacunas (cf. *supra*, 5.2) e do afastamento das antinomias (cf. *supra*, 5.3). Para a abordagem desses problemas metodológicos, limitamo-nos a conceptualizar a ideia de sistema jurídico como sistema de enunciados jurídicos válidos e a basear-nos nas propriedades formais de qualquer sistema de enunciados – a "completude" e a "consistência". Esse sistema de enunciados jurídicos inclui diferentes tipos de enunciados jurídicos ou disposições jurídicas (cf. supra, §§2 e 3). Mais complexa é a questão de saber em que medida a ideia de sistematicidade do Direito requer a coerência valorativa do ordenamento jurídico.

A construção principialista do sistema jurídico coloca o acento tónico na realização da coerência valorativa do ordenamento jurídico: é o caso, por exemplo, como tivemos já oportunidade de referir, da teoria dos princípios e da concepção do Direito como integridade (*law as integrity*) de Ronald Dworkin (1931-2013) e, em geral, das concepções que caracterizam o pensamento jurídico como um pensamento orientado a valores (*wertorientiertes Denken*) – as diversas modalidades da corrente metodológica que conhecemos como Jurisprudência de valoração (*Wertungsjurisprudenz*)[52].

Mas qual o vértice ou conjunto de vértices do qual se pode fazer derivar a realização dessa coerência valorativa? Esse vértice não pode ser entendido a partir dos critérios de uma juridicidade supralegal[53], mas sim na base do horizonte valorativo do Direito positivo: os princípios constitucionais e, abaixo deles, os princípios que orientam determinados sectores de regulação (*v. g.*: a disciplina jurídica dos contratos, a responsabilidade por facto ilícito, etc.)[54]. Proceder de outro modo equivaleria a sancionar a possibilidade de "transformação do Direito vigente" (*Umbildung des geltenden Rechts*) por parte do intérprete, atribuindo-lhe funções que são próprias do poder legislativo, e a dar livre curso à irrupção de ideologias particulares no processo de administração da justiça.

---

[52] Sobre a construção do sistema jurídico em termos de uma unidade material de fundamentação, cf., entre nós, A. Castanheira Neves, «A unidade do sistema jurídico: o seu problema e o seu sentido», cit.

[53] Como, por exemplo, a ideia de Direito (*Rechtsidee*), os princípios supralegais (*übergesetzliche Grundsätze*) ou a natureza das coisas (*Natur der Sache*).

[54] Parece evidente que tanto a jurisprudência dogmática como a jurisprudência dos tribunais não operam com representações do ordenamento jurídico total, mas com sub-conjuntos parciais desse ordenamento.

A realização da coerência valorativa é, em primeiro lugar, tarefa do legislador. Mas é também uma directriz para a interpretação, reflectindo-se, em particular, no preceito da interpretação conforme à Constituição das leis ordinárias[55]. Postular, porém, uma realização da coerência valorativa do Direito que não seja compatível com a doutrina das fontes do Direito (isto é, com a Constituição e o Direito estatuído segundo os procedimentos constitucionalmente estabelecidos) constitui um procedimento metodologicamente inaceitável e que comporta a violação do princípio constitucional da vinculação do juiz à lei (cf. o art. 203º da Constituição da República Portuguesa): é o caso da construção do sistema jurídico em termos de uma unidade material de fundamentação a partir de critérios de uma juridicidade supralegal de elaboração doutrinal de onde possam fazer-se derivar soluções *contra legem*.

O problema da coerência valorativa do Direito é um território que mereceria ser mais cuidadosamente desbravado. Indiquemos, a título de meros exemplos esparsos, algumas interrogações: *i*) em que termos e com que limites deve ser concebida a força expansiva das valorações constitucionais sobre o Direito infra-constitucional, nomeadamente sobre o Direito privado?; *ii*) como podem fazer-se derivar princípios implícitos (*v. g.*: o princípio da tutela da confiança dos cidadãos na legislação e na Administração) de princípios constitucionais expressamente formulados (*v. g.*: o princípios do Estado de Direito democrático, art. 2º da Constituição da República Portuguesa)?; *iii*) é o postulado da coerência valorativa compatível com descontinuidades conceptuais na dogmática jurídica (*v. g.*: o conceito de "ilicitude" é o mesmo no âmbito da responsabilidade civil e da responsabilidade criminal ou assume ele contornos distintos em cada um destes domínios)?

Estas são tarefas a que não pretendemos cometer-nos. O nosso propósito consiste, tão-somente, num enquadramento metodológico destes problemas. A perspectiva sobre a construção da unidade sistemática do Direito é indissociável da doutrina das "fontes" e das concepções sobre a estrutura racional da aplicação do Direito – quer dizer: é uma perspectiva que deve, em primeiro lugar, ser balizada por critérios constitucionais e legais, recusando ir para além do horizonte valorativo do Direito positivo.

É também de acordo com esta linha geral de orientação que vamos, em seguida, analisar o processo de aplicação do Direito, isto é: tomamos como ponto de partida a tese de que aquilo que é Direito em determinada sociedade pode ser identificado de acordo com a doutrina das "fontes" e que a resolução judicial dos litígios tem de basear-se nos critérios normativos assim identificados.

---

[55] A este propósito, cf. Detlev Göldner, *Verfassungsprinzip und Privatrechtsnorm in der verfassungskonformen Auslegung und Rechtsfortbildung*, Berlim, 1969; cf., igualmente, Hans-Joachim Koch e Helmut Rüßmann, *Juristische Begründungslehre*, Munique, 1982, pág. 263 e segs.

§7. A aplicação judicial do Direito

§7. A aplicação judicial do Direito

Começamos por caracterizar a nossa disciplina, a metodologia jurídica, como doutrina da aplicação prática do Direito. Por "aplicação prática do Direito" entende-se a utilização de disposições jurídicas para a resolução de casos individuais pelos órgãos jurisdicionais: excluímos, pois, desta nossa investigação a aplicação do Direito pelos órgãos da administração e a "observância" do Direito por parte dos cidadãos em geral, enquanto correspondência das suas condutas aquilo que é prescrito pelo Direito[1]. Subjacente a esta investigação está a ideia de que o Direito está formado por disposições jurídicas (*maxime*, por disposições legislativas) e uma "ideologia normativa" (Ross) – isto é, um conjunto de convicções partilhadas pelos juízes de como devem decidir casos – que assenta no pressuposto de que os juízes *aplicam* o Direito *criado* pelo legislador, pelo que o fundamento normativo de uma decisão judicial só pode ser uma norma ou uma multiplicidade de normas gerais e não considerações de razoabilidade ou equidade. Uma das dimensões essenciais do Estado de Direito é a de que os actos jurisdicionais (e os actos da administração) devem poder ser reconduzidos a uma lei formal (princípio da legalidade)[2].

---

[1] Em sentido contrário, usando uma noção de "aplicação" subjectivamente ampla, referida a todo aquele que siga uma norma jurídica, cf., por exemplo, Emilio Betti, *Interpretazione della legge e degli atti giuridici*, 2ª edição, Milão, 1949, *maxime* pág. 97. Sobre a noção de "aplicação" de normas, cf., igualmente, Hans Kelsen, *Teoria Pura do Direito*, 2ª edição (1960), tradução a cargo de João Baptista Machado, Coimbra, 1971, *maxime* pág. 36.

[2] É esta a dimensão essencial que, por exemplo, Joseph Raz (1939-   ) associa à ideia de "Estado de Direito": cf. Joseph Raz, «The Rule of Law and Its Virtue», in: Joseph Raz, *The Authority of Law*, Oxford, 1979, págs. 210-229; em termos semelhantes, cf., igualmente, Robert S. Summers, «A Formal Theory of the Rule of Law», in: *Ratio Juris* 6 (1993), págs. 127-135. Sobre as concepções "formais" – centradas na ideia de legalidade da actuação dos poderes públicos – e as concepções "substantivas" – com uma maior densidade axiológica, estribada na ideia da fun-

Quando se diz que os juízes *aplicam* o Direito *criado* pelo legislador não se quer com isso significar que o sistema jurídico contém soluções normativas para todos os casos individuais. Como aponta Manuel de Andrade (1899-1958), o juiz *"completa o sistema legal onde se mostra que o legislador o deixou por acabar"*[3] – é o caso da integração das lacunas, que constitui um desenvolvimento judicial do Direito *praeter legem*. Por outro lado, a distinção entre *criação* e *aplicação* do Direito é, muitas vezes, contestada: o exemplo mais conhecido é o de Hans Kelsen (1881-1973), que considerava a parte dispositiva da sentença como estabelecimento de uma norma individual pelo tribunal *criação* de Direito e não *aplicação* do Direito. Dizia Kelsen: *"... se deixarmos de lado os casos-limite – a pressuposição da norma fundamental e a execução do acto coercitivo – ... todo o acto jurídico é simultaneamente aplicação de uma norma superior e produção, regulada por esta norma, de uma norma inferior... A aplicação do Direito é, por conseguinte, criação de uma norma inferior com base numa norma superior ou execução do acto coercivo estatuído por uma norma"*[4]. Estas considerações de Kelsen relativas à criação do Direito, aplicação do Direito e observância do Direito – cf. o §35 f) de *Teoria Pura do Direito* – enquadram-se na sua explicitação da dinâmica jurídica, de acordo com a sua doutrina da estrutura escalonada da ordem jurídica, que conclui que o juiz, quando *aplica* uma norma geral, *cria* uma norma individual[5].

No entanto, a distinção entre *criação* e *aplicação* do Direito deve ser mantida, e justificada com base, sobretudo, na repartição de competências institucionais entre o poder legislativo e a função jurisdicional, fazendo valer o princípio da vinculação do juiz à lei[6]. Como é que, então, os juízes utilizam as dispo-

---

damentabilidade jurídico-política dos direitos individuais – do ideal do *rule of law*, cf. Brian Z. Tamanaha, *On the Rule of Law. History, Politics, Theory*, Cambridge, 2004, *maxime* págs. 91 e segs. e 102 e segs. Uma boa articulação das diversas dimensões do Estado de Direito pode encontrar-se na síntese de J. J. Gomes Canotilho, *Estado de Direito*, Lisboa, 1999, *maxime* pág. 49 e segs.

[3] Cf. Manuel de Andrade, «Sobre a recente evolução do Direito privado português», in: *Boletim da Faculdade de Direito*, vol. XXII (1946), Coimbra, 1947, págs. 284-343, pág. 291.

[4] Cf. Hans Kelsen, *Teoria Pura do Direito*, 2ª edição, cit., pág. 325.

[5] A interpretação realizada por órgãos jurisdicionais tem como resultado a produção de enunciados normativos ou deônticos usados em modo prescritivo – isto é, enunciados normativos "genuínos", para usar a terminologia de Ingemar Hedenius (1908-1982) –, enquanto a interpretação científica ou doutrinal tem como resultado enunciados normativos ou deônticos usados em modo descritivo, cuja função é informar sobre o Direito vigente em determinada comunidade.

[6] Poderíamos, igualmente, lançar mão de algumas considerações lógico-linguísticas, como, por exemplo: *i*) as disposições legislativas regulam actos futuros, a sentença judicial sanciona um acto passado; *ii*) em termos de *condições de aplicação* (von Wright), as prescrições legislativas usam uma fórmula hipotético-condicional, enquanto a sentença judicial prescreve categoricamente; *iii*) em termos de *sujeito* e de *ocasião* (von Wright), as prescrições legislativas são gerais tanto em

sições jurídicas para a resolução de casos individuais, isto é, como é que aplicam o Direito? O esquema habitual de descrição desse procedimento traduz-se na identificação de duas operações fundamentais: *i*) a selecção das disposições a levar em consideração na resolução do caso individual; *ii*) a determinação e comprovação dos factos relevantes no processo. Podemos desdobrar este esquema, de molde a isolar as diferentes operações e os problemas metodológicos associados a cada uma delas. Assim, propomos que se distingam seis operações e se analisem os problemas metodológicos específicos que lhes são pertinentes: *i*) a selecção das disposições jurídicas (problemas de aplicabilidade); *ii*) a atribuição de significado a essas disposições (problemas de interpretação); *iii*) a determinação e qualificação dos factos (problemas de relevância e qualificação); *iv*) a comprovação dos factos (problemas de prova); *v*) a determinação das consequências jurídicas (problemas de decisão); *vi*) a apresentação dos considerandos em que assenta a decisão nos aspectos de facto e de Direito (problemas de justificação ou motivação). Bem entendido que estas operações ocorrem não num processo que se desenrola sequencialmente, mas em termos de interdependência recíproca, valendo esta enumeração, sobretudo, para identificar as directrizes metodológicas relativas a cada uma das operações: em bom rigor, este esquema de análise da construção da decisão judicial pode ser considerado como uma espécie de resumo dos temas principais de que se ocupa a nossa disciplina, a metodologia jurídica.

Comecemos, então, nesta análise da construção da decisão judicial, pela selecção das disposições jurídicas de onde o juiz vai retirar os critérios para a resolução do litígio.

7.1. A selecção das disposições jurídicas aplicáveis
Uma cultura jurídica legalista e formalista estabelece três obrigações básicas dos juízes[7]: *i*) os juízes estão obrigados a decidir, dentro do quadro das suas competências, todos os litígios que lhes sejam submetidos (proibição da denegação de justiça)[8]; *ii*) os juízes têm obrigação de julgar em conformidade com

---

relação ao *sujeito* como em relação à *ocasião*, ao passo que a sentença judicial contém uma prescrição individual – para um enquadramento desta conceptualização, que recorre, basicamente, à caracterização que von Wright (1916-2003) faz dos elementos das "prescrições", cf. *supra*, 2.1.

[7] A este propósito, cf. Carlos Alchourrón e Eugenio Bulygin, *Introducción a la metodologia de las ciências jurídicas y sociales*, Buenos Aires, 1974, pág. 236 e seg.; cf., igualmente, Carlos Alchourrón, «On Law and Logic», in: *Ratio Juris* 9 (1996), págs. 331-348, pág. 333; de modo mais desenvolvido, cf. Rafael Hernández Marín, *Las Obligaciones Básicas de los Jueces*, Madrid, 2005.

[8] O art. 4º do *Code Napoléon* (1804) determinava que "*Le juge qui refusera de juger, sous pretexte du silence, de l'obscurité ou de l'insuffisance de la loi, pourra être poursuivi comme coupable de déni de justice*". O nº 1 do art. 8º do Código Civil português tem uma formulação semelhante.

o Direito vigente (princípio da legalidade na administração da justiça)[9]; *iii*) os juízes têm obrigação de fundamentar as suas decisões (exigência de fundamentação ou motivação das decisões judiciais)[10].

O princípio da legalidade na administração da justiça remete para a definição do quadro das "fontes" (em sentido formal, dogmático ou técnico-jurídico). Sendo a doutrina das "fontes" uma especificação do problema da positividade do Direito, é de excluir, em termos metodológicos, a invocação de critérios de uma juridicidade supralegal que possa sobrepor-se ao Direito legislado sobre o que é "justo" ou "razoável": a correcção da decisão judicial consubstancia-se na sua conformidade ao Direito vigente – qualquer perspectiva que ponha em causa que o juiz tem obrigação de julgar com base em normas pré-existentes representa a defesa de um sistema de discricionariedade judicial, incompatível com o carácter institucionalizado dos sistemas jurídicos modernos[11] e o princípio da legalidade na administração da justiça.

Quais os critérios de selecção das disposições jurídicas a aplicar na resolução do caso individual? Se bem que o conceito de "aplicabilidade" das normas jurídicas seja hoje amplamente discutido na Teoria do Direito[12], poderíamos dizer, de modo resumido, que numa cultura jurídica legalista e formalista o primeiro critério consiste em que o caso individual a decidir seja uma instância do caso genérico descrito na disposição jurídica que correlaciona esse caso genérico com essa solução normativa. Trata-se, porém, de uma constatação que pressupõe, por um lado, a atribuição de significado à disposição (interpretação) e, por outro, a fixação e qualificação dos factos, a qual está, por sua vez, normativamente determinada.

A classificação de um caso individual, ou seja, a sua pertença a um caso genérico – aquilo que os juristas costumam referir como problema de "subsunção" –, confronta-se com problemas *empíricos* e *semânticos*: os primeiros têm que ver com a escassez de informação, gerando aquilo que Carlos Alchourrón (1931-1996) e Eugenio Bulygin (1931-) referem como "lacunas de conhecimento" (*gaps of knowledge*); os segundos decorrem da indeterminação semântica ou "vagueza" (*vagueness*) dos conceitos gerais, gerando aquilo que Alchourrón e Bulygin designam como "lacunas de reconhecimento" (*gaps of recognition*)[13].

---

[9] Cf. o art. 203º da Constituição da República Portuguesa.
[10] Cf. o nº 1 do art. 205º da Constituição da República Portuguesa.
[11] Para uma distinção entre "sistemas institucionais" e "sistemas de discricionariedade absoluta", cf. Joseph Raz, *Practical Reason and Norms*, 2ª edição, Princeton, 1990, pág. 137 e segs.
[12] Um bom panorama desta discussão é oferecido, por exemplo, por Giorgio Pino, «La Aplicabilidad de las Normas Jurídicas», in: José Juan Moreso e José Luis Martí (eds.), *Contribuciones a la Filosofia del Derecho*, Madrid, 2012, págs. 57-95.
[13] Sobre estas noções, cf. *supra*, 5.1.

§7. A APLICAÇÃO JUDICIAL DO DIREITO

O segundo critério de aplicabilidade consiste em averiguar se a disposição jurídica foi emitida em conformidade com os enunciados jurídicos que regulam a sua criação, isto é, se a disposição foi produzida mediante um acto normativo formalmente válido: trata-se do problema conhecido na Teoria do Direito como "validade de normas derivadas", que Kelsen (1881-1973) perspectiva em termos de uma ideia de "estrutura escalonada" (*Stufenbau*) do ordenamento jurídico, que von Wright (1916-2003) aborda com base na noção de "cadeia de subordinação" e Joseph Raz (1939-   ) com recurso à noção análoga de "cadeia de validade"[14].

Mediante a selecção e articulação das disposições jurídicas aplicáveis fica formada a **base enunciativa** da decisão do caso individual. Nos sistemas jurídicos de matriz romano-germânica, a base enunciativa da decisão é formada exclusiva ou predominantemente por disposições de proveniência legislativa; nos sistemas jurídicos da *common law*, a base enunciativa é formada essencialmente pelas *rationes decidendi* de proveniência judicial[15].

Por via da interpretação, retira-se da **base enunciativa** a **base normativa** da decisão do caso individual: como estipula Riccardo Guastini (1946-   ), "*A disposição é um enunciado que constitui o objecto da interpretação. A norma... constitui o produto, o resultado da interpretação. Nesse sentido, as normas são – por definição – variáveis dependentes da interpretação*"[16]. Está bem de ver que as convenções interpretativas vigentes em determinada cultura jurídica têm influência na configuração da base normativa da decisão e assinalam uma determinada repartição de competências entre o poder legislativo e a função jurisdicional na conformação do Direito vigente.

7.2. A configuração da base normativa da decisão

Como foi apontado, as convenções interpretativas contribuem para a configuração (e reconfiguração) do Direito vigente: assim, por exemplo, orientações diametralmente opostas como o "formalismo interpretativo" ou o "cepticismo

---

[14] Sobre esta noção de "validade" como *legalidade* do acto do qual resultou a disposição, cf. Georg Henrik von Wright, *Norm and Action. A Logical Enquiry*, Londres, 1963, pág. 195; num sentido semelhante, cf. Eugenio Bulygin, «An Antinomy in Kelsen's Pure Theory of Law», in: *Ratio Juris* 3 (1990), págs. 29-45; Riccardo Guastini, *Distinguendo. Studi di teoria e metateoria del diritto*, Turim, 1996, pág. 255 e seg. Na linguagem técnico-jurídica mais corrente esta noção de "validade" é referida como validade "formal" ou "sistémica": para uma clarificação das várias acepções de "validade", cf., por todos, Jerzy Wróblewski, «Tre concetti di validità», in: *Rivista Trimestrale di Diritto e Procedura Civile* (1982), págs. 584-595.

[15] A este propósito, cf. John Chipman Gray, *The Nature and Sources of the Law*, Nova Iorque, 1909.

[16] Cf. Riccardo Guastini, *Das Fontes às Normas*, tradução a cargo de Edson Bini, São Paulo, 2005, pág. 28.

interpretativo" têm como resultado a estabilização ou a desestabilização dos "textos" legislativos; na interpretação constitucional, a opção por uma doutrina de *"original intent"* ou de *"moral reading of the Constitution"* (Dworkin) tem, igualmente, influência no assinalar de uma menor ou maior margem de conformação do Direito aos órgãos jurisdicionais e, até, da extensão da sindicabilidade da conformidade à Constituição das normas do Direito infra-constitucional; tal como, nos quadros da doutrina constitucionalista continental, a ideia de Constituição como "ordem axiologicamente vinculada" (*wertgebundene Ordnung*) favorece um maior activismo judicial (mormente do Tribunal Constitucional), enquanto a concepção formal de Constituição induz a uma maior autolimitação judicial.

As várias orientações metodológicas acabam por constituir discursos de legitimação da repartição de competências institucionais entre o poder legislativo e a função jurisdicional, "codificados" num registo de linguagem técnico--jurídico: assim, os apelos a critérios normativos extratextuais – *v. g.*: "ideia de Direito (*Rechtsidee*), "coisa Direito" (*Sache Recht*), "natureza das coisas" (*Natur der Sache*), etc. – constituem recursos argumentativos típicos de orientações substancialistas, que almejam a realização de certos princípios e valores substantivos para além da letra da lei; ao invés, uma orientação legalista e formalista estabelece como ideal "regulador" da administração da justiça a aplicação moralmente neutra de regras pré-existentes[17].

Muitos sistemas jurídicos contêm preceitos sobre a interpretação das leis (*v.g.*: o art. 9º do Código Civil português): os juristas costumam encarar esses preceitos com reservas, considerando que as directrizes interpretativas não devem dimanar da *potestas* do legislador, cabendo, antes, a sua formulação à doutrina e à jurisprudência dos tribunais[18]; na nossa opinião, essas disposições de "segundo grau" formulam directrizes interpretativas vinculativas, que os órgãos jurisdicionais, os órgãos da administração e a própria interpretação doutrinal devem observar. No entanto, as directrizes contidas na lei não esgotam o leque das directrizes interpretativas: a metodologia jurídica e a elaboração

---

[17] Frederick Schauer, *Playing by the Rules. A Philosophical Examination of Rule-Based Decision-Making in Law and Life*, Oxford, 1991, usa o argumento da distribuição (*allocation*) do poder para esclarecer que a justificação formal (baseada em regras) coloca na entidade emitente da regra o centro de gravidade do poder, enquanto que a justificação material (baseada nas particularidades do caso e na invocação genérica de princípios de justiça) atribui a quem toma a decisão um poder quase discricionário.

[18] Uma argumentação neste sentido pode encontrar-se, por exemplo, em Fernando José Bronze, «Quae sunt Caesaris, Caesari: et quae sunt jurisprudentiae, jurisprudentiae» (2006), agora in: Fernando José Bronze, *Analogias*, Coimbra, 2012, págs. 139-149.

§7. A APLICAÇÃO JUDICIAL DO DIREITO

científica dos ramos particulares do Direito (Direito civil, Direito penal, Direito constitucional) contribuem para a elaboração de directrizes específicas[19].

Para além das directrizes interpretativas de origem legislativa e doutrinal, existe em cada cultura jurídica uma "ideologia normativa" difusa (partilhada pelos magistrados e identificada com a sua ética profissional) relativa ao grau de maior ou menor discricionariedade na resolução dos litígios[20]. Como diz Giovanni Tarello (1934-1987), *"O controlo social sobre a atribuição de significado é em grande medida tornado possível pela aceitação (numa dada cultura) de esquemas de argumentação aos quais os operadores da interpretação possam conformar-se"*[21]. Resumindo, devemos considerar como directrizes interpretativas: *i*) os preceitos legais sobre a interpretação das leis; *ii*) as doutrinas interpretativas propostas pela metodologia jurídica e pela elaboração científica dos ramos particulares do Direito (doutrina); *iii*) as convicções prevalecentes em cada cultura jurídica sobre os fins sociais e os valores que devem orientar os processos institucionais de resolução de litígios (seja a opção pela prioridade da certeza do Direito e a previsibilidade das decisões – os valores formais da *legalidade* – ou, em contrapartida, a eleição preferencial da equidade ou razoabilidade da decisão no caso concreto – o valor material da *justiça*).

Com a configuração da base normativa da decisão está estabelecida a premissa maior do silogismo de determinação da consequência jurídica. O primeiro passo para o estabelecimento da premissa fáctica consiste na determinação e qualificação dos factos relevantes.

7.3. A determinação e qualificação dos factos

A decisão judicial deve ser fundada em normas jurídicas (base normativa da decisão) e nas circunstâncias do caso, devidamente provadas nos autos (base fáctica da decisão). Vejamos, então, quais os passos para a determinação dos factos a qualificar juridicamente e como é que procede à conformação da base fáctica da decisão judicial: como aponta Karl Larenz (1903-1993), *"a actividade*

---

[19] Veja-se, por exemplo, as doutrinas sobre a interpretação constitucional: *i*) o método "jurídico", segundo o qual a Constituição deve ser interpretada utilizando os métodos hermenêuticos clássicos (*v.g.*: Ernst Forsthoff); *ii*) o método tópico-problemático (*v.g.*: Horst Ehmke, Ulrich Scheuner, Peter Häberle); *iii*) o método científico-espiritual (*v.g.*: Rudolf Smend); *iv*) o método hermenêutico-concretizador (*v.g.*: Konrad Hesse); *v*) a metódica jurídica normativo-estruturante (*v.g.*: Friedrich Müller). Para um conspecto geral, cf., por todos, J. J. Gomes Canotilho, *Direito Constitucional e Teoria da Constituição*, 3ª edição, Coimbra, 1999, pág. 1136 e segs.

[20] Sobre a necessidade de consideração das tradições jurídicas e culturais como elemento contextual da actividade interpretativa, cf. Alf Ross, *On Law and Justice*, Berkeley, 1959, *maxime* §15 (pág. 75 e segs.) e §28 (pág. 135 e segs.)

[21] Cf. Giovanni Tarello, *L'interpretazione della legge*, Milão, 1980, pág. 99.

do jurista não se inicia normalmente com a apreciação jurídica da situação de facto que se lhe oferece como acabada, mas desde logo com a formação da situação de facto que acede à sua apreciação jurídica"[22]. A base fáctica da decisão não se traduz num relato de um conjunto de factos naturais ou "brutos" (Anscombe)[23], empiricamente verificados: aquilo que efectivamente ocorreu é sempre analisado e descrito *sub specie juris*, isto é, à luz de uma rede de conceitos jurídicos e qualificações normativas que guiam a selecção dos acontecimentos relevantes e fixam o seu sentido[24]. Como observa Karl Larenz, "*a apreciação da situação de facto enquanto situação de facto que corresponde (ou não corresponde) às notas distintivas da previsão legal não vem temporalmente a seguir à conformação da situação de facto (como enunciado), mas acompanha-a, uma vez que a conformação da situação de facto, como foi dito, só resulta tomando em consideração a possível significação de cada um dos factos*"[25].

Esta constatação não obsta a que a metodologia jurídica e a doutrina processualista se atenham habitualmente à distinção "matéria de facto" – "matéria de Direito", "questão de facto" – "questão de Direito": a metodologia jurídica para salvaguardar o modelo silogístico de aplicação do Direito, em ordem ao asseguramento do princípio da legalidade na administração da justiça; a doutrina processualista vendo a distinção em termos dogmático-processuais, com projecção, sobretudo, na delimitação do âmbito do recurso de revista, em que

---

[22] Cf. Karl Larenz, *Metodologia da Ciência do Direito*, tradução da 6ª edição (1991), a cargo de José Lamego, Lisboa, 1997, pág. 391.

[23] A este propósito, cf. Joachim Hruschka, *Die Konstitution des Rechtsfalles. Studien zum Verhältnis von Tatsachenfestellungen und Rechtsanwendung*, Berlim, 1965, *maxime* pág. 20 e segs.; Gidon Gottlieb, *The Logic of Choice. An Investigation of the Concepts of Rules and Rationality*, Londres, 1968, *maxime* pág. 50 e segs. Sobre a concatenação indissolúvel entre questão de facto e questão de Direito, cf., no plano da metodologia jurídica, Karl Engisch, *Logische Studien zur Gesetzesanwendung*, 2ª edição, Heidelberga, 1960, *maxime* pág. 4 e segs.; Martin Kriele, *Theorie der Rechtsgewinnung, entwickelt am Problem der Verfassungsinterpretation*, 2ª edição, Berlin, 1976, *maxime* págs. 197 e seg. e 203 segs.; Friedrich Müller, *Juristische Methodik*, 3ª edição, Berlim, 1989, *maxime* pág. 107 e segs.; no plano da doutrina processualista, cf., sobretudo, Kurt Kuchinke, *Grenzen der Nachprüfbarkeit tatrichterlicher Würdigung und Feststellung in der Revisionsinstanz. Ein Beitrag zum Problem von Rechts- und Tatfrage*, Bielefeld, 1964; cf., igualmente, Erich Schwinge, *Grundlagen des Revisionsrechts*, 2ª edição, Bona, 1960.

[24] Cf. G. E. M. Anscombe, «On Brute Facts», in: *Analysis* 18 (1958), págs. 69-72; John R. Searle, «How to Derive "Ought" from "Is"», in: *Philosophical Review* 73 (1964), págs. 43-58; John R. Searle, *Speech Acts: an Essay in the Philosophy of Language*, Cambridge, 1969, *maxime* págs. 50 e segs. e 175 e segs. A interpretação dos factos da realidade social, ao contrário da explicação dos factos naturais ou "brutos", remete sempre para um determinado contexto institucional, como sistema de regras "constitutivas" (Searle): a este propósito, cf., igualmente, Ota Weinberger, «Facts and Facts-Descriptions», in: Neil MacCormick e Ota Weinberger, *An Institutional Theory of Law*, Dordrecht, 1986, págs. 77-92.

[25] Cf. Karl Larenz, *Metodologia da Ciência do Direito*, cit., pág. 392.

§7. A APLICAÇÃO JUDICIAL DO DIREITO

o controlo do acórdão impugnado se cinge à matéria de Direito[26]. As orientações metodológicas que se atêm a essa distinção e a apresentam como uma distinção lógico-conceptual fazem-no em obediência a um modelo cognitivo de sentença: a sentença seria a conclusão lógica retirada do conhecimento dos "factos" e do conhecimento do "Direito" e a correcção da sentença traduzir-se-ia na conformidade ao Direito (na fidelidade ao texto da lei) e no respeito pela "verdade" dos factos.

Bem entendido que os autores que configuram o processo de determinação do Direito (*Rechtsfindung*) no caso individual como uma actividade de decisão e não de conhecimento defendem a natureza constitutiva do estabelecimento dos factos no processo: o exemplo mais conhecido – e a que fizemos já referência – é o de Hans Kelsen (1881-1973), que na sua explicitação da dinâmica jurídica caracteriza a interpretação jurídica levada a cabo pelos órgãos jurisdicionais como acto de vontade e a sentença judicial não como juízo, no sentido lógico do termo, mas como norma individual, cuja validade está limitada ao caso concreto. Numa linha muito distinta, António Castanheira Neves (1929-   ) dedicou a sua monumental dissertação de doutoramento, *Questão--de-facto – Questão-de-Direito ou o Problema Metodológico da Juridicidade* (Coimbra, 1967), a sustentar a impossibilidade da distinção e a evidenciar as implicações metodológicas de uma tal impossibilidade: a invalidade do modelo subsuntivo de aplicação do Direito.

Há que reconhecer que a recondução do facto em concreto à classe dos factos circunscritos pela norma (a "subsunção") confronta-se com um conjunto de problemas empíricos e semânticos (a que já aludimos anteriormente), não estando determinada exclusivamente por critérios lógicos dados de antemão: é essa consideração que, por exemplo, leva a doutrina processualista a admitir a revisibilidade da aplicação de conceitos jurídicos indeterminados, onde as representações histórico-culturais (*v.g.*: o conceito de "bons costumes") assu-

---

[26] Sobre a delimitação entre a "questão de facto" e a "questão de Direito", cf. Karl Larenz, *Metodologia da Ciência do Direito*, cit., pág. 433 e segs.; Alessandro Giuliani, *Il concetto di prova. Contributo alla logica giuridica*, Milão, 1961, *maxime* pág. 232 e segs.; Csaba Varga, «On Judicial Ascertainment of Facts», in: *Ratio Juris* 4 (1991), págs. 61-71; Michele Taruffo, «Elementi per un'analisi del giudizio di fatto», in: *Rivista trimestrale di diritto e procedura civile* XLIX (1995), págs. 785-821; Helmut Rüßmann, «Zur Abgrenzung von Rechts- und Tatfrage», in: Hans-Joachim Koch (ed.), *Juristiche Methodenlehre und analytische Philosophie*, Kronberg, 1976, págs. 242-270; A. Castanheira Neves, «A distinção entre a questão-de-facto e a questão-de-Direito e a competência do Supremo Tribunal de Justiça como tribunal de "revista"», in: A. Castanheira Neves, *Digesta. Escritos acerca do Direito, do Pensamento Jurídico, da sua Metodologia e Outros*, vol. 1º, Coimbra, 1995, págs. 483-530. Sobre a orientação dos tribunais portugueses a propósito da delimitação da matéria de facto, cf., por todos, Miguel Teixeira de Sousa, *Estudos sobre o Novo Processo Civil*, 2ª edição, Lisboa, 1997, pág. 312.

mem uma relevância fundamental na determinação do conteúdo semântico de tais conceitos[27].

A "ficção" metodológica sobre a natureza cognoscitiva do processo de decisão judicial tem como resultado a ideia segundo a qual o estabelecimento da matéria de facto se reduz a operações de verificação. Este realismo ingénuo sobre o conhecimento judicial dos factos ilude a questão de que os factos que integram a base fáctica da decisão (ou melhor: a narrativa factual em que o juiz vai apoiar a sua decisão) não são os que efectivamente ocorreram, mas sim os seleccionados e provados: o problema não é um problema de verdade factual, mas de verdade processual, que é o resultado de uma interacção que tem que ver com os poderes de iniciativa (do juiz e das partes) e as regras processuais sobre a produção da prova[28].

7.4. A comprovação dos factos no processo

Como dispõe o art. 341º do Código Civil, "*As provas têm por função a demonstração da realidade dos factos*". Os diversos ordenamentos processuais atribuem poderes de introdução de factos no processo e de iniciativa probatória que são distintos entre si: no Direito processual civil, a introdução dos factos principais da causa e a actividade probatória incumbem fundamentalmente às partes; no Direito processual penal, apesar do juiz gozar de poderes de inquirição mais alargados, vigoram, igualmente, princípios como o princípio acusatório, que exige a separação entre a entidade que acusa e a entidade que julga, o princípio do ónus da prova (*nulla accusatio sine probatione*) e o princípio do contraditório (*nulla probatio sine defensione*) que estabelecem um modelo garantista de responsabilidade penal[29]. No Direito processual civil regista-se uma prevalência da verdade formal ou processual sobre a verdade material[30], pois ele é dominado pelo prin-

---

[27] A este propósito, cf., por exemplo, Horst-Eberhard Henke, *Die Tatfrage. Der unbestimmte Rechtsbegriff im Zivilrecht und seine Revisibilität*, Berlim, 1966, *maxime* págs. 54 e segs. e 94 e segs.

[28] Sobre a distinção entre a verdade epistémica e a determinação da verdade dos factos no Direito, cf. Carlos E. Alchourrón e Eugenio Bulygin, «Los Limites de la Logica y el Razionamento Juridico», in: Carlos E. Alchourrón e Eugenio Bulygin, *Analisis Logico y Derecho*, Madrid, 1991, págs. 303-328, *maxime* pág. 309 e segs.; Michele Taruffo, *La prova dei fatti giuridici*, Milão, 1992; Enrico Opocher, «Il diritto senza verità», in: *Studi giuridici in onore di Francesco Carnelutti*, vol. I, Pádua, 1950, págs. 177-191; Paolo Ferrua, «Contradictorio e verità nel processo penale», in: Letizia Gianformaggio (ed.), *Le ragioni del garantismo. Discutendo con Luigi Ferrajoli*, Turim, 1993, págs. 212-247.

[29] Sobre este ponto, cf., por todos, Luigi Ferrajoli, *Diritto e Ragione. Teoria del Garantismo Penale*, Bari, 1989, *maxime* pág. 69.

[30] Sobre o sentido das expressões "verdade material" e "verdade formal" na doutrina processualista, cf., por todos, Francesco Carnelutti, *La prova civile* (1914), 2ª edição, Roma, 1947, *maxime* pág. 29 e segs.

§7. A APLICAÇÃO JUDICIAL DO DIREITO

cípio dispositivo, quanto à iniciativa processual, e pelo princípio da disponibilidade privada, quanto à introdução e à prova dos factos no processo – não cabendo ao juiz carrear para o processo os factos essenciais à decisão da causa (*judicata secundum allegata partium*)[31]. A "demonstração da realidade dos factos" é, apenas, um dos momentos de um processo social de regulação de conflitos e composição de interesses.

Com a decisão sobre os factos que devem considerar-se como assentes e aqueles que devem ser julgados como controvertidos e carecidos de prova circunscreve-se a base instrutória – que antes da Reforma de 1995/1996 era designada como "questionário". Na base instrutória só podem ser incluídos os factos controvertidos – ou, excepcionalmente, aqueles que nela foram inseridos por iniciativa do tribunal. É sobre a base instrutória que vai recair a actividade probatória desenvolvida na acção. A lei fixa o elenco dos meios de prova (prova documental, testemunhal, confissão, prova pericial, etc.) e estabelece os procedimentos probatórios a observar em relação aos diversos meios de prova.

O juiz deve decidir sobre a matéria de facto segundo a sua íntima convicção, formada no confronto dos vários meios de prova (princípio da livre apreciação da prova): a regra vigente no processo civil é a prova livre (a força probatória do meio de prova está sujeita à livre apreciação do juiz) e não a prova legal, formal ou vinculada (a força probatória do meio de prova é determinada pela lei). A prova livre é o sistema que melhor se adequa ao contraditório como método de apuramento da "verdade" no processo civil e aquele que melhor respeita os princípios que definem a estrutura acusatória do processo penal: as garantias de oralidade, publicidade e contraditório[32].

A discussão sobre a matéria de facto e a relativa ao aspecto jurídico da causa tem lugar na audiência de discussão e julgamento, em cuja parte instrutória se procede à produção e reprodução de toda a prova, visando habilitar o tribunal para o julgamento da matéria de facto. Julgada a matéria de facto e discutido o aspecto jurídico da causa, cabe proferir a sentença final, que constitui o momento culminante no juízo de primeira instância. Na análise da estrutura formal da sentença, costuma proceder-se à separação entre o *relatório* (a descrição sucinta do caso), os *fundamentos* (a motivação), e a *decisão*, que, apoiada na

---

[31] A este propósito, para uma visão geral, cf. Michele Taruffo, «Poderes probatorios de las partes y del juez en Europa», in: *Doxa* 29 (2006), págs. 249-271; Michele Taruffo, «Note sulla verità dei fatti nel processo civile», in: Letizia Gianformaggio (ed.), *Le ragioni del garantismo. Discutendo com Luigi Ferrajoli*, cit., págs. 340-382.
[32] Sobre a associação do sistema de prova livre ao ambiente cultural do Iluminismo e à ideologia liberal, cf. Giovanni Tarello, *Storia della cultura giuridica moderna*. I. *Assolutismo e codificazione del diritto*, Bolonha, 1976, pág. 390 e segs.; cf., igualmente, Luigi Ferrajoli, *Diritto e Ragione. Teoria del Garantismo Penale*, cit., pág. 115 e segs.

parte fundamentadora da sentença, procede à determinação das consequências jurídicas.

7.5. A determinação das consequências jurídicas

A sentença deve resolver todas as questões suscitadas pelas partes e conhecer do *mérito* da causa, salvo os casos em que o juiz deva abster-se de conhecer do pedido e absolver o réu da instância, julgando então a sentença a questão finda por questões de forma. Havendo conhecimento do *mérito* da causa, a parte decisória da sentença final traduz a aplicação do Direito vigente aos factos dados como provados. Daí que – e independentemente das particularidades da legislação processual civil –, de há muito, a doutrina processualista e a própria metodologia jurídica tenham feito sua a ideia segundo a qual a sentença judicial pode ser formalmente representada na base do esquema do silogismo judiciário, figurando a decisão como consequência lógica da aplicação do Direito vigente aos factos dados como provados.

Há, no entanto, que esclarecer que a representação da determinação das consequências jurídicas em termos lógico-dedutivos não tem, de forma alguma, a pretensão de reproduzir ou reconstituir o *iter* decisório: isso conduziria a um retrato excessivamente simplificador, pois na determinação das consequências jurídicas entram em jogo não apenas inferências lógicas, mas também juízos da experiência, raciocínios indutivos[33], abdutivos (Peirce)[34], valorações e factores intuitivos[35]. O silogismo judiciário constitui uma racionalização *a posteriori*

---

[33] Sobre a importância dos raciocínios indutivos no processo de aplicação do Direito, cf. Philipp Heck, *Begriffsbildung und Interessenjurisprudenz*, Tübingen, 1932, pág. 159 e segs.; cf., igualmente, Roland Wittmann, «Induktive Logik und Jurisprudenz», in: *Rechtstheorie* 9 (1978), págs. 43-61.

[34] A abdução é um tipo de inferência que consiste na aceitação de uma hipótese explicativa que, se for verdadeira, torna inteligível o fenómeno sob investigação. Charles Sanders Peirce (1839-1914) considerava este tipo de inferência como o primeiro estágio na investigação científica, concebida de acordo com um método hipotético-dedutivo. Sobre o momento da abdução no processo da decisão judicial, cf. Arthur Kaufmann, «Die Rolle der Abduktion im Rechtsgewinnungsverfahren», in: *Grundfragen staatlichen Strafens. Festschrift für Heinz Dietz zum 70. Geburtstag*, Munique, 2001, págs. 273-283; Arthur Kaufmann, *Das Verfahren der Rechtsgewinnung. Eine rationale Analyse*, Munique, 1999, *maxime* págs. 6, 57 e seg. e 91 e seg.

[35] A concepção intuicionista mais extremada da decisão judicial está exposta no conhecido artigo de Joseph C. Hutcheson, Jr., «The Judgment Intuitive: The Function of the "Hunch" in Judicial Decision», in: *Cornell Law Quarterly* 14 (1929), págs. 274-279; como representante de uma concepção intuicionista na cultura jurídica europeia continental, cf., sobretudo, Hermann Isay, *Rechtsnorm und Entscheidung*, Berlin, 1929 – sobre a ideia intuicionista de "sentimento jurídico" (*Rechtsgefühl*), no Movimento de Direito Livre, cf., por todos, Luigi Lombardi Vallauri, *Saggio sull diritto giurisprudenziale*, Milão, 1967, pág. 342 e segs. A teoria da decisão judicial de Josef Esser (1910-1999) aponta como momento inicial da decisão a "convicção de justeza" (*Richtigkeitsüberzeugung*) como intuição da solução: tal intuição é que orientaria a conformação das premissas da decisão; só num

§7. A APLICAÇÃO JUDICIAL DO DIREITO

e formalização de um processo complexo constituído por um conjunto de operações encadeadas entre si; para além disso, o silogismo judiciário consubstancia um modelo ideal de aplicação do Direito, que visa assegurar, no maior grau possível, o princípio da vinculação do juiz à lei e reduzir, portanto, o grau de discricionariedade ou arbítrio na administração da justiça[36].

Este princípio de vinculação do juiz à lei tem como correspectivo a desresponsabilização do juiz pelas consequências da sua decisão. O problema da argumentação orientada às consequências (*folgenorientierte Argumentation*) é muito discutido na metodologia jurídica e na sociologia do Direito – nesta última disciplina, para caracterizar a autonomia social do sistema jurídico e a concepção legal-racional da administração da justiça (Weber). Se bem que, na realidade, os juízes argumentem, frequentemente, com referência às consequências sociais da sua decisão (*v.g.*: o clamor suscitado na opinião pública por decisões julgadas demasiado benevolentes, o enfraquecimento da confiança no sistema de justiça por parte dos cidadãos, etc.) e que essa argumentação com referência às consequências tenha sido metodologicamente legitimada por um conjunto de orientações muito diversas entre si, que vão *da economic analysis of law* e dos *Critical Legal Studies* até, em termos muito mais atenuados, à própria Jurisprudência dos interesses (*Interessenjurisprudenz*), é essencial traçar uma fronteira nítida entre administração da justiça (em termos de utilização pelos órgãos jurisdicionais de regras gerais para a resolução de casos individuais) e conformação política.

A este propósito, tornou-se hoje já clássica a análise sociológica de Niklas Luhmann (1927-1998), baseada na diferenciação dos processos decisórios: *i*) o juiz opera através de decisões programadas, não através de decisões programadoras; *ii*) o sistema jurídico representa uma forma de programação condicional, plasmada na estrutura lógico-gramatical típica das normas jurídicas – a estru-

---

momento subsequente, a solução assim intuída é confrontada com os dados do sistema jurídico positivo e submetida a um "controlo de concordância" (*Stimmigkeitskontrolle*) com esses dados. Esser apoia-se para descrever este procedimento na noção hermenêutica de "pré-compreensão" (*Vorverständnis*), mas reconfigura-a numa base intuicionista: cf. Josef Esser, *Vorverständnis und Methodenwahl in der Rechtsfindung*, 2ª edição, Francoforte, 1972, pág. 142 e segs.

[36] Sobre a dimensão ideológica do silogismo judiciário como modelo ideal de aplicação do Direito, cf. Rudolf Wassermann, *Der politische Richter*, Munique, 1972, *maxime* pág. 22 e segs.; Michele Taruffo, *La motivazione della sentenza civile*, Pádua, 1975, *maxime* pág. 150 e segs.; Guido Calogero, *La logica del giudice e il suo controllo in Cassazione* (1937), reimpressão, Pádua, 1964, págs. 18 e segs., 47 e 51 e seg.; Wilhelm A. Scheuerle, «Beiträge zum Problem der Trennung von Tat- und Rechtsfrage», in: *Archiv für die civilistische Praxis* 157 (1958-59), págs. 1-85. Sobre a relação entre a doutrina do silogismo judiciário e o iluminismo no Direito penal (Giuseppe Beccaria, Luigi Muratori, Gaetano Filangeri, cf., por todos, Luigi Ferrajoli, *Diritto e Ragione. Teoria del Garantismo Penale*, cit., *maxime* págs. 10 e segs., 99 e segs., 184 e segs.

tura hipotético-condicional, traduzida no esquema "Se A é, B deve ser"; *iii*) os sistemas de programação condicional apresentam características de maior imunidade às consequências que os sistemas de programação finalística, etc.[37]; Estas considerações, baseadas na análise sistémica e na teoria da decisão, vão no sentido da defesa de um modelo logicista (dedutivista) como modelo ideal de aplicação do Direito.

Este modelo logicista (dedutivista) é uma decorrência da concepção legal--racional da administração da justiça: como referimos, à doutrina processualista e à metodologia jurídica aquilo que interessa não é o processo empírico ou psicológico de produção (*Herstellung*) da decisão, mas a apresentação (*Darstellung*) dos fundamentos de facto e de Direito, logicamente encadeados, em que assenta a decisão[38]. A apresentação dos considerandos em que assenta a decisão nos aspectos de facto e de Direito encontra-se na fundamentação da sentença: a fundamentação ou motivação da sentença constitui, simultaneamente, um método de controlo da decisão judicial e uma base de garantia de recurso processual. A fundamentação ou motivação da decisão judicial deve discriminar os factos julgados como provados e não provados, as razões da convicção do julgador, a indicação das disposições às quais foi subsumida a matéria de facto, a interpretação que delas foi feita e as consequências jurídicas delas retiradas.

7.6. A fundamentação da sentença judicial

A obrigação de fundamentação das decisões judiciais tem em muitos ordenamentos jurídicos modernos dignidade constitucional (cf. o art. 205º, nº 1, da

---

[37] Cf., sobretudo, Niklas Luhmann, *Rechtssoziologie*, Reinbek bei Hamburg, 1972, *maxime* pág. 272 e segs.; Niklas Luhmann, *Rechtssystem und Rechtsdogmatik*, Estugarda, 1974, *maxime* pág. 30; Niklas Luhmann, «Ausdifferenzierung des Rechtssystems», agora in: Niklas Luhmann, *Ausdifferenzierung des Rechts. Beiträge zur Rechtssoziologie und Rechtstheorie*, Francoforte, 1981, págs. 35-52. Recorrendo, em parte, ao instrumentário conceptual de Luhmann, mas chegando a conclusões distintas, isto é, defendendo a necessidade de considerações consequencialistas, cf. Gunther Teubner, «Folgenorientierung und responsive Dogmatik», in: *Rechtstheorie* 6 (1975), págs. 179--204.

[38] Defendendo a necessidade de destrinçar a estrutura lógica da fundamentação da fenomenologia do processo de decisão, cf., por exemplo, Francesco Carnelutti, *Diritto e processo*, Nápoles, 1958, pág. 212; Hermann Isay, *Rechtsnorm und Entscheidung*, cit., págs. 25 e segs., 177 e segs., 248 e segs.; num sentido semelhante, no contexto da cultura jurídica anglo-americana, cf. John Dewey, «Logical Method and Law», in: *Cornell Law Quarterly* 10 (1924), págs. 17-27, *maxime* pág. 22. Nos últimos anos, transpôs-se para o âmbito da metodologia jurídica e da Teoria do Direito a conhecida distinção proposta por Hans Reichenbach (1891-1953) no âmbito da epistemologia entre "contexto de descoberta" (*context of discovery*) e "contexto de justificação" (*context of justification*) para sublinhar que o esquema formal (silogístico) de fundamentação tem que ver, tão-somente, com a justificação da decisão judicial.

§7. A APLICAÇÃO JUDICIAL DO DIREITO

Constituição da República Portuguesa). De um ponto de vista histórico, a obrigação de *reddere rationem* das decisões judiciais afirmou-se com o Iluminismo e a Revolução, como medida para pôr cobro às práticas arbitrárias de administração da justiça do *Ancien Régime*: a obrigação de fundamentação era considerada como o momento fundamental de garantia da legalidade da decisão[39]. Não obstante, nos países de *common law* a obrigação de fundamentação ou motivação da sentença não está incluída nas garantias processuais do *due process of law*: assim, por exemplo, nos Estados Unidos as sentenças da primeira instância bem como os veredictos do júri no tribunal não costumam ser fundamentados, sendo-o apenas, por regra, nos tribunais de recurso e nos Supremos Tribunais, estaduais e federais. Também nos países do continente europeu, a obrigação de fundamentação ou motivação e as consequências do seu incumprimento viram, ao longo do século XX, atenuadas as suas conotações ideológicas e políticas originárias, passando a ser olhadas, sobretudo, como um elemento técnico-processual, com vista ao asseguramento do recurso[40].

O modelo logicista (dedutivista) sobre a estrutura racional da aplicação do Direito limita o controlo da decisão à comprovação de se os factos foram correctamente julgados como provados ou não provados, as disposições jurídicas em que se funda a decisão correctamente interpretadas e aplicadas e se a decisão é conforme às suas premissas normativas e fácticas. Deve o controlo da decisão limitar-se a este conjunto de inferências ou deve exigir-se que a fundamentação da decisão inclua, igualmente, uma dimensão retórico-persuasiva, dirigida, para usar a terminologia de Josef Esser (1910-1999), ao "*estabelecimento de um consenso sobre a razoabilidade de uma solução*" [Herstellung eines Konsenses über die Vernünftigkeit einer Lösung][41]? A necessidade de a fundamentação ou motivação apresentar a decisão não apenas como uma consequência da aplicação do Direito vigente aos factos devidamente estabelecidos no processo, mas também como materialmente "justa" ou racional foi defendida por um conjunto de propostas metodológicas, inspiradas, sobretudo, na Hermenêutica filosófica e em orientações tópico-retóricas e prático-argumentativas (*v.g.*: Josef Esser, Chaïm Perelman, Martin Kriele, Robert Alexy, etc.)[42]: nesta base, a fundamentação ou motivação incluiria, segundo estes autores, dois níveis de

---

[39] Sobre o carácter garantista e o contexto histórico do surgimento da obrigação de fundamentação da sentença cf., por todos, Michele Taruffo, *La motivazione della sentenza civile*, cit., *maxime* pág. 333 e segs.
[40] É matéria que, entre nós, se discute ao nível de política legislativa, no sentido de promover uma maior celeridade na administração da justiça.
[41] Cf. Josef Esser, *Vorverständnis und Methodenwahl in der Rechtsfindung*, cit., pág. 9.
[42] Para um conspecto geral, cf. o meu artigo «Fundamentação "material" e justiça da decisão», in: *Revista Jurídica* 8 (1986), págs. 69-93.

justificação, a chamada "justificação interna", que trataria de demonstrar a validade da inferência da decisão a partir das suas premissas normativas e fácticas e a "justificação externa", em que o juiz trataria de apesentar uma determinada reconstrução dos factos relevantes e a selecção das disposições jurídicas aplicáveis e a sua interpretação como a mais adequada para a promoção de um consenso social sobre a razoabilidade da decisão dentro do quadro das alternativas legalmente dadas[43]. Por outro lado, com base numa teoria do Direito e do Estado democrático-constitucional, haveria que pressupor um nexo intrínseco entre o Direito de uma sociedade democrático-constitucional e a sua aptidão de justificação racional (discursiva)[44].

Como ajuizar sobre estas teorias que requerem a inclusão na fundamentação da decisão judicial de uma componente retórico-persuasiva relativa à promoção de um consenso social sobre a razoabilidade da decisão? É evidente que dentro das hipóteses de significação comportáveis pelos textos legislativos sempre haverá o intérprete que escolher aquelas que mais se adequem às representações sociais e valorativas que vigoram no meio social, prescrição metodológica que era já avançada pela Jurisprudência dos interesses (*Interessenjurisprudenz*). Mas, em relação a estas teorias que introduzem uma dimensão de legitimação pelo consenso relativamente ao controlo externo da decisão judicial, não será, porventura, descabido, mesmo numa investigação de metodologia jurídica, levar em conta algumas das conclusões da teoria sociológica e sublinhar que a institucionalização dos processos decisórios se destina, precisamente, a "economizar" a necessidade de consenso relativamente aos *outputs* desses processos, como ensinava Niklas Luhmann (1927-1998)[45].

A interpretação da estrutura racional da aplicação do Direito à luz de um modelo de racionalidade formal, lógico-dedutiva, é não apenas uma manifestação de uma ideologia de defesa da vinculação do juiz à lei, mas, igualmente, um reflexo do alto grau de institucionalização dos processos decisórios que se

---

[43] Sobre este modelo de dois níveis de justificação, cf. Richard A. Wasserstrom, *The Judicial Decision. Toward a Theory of Legal Justification*, Stanford, 1961; Josef Esser, *Vorverständnis und Methodenwahl in der Rechtsfindung*, cit., maxime pág. 142 e segs.; Josef Esser, «Motivation und Begründung richterlichen Entscheidungen», in: Ch. Perelman e P. Foriers (eds.), *La motivation des décisions de justice*, Bruxelas, 1978, págs. 137-159; Jerzy Wróblewski, «Legal syllogism and rationality of judicial decision», in: *Rechtstheorie* 5 (1974), págs. 33-46.

[44] Neste sentido, cf., por exemplo, Martin Kriele, *Theorie der Rechtsgewinnung, entwickelt am Problem der Verfassungsinterpretation*, 2ª edição, Berlim, 1976, maxime pág. 169; Martin Kriele, *Recht und praktische Vernunft*, Göttingen, 1979; Robert Alexy, «Rechtssystem und praktische Vernunft», in: *Rechtstheorie* 18 (1987), págs. 405-419; Jürgen Habermas, *Faktizität und Geltung. Beiträge zur Diskurstheorie des Rechts und des demokratischen Rechtsstaats*, Francoforte, 1992.

[45] Cf., sobretudo, Niklas Luhmann, *Legitimation durch Verfahren*, Neuwied-Berlim, 1969.

manifesta no modelo legal-racional de administração da justiça. À luz destas considerações, os modelos de aplicação do Direito orientados à "justiça" material da decisão abrem o caminho a um casuísmo decisório que não é compatível com a estrutura e o modo de funcionamento dos sistemas jurídicos europeus continentais modernos. Na base destas considerações, tracemos, então, um breve esboço da discussão sobre os modelos de aplicação do Direito levada a cabo no âmbito da metodologia jurídica.

§8. Modelos de aplicação do Direito

§8. Modelos de aplicação do Direito

Os diversos modelos sobre a estrutura racional da aplicação do Direito não têm como propósito reflectir o modo como os juízes decidem casos, nem, em bom rigor, oferecem critérios de orientação para a decisão de casos: traduzem, antes, ideais jurídicos conflituantes e perspectivas distintas sobre a repartição de competências institucionais entre o poder legislativo e a função jurisdicional. Uma cultura jurídica legalista e formalista elege como valores fundamentais o império da lei e a certeza e segurança na aplicação do Direito, procurando fazer valer no maior grau possível o princípio da vinculação do juiz à lei; uma cultura jurídica assente numa compreensão material-axiológica do Direito e orientada à realização dos valores substantivos em que se funda o Direito aponta, essencialmente, no sentido da "justiça" material da decisão.

As doutrinas sobre a aplicação judicial do Direito devem, em primeiro lugar, ser balizadas pelo estatuto constitucional da função jurisdicional (cf. os arts. 202º e segs. da Constituição da República Portuguesa). De acordo com o princípio da separação de poderes, o poder judicial goza de um conjunto de garantias políticas centradas no conceito de independência e destinadas a afastar a ingerência do poder executivo[1]. O princípio da inependência dos tribunais tem como correspectivo o princípio da vinculação do juiz à lei (cf. o art. 203º da CRP) e é assegurado pelo regime de garantias e incompatibilidades relativo ao estatuto dos juízes (cf. os arts. 215º e segs. da CRP). As doutrinas sobre a aplicação judicial do Direito devem, igualmente, ter em conta a ideologia normativa

---

[1] Sobre o princípio da independência do juiz, cf. Dieter Simon, *Die Unabhängigkeit des Richters*, Darmstadt, 1975; Luis M. Diez Picazo, *Régimen Constitucional del Poder Judicial*, Madrid, 1991; Nuno Piçarra, *A Separação dos Poderes como Doutrina e Princípio Constitucional*, Coimbra, 1989, *maxime* pág. 258 e segs.

dos juízes, isto é, as convicções partilhadas pelos juízes de como devem decidir os casos.

No quadro de uma cultura jurídica legalista e formalista, a estrutura racional da aplicação do Direito é configurada em termos de um esquema lógico--dedutivo. Este modelo logicista (dedutivista) constitui uma condensação das concepções legalistas e formalistas, segundo as quais o Direito é constituído por um conjunto de normas de origem estadual que são dadas ao aplicador para que, com base nelas, solucione o litígio, subsumindo os dados factuais à norma e inferindo dela, como conclusão, a consequência jurídica prevista na norma. A este conjunto de representações está associado um tipo de pensamento jurídico mais preocupado com questões de "identificação" do que com questões de "aplicação" do Direito e um modelo de Teoria do Direito geral e descritiva, de recorte positivista, que tem na base a questão de como se estrutura o Direito, isto é, uma investigação centrada na tipologia das normas jurídicas, na estrutura do sistema jurídico, na dinâmica dos sistemas jurídicos, nos requisitos formais (*v. g.*: a completude e a consistência) dos sistemas jurídicos e na análise dos conceitos jurídicos fundamentais[2]. Por outro lado, o modelo logicista (dedutivista) tem na lógica deôntica, como sistema especial de lógica para o domínio normativo assente em métodos formais-dedutivos, o seu instrumento privilegiado de "reconstrução" lógica do processo de aplicação do Direito[3].

Do ponto de vista metodológico, o modelo logicista (dedutivista) tem o seu contraponto nas concepções prático-argumentativas sobre a aplicação do Direito, concepções que convergem no sentido de afirmar que a resolução do caso individual assenta não em operações de aplicação de normas pré-existentes, mas em procedimentos argumentativos orientados pelo desiderato de uma solução "justa" e pela promoção da sua aceitabilidade social: segundo estas concepções, a lógica dedutiva não oferece elementos adequados e suficientes para a reconstrução" lógica do processo de aplicação do Direito, pois esta não pode limitar-se ao controlo da correcção formal das inferências a partir das premissas normativas e fácticas, mas exige sempre o controlo da racionalidade das ponderações dos argumentos vinculados ao problema. Estas concepções de cariz anti-legalista e anti-formalista têm o seu ponto de partida na "reabilitação" da tradição tópico-retórica num conjunto de âmbitos disciplinares (história literária, ciência política, sociologia do conhecimento, filosofia) e na projecção dessa "reabilitação" no campo da metodologia jurídica e da lógica da argumentação, por obra, sobretudo, de Theodor Viehweg (1907-1988) e Chaïm

---

[2] Sobre o campo temático deste tipo de investigação jurídica, a Teoria do Direito, cf., com maior pormenor, *infra*, 10.2.
[3] Sobre as bases de construção da lógica deôntica, cf. *infra*, § 9.

§8. MODELOS DE APLICAÇÃO DO DIREITO

Perelman (1912-1984), cujas formulações iremos, de uma forma muito resumida, passar em revista. A par delas, vamos também analisar, neste quadro, a teoria da argumentação jurídica de Robert Alexy (1945-   ), que constitui, no nosso entender, a proposta mais sofisticada de "reabilitação" da filosofia prática no âmbito do Direito e a concepção mais interessante de justificação argumentativa da decisão judicial.

Um terceiro conjunto de concepções que iremos levar em linha de conta pode reconduzir-se à ideia central de que a realização do Direito (*Rechtsverwirklichung*) no caso individual não se reduz à execução da lei (*Gesetzesvollziehung*), pois implica sempre fazer valer na resolução do caso individual o conjunto de valores substantivos em que se funda o Direito. A propósito desta compreensão material-axiológica do Direito e do seu processo de realização, iremos referir a análise da estrutura ontológica do Direito de Arthur Kaufmann (1923-2001) e o seu "modelo de equiparação" (*Gleichsetzungsmodell*) da realização do Direito, como visão alternativa à concepção do Direito do positivismo legalista e à sua representação da aplicação do Direito: o "modelo de subsunção" (*Subsumtionsmodell*) dos factos à norma geral. No âmbito da análise destas concepções e atendendo ao papel central que ocupa no panorama da filosofia do Direito e da metodologia jurídica em Portugal nas últimas cinco décadas, iremos igualmente debruçar-nos sobre o modelo de realização judicativo-decisória do Direito de António Castanheira Neves (1929-   ) e da sua Escola, como visão alternativa ao positivismo legalista e ao formalismo lógico-dedutivo.

Por último, iremos analisar as concepções do realismo jurídico norte-americano e do movimento dos *Critical Legal Studies*, que defendem que as decisões judiciais não estão determinadas por normas jurídicas previamente estabelecidas, mas sim por factores sociais, políticos e ideológicos. Apesar destas orientações terem tido um impacto muito reduzido na cultura jurídica europeia continental, alguns dos seus pontos de vista relativos ao carácter ilusório e ideológico do ideal da aplicabilidade mecânica, lógico-subsuntiva, do Direito vieram impulsionar algumas concepções defensoras de um maior activismo judicial como via de alteração das relações sociais de poder.

Comecemos então, neste nosso conspecto geral sobre a estrutura racional do processo de aplicação do Direito, pela análise do modelo logicista (dedutivista). Este modelo ideal está ao serviço dos valores da igualdade formal e da certeza e segurança na aplicação do Direito. Do ponto de vista histórico, o ideal lógico-dedutivo encontrou a sua expressão mais vincada na ideologia jurídica do Estado de Direito liberal oitocentista e nas suas concepções de cariz legalista e formalista. Na literatura jurídica das últimas décadas, a concepção logicista (dedutivista) recebeu um novo alento, sobretudo, por via das investigações de Carlos E. Alchourrón (1931-1996) e Eugenio Bulygin (1931-   ) e do modo como estes autores apresentam a actividade de decisão de casos individuais mediante a aplicação de normas gerais[4].

8.1. O modelo logicista (dedutivista) de aplicação do Direito

Aplicar uma norma significa usá-la como premissa de uma resolução jurisdicional ou administrativa[5]. A aplicabilidade da norma tem como pressuposto a atribuição de validade formal (identificação) à disposição legislativa de onde, por via de operações interpretativas, se retira a norma. Numa cultura jurídica legalista e formalista, a ideologia normativa dos juízes assenta na convicção de que os juízes devem decidir os casos com base em normas jurídicas pré-existentes: uma vez comprovados os factos, há que subsumi-los às normas aplicáveis.

Num dos seus escritos derradeiros, Carlos E. Alchourrón (1931-1996) designou a concepção jurídica assente no modelo ideal segundo o qual as decisões dos casos individuais são tomadas de acordo com um conjunto de regras gerais previamente determinado e publicamente conhecido como concepção do "Master System", caracterizando-a mediante três princípios que denomina, respectivamente, como: *i*) princípio da inexcusabilidade; *ii*) princípio da justificação; *iii*) princípio da legalidade – princípios que no seu conjunto podem ser resumidos na seguinte formulação: *"os juízes devem resolver todos os casos que lhe são submetidos dentro do limite da sua competência mediante decisões fundadas em normas jurídicas do sistema"*[6]. Neste modelo ideal, a adequação da justificação depende da satisfação de duas condições: *i*) o conteúdo de uma decisão deve ser uma consequência lógica das premissas que a fundamentam e *ii*) as premissas normativas empregues na justificação devem ser gerais.

Num artigo publicado em parceria com Eugenio Bulygin (1931-), a justificação da decisão judicial era descrita nos seguintes termos: "*O raciocínio jurídico que pretende mostrar que uma decisão ou uma pretensão estão justificados de acordo com o Direito vigente é essencialmente dedutivo ou, pelo menos, pode ser reconstruído como uma*

---

[4] Cf., sobretudo, Carlos E. Alchourrón e Eugenio Bulygin, *Normative Systems*, Viena/Nova Iorque, 1971. Como defensores de uma concepção logicista (dedutivista) refiram-se, igualmente, Hans-Joachim Koch e Helmut Rüßmann, *Juristische Begründungslehre. Eine Einführung in Grundprobleme der Rechtswissenschaft*, Munique, 1982, *maxime* pág. 48 e segs.; Jürgen Rödig, *Theorie des gerichtlichen Erkenntnisverfahren*, Berlim, 1973, *maxime* pág. 3; Hajime Yoshino, «Die logische Struktur der Argumentation bei der juristischen Entscheidung», in: *Rechtstheorie* Beiheft 2 (1981), págs. 235-255.

[5] Sobre a noção de "aplicação" de normas, cf. Alf Ross, *On Law and Justice*, Berkeley, 1959, *maxime* pág. 42.

[6] Cf. Carlos E. Alchourrón, «On Law and Logic», in: *Ratio Juris* 19 (1996), págs. 331-348, artigo republicado em Carlos E. Alchourrón, *Fundamentos para uma teoria generale de los deberes*, Madrid, 2010, págs. 155-175.

§8. MODELOS DE APLICAÇÃO DO DIREITO

inferência lógica em que, sobre a base de dois tipos de premissas, normativas e fácticas, se chega a uma conclusão que afirma que certas consequências jurídicas são aplicáveis a um caso particular. Esta inferência mostra que a decisão de aplicar essas consequências a este caso particular está juridicamente justificada"[7]. Deste modo, a "reconstrução" do raciocínio judicial justificatório poderia, na opinião dos autores, ser levado a cabo dentro dos limites da lógica dedutiva[8].

A estrutura lógica da sentença judicial pode, de acordo com o modelo logicista (dedutivista), ser reconstruída, no que diz respeito à sua componente justificatória, utilizando esquemas de raciocínio lógico-dedutivo diversos, em particular as duas formas de silogismo hipotético conhecidas, respectivamente, como "método proponente" (*modus ponens* ou *modus ponendo ponens*) e "método de remoção" (*modus tollens* ou *modus tollendo tollens*) – na lógica aristotélica, o "*modus*" refere-se ou ao arranjo das proposições universais, particulares, afirmativas ou negativas num silogismo ou à propriedade que uma proposição tem em virtude da qual é necessária ou contingente, possível ou impossível. Outro esquema de raciocínio lógico-dedutivo aplicável é o do silogismo categórico, mais especificamente aquele que os lógicos denominam "*modus* Barbara II", em que a conclusão é constituída por uma proposição individual, para o distinguirem do "*modus* Barbara I", em que só figuram proposições universais.

Na forma de silogismo *modus ponens*, verificada a hipótese, desencadeia-se a consequência (*v. g.*: se alguém cometer homicídio deve ser condenado em pena de prisão – A cometeu homicídio – A deve ser condenado em pena de prisão); na forma *modus tollens*, não verificada a hipótese, não se verifica a consequência (*v. g.*: se alguém cometer homicídio deve condenado em pena de prisão – A não cometeu homicídio – A não deve ser condenado em pena de prisão); na forma *modus* Barbara II, a conclusão do silogismo categórico é constituída, como referimos, por uma proposição individual (*v. g.*: o homicídio é punido com pena de prisão – A cometeu homicídio – A deve ser punido com pena de prisão).

Evidentemente que a possibilidade de "reconstrução" do raciocínio judicial justificatório com base nos esquemas da lógica dedutiva pressupõe uma outra investigação, a que vamos proceder mais adiante (cf. *infra*, §9), relativa à possibilidade de relações lógicas entre normas – ou, pelo menos, de relações lógicas entre enuncia-

---

[7] Cf. Carlos E. Alchourrón e Eugenio Bulygin, «Los Limites de la Logica y el Razionamento Juridico», in: Carlos E. Alchourrón e Eugenio Bulygin, *Analisis Logico y Derecho*, Madrid, 1991, págs. 303-328, pág. 303.
[8] Cf. Carlos E. Alchourrón e Eugenio Bulygin, «Los Limites de la Logica y el Razionamento Juridico», cit., *maxime* pág. 326.

dos que descrevem normas – e a construção desse sistema lógico com base na lógica proposicional clássica.

O modelo logicista (dedutivista) não trata do problema empírico de como os juízes estabelecem as premissas (normativas e fácticas) da decisão nem de como efectivamente decidem: diz respeito, tão-somente, à estrutura racional do processo de aplicação do Direito. Está associado a convenções interpretativas (a doutrinas que prescrevem o modo de obtenção de normas a partir de disposições legislativas ou fragmentos dos textos das "fontes") que visam assegurar no maior grau possível o princípio da vinculação do juiz à lei.[9] Por outro lado, o modelo logicista (dedutivista) tem que ver apenas com a correcção formal da decisão, não com a sua justificação "material", isto é, com a sua conformidade a um certo sistema de valores.

Como contraponto ao modelo logicista (dedutivista), vamos passar em revista as concepções prático-argumentativas sobre a aplicação do Direito, que caracterizam o pensamento jurídico como um saber prático ou prudencial, que não se limita ao conhecimento do Direito, mas procede sempre à ponderação de argumentos que têm que ver com as circunstâncias específicas do caso individual em ordem à obtenção de uma solução razoável ou "justa".

8.2. As concepções prático-argumentativas sobre o processo de aplicação do Direito

As concepções prático-argumentativas baseiam-se na alegação de que a lógica formal é inadequada ou insuficiente quando se trata de analisar a estrutura do processo de aplicação do Direito. Theodor Viehweg (1907-1988) pensava encontrar no método "tópico" o "estilo de pensamento" (*Denkstil*) alternativo ao pensamento sistemático-dedutivo ou axiomático, procurando reactualizar uma tradição de pensamento que tinha como marcos fundamentais Aristóteles (384-322 a.C.), Cícero (106-43 a.C.) e Giambattista Vico (1688-1744)[10].

De acordo com Viehweg, os "tópicos" (*topoi*) são "pontos de vista" (*Gesichtspunkte*) que funcionam como "possibilidadesde orientação e fios condutores do pensamento" (*Orientierungsmöglichkeiten und Leitfaden des Gedankens*)[11]. Nas

---

[9] A este propósito, cf. Hans-Joachim Koch e Helmut Rüßmann, *Juristische Begründungslehre*, cit., maxime pág. 112 e segs.; Eugenio Bulygin, «Lógica y normas», in: *Isonomia* 1 (1994), págs. 27-35; Eugenio Bulygin, «Los jueces crean Derecho?», in: *Isonomia* 18 (2003), págs. 7-25, *maxime* pág. 13; José Juan Moreso, Pablo E. Navarro e Maria Cristina Redondo, «Argumentación jurídica, lógica y decisión judicial», in: *Doxa* 11 (1992), págs. 247-262; Jorge L. Rodríguez, *Lógica de los sistemas jurídicos*, Madrid, 2002, pág. 251 e segs.

[10] Cf., sobretudo, Theodor Viehweg, *Topik und Jurisprudenz* (1953), 5ª edição, Munique, 1974.

[11] Cf. Theodor Viehweg, *Topik und Jurisprudenz*, cit., págs. 35, 37 e 38.

diversas classes de "tópicos" jurídicos, Viehweg engloba, porém, realidades tão heterogéneas como as disposições legislativas, os princípios gerais do Direito, os cânones da interpretação e as máximas jurídicas. Apesar de Viehweg reconhecer a superioridade da lei sobre os outros "tópicos", a visão do Direito como prática argumentativa de intercâmbio de razões em busca de uma solução razoável para uma questão controvertida não se coaduna com o modo como funcionam os sistemas jurídicos europeus continentais modernos, baseados na ideia da maior efectividade possível do princípio da legalidade.

Uma outra concepção sobre o carácter argumentativo do processo de aplicação do Direito deve-se a Chaïm Perelman (1912-1984). A investigação de Perelman tem motivações diferentes das de Viehweg: o seu propósito não consiste em apresentar uma teoria sobre a estrutura racional da aplicação do Direito, mas em ampliar o campo da teoria lógica para além dos raciocínios analíticos ou lógico-formais – este era o âmbito tradicional da lógica, que Aristóteles tinha tratado nos *Primeiros* e *Segundos Analíticos*; para além da teoria da demonstração (objecto da lógica formal), Perelman pretende alargar o campo da teoria lógica à teoria da argumentação, construída sobre uma matriz de racionalidade dialéctica – cujos antecedentes ele vai buscar ao tratamento dos raciocínios dialécticos que Aristóteles leva a cabo na *Tópica*, na *Retórica* e nas *Refutações Sofísticas*. A este modelo de lógica dialéctica ou argumentativa chama Perelman "Nova Retórica"[12]. A estrutura do raciocínio prático, que está orientado para a acção, obedece a este modelo de racionalidade dialéctica ou argumentativa. Segundo Perelman, o paradigma do raciocínio prático é o raciocínio jurídico: a lógica jurídica, especialmente a lógica judicial, não se baseia no raciocínio dedutivo ou demonstrativo; a decisão jurídica que soluciona casos controvertidos é a conclusão de um processo argumentativo, movido pela procura de uma solução não apenas conforme à lei, mas também equitativa, racional e aceitável[13].

Uma terceira proposta de justificação argumentativa de decisão judicial, baseada numa concepção discursiva da racionalidade e numa teoria da argumentação prática geral, é a teoria da argumentação jurídica apresentada por Robert Alexy (1945-)[14]. Se atendermos à classificação de Ulfried Neumann (1947-), podemos distinguir três correntes no âmbito da teoria da argumentação jurídica: *i*) a corrente lógico-analítica; *ii*) a corrente tópico-retórica; *iii*)

---

[12] Cf. Chaïm Perelman e L. Olbrechts-Tyteca, *La nouvelle réthorique. Traité de l'argumentation*, Paris, 1958.
[13] Cf., por exemplo, Chaïm Perelman, *Logique juridique – Nouvelle réthorique*, Paris, 1976.
[14] Cf. Robert Alexy, *Theorie der juristischen Argumentation. Die Theorie des rationalen Diskurses als Theorie der juristischen Begründung*, Francoforte, 1978.

a corrente baseada na teoria do discurso[15]. A teoria da argumentação jurídica de Robert Alexy é a representante, por excelência, da terceira corrente: a sua inspiração filosófica mais directa é a teoria do discurso (*Diskurstheorie*) e a Ética discursiva (*Diskursethik*) de Jürgen Habermas (1929-   ), como "reconstrução" dos pressupostos dos discursos argumentativamente válidos e como teoria da racionalidade prática (moral) de cunho crítico-transcendental.

As concepções sobre a justificação argumentativa das decisões judiciais traduzem-se numa projecção do movimento de "reabilitação" da filosofia prática no âmbito do Direito. Os modelos clássicos de racionalidade prática referem-se a Aristóteles (384-322 a.C.) e a Kant (1724-1804): o primeiro sublinha a ligação da razão e da deliberação a contextos situacionais e a tradições particulares[16]; o segundo aponta para uma fundamentação racional e universal dos princípios do agir[17]. A teoria da argumentação jurídica de Robert Alexy (1945-   ) reporta-se, basicamente, a um modelo de racionalidade prática de matriz kantiana: o projecto de uma Ética discursiva (*Diskursethik*) ou da comunicação fundada numa pragmática universal ou transcendental, tal como foi desenvolvido por Jürgen Habermas (1929-   )[18]; as orientações de base "tópica" e "retórica", tais como as propostas por Theodor Viewheg (1907-1988) e Chaïm Perelman (1912-1984), reportam-se directamente ao modelo aristotélico de

---

[15] Cf. Ulfrid Neumann, *Juristische Argumentationslehre*, Darmstad, 1986, págs. 16 e segs., 54 e segs. e 70 e segs.

[16] Sobre a estrutura e o método da filosofia prática aristotélica, cf. Otfried Höffe, *Praktische Philosophie. Das Modell des Aristoteles*, Munique-Salzburgo, 1971; Hans-Georg Gadamer, «Über die Möglichkeit einer Philosophischen Ethik» (1961), agora in: Hans-Georg Gadamer, *Kleine Schriften*, vol. 1, Tübingen, 1967, págs. 179-191.

[17] Para uma contraposição entre o modelo aristotélico e o modelo kantiano de filosofia prática, cf. Ernst Tugendhat, «Antike und moderne Ethik», in: Reiner Wiehl (ed.), *Die antike Philosophie in ihrer Bedeutung für die Gegenwart*, Heidelberga, 1981, págs. 55-73; com interesse, Antonio Da Re, *L'etica tra felicità e dovere. L'attuale dibattio sulla filosofia pratica*, Bolonha, 1987.

[18] Cf., sobretudo, Jürgen Habermas, «Diskursethik – Notizen zu einem Begründungsprogramm», in: Jürgen Habermas, *Moralbewußtsein und kommunikatives Handeln*, Francoforte, 1983, pág. 53-125; cf., igualmente, Jürgen Habermas, «Zur Logik des theoretischen und praktischen Diskurses», in: Manfred Riedel (ed.), *Rehabilitierung der praktischen Philosophie*, vol II, *Rezeption – Argumentation – Diskussion*, Freiburgo, 1974, págs. 381-402. Sobre o paradigma discursivo ou comunicacional da teoria ética de Habermas, cf., com interesse, William Rehg, *Insight & Solidarity. The Discourse Ethics of Jürgen Habermas*, Berkeley, 1994; cf., igualmente, Alessandro Ferrara, «The Communicative Paradigm in Moral Theory», in: David Rasmussen (ed.), *The Handbook of Critical Theory*, Oxford, 1999, págs. 119-137. Sobre a ideia de uma pragmática universal, como teoria da justificação argumentativa de enunciados, cf. Jürgen Habermas, «Wahrheitstheorien», in: Helmut Fahrenbach (ed.), *Wirklichkeit und Reflexion. Festschrift für Walter Schulz*, Pfullingen, 1973, págs. 211-265; cf., igualmente, Jürgen Habermas, «Was heißt Universalpragmatik», in: Karl-Otto Apel (ed.), *Sprachpragmatik und Philosophie*, Francoforte, 1976, págs. 174-272.

racionalidade prática e aos seus procedimentos lógicos específicos (o silogismo prático, de estrutura tópico-dialéctica), em que fundam as suas concepções sobre a justificação argumentativa das decisões judiciais.

Vejamos, então, com maior pormenor, como é que as concepções sobre a justificação argumentativa das decisões judiciais se propõem refutar a visão legalista do Direito e o modelo formalista ou logicista de aplicação do Direito, como operação de subsunção silogística dos factos às normas. Nesse sentido, comecemos pela análise das teses de Theodor Viehweg (1907-1988) relativas à estrutura "tópica" do pensamento jurídico.

8.2.1. Tópica e metodologia jurídica

Sendo a metodologia jurídica uma doutrina da aplicação prática do Direito, seria natural que a tópica jurídica se compreendesse a si própria como um método jurídico espcífico, de cariz anti-logicista e anti-formalista. Mas a recusa do legalismo e do formalismo metodológico por Theodor Viehweg (1907--1988) vai mais longe e questiona o próprio paradigma de racionalidade e de conhecimento associado à noção moderna de "método"[19]: Viehweg recusa o carácter exclusivo da racionalidade conceptual característica das ciências formais-experimentais e busca um "estilo de pensamento" (*Denkstil*) distinto do pensamento lógico-dedutivo e sistemático para estabelecer a estrutura do raciocínio jurídico, em especial do raciocínio judicial[20]. Esse "estilo de pensamento" (*Denkstil*) manifesta-se como pensamento "aporético" ou "problemático" e a "técnica" (*techne*) desse pensamento orientado ao problema é a tópica, que Viehweg caracteriza como "um procedimento de busca de premissas" (*ein prämissuchendes Verfahren*), na linha de Cícero (106-43 a.C.), que distinguia a técnica da busca das premissas (*ars inveniendi*) da inferência das conclusões (*ars iudicandi*) no raciocínio. A tópica não é "método" nem ciência, mas uma mera técnica de busca de argumentos (*ars inveniendi argumentorum*) e uma doutrina de sopesamento ou ponderação (*Erwägungslehre*) de razões[21]. O pensamento jurídico, do Direito romano clássico e medieval, em particular no *mos italicus*, até aos tempos presentes, evidenciaria, segundo Viehweg, uma estrutura tópico-problemática.

A "reabilitação" da tópica não ocorreu, porém, apenas no domínio do pensamento jurídico: teve lugar, por exemplo, no âmbito da teoria da literatura, da teoria

---

[19] Sobre a noção moderna de "método" e o ideal unitário de cientificidade, cf., por todos, Hans-Georg Gadamer, *Wahrheit und Methode. Grundzüge einer philosophische Hermeneutik* (1960), 4ª edição, Tübingen, 1975.
[20] Cf., sobretudo, Theodor Viehweg, *Topik und Jurisprudenz*, cit.
[21] A este propósito, cf. Otto Pöggeler, «Dialektik und Topik», in: *Hermeneutik und Dialektik*, vol. 1, Tübingen, 1970, págs. 273-310, *maxime* pág. 309.

política, da sociologia do conhecimento, e da própria filosofia[22]. A reactualização da tópica como análise das figuras ou formas argumentativas no âmbito da teoria literária deve-se, inicialmente, a Ernst Robert Curtius (1886-1956), que pretende estabelecer uma "tópica histórica" com base na presença de "figuras" (*v. g.*: "a idade de oiro", "o paraíso perdido", etc.) que testemunham certas constantes na tradição literária e estabelecem, desse modo, uma linha de continuidade entre a cultura antiga e medieval e a cultura moderna no Ocidente[23]. No âmbito da teoria política, a crítica ao domínio do cientismo positivista nas ciências sociais e políticas, instaurado por Thomas Hobbes (1588-1679) e que procurava ajustar-se ao ideal cartesiano de ciência exacta, é levada a cabo por um conjunto de autores, que vêem na "reabilitação" da filosofia prática aristotélica, baseada numa estrutura de pensamento tópico-dialéctica, o instrumento de superação na ciência política contemporânea do domínio do cientismo positivista[24]. Também ao nível da sociologia do conhecimento, a utilização da tópica como instrumento de análise da formação e estrutura do substracto cultural das sociedades, da "imaginação da sociedade" (*gesellschaftliche Einbildungskraft*), é sugerida por Lothar Bornscheuer: este autor define os "tópicos" (*topoi*) dizendo que "*não são lugares vazios comuns, nem universais ontológicos, nem constantes antropológicas naturais, mas sim elementos fundamentais da autoconstituição ideológica e social, transmitidos por processos de socialização, ensino e comunicação e que dirigem retroactivamente esses mesmos processos*"[25]. Ao nível da filosofia, passou a relativizar-se a oposição tradicional entre *ratio* e *oratio*, o conflito entre a filosofia (metafísica) e a retórica (os *humaniora studia*, as disciplinas liberais, entre as quais as literárias), e a sublinhar-se a importância dos contextos situacionais na articulação dos conhecimentos e das crenças (das pré-comprensões), sendo as pretensões "objectivistas" de neutralidade características do cientismo positivista contrariadas por um conjunto de correntes, como a Hermenêutica[26] e o pragmatismo filosófico[27]. A reactualização da tópica projecta-se, em resumo, de acordo com duas linhas de força: *i*) a "reabilitação" de uma lógica do saber prático, pondo em causa o modelo unitário de

---

[22] Para uma visão geral, cf., por todos, Lothar Bornscheuer, *Topik. Zur Struktur der gesellschaftlichen Einbildungskraft*, Francoforte, 1976, *maxime* pág. 109 e segs.

[23] Cf. Ernst Robert Curtius, *Europäische Literatur und lateinisches Mittelalter*, Berna, 1948.

[24] Cf., sobretudo, Wilhelm Hennis, «Politik und praktische Philosophie» (1959/60), agora in: Wilhelm Hennis, *Politik und praktische Philosophie. Schriften zur politischen Theorie*, Estugarda, 1977, págs. 1-130; cf., igualmente, Helmut Kuhn, «Aristoteles und die Methode der politischen Wissenschaft», in: Manfred Riedel (ed.), *Rehabilitierung der praktischen Philosophie*, vol. II, *Rezeption – Argumentation – Diskussion*, cit., págs. 261-290.

[25] Cf. Lothar Bornscheuer, *Topik. Zur Struktur der gesellschaftlichen Einbildungskraft*, cit., pág. 108.

[26] Cf., por exemplo, Hans-Georg Gadamer e Gottfried Boehm (eds.), *Seminar: Die Hermeneutik und die Wissenschaften*, Francoforte, 1978.

[27] Cf., sobretudo, Richard Rorty, *A Filosofia e o Espelho da Natureza* (1980), tradução a cargo de Jorge Pires, Lisboa, 1988.

§8. MODELOS DE APLICAÇÃO DO DIREITO

racionalidade de matriz axiomático-dedutiva, afirmado pelo empirismo e pelo racionalismo e levado ao extremo pelo positivismo lógico; *ii*) a "reabilitação" da força normativa das tradições e contextos culturais, das pré-compreensões condicionantes, em contraponto ao paradigma de "ciência" do cientismo positivista.

Theodor Viehweg (1907-1988) é o autor de referência no que diz respeito à reactualização da tópica no âmbito da análise do pensamento jurídico: num pequeno livro, de grande erudição e elegância de estilo, intitulado *Tópica e Jurisprudência*, Viehweg recorre à contraposição estabelecida, num outro contexto, por Nicolaï Hartmann (1882-1950) entre "pensamento problemático" (*Problemdenken*) e "pensamento sistemático" (*Systemdenken*)[28] para caracterizar o pensamento jurídico como pensamento problemático ou aporético, de carácter tópico, atendendo à relevância prioritária que atribui à consideração do problema[29]. Colocados perante um probema, podemos buscar os diferentes pontos de vista que possam ser tidos como pertinentes para a sua resolução: Viehweg chama a este procedimento "*tópica de primeiro grau*"; ao procedimento que lança mão de catálogos de tópicos previamente elaborados chama o nosso autor "*tópica de segundo grau*".

Numa série de escritos subsequentes a *Tópica e Jurisprudência* (1953), Viehweg procura aprofundar e precisar o seu pensamento, nomeadamente no que toca à relação entre "tópica" e "sistema", introduzindo a noção de "sistema tópico" como "*um todo ordenado em função dos problemas*", acrescentando que o sistema tópico "*está em permanente movimento e cada uma das suas formulações indica só uma etapa argumentativa em relação com a problemática, tal como esta se mostra*"[30]. E refere que a estrutura da argumentação é determinada pelo sistema tópico, isto é, por um sistema caracterizado pela sua vinculação ao problema e em permanente conformação. Um autor próximo de Viehweg, Ottmar Ballweg (1928-   ), esclarece o que deve ser entendido por "sistema tópico", dizendo que se trata de "*uma ordenação de pontos de vista dogmáticos e preponderantes, referidos a esferas de problemas*"[31]; para Ballweg, as próprias leis e codificações pode-

---

[28] Cf. Nicolaï Hartmann, «Dieseits von Idealismus und Realismus» (1924), agora in: Nicolaï Hartmann, *Kleine Schriften*, vol. II, Berlim, 1957, págs. 278-322, maxime pág. 281 e segs.
[29] Cf. Theodor Viehweg, *Topik und Jurisprudenz*, cit., maxime pág. 41.
[30] Cf. Theodor Viehweg, «Systemprobleme in Rechtsdogmatik und Rechtsforschung», in: *Festschrift zum 150. Jährigen Bestehen des Oberlandsgerichtes Zweibrucken*, Wiesbaden, 1969, págs. 327--338, pág. 337.
[31] Cf. Ottmar Ballweg, «Phronetik, Semiotik und Rhetorik», in: Ottmar Ballweg e Thomas Seibert (eds.) *Rhetorische Rechtstheorie: zum 75. Geburtstag von Theodor Viehweg*, Freiburgo, 1982, págs. 27-71.

riam ser entendidas, em última análise, como catálogos de tópicos ordenados com vista a esferas de problemas e dogmatizados[32].

O procedimento tópico limita-se a fornecer indicações que se revelam pertinentes, mas não proporciona, por si, a base normativa de resolução do caso individual: nos sistemas jurídicos de matriz romano-germânica, a base normativa de resolução do caso individual é proporcionada, fundamentalmente, pelo Direito legislado[33]. Por outro lado, conceber o modo como o juiz decide à luz de um modelo de racionalidade prudencial pode ser adequado em relação ao Direito romano e comum, mas não, decerto, em relação aos sistemas jurídicos continentais modernos, onde se pretende assegurar no maior grau possível o princípio da vinculação do juiz à lei[34]. A crítica fundamental à tópica jurídica consiste, pois, na incompatibilidade entre o procedimento tópico e o princípio da legalidade: mas, como sublinha Giacomo Gavazzi (1932-   ), na disputa sobre a natureza dedutiva ou tópico-retórica do raciocínio judicial, mais do que de uma questão de metodologia jurídica, trata-se, antes, de um problema político-constitucional, relativo à repartição de competências para a criação do Direito entre o poder legislativo e a função jurisdicional[35].

Em bom rigor, por "tópica" dever-se-á entender o método heurístico ao serviço da argumentação (a *ars inveniendi argumentorum*) e não a própria estrutura lógica da argumentação. É sobre esta questão que se debruçam as investigações de Chaïm Perelman (1912-1984), que pretendem estabelecer as bases de uma lógica discursiva ou da argumentação a partir da actualização da tradição da Retórica antiga, representada, sobretudo, nas obras de Aristóteles (384-322

---

[32] Cf. Ottmar Ballweg, «Phronetik, Semiotik und Rhetorik», cit., *maxime* pág. 45 e segs.

[33] Sobre a insuficiência da tópica, cf. Claus-Wilhelm Canaris, *Pensamento Sistemático e Conceito de Sistema na Ciência do Direito*, tradução da 2ª edição (1983), a cargo de António Menezes Cordeiro, Lisboa, 1989, *maxime* pág. 255 e segs.; cf., igualmente, Uwe Diederichsen, «Topisches und systematisches Denken in der Jurisprudenz», in: *Neue Juristische Wochenschrift* (1966) págs. 697-705, *maxime* pág. 702; Franz Bydlinski, *Juristische Methodenlehre und Rechtsbegriff*, Viena, 1982, *maxime* pág. 145 e segs.; Hans-Martin Pawlowski, *Methodenlehre für Juristen*, Heidelberga, 1981, *maxime* pág. 47; Werner Flume, *Richter und Recht*, Munique, 1967, *maxime* pág. 29 e segs.; Franz Wieacker, «Zur Topikdiskussion in der zeitgenössischen deutschen Rechtswissenschaft», in: *Xenion. Festschrift für Pan J. Zepos*, Atenas, 1973, págs. 391-415, *maxime* pág. 402 e segs.

[34] Sobre a estrutura da justificação das sentenças no Direito romano, cf. Max Kaser, *Zur Methode der römischen Rechtsfindung*, Göttingen, 1962; cf., igualmente, Franz Horak, *Rationes Decidendi. Entscheidungsbegründungen bei den älteren römischen Juristen bis Labeo*, vol. I, Aalen, 1969. Sobre a caracterização do Direito como produto da decisão de órgãos estaduais, cf. Ernst-Wolfgang Böckenförde, «Der Rechtsbegriff in seiner geschichtlichen Entwicklung. Aufriß eines Problems», in: *Archiv für Begriffsgeschichte* 12 (1968), págs. 145-165.

[35] Cf. Giacomo Gavazzi, «Topica giuridica», in: *Novissimo Digesto Italiano*, vol. XIX, Turim, 1973, págs. 409-417, *maxime* pág. 413.

a.C.), Cícero (106-43 a.c.) e Quintiliano (35-100). Uma das projecções dessa lógica discursiva ou da argumentação é a análise do raciocínio judicial.

8.2.2. Nova Retórica e análise do raciocínio judicial
A Retórica antiga como "arte" da persuasão constitui o embrião de uma pragmática linguística ou análise do discurso. Na esteira de Charles W. Morris (1901-1979), estabeleceu-se, na filosofia da linguagem e na linguística, que o estudo de qualquer linguagem pode ser conduzido em três níveis: *i*) o nível *sintático* ou gramatical, em que os signos linguísticos são considerados com independência do seu significado e da situação comunicacional; *ii*) o nível *semântico*, em que os signos linguísticos são considerados na sua referência à realidade ou a entidades extra-linguísticas; *iii*) o nível *pragmático*, em que os signos linguísticos são considerados na relação com o usuário da linguagem[36].

A filosofia da linguagem comum (*ordinary language philosophy*) trouxe para o âmbito da análise filosófica a elaboração de uma taxonomia dos diversos usos da linguagem, rompendo com a concepção clássica da filosofia analítica da linguagem, que restringia a teoria da significação à análise das orações declarativas e do seu conteúdo proposicional[37]. Ao mesmo tempo, no campo da metalógica, deixou de limitar-se a análise lógica ao domínio dos raciocínios apodíctico--demonstrativos e passou a estabelecer-se conceitos de validade e de racionalidade relativos a "campos" (*fields*) específicos. Nesta base, as investigações de Perelman (1912-1984) apresentam inúmeros pontos de contacto com a "viragem pragmática" na filosofia analítica da linguagem, protagonizada, sobretudo, por John L. Austin (1911-1960) e John R. Searle (1932-) e as suas tipologias dos actos de fala (*speech acts*) como taxonomia dos actos ilocucionários[38]; e, por outro lado, no âmbito da análise lógica, com as lógicas da argumentação, tais como as desenvolvidas, por exemplo, por Stephen E. Toulmin (1922-) e Gidon Gottlieb (1932-2015): Toulmin contrapunha à lógica idealizada, de base apodíctico-demonstrativa, a ideia de uma "lógica operativa" (*working logic*) e Gottlieb, desenvolvendo a linha de análise avançada por Toulmin, propunha o

---

[36] Cf. Charles W. Morris, *Signs, Language, and Behavior*, Englewood Cliffs, N. J., 1946.
[37] Restrição que representa na filosofia analítica da linguagem a continuidade da prevalência do *logos apophantikos*, que, desde Aristóteles (384-322 a.C.), marcou a tradição filosófica ocidental e que tem na teoria da verificação do significado do positivismo lógico a sua expressão mais vincada.
[38] Cf. John L. Austin, *How to Do Things with Words*, Oxford, 1961; cf., igualmente, John R. Searle, *Speech Acts. An Essay in the Philosophy of Language*, Cambridge, 1969.

alargamento do campo da análise lógica para além da validade formal das inferências dedutivas e das relações internas entre proposições[39].

É esta ideia alargada de racionalidade e de argumentos racionais que preside à renovação da Retórica promovida pelas investigações de Chaïm Perelman (1912-1984) e ao seu modelo retórico-argumentativo de justificação da decisão judicial. Na análise do raciocínio judicial, Perelman defende a tese que este não procede por via demonstrativa (dedutiva), mas com base em diversas técnicas argumentativas (de associação e dissociação) que recorrem a argumentos de natureza e força distintas[40]: a noção de "força" de um argumento é uma noção de base pragmática que tem que ver com a ideia de "auditório", isto é, o conjunto de todos aqueles que o orador quer influenciar com a sua argumentação[41]; um argumento racional é aquele que poderia ser aceite ou ter validade perante um auditório universal.

A compreensão da tópica e da Retórica como análise semiótica da linguagem e a inserção da teoria da argumentação jurídica numa teoria geral da argumentação estão na base de um conjunto de teorias da justificação argumentativa da decisão judicial: *i*) a análise da estrutura semiótica do pensamento prudencial como base da teoria da argumentação jurídica, proposta por Ottmar Ballweg (1928-   )[42]; *ii*) a análise das estruturas argumentativas do Tribunal Constitucional empreendida por Waldemar Schreckenberger (1929-   ), em termos de uma "semiótica retórica"[43]; *iii*) a pragmática da argumentação jurídica, desenvolvida por Hubert Rodingen (1934-   )[44]; a teoria dialéctico-pragmática da argumentação jurídica de Eveline T. Feteris[45], etc. O que há em comum a todas estas teorias da argumentação jurídica pode ser evidenciado através da análise da teoria da argumentação jurídica de Robert Alexy (1945-   ), a que vamos proceder em seguida.

---

[39] Cf. Stephen E. Toulmin, *The Uses of Argument*, Cambridge, 1958; cf., igualmente, G. Gottlieb, *The Logic of Choice. An Investigation of the Concepts of Rule and Rationality*, Londres, 1968.
[40] Cf., sobretudo, o capítulo V de Chaïm Perelman e L. Olbrechts-Tyteca, *La nouvelle réthorique. Traité de l'argumentation*, cit.
[41] Sobre a noção de "força" de um argumento, cf. Léo Apostel, «What is the Force of an Argument? Some Problems and Suggestions», in: *Revue Internationale de Philosophie*, vols. 127-128 (1979), págs. 99-109.
[42] Cf., sobretudo, Ottmar Ballweg, «Phronetik, Semiotik und Rethorik», cit.
[43] Cf., sobretudo, Waldemar Schreckenberger, *Rhetorische Semiotik. Analysen von Texten des Grundgesetzes und von rhetorischen Grundstrukturen der Argumentation des Bundesverfassungsgerichts*, Freiburgo, 1978.
[44] Cf., sobretudo, Hubert Rodingen, *Pragmatik der juristischen Argumentation. Was Gesetze anrichten und was rechtens ist*, Freiburgo, 1977.
[45] Cf. Eveline T. Feteris, *Fundamentals of Legal Argumentation. A Survey of Theories on the Justification of Judicial Decisions*, Dordrecht, 1999.

8.2.3. A teoria da argumentação jurídica de Robert Alexy

A proposta filosoficamente mais interessante de teoria da argumentação jurídica é a apresentada por Robert Alexy (1945-   ) na sua dissertação de doutoramento, intitulada *Teoria da Argumentação Jurídica. A Teoria do Discurso Racional como Teoria da Fundamentação Jurídica*[46]. Na primeira parte do livro, o autor passa em revista as principais teorias da justificação das normas desenvolvidas pela filosofia moral de inspiração analítica: Charles L. Stevenson (1908-1979), Ludwig Wittgenstein (1889-1951), John L. Austin (1911-1960), Richard M. Hare (1919-2002), Stephen E. Toulmin (1922-   ) e Kurt Baier (1917-2010); refere, igualmente, a teoria discursiva (*Diskurstheorie*) da verdade de Jürgen Habermas (1929-   ) – o seu principal ponto de apoio filosófico –, a teoria da deliberação prática da Escola de Erlangen (Lorenzen/Schwemmer) e a teoria da lógica da argumentação de Chaïm Perelman (1912-1984). Na segunda parte, baseado nestas contribuições, Robert Alexy apresenta a sua teoria do discurso prático geral, isto é, do discurso moral. A tese central de Alexy consiste em considerar o discurso jurídico como um "caso especial" (*Sonderfall*) do discurso prático geral[47].

Esta "tese do caso especial" (*Sonderfallthese*) é, segundo Alexy, passível de três interpretações: *i*) como "tese sobre o carácter subordinado" (*Sekundaritätsthese*) do discurso jurídico, isto é, como tese que defende que o processo de justificação tem como base real critérios do discurso prático geral e que a fundamentação de acordo com as regras do Direito positivo tem uma função de legitimação de um resultado alcançado por outras vias; *ii*) como "tese sobre a função complementar" (*Additionsthese*) do discurso prático geral em relação ao discurso jurídico, quer dizer, como tese que defende que quando se esgotam os argumentos especificamente jurídicos entram em acção argumentos práticos gerais; *iii*) como "tese de integração" (*Integrationsthese*), isto é, como tese que defende o uso conjugado de argumentos especificamente jurídicos com argumentos práticos gerais[48]. Alexy interpreta a "tese do caso especial" (*Sonderfallthese*) como "tese de integração" (*Integrationsthese*)[49].

A teoria do discurso prático geral é uma teoria que formula critérios para a fundamentação racional de normas e acções e assenta num sistema de 22 regras

---

[46] Cf. Robert Alexy, *Theorie der juristischen Argumentation. Die Theorie des rationalen Diskurses als Theorie der juristischen Begründung*, cit.

[47] Sobre a "tese do caso especial" (*Sonderfallthese*), cf., sobretudo, Robert Alexy, *Theorie der juristischen Argumentation. Die Theorie des rationalen Diskurses als Theorie der juristischen Begründung*, cit., *maxime* pág. 261 e segs.

[48] Cf. Robert Alexy, *Theorie der juristischen Argumentation. Die Theorie des rationalen Diskurses als Theorie der juristischen Begründung*, cit., pág. 38.

[49] Cf. Robert Alexy, ob. e loc. cits.

reunidas em 5 grupos e numa relação de 6 formas de argumentos. De acordo com a concepção do discurso jurídico como "caso especial" (*Sonderfall*) do discurso prático geral, a racionalidade da argumentação jurídica é uma racionalidade prática restringida, pois encontra-se submetida a especiais condições vinculantes: vinculação à lei, respeito pelo acervo da dogmática, consideração dos precedentes judiciais e sujeição às normas processuais. A argumentação jurídica constitui, segundo Alexy, uma estrutura complexa, na qual se combinam elementos especificamente jurídicos com elementos práticos gerais. Tanto no discurso prático geral como no discurso jurídico suscitam-se, de acordo com Alexy, pretensões de correcção (*Richtigkeit*) normativa, que são de modo argumentativo examinadas e rejeitadas, revistas ou acietes, por referência a uma situação ideal de comunicação, como ideia "reguladora" do procedimento discursivo.

Esta vinculação conceptual entre Direito e razão prática constitui o núcleo da concepção sobre o conceito e a validade do Direito de Robert Alexy: segundo o nosso autor, o conceito de Direito mais adequado para a explicitação das nossas práticas numa sociedade democrático-institucional tem uma "natureza" dual, isto é, possui uma dimensão real ou fáctica e uma dimensão ideal ou crítica – dimensão em que a pretensão de correcção normativa é aferida pelas regras do discurso prático racional, como procedimento intersubjectivo de justificação de normas[50]. A dimensão ideal ou crítica do Direito aponta para um horizonte transcendental de validade prática, como ideal "regulador" (em sentido kantiano) do processo de realização do Direito numa sociedade democrático-constitucional.

Alexy fala, na esteira de Jerzy Wróblewski (1926-1990)[51], de dois níveis de justificação da decisão judicial – a justificação "interna", que visa garantir que a decisão é uma inferência válida a partir de certas premissas; e a justificação "externa", que diz respeito à aceitabilidade racional das decisões. A justificação "interna" assenta, portanto, na lógica formal dedutiva. A justificação "externa" vai para além dos métodos lógico-subsuntivos, em ordem à obtenção de uma decisão racional e "justa" do caso individual – Alexy refere as regras e formas de argumentação relativas à justificação "externa", englobando: *i*) regras e formas da argumentação empírica; *ii*) regras e formas de interpretação (semân-

---

[50] Sobre este ponto, cf., sobretudo, Robert Alexy, *Begriff und Geltung des Rechts*, Freiburgo, 1992; cf., igualmente, Robert Alexy, «The Dual Nature of Law», in: *Ratio Juris* 23 (2010), págs. 167-182.

[51] Cf., sobretudo, Jerzy Wróblewski, «Legal syllogism and rationality of judicial decision», in: *Rechtstheorie* 5 (1974), págs. 33-46.

§8. MODELOS DE APLICAÇÃO DO DIREITO

tica, genética e teleológica); *iii*) regras da argumentação dogmática; *iv*) regras relativas ao uso dos precedentes; *v*) formas de argumentos jurídicos especiais[52].

O modelo sobre a estrutura racional da aplicação do Direito desenvolvido por Robert Alexy está mais directamente associado à "reconstrução" da prática decisória dos Tribunais Constitucionais: o entendimento de Alexy da jurisdição constitucional filia-se na concepção sobre o controlo da constitucionalidade das leis (*judicial review*) que associa a função jurisdicional à deliberação na esfera pública, concepção que se afirmou, sobretudo, na esteira das obras de John Rawls (1921-2002) e Ronald Dworkin (1931-2013)[53]. Em particular, a construção das disposições de direitos fundamentais da Constituição como "princípios", fazendo com que o modo característico da sua aplicação sejam juízos de "ponderação" (*Abwägung*)[54], potencia, igualmente, a defesa de um modelo de justificação argumentativa das decisões judiciais.

Não vamos aqui, naturalmente, discutir o conceito de Alexy de "representação argumentativa" como conceito-chave para solucionar o problema geral do controlo de constitucionalidade[55], nem o problema da legitimação da jurisdição constitucional em termos de teoria da Democracia: de todo o modo, o conceito de "representação argumentativa" do Tribunal Constitucional encaixa-se melhor num modelo de Democracia "deliberativa" do que de Democracia "representativa". Por outro lado, configurar o processo de aplicação do Direito fundamentalmente em termos de juízos de "ponderação" (*Abwägung*) legitima o "casuísmo" das decisões.

A teoria da argumentação jurídica de Robert Alexy, como "reabilitação" da filosofia prática no âmbito do Direito, é uma construção filosoficamente rica e sofisticada, que faz reconduzir os critérios de racionalidade do discurso jurídico a um modelo ético de cariz deontológico, cognitivista, formalista e universalista, como idealização da prática social que é o Direito num Estado democrático-constitucional; como racionalização da prática decisória dos Tribunais Constitucionais, condensa pontos de vista interessantes sobre a "natureza" da jurisdição constitucional e a sua função de concretização da Constituição.

---

[52] Cf. Robert Alexy, *Theorie der juristischen Argumentation. Die Theorie des rationalen Diskurses als Theorie der juristischen Argumentation*, cit., maxime pág. 283 e segs.

[53] Cf., por exemplo, John Rawls, «The Idea of Public Reason Revisited» (1997), agora in: John Rawls, *Collected Papers*, Cambridge Mass., 1999, págs. 573-615; Ronald Dworkin, *Freedom's Law. The Moral Reading of American Constitution*, Cambridge Mass., 1996.

[54] Sobre a construção das disposições de direitos fundamentais como "princípios", cf., sobretudo, Robert Alexy, *Theorie der Grundrechte*, Baden-Baden, 1985.

[55] Cf., por exemplo, Robert Alexy, «Ponderación, Control de Constitucionalidad y Representación», in: Robert Alexy, *Teoría del Discurso y Derechos Constitucionales*, Coyoacán, 2005, págs. 89-103.

No entanto, dificilmente poderá considerar-se que o modo como os tribunais comuns decidem casos individuais com base em normas gerais está espelhado no modelo de justificação argumentativa das decisões judiciais e na tese do discurso jurídico como um "caso especial" (*Sonderfall*) do discurso prático geral.

As concepções prático-argumentativas sobre o processo de aplicação do Direito acabam, todas elas, por conduzir a um "casuísmo" das decisões, em que o desiderato de razoabilidade e aceitabilidade da decisão judicial torna maleável o Direito positivo, enfraquecendo, assim, o princípio da legalidade na administração da justiça: isto é particularmente verdadeiro para as teorias da argumentação jurídica de base tópico-retórica. No caso da teoria da argumentação jurídica de Robert Alexy, acabamos por nos deparar com uma idealização da prática social que é o Direito, que pressupõe, como reconhece o próprio Alexy, *"uma ordenação racional e justa da sociedade"*[56].

A colocação do processo de aplicação do Direito no encalço de um Direito "justo" constitui, igualmente, a linha orientadora da compreensão material--axiológica do Direito, de recorte jusnaturalista, que busca, em última análise, fazer valer no processo de realização do Direito os critérios de uma juridicidade supralegal. Esta perspectiva consubstancia-se numa fenomenologia da determinação positiva do Direito que assenta na tese segundo a qual o Direito não é um mero produto da autoridade do legislador, não é norma abstracta, mas existe apenas no seu processo de realização. Como ilustração destas concepções, vamos passar em revista o "modelo da equiparação" (*Gleichsetzungsmodell*) da realização do Direito de Arthur Kaufmann (1923-2001) e as teses de António Castanheira Neves (1929-   ) sobre a realização judicativo-decisória do Direito. Para estas concepções, o processo de realização do Direito não é, fundamentalmente, um problema metodológico, mas sim o problema central da filosofia do Direito.

8.3. A descrição fenomenológica do processo de realização do Direito

Do ponto de vista da filosofia do Direito, a descrição fenomenológica do processo de realização do Direito enquadra-se no movimento de "retorno" ao Direito natural sob a égide do pensamento histórico-existencial (*v. g.*: Heidegger, Jaspers, Max Müller, etc.), que teve o seu apogeu nas décadas de 50 e 60 do século XX e que fazia assentar a sua rejeição do positivismo jurídico na defesa de um Direito natural concreto, vinculado à sua essencialidade e historicidade[57].

---

[56] Cf. Robert Alexy, *Theorie der juristischen Argumentation. Die Theorie des rationalen Diskurses als Theorie der juristischen Begründung*, cit., pág. 359.

[57] Nesta linha, cf., por exemplo, Max Müller, *Existenzphilosophie im geistigen Leben der Gegenwart*, Heidelberga, 1949, *maxime* pág. 105; Werner Maihofer, *Recht und Sein. Prolegomena zu*

§8. MODELOS DE APLICAÇÃO DO DIREITO

No plano político-ideológico, a tese de uma determinabilidade material do conceito de Direito e a recusa da redução do Direito à lei constituíam, basicamente, uma manifestação contra o totalitarismo e o autoritarismo político, baseada numa doutrina de personalismo ético, que estabelecia como fundamento ontológico do Direito e da Moral a ideia de humanidade ou "natureza" do homem como pessoa. As pressuposições e implicações deste modelo não podem, portanto, ser cabalmente explicitadas ao nível de uma investigação de metodologia jurídica, mas requerem uma incursão nos domínios próprios da filosofia do Direito e da História das ideiais.

A descrição fenomenológica da realização existencial do Direito retira da ideia de historicidade como pertença à estrutura ontológica do Direito a perspectiva metodológica segundo a qual ideia de Direito, norma jurídica e decisão jurídica constituem um todo interrelacionado. Esta perspectiva acaba, naturalmente, por atribuir à *jurisdictio*, ao poder de dizer o Direito aplicável a uma situação ou conduta, uma função quase demiúrgica: de acordo com os defensores desta perspectiva, no Estado material de Direito, o Direito realiza-se não na legislação, mas na jurisprudência (na jurisprudência científica e na jurisprudência dos tribunais)[58].

Uma ilustração filosoficamente interessante desta ideia é, como referimos, o "modelo de equiparação" (*Gleichsetzungsmodell*) de Arthur Kaufmann (1923--2001). De acordo com a análise da estrutura ontológica do Direito de Arthur Kaufmann, a existência do Direito não se consubstancia na norma abstracta, mas constitui-se e manifesta-se no seu processo de realização, processo que é integrado por três níveis: *i)* o primeiro é formado pelos princípios jurídicos gerais-abstractos, suprapositivos e supra-históricos; *ii)* o segundo, pelas leis que têm vigência durante um determinado período temporal, as leis positivo-formais; *iii)* o terceiro nível é constituído pelo Direito concreto, positivo-material e histórico[59]. A forma de pensamento que está na base deste processo tem que

---

einer Rechtsontologie, Francoforte, 1954, *maxime* pág. 121; Arthur Kaufmann, «Naturrecht und Geschichtlichkeit» (1957), agora in: Arthur Kaufmann, *Rechtsphilosohie im Wandel. Stationen eines Weges*, 2ª edição, Colónia, 1984, págs. 1-21.

[58] Esta é uma das teses vertebradoras do magistério de A. Castanheira Neves (1929-   ): cf. a expressão enfática desta tese em Fernando José Bronze, «Quae sunt Caesaris, Caesari: et quae sunt jurisprudentiae, jurisprudentiae» (2006), agora in: Fernando José Bronze, *Analogias*, Coimbra, 2012, págs. 139-149. A mesma ordem de considerações pode ser encontrada, por exemplo, em Arthur Kaufmann, «Gesetz und Recht» (1962), agora in: Arthur Kaufmann, *Rechtsphilosophie im Wandel. Stationen eines Weges*, cit., págs. 131-165.

[59] Cf. Arthur Kaufmann, *Analogie und "Natur der Sache". Zugleich ein Beitrag zur Lehre vom Typus*, 2ª edição, Heidelberga, 1982, *maxime* pág. 12; cf., igualmente, Arthur Kaufmann, «Die ontologische Struktur des Rechts» (1962), agora in: Arthur Kaufmann, *Rechtsphilosophie im Wandel. Sta-*

ver com a doutrina da analogicidade do ser e do conhecimento, de raiz escolástica: o pensamento analógico é uma forma de pensamento ordenador que se contrapõe ao pensamento lógico-dedutivo e à sistematização *more geometrico*; opera com base em considerações de "similitude" e "dissimilitude", visando estabelecer uma relação de "correspondência" (*Entsprechung*) entre os pólos do raciocínio, enquanto o pensamento lógico-dedutivo opera com base em considerações de "identidade" e de "diferença"[60].

Segundo Kaufmann, a estruturação do caso e a sua adaptação ao tipo legal previsto constituem momentos inseparáveis de um mesmo processo, que tem como núcleo o "acto de equiparação" (*Gleichsetzungsakt*). A prioridade do Direito perante a lei e a tese da estrutura escalonada do processo de realização do Direito ou "modelo de equiparação" (*Gleichtsetzungsmodell*) da realização do Direito fazem com que a própria actividade legislativa venha a estar, num sentido amplo, incluída na fenomenologia da determinação positiva do Direito, pois o legislador deve continuamente proceder à assimilação da legislação aos princípios jurídicos suprapositivos[61].

Numa linha semelhante de recusa da identificação positivista e legalista do Direito e defendendo, igualmente, que o processo de realização do Direito não pode deixar de assumir uma intencionalidade material de justiça, A. Castanheira Neves (1929-   ) insiste na recuperação da distinção entre "lei" (*lex*) e "Direito" (*jus*) e indica algumas das teses metodológicas coenvolvidas por tal distinção: *i*) a reconsideração do problema das "fontes"; *ii*) o *"reconhecimento da transcensão da mera legalidade por uma juridicidade material ou a abertura daquela a esta e bem assim da insuficiência do critério formal da lei para assumir a juridicidade concreta"*; *iii*) o reconhecimento do *"carácter normativo e de mediação concretamente constitutiva da realidação do Direito"*, etc[62].

A recuperação da distinção entre "lei" (*lex*) e "Direito" (*jus*) implica no plano metodológico que *"a realização do Direito não se confunde com a aplicação da lei"* e reclama no plano institucional *"a revisão do princípio da separação dos poderes em termos do reforço e ampliação do poder judicial, a implicar não só o efectivo e indispensável poder criador do Direito exercido pelos tribunais, e assim da legitimidade do*

---

tionen eines Weges, cit., págs. 101-129, *maxime* pág. 125 e segs.; Arthur Kaufmann, *Filosofia do Direito* (1997), tradução a cargo de António Ulisses Cortês, Lisboa, 2004, *maxime* pág. 124.

[60] Cf. Arthur Kaufmann, *Analogie und "Natur der Sache". Zugleich ein Beitrag zur Lehre vom Typus*, cit., *maxime* pág. 29 e segs.

[61] Cf., por exemplo, Arthur Kaufmann, *Das Verfahren der Rechtsgewinnung. Eine rationale Analyse*, Munique, 1999, pág. 13.

[62] Cf. A. Castanheira Neves, «O princípio da legalidade criminal» (1984), agora in: A. Castanheira Neves, *Digesta. Escritos acerca do Direito, do Pensamento Jurídico, da sua Metodologia e Outros*, vol. 1º, Coimbra, 1995, págs. 349-473, *maxime* pág. 350.

§8. MODELOS DE APLICAÇÃO DO DIREITO

Richterrecht, *como a afirmação da jurisdição enquanto a sede decisiva de constituição e manifestação do Direito pela sua própria realização*"[63].

A descrição fenomenológica do processo de realização do Direito, mais do que a defesa de um conjunto de teses de metodologia jurídica, constitui uma rejeição da concepção legalista e formalista da juridicidade. Ora, como aponta Max Weber (1864-1920), o Direito moderno caracteriza-se pelo domínio de normas gerais e abstractas e a "substancialização" ou "materialização" do Direito formal acaba por arrastar consigo uma justiça *ad hoc*, que pressupõe atributos especiais naqueles que têm o poder de dizer o Direito (*jurisdictio*)[64]. Não é esse, evidentemente, o modo como funciona o Direito no modelo de legitimidade de comando ou autoridade que Weber designa como "legal-racional", predominante nas sociedades ocidentais modernas.

Aliás, nestes autores, a rejeição da identificação legalista e formalista do Direito, a recusa do relativismo axiológico e a crítica da interpretação individualístico-liberal do Estado de Direito estão associadas a um certo *pathos* romântico, impulsionado pela filosofia existencial, de recusa da ordem impessoal, burocrático-funcional, que se sedimentou com a Modernidade europeia ocidental, e do paradigma de racionalidade científico-tecnológica que está subjacente ao desenvolvimento do tipo de autoridade "legal-racional"[65]. A exploração destes "tópicos" iria, porém, conduzir-nos para domínios que não são os domínios específicos da metodologia jurídica. No entanto, como referimos, a descrição fenomenológica do processo de determinação positiva do Direito não consiste, apenas, na afirmação de um conjunto de teses de metodologia jurídica, mas constitui, para os seus defensores, o problema central da filosofia do Direito. Vejamos, então, como é que a realização existencial do Direito é assumida como problema central da filosofia do Direito por Arthur Kaufmann (1923-2001).

8.3.1. O "modelo de equiparação" (*Gleichsetzungsmodell*) da realização do Direito

Arthur Kaufmann (1923-2001) faz centrar a determinação do Direito (*Rechtsfindung*) no caso individual na assimilação entre a matéria de facto (*Lebenssa-*

---

[63] Cf. A. Castanheira Neves, «O Direito como alternativa humana. Notas de reflexão sobre o problema actual do Direito» (1988), agora in: A. Castanheira Neves, *Digesta. Escritos acerca do Pensamento Jurídico, da sua Metodologia e Outros*, vol. 1º, cit., págs. 287-310, pág. 296.

[64] Max Weber (1864-1920) falava deste modelo de justiça como "justiça do cádi" (*Khadi Justiz*), aludindo à magistratura simultaneamente civil e religiosa do Direito muçulmano, que pressupõe no magistrado atributos de origem divina ou exemplares.

[65] Muito elucidativas e interessantes são, neste plano, as reflexões levadas a cabo por A. Castanheira Nevs em *A Crise Actual da Filosofia do Direito no Contexto da Crise Global da Filosofia*, Coimbra, 2003.

chverhalt) e a norma[66]: antes da conformação das premissas da decisão, aquilo que é dado objectivamente ao juiz são materiais em bruto (*Rohmaterialien*), o caso amorfo e a norma abstracta[67]. Este processo de determinação do Direito (*Rechtsfindung*) no caso individual é integrado por momentos dedutivos, indutivos, abdutivos e analógicos[68]: a "abdução" (conjectura) consiste no avanço de hipóteses normativas de resolução, com que se inicia o processo de determinação do Direito (*Rechtsfindung*) no caso individual; a "indução" (generalização) é uma conclusão do particular ao geral, do caso à regra; à "dedução" cabe o controlo da correcção das inferências, mas ela é irrelevante na conformação das premissas; à "analogia" cabe a "assimilação" (*Assimilation*) ou "adaptação" (*Angleichung*), o fazer "corresponder" a matéria de facto (*Lebenssachverhalt*) e a hipótese normativa – é, portanto, a "analogia" que constitui o elemento nuclear do processo de realização do Direito, segundo a perspectiva de Arthur Kaufmnn[69]. Kaufmann corrobora, assim, a tese segundo a qual o verdadeiro problema metodológico na aplicação prática do Direito diz respeito à configuração das premissas e não à correcção formal da dedução[70].

A tese do carácter analógico do Direito e do pensamento jurídico traduz-se no facto de que a formulação e comparação de possibilidades normativas hipotéticas e a qualificação jurídica da matéria de facto (*Lebenssachverhalt*) se consubstanciam num procedimento circular, no "*ir e vir da perspectiva entre a premissa maior e a matéria de facto*" [Hin- und Herwandern des Blicks zwischen Obersatz und Lebenssachverhalt], de que falava Karl Engisch (1899-1990)[71].

---

[66] Cf., por exemplo, Arthur Kaufmann, *Analogie und "Natur der Sache". Zugleich ein Beitrag zur Lehre vom Typus*, cit., *maxime* pág. 37 e segs.

[67] Cf., por exemplo, Arthur Kaufmann, «Gedanken zu einer ontologischen Grundlegung der juristischen Hermeneutik» (1982), agora in: Arthur Kaufmann, *Beiträge zur Juristischen Hermeneutik*, Colónia, 1984, págs. 89-99, *maxime* pág. 93.

[68] Sobre a importância destes diferentes modos de inferência no processo de determinação do Direito, cf. Arthur Kaufmann, *Filosofia do Direito*, cit., *maxime* pág. 111 e segs,; cf., igualmente, Arthur Kaufmann, *Das Verfahren der Rechtsgewinnung. Eine rationale Analyse*, cit., *maxime* pág. 51 e segs. Uma boa visão é oferecida por Robert Alexy, «Arthur Kaufmanns Theorie der Rechtsgewinnung», in: Winfried Hassemer, Ulfrid Neumann e Ulrich Schroth (eds.), *Verantwortetes Recht. Die Rechtsphilosophie Arthur Kaufmanns*, Wiesbaden, 2005, págs. 47-66.

[69] Nas suas palavras: "*Determinação do Direito* (Rechtsfindung) *é, portanto, um trazer à correspondência* (In-die-Entsprechung bringen), *uma adaptação* (Angleichung), *uma assimilação* (Assimilation) *entre a matéria de facto* (Lebenssachverhalt) *e a norma*" – cf. Arthur Kaufmann, *Analogie und "Natur der Sache". Zugleich ein Beitrag zur Lehre vom Typus*, cit., pág. 38.

[70] Neste sentido, cf., em primeiro lugar, Karl Engisch, *Die Idee der Konkretisierung in Recht und Rechtswissenschaft unserer Zeit* (1953), 2ª edição, Heidelberga, 1968.

[71] Cf. Karl Engisch, *Logische Studien zur Gesetzesanwendung* (1942), 3ª edição, Heidelberga, 1963, pág. 15.

Por isso, no posfácio à 2ª edição (1982) de *Analogie und "Natur der Sache"*, Kaufmann considera essa sua obra como um contributo para a recepção da Hermenêutica filosófica na ciência do Direito, fazendo-a alinhar com uma orientação protagonizada por autores como Josef Esser (1910-1999), Karl Engisch (1899--1990), Helmut Coing (1912-2000), Karl Larenz (1903-1993), Winfried Hassemer (1940-2014), Joachim Hruschka (1935-   ), Friedrich Müller (1938-   ) e Martin Kriele (1931-   )[72]. No entanto, como ele próprio reconhece no posfácio à 2ª edição (1982), são praticamente inexistentes nessa sua obra as referências à Hermenêutica filosófica, recorrendo antes à doutrina da analogicidade do conhecimento e do ser, de matriz aristotélico-tomista, para descrever o processo de "assimilação" (*Assimilation*) entre a hipótese normativa e a matéria de facto (*Lebenssachverhalt*). Diz o nosso autor: "*Analogia não é identidade, nem diferença, mas ambas as coisas: "correspondência de identidade e diferença*" (Heidegger), "*termo médio entre identidade e contradição*" (Lakebrink), "*unidade de correspondência entre o que é diferente na sua essência*" (Söhngen), *ou, tal como foi expressado por Hegel: "identidade dialéctica", "unidade de unidade e oposição", "identidade de identidade e não identidade*"[73]. E acrescenta: "*Um ordenamento, e um ordenamento jurídico também, só existe com base na analogia do ser, que é um meio entre identidade e contradição, entre igualdade e diversidade*"[74]. É o "acto de equiparação" (*Gleichsetzungsakt*), que não é um mero acto de conhecimento, mas consiste, essencialmente, em decisão, que realiza a "assimilação" (*Assimilation*) ou "adaptação" (*Angleichung*) entre a hipótese normativa e a matéria de facto (*Lebenssachverhalt*).

A doutrina da analogicidade do Direito como "correspondência" (*Entsprechung*) entre "ser" e "dever-ser" constitui uma ontologia de base fenomenológica a que se associa como princípio de validade (no sentido de validade axiológico-material) o reconhecimento do homem como pessoa. Este tipo de visão do Direito como processo de realização de uma ideia material de justiça teve um largo curso no panorama da filosofia do Direito na Alemanha das décadas de 50 e 60 do século XX, com base, sobretudo, na fenomenologia e na filosofia da existência – *v. g.* Werner Maihofer (1918-2009), Erich Fechner (1903--1991), Helmut Coing (1912-2000), etc. A compreensão material-axiológica do Direito, além de ser dominante no plano da filosofia do Direito na Alemanha

---

[72] Cf. Arthur Kaufmann, *Analogie und "Natur der Sache". Zugleich ein Beitrag zur Lehre vom Typus*, cit., pág. 77.

[73] Cf. Arthur Kaufmann, *Analogie und "Natur der Sache". Zugleich ein Beitrag zur Lehre vom Typus*, cit., pág. 19. Defendendo a tese do carácter analógico do Direito e do pensamento jurídico, cf., entre nós, Fernando José Bronze, *A Metodonomologia entre a Semelhança e a Diferença (Reflexão Problematizante dos Pólos da Radical Matriz Analógica do Discurso Jurídico)*, Coimbra, 1994.

[74] Cf. Arthur Kaufmann, *Analogie und "Natur der Sache". Zugleich ein Beitrag zur Lehre vom Typus*, cit., pág. 30.

das décadas de 50 e 60 do século XX, teve projecção no plano da metodologia jurídica, como uma das linhas em que veio a estribar-se a orientação metodológica denominada "Jurisprudência de valoração" (*Wertungsjurisprudenz*), e influenciou a própria jurisprudência dos tribunais superiores alemães, nomeadamente justificando a possibilidade de um Direito judicial rectificador ou concorrente da lei, sempre que esta se mostre em contradição com os critérios de uma juridicidade supralegal[75].

Numa linha que apresenta inúmeros pontos de contacto com este conjunto de perspectivas, a reflexão de filosofia do Direito e de metodologia jurídica de A. Castanheira Neves (1929-   ) e da sua Escola centra-se na fenomenologia da realização judicativo-decisória do Direito, admitindo, no plano metodológico, a invocação dos critérios de uma juridicidade supralegal e, com base nesses critérios, a legitimidade da preterição judicial do Direito legislado.

8.3.2. A realização judicativo-decisória do Direito

António Castanheira Neves (1929-   ) é autor de uma extensa obra de filosofia do Direito, que tem como inspiração fundamental o pensamento histórico-existencial e em que a linha de força dominante é a rejeição da identificação legalista e formalista do Direito. A. Castanheira Neves recorre a "tópicos" da filosofia da existência, como a "perda da autenticidade" da condição humana decorrente do predomínio do pensamento finalístico-técnico e do formalismo lógico[76], para assinalar ao pensamento jurídico a tarefa de constituição-realização do Direito, fazendo valer a sua essencial dimensão axiológico-normativa[77].

Essa é também a base para a sua rejeição do paradigma estadualista do Direito: de acordo com a sua interpretação, no mundo técnico-funcional, o Direito fica *"abandonado numa irresistível instrumentalização ao político"*, sendo despojado da sua *auctoritas* específica e reconduzido à *potestas* do Estado.

---

[75] Para um conspecto geral, cf., por todos, Jörg Neuner, *Die Rechtsfindung contra legem*, 2ª edição, Munique, 2005.

[76] A crítica da razão moderna como razão descritiva e instrumental é um "tópico" fundamental da filosofia do jovem Heidegger (1889-1976) que se torna recorrente em toda a filosofia existencial e, também, na Escola de Francoforte, sobretudo em Max Horkheimer (1895-1973). A recuperação da concepção aristotélica de saber prático e a tese de actualidade hermenêutica da Ética aristotélica, que Heidegger aprofunda nos cursos de Freiburgo (1919-23) e Marburgo (1923-28), vêm a ter uma influência determinante na estruturação da Hermenêutica filosófica de Hans-Georg Gadamer (1900-2002) e nas propostas de uma Hermenêutica transcendental apresentadas por Karl-Otto Apel (1922-   ) e Jürgen Habermas (1929-   ).

[77] Cf., por exemplo, A. Castanheira Neves, «O papel do jurista no nosso tempo» (1968), agora in: A. Castanheira Neves, *Digesta. Escritos acerca do Direito, do Pensamento Jurídico, da sua Metodologia e Outros*, vol. 1º, cit., págs. 9-50, *maxime* pág. 29 e seg.; cf., igualmente A. Castanheira Neves, *A Crise Actual da Filosofia do Direito no Contexto da Crise Global da Filosofia*, cit.

§8. MODELOS DE APLICAÇÃO DO DIREITO

O paradigma moderno-iluminista da juridicidade, que identifica o Direito com a legalidade, e o logicismo exegético-dogmático (o método "jurídico") são questionados em nome da necessidade do reconhecimento de uma normatividade jurídica supralegal – o *jus* a transcender a *lex* – e da recuperação do sentido axiológico-normativo e material da juridicidade.

O nosso autor reporta-se às diversas linhas de ataque ao logicismo formalista empreendidas pelas correntes jusmetodológicas de orientação prática, desde a última década do século xx – "Movimento do Direito Livre", "livre investigação científica do Direito", "Jurisprudência dos interesses" e "Jurisprudência de valoração" –, identificando nelas uma convergência no sentido de uma recompreensão do Direito como uma tarefa e um problema práticos, recompreensão que, nas suas palavras, *"convocava o pensamento jurídico... a uma intencionalidade especificamente axiológico-normativa e normativo-teleológica"*[78]. O que conduziria a equacionar o núcleo dos problemas da metodologia jurídica não em termos de "aplicação da lei", mas como *"realização judicativo-decisória do Direito" ou "judicativo-material-normativa realização do Direito"*, expressões que figuram recorrentemente nos seus escritos.

Esta rejeição da compreensão do Direito como "objecto" ou "dado", da identificação do Direito em termos prescritivo-abstractos[79], e a invocação de um sentido axiológico-normativo e material da juridicidade exigiriam a recompreensão do Estado de Direito formal como Estado de Direito material, isto é, um Estado que reconhece ao Direito a realização da sua intenção axiológica[80]. Ao nível estritamente metodológico, tal implicaria o dever do juiz de recusar a aplicação da lei injusta e decidir *contra legem*[81]. O reconhecimento de critérios de uma juridicidade supralegal e a invocação de um sentido axiológico-normativo e material da juridicidade legitimariam a decisão *contra legem*, ou, recorrendo às palavras do nosso autor, a *"correcção, preterição e superação conforme*

---

[78] Cf. A. Castanheira Neves, *O Problema Actual do Direito. Um Curso de Filosofia do Direito* (lições policopiadas), Lisboa, 2006-2007, pág. 54-A. Sobre as afinidades e as dissonâncias da reflexão de A. Castanheira Neves e da sua Escola com estas correntes metodológicas de orientação prática, cf., por todos, Fernando José Bronze, «Alguns marcos do Século na História do Pensamento Metodológico-Jurídico», in: *Volume Comemorativo do 75º Tomo do Boletim da Faculdade de Direito* (BFD), págs. 151-177, *maxime* pág. 157 e segs.

[79] Cf., por exemplo, A. Castanheira Neves, «O princípio da legalidade criminal», cit., *maxime* pág. 412 e segs.

[80] Na compreensão do Direito que nos propõe, o Direito deixa *"... de se nos impor como um dado-objecto... Não é, pois, pressuposto, e sim problema. Ou, de outro modo: é tarefa que se faz, não substância que se descobre"*: cf. A. Castanheira Neves, «O papel do jurista no nosso tempo», cit., pág. 41.

[81] Cf., por exemplo, A. Castanheira Neves, «O papel do jurista no nosso tempo», cit., *maxime* pág. 45.

os princípios do Direito legislado"[82]. Caberia, pois, à função jurisdicional a responsabilidade ético-social da realização do sentido autêntico da juridicidade, fazendo A. Castanheira Neves sua a pretensão de René Marcic (1919-1971) de uma transição *"do Estado legal para o Estado judicial"* [vom Gesetzesstaat zum Richterstaat][83].

Em última análise, qual é, para o nosso autor, o campo temático da metodologia jurídica, enquanto reflexão crítica sobre a realização do Direito? Segundo A. Castanheira Neves, ao entender-se a positivação das normas jurídicas como uma determinação do princípio axiológico-normativo do Direito enquanto Direito, haveria que incluir no âmbito da metodologia jurídica a reflexão sobre a realização pela legislação da intencionalidade normativa mateial do Direito, ou seja, haveria que entender a *"... realização do Direito em sentido amplo, de modo a abranger, como suas duas modalidades, tanto a prescrição legislativa como a judicativa decisão concreta: aquela seria uma realização do Direito em abstracto, esta uma realização do Direito em concreto, e que apenas prolongaria, justamente na sua concretização normativa, aquela primeira"*[84].

A reflexão de A. Castanheira Neves e da sua Escola oferece um contraponto sistemático às teses metodológicas do positivismo legalista, com a sua exigência do reconhecimento dos critérios de uma juridicidade supralegal, a defesa da admissibilidade da decisão *contra legem* e, mais além disso, a própria obliteração da distinção entre a perspectiva analítico-descritiva e a perspectiva crítico-valorativa na abordagem do Direito, distinção que constitui a pedra angular do edifício do positivismo jurídico. Mas não é descabido questionar se uma tal fenomenologia da constituição-realização do Direito não acaba por recuperar as concepções pré-modernas de *interpretatio* e *jurisdictio*, que foram abandonadas com a afirmação do paradigma moderno-iluminista da juridicidade e o positivismo legalista subsequente. Por outro lado, esta fenomenologia da constituição-realização do Direito tem projecções no plano institucional que não são difíceis de entrever: implicam uma nova compreensão do estatuto da função jurisdicional e do princípio da separação dos poderes, legitimando o activismo judicial.

Uma outra linha de ataque ao logicismo formalista na aplicação do Direito, que vamos passar a analisar nas suas linhas gerais, contesta que sejam as regras

---

[82] Cf. A. Castanheira Neves, *Metodologia Jurídica. Problemas Fundamentais*, Coimbra, 1993, *maxime* pág. 189 e seg.
[83] Cf. por exemplo, A. Castanheira Neves, «O papel do jurista no nosso tempo», cit., pág. 45.
[84] Cf. A. Castanheira Neves, *Metodologia Jurídica. Problemas Fundamentais*, cit., pág. 18. Num sentido idêntico, cf. Fernando José Bronze, *Lições de Introdução ao Direito*, 2ª edição, Coimbra, 2005, *maxime* pág. 751.

formais o factor determinante das decisões judiciais e reclama uma maior atenção aos aspectos sociológicos e empíricos da actividade judicial: estamos a referir-nos à linha que vai da *sociological jurisprudence* e do realismo jurídico norte-americano dos anos 20 e 30 do século XX ao movimento dos *Critical Legal Studies*, que enfatiza a indeterminação da linguagem do Direito e os aspectos psicológicos e não racionais do processo de decisão judicial. Pese embora a diversidade existente entre estas orientações e até o próprio carácter ecléctico de cada uma delas, convergem na crítica ao formalismo jurídico e à sua pretensão de aplicação das normas jurídicas de maneira neutral e objectiva.

8.4. Logicismo e instrumentalismo na aplicação do Direito

No espaço da *common law*, sobretudo nos Estados Unidos, o ataque ao logicismo formalista proveio inicialmente da *sociological jurisprudence* e da sua concepção "instrumentalista" do Direito, isto é, da concepção do Direito como um meio para fins sociais[85]. Neste aspecto, havia uma coincidência de pontos de vista com as orientações metodológicas europeias continentais, subsequentes à reorientação finalística e teleológica do método "jurídico" operada pelo Jhering (1818-1892) da segunda fase: o "Movimento do Direito Livre", a "livre investigação científica do Direito" e a própria "Jurisprudência dos interesses"[86]. O mote do ataque da *sociological jurisprudence* ao logicismo formalista está condensado no famoso dito de Oliver Wendell Holmes (1841-1935), segundo o qual *"the life of the law has not been logic, it has been experience"*[87]. Daí, a necessidade de uma interpretação teleológica (*purposive adjudication*), que investigasse e atendesse às finalidades sociais tidas em consideração pelo legislador, complementada pela análise empírica das consequências em termos de realidade social de uma ou outra das decisões que fossem comportáveis pelo sentido literal possível das *"black letter rules"*, das formulações normativas.

Para além da concepção "instrumentalista" do Direito, esta orientação sublinhava o papel do juiz na criação do Direito. Referindo-se à contribuição da obra de John Chipman Gray, *The Nature and Sources of Law* (1909), para a criação de uma visão "realista" do Direito, Jerome Frank (1889-1957) dizia que *"Judges, he saw, make the law and, until they make it, there is any law, but only ingre-*

---

[85] Para uma visão geral, cf., por todos, J. Morton Horwitz, *The Transformation of American Law 1870-1960: The Crisis of Legal Orthodoxy*, Oxford, 1992.
[86] A este propósito, cf. Robert S. Summers, *Instrumentalism and American Legal Theory*, Ithaca, 1982; Norbert Reich, *Sociological Jurisprudence und Legal Realism im Rechtsdenken Amerikas*, Heidelberga, 1967; Alan Hunt, *The Sociological Movement in Law*, Londres, 1978, *maxime* pág. 48 e segs.
[87] Cf. Olivier Wendell Holmes, *Common Law*, Boston, 1881, pág. 1.

dients for making law"[88], perspectiva muito próxima daquela que, no continente europeu, era defendida por Oskar Bülow (1837-1907) e os seguidores do Movimento do Direito Livre; e, sublinhando a importância de Oliver Wendell Holmes (1841-1935) para a consolidação dessa visão "realista", dizia: *"Holmes' description of law can be stated as a revision of Gray's definition, thus: Law is made up not of rules for decision laid down by the courts but of the decisions themselves"*[89].

Esta visão sobre o Direito e a decisão judicial (*adjudication*) tende a diminuir o papel das formulações normativas (das *"black letter rules"*) como factor determinante das decisões judiciais e a considerar a importância dos factores sociais que podem influenciar a conduta do juiz: a sua pertença a uma classe social, a sua socialização numa cultura jurídica específica, etc. Factores que permitiriam identificar "regularidades" de comportamento, susceptíveis de um estudo empírico de base sociológica. A ciência do Direito seria assim, na perspectiva do realismo jurídico norte-americano, uma ciência empírica, de análise de "factos" e não de "normas" (dos conteúdos lógico-semânticos das formulações normativas)[90].

A crítica ao logicismo formalista e à ciência jurídica convencional por parte do realismo jurídico norte-americano dos anos 20 e 30 do século XX estava ao serviço de um projecto social de progressismo reformista, à altura corporizado nas políticas do *New Deal* de Franklin D. Roosevelt (1882-1945). A exigência de um princípio formal de validade e a defesa da estrutura formal da decisão jurídica são relativizadas pelo realismo jurídico norte-americano, em nome de uma perspectiva instrumentalista ou funcionalista, que concebe o Direito como tecnologia social.

Estes pontos de vista são retomados pelo movimento dos *Critical Legal Studies* e desenvolvidos com apoio num conjunto heterogéneo de orientações – neo-marxismo, Teoria Crítica, pós-estruturalismo, "desconstrução", etc. –, em nome de um projecto jurídico-político de reorganização radical da sociedade

---

[88] Cf. Jerome Frank, *Law and the Modern Mind* (1930), 6ª edição, Nova Iorque, 1949, pág. 123.
[89] Cf. Jerome Frank, *Law and the Modern Mind*, cit., pág. 125.
[90] Neste aspecto, e sobretudo neste aspecto, o realismo jurídico norte-americano (bastante ecléctico na diversidade das suas teses e orientações) aproxima-se do realismo jurídico escandinavo e da sua proposta de transformação da ciência do Direito numa ciência empírica. O representante mais categorizado do realismo jurídico escandinavo, Alf Ross (1899-1979), afirmava no "Prefácio" do seu livro *On Law and Justice* (Berkeley, 1959) que *"A ideia orientadora desta obra é levar no campo do Direito os princípios empíricos às suas consequências últimas"*. Nessa base, considerava que os enunciados da ciência do Direito são asserções sobre o Direito vigente (*valid law*), cuja forma típica é dada na asserção *"D é Direito vigente"*. O método de verificação desta asserção consiste na verificação das decisões dos tribunais (e dos demais órgãos executivos).

§8. MODELOS DE APLICAÇÃO DO DIREITO

numa perspectiva comunitarista. À semelhança de Ronald Dworkin (1931--2013), os partidários dos *Critical Legal Studies* assumem uma linha de continuidade entre a aplicação do Direito e a *political morality*, colocando exigências ideológicas à decisão judicial (*ideological stakes in adjudication*), como refere um dos seus mais importantes teóricos, Duncan Kennedy (1942-   )[91]; mas, ao contrário de Dworkin, as suas exigências ideológicas não vão no sentido da defesa do *"liberal rule of law"* e de uma *"communiy of principle"*, como horizonte de fundamentação axiológica que aponta para a prioridade liberal dos "direitos", reivindicando, antes, a inversão das hierarquias na sociedade democrática e liberal e denunciando a função ideológica do discurso jurídico liberal, como dissimulação das desigualdades de facto, por via da referência a um sujeito jurídico abstracto e universal, titular de "direitos"[92].

É extremamente difícil proceder a um mapeamento rigoroso das teses do *Critical Legal Studies Movement*, seja pela multiplicidade das suas referências filosóficas e o seu carácter ecléctico, seja pela situação de guerrilha intelectual permanente no seio do próprio movimento[93]. Trata-se, basicamente, de uma "desconstrução" do discurso jurídico liberal, mais do que de um programa "construtivo": mas a sua exigência de estudo do funcionamento real do Direito (*a law in action*) situa os *Critical Legal Studies* na linha da *sociological jurisprudence* e do realismo norte-americano, como manifestações da *"revolta contra o formalismo"*[94].

---

[91] Cf. Duncan Kennedy, *A Critique of Adjudication (Fin de Siècle)*, Cambridge Mass., 1997, *maxime* pág. 23 e segs.

[92] Por sua vez, a alegada insuficiência do tronco principal do *Critical Legal Studies Movement* na articulação dos problemas da desigualdade de género e da opressão racial deu azo a ulteriores ramificações do movimento, surgindo no final dos anos 80 do século xx novas tendências como a *"Feminist Jurisprudence"* e a *"Critical Race Theory"*: a este propósito, cf. Patricia Smith, «Feminist Legal Critics: The Reluctant Radicals», in: Stephen M. Griffin e Robert C. L. Moffat (eds.), *Radical Critiques of the Law*, Lawrence, 1997, págs. 143-161; cf., igualmente, Richard Delgado e Jean Stefanic, «Critical Race Theory: Past, Present and Future», in: Michael Freeman (ed.), *Legal Theory at the End of the Millenium*, Oxford, 1998, págs. 467-491.

[93] Uma boa visão geral pode encontrar-se no livro de Roberto Mangabeira Unger, *The Critical Legal Studies Movement*, Cambridge Mass., 1983, considerado, habitualmente, como uma espécie de manifesto do movimento; para uma visão resumida, cf., com interesse, Duncan Kennedy, «Nota sobre la historia de C L S en los Estados Unidos», in: *Doxa* 11 (1992), págs. 283-293; uma análise abrangente é a oferecida por Juan A. Pérez Lledó, *El Movimiento* Critical Legal Studies, Madrid, 1996.

[94] A expressão procede do título do livro de Morton White, *Social Thought in America: The Revolt Against Formalism*, Nova Iorque, 1949, e abrange não apenas o pensamento jurídico, como também a sociologia, a teoria económica, a filosofia, etc.

8.4.1. O realismo jurídico norte-americano e a *"revolta contra o formalismo"*
Por "formalismo jurídico" no quadro da cultura jurídica da *common law* não deve entender-se o quadro metodológico propugnado no continente europeu pela Escola da Exegese e pela Pandectística alemã, mas antes uma orientação metodológica caracterizada pela adesão ao precedente (*stare decisis*), a distinção entre *ratio decidendi* e *obter dicta* e a aplicabilidade mecânica dessa *ratio decidendi* a futuros casos análogos[95]. Mais apegado ao "caso", o formalismo jurídico da *common law* tinha características distintas do formalismo jurídico que prevaleceu na cultura jurídica europeia continental ao longo de quase todo o século XX. Na cultura jurídica norte-americana, o formalismo jurídico teve como figura de proa Christopher C. Langdell (1826-1906) e foi dominante no período entre 1870 e 1920, dando então lugar a uma nova fase, inaugurada pelo realismo jurídico[96].

O realismo jurídico norte-americano não é um movimento metodologicamente coeso, mas, como reconhece um dos seus principais representantes, Jerome Frank (1889-1957), *"... estes chamados realistas têm apenas um vínculo em comum, uma característica negativa já apontada: o cepticismo em relação a algumas teorias jurídicas convencionais, um cepticismo estimulado por um zelo em reformar, no interesse da justiça, alguns procedimentos habituais dos tribunais"*[97]. Mais do que uma concepção sobre o Direito, o realismo jurídico norte-americano é uma teoria da decisão judicial (*adjudication*).

Tomemos, precisamente, como exemplo a descrição do processo de decisão judicial e da sua justificação que faz Jerome Frank (1889-1957). Diz ele: *"O processo de julgamento, é isso que nos dizem os psicólogos, raramente se inicia com uma premissa da qual se extrai subsequentemente uma conclusão. O acto de julgar começa, antes, de maneira inversa – com uma conclusão formada de modo mais ou menos vago; começa-se, habitualmente, com uma tal conclusão e depois intenta encontrar-se as premissas que a convalidem"*[98]. Esta tese é, como tivemos já oportunidade de referir (cf. *supra*, 4.5), perfilhada pelos partidários do Movimento do Direito Livre[99] e por muita da metodologia jurídica mais recente (*v. g.*: Josef Esser), que defende que a fundamentação em termos lógico-dedutivos da sentença judicial não é senão uma

---

[95] A este propósito, cf. Max Radin, «Case Law and Stare Decisis: Concerning *Präjudizienrecht* in America», in: *Essays on Jurisprudence from the Columbia Law Review*, Nova Iorque, 1964, págs. 3-16.
[96] Sobre a periodização da História jurídica norte-americana, cf. Karl N. Llewellyn, *The Common Law Tradition. Deciding Appeals*, Boston, 1960; cf., igualmente, Lawrence Friedman, *A History of American Law*, 2ª edição, Nova Iorque, 1985.
[97] Cf. Jerome Frank, "Prefácio" à 6ª edição (1949) de *Law and the Modern Mind*, cit., pág. VIII.
[98] Cf. Jerome Frank, *Law and the Modern Mind*, cit., pág. 100.
[99] Cf., por exemplo, Hermann Isay, *Rechtsnorm und Entscheidung* (1929), Aalen, 1970, *maxime* pág. 61 e segs.

"reconstrução" de uma decisão que foi alcançada por outros meios. E prossegue o autor: *"Em teoria, o juiz começa com alguma regra ou princípio de Direito como premissa, aplica essa premissa aos factos e chega assim à sua decisão... Ora, dado que o juiz é um ser humano e uma vez que nenhum ser humano no seu processo normal de pensamento chega a decisões (excepto quando trata de um número limitado de situações simples) pela via de um tal raciocínio silogístico, é justo pressupor que o juiz, apenas por vestir a toga, não virá a adquirir um método tão artificial de raciocínio"*[100].

O realismo jurídico norte-americano não hesita, na formulação da sua teoria da decisão judicial (*adjudication*), em recorrer ao contributo das ciências empíricas para analisar a influência dos factores individuais na formação das decisões judiciais. A este propósito, refere outro dos mais categorizados representantes do realismo jurídico norte-americano, Felix S. Cohen (1907-1953): *"Hoje estamos dispostos a reconhecer que os juízes são seres humanos e que nem todas as forças que motivam o comportamento judicial são palavras em livros impressos. Existem, naturalmente, largas diferenças de opinião em relação à importância comparativa dos diferentes campos de conhecimento em ordem a ajudar-nos a predizer o comportamento judicial. Alguns andam a investigar nos campos da psicologia e da psicanálise, sem conseguir, na minha opinião, nenhum resultado significativo. Outros estudiosos do Direito têm realizado estudos esclarecedores de cunho social, económico e político dos juízes e das suas decisões. Estudos igualmente úteis têm sido realizados no campo das pressões sociais institucionais que têm influência na legislação"*[101]. De facto, enquanto alguns dos autores identificados com o realismo jurídico norte-americano (*v. g.*: Hermann Oliphant, William Douglas, Hessel Yntema e, sobretudo, Underhill Moore) encontravam na análise comportamental (*behaviouralism*) o instrumento, por excelência, em que se deveria basear a teoria da decisão judicial (*adjudication*), como análise empírica do funcionamento real do Direito (*law in action*), outros autores (*v. g.*: Felix S. Cohen, Harold Lasswell, Myres McDougall) recorriam às ciências sociais e à *policy analysis* para investigar os factores e os impactos sociais das decisões judiciais.

É, sobretudo, aqui que se pode identificar a linha de continuidade entre o realismo jurídico norte-americano e os *Critical Legal Studies*. Todavia, os *Critical Legal Studies* não se limitam a "realisticamente" identificar os factores e os impactos sociais das decisões judiciais: constroem a sua teoria da decisão judicial (*adjudication*) como instrumento de realização da emancipação política

---

[100] Cf. Jerome Frank, *Law and the Modern Mind*, cit., pág. 101.
[101] Cf. Felix S. Cohen, «The Problems of a Functional Jurisprudence» (1937), in: Felix S. Cohen, *The Legal Conscience* (ed. a cargo de Lucy Kramer Cohen), New Haven, 1960, págs. 77-94, pág. 84 e seg.

dos grupos sociais subalternos e denunciam o carácter ideológico das ciências sociais empíricas, como manifestação do instrumentalismo tecnocrático.

8.4.2. A decisão judicial como instrumento de emancipação política: os *Critical Legal Studies*
A teoria da decisão judicial (*adjudication*) dos *Critical Legal Studies* tem como pressuposições gerais a contestação global da cultura jurídica formalista e as pretensões de cientificidade, autonomia e neutralidade do método jurídico, em nome de um comprometimento com uma estratégia compensatória das desigualdades efectivas (em função do estatuto económico-social, do género ou da raça) entre os cidadãos. Essa estratégia inclui, frequentemente, a crítica à monopolização da resolução de litígios por juízes profissionais[102].

O instrumentário conceptual a que os *Critical Legal Studies* recorrem é, assumidamente, ecléctico (marxismo crítico, psicanálise, "desconstrução", sociologia weberiana, etc.) e, sobretudo nalgumas ramificações do Movimento ("*Feminist Jurisprudence*", "*Critical Race Theory*"), o seu estilo de argumentação, por vezes, bizarro. O activismo social e político a que está subordinado tem, nos Estados Unidos, um impacto reduzido, cingindo-se aos sectores mais radicais do *establishment* académico e intelectual; no entanto, em certos países latino-americanos, o pensamento de crítica substantiva do Direito miscigena-se facilmente com as pulsões políticas de cariz populista (e, por vezes, indigenista) na defesa de um projecto alternativo de construção social.

Do ponto de vista da intersecção com outras orientações do pensamento jurídico – para além do realismo jurídico norte-americano, já referido -, o anti-formalismo dos *Critical Legal Studies* consubstancia uma perspectiva de materialização do Direito formal que o aproximam de orientações "principialistas", como as de Ronald Dworkin (1931-2013) e, mais me geral, de uma compreensão material-axiológica do Direito[103]. No entanto, estas orientações rejeitam a funcionalização política do pensamento jurídico e o modelo do juiz "político" proposto pelas correntes críticas[104].

---

[102] Sobre os programas alternativos de administração da justiça propostos pelas correntes críticas em Portugal e no Brasil, cf. António Manuel Hespanha, *Cultura Jurídica Europeia. Síntese de um Milénio*, Coimbra, 2015, pág. 510 e segs.
[103] Sobre as convergências e divergências dos *Critical Legal Studies* com estas orientações, cf., por todos, Ana Maria Simões Gaudêncio, *Entre o Centro e a Periferia. A perspectivação ideológico-política da dogmática jurídica e da decisão judicial no Critical Legal Studies Movement*, Coimbra, 2004 (inédito), *maxime* pág. 204 e segs.
[104] A este propósito, cf. A. Castanheira Neves, «A redução política do pensamento metodológico-jurídico», in: A. Castanheira Neves, *Digesta. Escritos acerca do Direito, do Pensamento Jurídico, da sua Metodologia e Outros*, vol. 2º, Coimbra, 1995, págs. 379-421, *maxime* pág. 398 e segs.

§8. MODELOS DE APLICAÇÃO DO DIREITO

Feitas estas considerações genéricas, analisemos a estrutura argumentativa da teoria da decisão judicial (*adjudication*) dos *Critical Legal Studies*, remetendo para a obra de um dos seus principais teorizadores, Duncan Kennedy (1942-   ): Kennedy enfatiza as propriedades de plasticidade ou maleabilidade dos critérios jurídicos para construir uma teoria da decisão judicial (*adjudication*) cujo escopo seria a emancipação política dos grupos socialmente desfavorecidos. No artigo "Form and Substance in Private Law Adjudication"[105], Duncan Kennedy refere os "*standards*" – "princípios" (*principles*), "directrizes" (*policies*) – como critérios normativos que fazem directamente referência a um fim substantivo do sistema jurídico e que permitem decisões que atendem às circunstâncias específicas de cada caso, por contraposição às "regras" (*rules*), que são passíveis de aplicação mecânica. Nessa base, distingue duas visões fundamentais sobre a "forma" (a estrutura e o funcionamento do Direito): *i*) a que favorece o emprego de "regras" (*rules*) gerais; *ii*) a que privilegia o uso de "*standards*" equitativos. Estas duas visões sobre a "forma" estão correlacionadas com perspectivas sobre a "substância" do Direito, isto é, com posições morais e políticas contrapostas: *i*) a primeira com o "individualismo"; *ii*) a segunda com o "altruísmo". Esta argumentação tem afinidades evidentes com a distinção entre "regras" (*rules*) e "princípios" (*principles*) de Ronald Dworkin (1931-2013)[106] e a sua crítica ao "*rule-oriented model of law*" do positivismo jurídico; por outro lado, parece reflectir o diagnóstico de Max Weber (1864-1920) relativo às tendências para a "substancialização" ou "materialização" do Direito formal implicadas pelo reforço da dimensão prestadora e assistencial do Estado; por último, faz-se eco do tópico "francofortiano" – da Teoria Crítica, sobretudo de Max Horkheimer (1895-1973) – da racionalização e da formalização como formas de dominação características das sociedades liberais e capitalistas modernas[107].

Do ponto de vista metodológico, a primeira preocupação do movimento dos *Critical Legal Studies* é, como atesta o seu teorizador mais proeminente, Roberto Mangabeira Unger (1947-   ), logo na abertura do livro que pode ser considerado como o manifesto do movimento, *The Critical Legal Studies Movement* (Cambridge Mass., 1983), a crítica do formalismo e do objectivismo. O movimento dos *Critical Legal Studies* faz seus, portanto, os postulados de base de

---

[105] Cf. Duncan Kennedy, «Form and Substance in Private Law Adjudication», in: *Harvard Law Review* 89 (1976), págs. 1685-1778.
[106] Cf., sobretudo, Ronald Dworkin, «The Model of Rules I», in: Ronald Dworkin, *Taking Rights Seriously*, Londres, 1977, págs. 14-45.
[107] Para uma exposição dos temas gerais da Teoria Crítica, cf., por todos, Max Horkheimer, *Critical Theory*, Nova Iorque, 1972.

uma cultura jurídica "substancialista", funcionalizada a um projecto político de transformação radical da sociedade[108].

No nosso entender, são de retomar os ensinamentos de Max Weber (1864--1920), que identificava a racionalidade do Direito moderno com o facto de as decisões dos casos individuais serem baseados em normas gerais – e não em considerações éticas ou políticas ou em preferências emocionais. O modelo ideal da decisão judicial como operação cognoscitiva e dedutiva é, portanto, fazendo nossa essa linha de análise, aquele que melhor se coaduna com a estrutura e o funcionamento dos sistemas jurídicos modernos – pelo menos, dos sistemas jurídicos europeus continentais, de matriz romano-germânica.

Estas questões relativas à estrutura racional do processo de aplicação do Direito, que a metodologia jurídica explicita com base nos diversos modelos ideais de aplicação do Direito são retomadas, a um nível de análise mais formalizado, pela lógica jurídica. Neste âmbito, é discutida a questão de qual o sistema lógico mais apropriado para a "reconstrução" analítica do raciocínio normativo. É um breve panorama dessa discussão que vamos passar a apresentar em seguida.

---

[108] Como assume Roberto Mangabeira Unger, na conclusão desse seu livro, trata-se de *"uma iniciativa conjunta empreendida por intelectuais descontentes, facciosos, no elevado estilo do radicalismo burguês do século XIX"* (cf. ob. cit., pág. 118).

§9. A "reconstrução" lógica do processo de aplicação do Direito

§9. A "reconstrução" lógica do processo de aplicação do Direito

Nas últimas décadas, a filosofia analítica da linguagem e a análise lógica trouxeram um maior nível de sofisticação à Teoria do Direito, nomeadamente no que à teoria das normas diz respeito, e à metodologia jurídica, sobretudo na abordagem dos problemas de consistência dos sistemas jurídicos. Também no âmbito da "reconstrução" lógica do processo de aplicação do Direito tem havido uma intensa discussão sobre qual o sistema lógico mais adequado para essa "reconstrução"[1]. É um breve panorama dessa discussão que pretendemos aqui apresentar.

A ideia de que a "redução" da forma gramatical da linguagem natural à forma lógica de uma linguagem composta por termos unívocos da notação lógica permitiria alcançar um muito maior grau de clarificação conceptual anima todo o projecto da análise lógica moderna. A "natureza" da análise lógica moderna é-nos dada, de modo elucidativo, no programa de Gottfried Wilhelm Leibniz (1646-1716) de uma *scientia universalis*. Esse programa consistia em duas partes: *i)* uma notação universal (*characteristica universalis*); *ii)* um sistema formal de cálculo (*calculus ratiocinator*). Na base desse programa estava a assunção de que todos os conceitos provêm de conceitos primitivos simples e a tese de que os conceitos podem ser decompostos nos seus elementos primitivos simples. O escrito de Gottlob Frege (1848-1925), *Conceitografia* [*Begriffsschrift*][2], a que se costuma fazer reportar o nascimento da moderna

---

[1] Estes dois âmbitos de análise lógica acabam por convergir, enquanto aspectos da concepção racional e sistemática do Direito. Sobre a lógica jurídica como análise lógica das normas e como aplicação dos instrumentos lógicos à análise do raciocínio normativo, cf., por todos, Norberto Bobbio, *Derecho y lógica*, México, 1965.

[2] Cf. Gottlob Frege, *Begriffsschrift, eine der arithmetischen nachgebildete Formelsprache des reinen Denkens* [Conceitografia, uma linguagem formular do pensamento puro modelada sobre a da Aritmética], Halle, 1879.

lógica matemática, pode, em grande medida, ser visto como uma realização do programa leibniziano de uma *scientia universalis*: Frege pretende proporcionar no *Begriffsschrift* uma notação universal e a estrutura para o desenvolvimento dedutivo completamente rigoroso de qualquer ciência[3]. O sistema linguístico da lógica moderna é, pois, o de uma linguagem artificial, formalizada: a lógica moderna baseia-se em linguagens formais, eliminando os conteúdos semânticos da linguagem natural, considerados como fonte de imprecisão ("vagueza", ambiguidade e outras indeterminações semânticas)[4].

A lógica simbólica ou formal, que se desenvolveu na viragem do século XIX para o século XX, com base, sobretudo, nos trabalhos de Gottlob Frege (1848--1925) e Bertrand Russell (1872-1970), inclui a lógica proposicional e a lógica de predicados de primeira ordem, consideradas nas suas três componentes: uma linguagem formal, uma semântica e um sistema dedutivo. Este modelo de lógica costuma ser relacionado com o discurso indicativo ou descritivo, não com o discurso normativo. Mas se a lógica trata de relações de consequência entre uma conclusão e as suas premissas, então as técnicas lógicas podem, em princípio, ser usadas para a "reconstrução" formal das inferências normativas: o procedimento de subsunção, a ideia de consistência do sistema de normas, em termos de compatibilidade entre enunciados normativos, tornam manifesto que um modelo lógico formal-dedutivo evidencia certas aptidões como instrumento de "reconstrução" do processo de aplicação do Direito. Neste plano de aplicação à análise das inferências jurídicas da moderna lógica matemática – desenvolvida, entre outros, por Boole (1815-1864), Frege (1848-1925), Whitehead (1861-1947), Russell (1872-1970), Hilbert (1862-1943), Ackermann (1896-1962), Tarski (1901-1983) e Carnap (1891-1970) – é de relevar, sobretudo, o papel de Ulrich Klug (1913-1993): Klug denega a necessidade de construção de um sistema especial de lógica para o domínio normativo, bastando-se com os instrumentos de análise que são oferecidos pela lógica proposicional e pela lógica de predicados[5].

---

[3] Frege estabelece quatro noções primitivas – a negação, a implicação, a quantificação universal e a igualdade – e nove axiomas e enuncia as regras primitivas de inferência, configurando, assim, as bases da lógica proposicional e da lógica de predicados.

[4] Ao contrário da lógica aristotélica, exposta, sobretudo, nos *Primeiros Analíticos*, e dos comentários medievais e renascentistas à lógica de Aristóteles, que se baseiam na linguagem natural e na análise das suas formas, isto é, as várias figuras e modos do silogismo: para uma visão geral, cf., por todos, William Kneale e Martha Kneale, *O Desenvolvimento da Lógica* (1962), tradução a cargo de Manuel Lourenço, Lisboa, 1980.

[5] Cf. Ulrich Klug, *Juristische Logik*, 4ª edição, Berlim, 1982; numa linha semelhante, cf. Herbert Fiedler, «Juristische Logik im mathematischer Sicht. Einige Bemerkungen und Beispiele», in: *Archiv für Rechts- und Sozialphilosophie* 52 (1966), págs. 93-116; Jürgen Rödig, «Über die Notwen-

§9. A "RECONSTRUÇÃO" LÓGICA DO PROCESSO DE APLICAÇÃO DO DIREITO

Há, no entanto, quem seja de opinião de que este tipo de "reconstrução" lógica com apoio nos instrumentos da lógica simbólica é de escassa valia quando se trata de uma argumentação prática (ou jurídica) e que, neste âmbito, se deve recorrer a modalidades de lógica não-formal ou argumentativa: é o caso, como vimos, de Theodor Viehweg (1907-1988), que defende que o pensamento sistemático (*Systemdenken*) e lógico-demonstrativo deve renunciar à sua hegemonia, sublinhando a importância do pensamento problemático (*Problemdenken*) e do método tópico na análise da argumentação jurídica; ou de Chaïm Perelman (1912-1984), que apresenta a lógica jurídica como uma teoria da argumentação, da controvérsia e da persuasão, que tem que ver com os raciocínios que Aristóteles (384-322 a. C.) designava como dialécticos ou retóricos, por contraposição aos raciocínios analíticos ou lógico-formais[6]. Outras propostas de análise lógica da argumentação jurídica assentam na combinação de elementos de lógica formal (cálculo proposicional e cálculo de predicados) com outros métodos de investigação sobre as condições de força racional dos argumentos: é o caso, por exemplo, de Ilmar Tammelo (1917-1982)[7], de Ota Weinberger (1919-2009)[8] e de Arend Soeteman (1934-   )[9]; ao nível da teoria da argumentação jurídica, são

digkeit einer besonderen Logik der Normen», in: Hans Albert/Niklas Luhmann/Werner Maihofer/Ota Weinberger (eds.), *Rechtstheorie als Grundlagenwissenschaft der Rechtswissenschaft*, Düsseldorf, 1972, págs. 163-185; Jürgen Rödig, «Logik und Rechtswissenschaft», in: Dieter Grimm (ed.), *Rechtswissenschaft und Nachbarwissenschaften*, vol. 2, Munique, 1976, págs. 53-79; Hajime Yoshino, «Über die Notwendigkeit einer besonderen Normenlogik als Methode der juristischen Logik», in: Ulrich Klug/Th. Ramm/F. Rittner/B. Schmiedel (eds.), *Gesetzgebungstheorie, Juristische Logik, Zivil- und Prozeßrecht. Gedächtnisschrift für Jürgen Rödig*, Berlim, 1978, págs. 140-161.
[6] Sobre as concepções tópico-retóricas do raciocínio jurídico, cf. *supra*, 8.2.
[7] Tammelo entende que à consistência lógica (*Folgerichtigkeit*) do pensamento jurídico há que fazer acrescer a correcção material (*Sachrichtigkeit*): esta dupla dimensão do pensamento jurídico é analisada pela lógica (no sentido de raciocínio formal-dedutivo), por um lado, e pela "zetética" (*Zetetik*: do grego *zetein* – investigar, buscar), por outro. O desenvolvimento desta concepção, inspirada, essencialmente, nas sugestões de Theodor Viehweg (1907-1988), pode encontrar-se em Ilmar Tammelo, *Rechtslogik und materiale Gerechtigkeit*, Francoforte, 1971, *maxime* pág. 24 e segs.; cf., igualmente, Ilmar Tammelo, «Zetetische Verfahren für juristischen Aufweisen», in: *Rechtstheorie* 9 (1978), págs. 421-428.
[8] Weinberger defende que existe complementaridade e interpenetração entre lógica (fundamentação dedutiva) e retórica (fundamentação argumentativa, baseada na plausibilidade dos argumentos) na busca das premissas do raciocínio jurídico: cf., por exemplo, Ota Weinberger, «Jurisprudenz zwischen Logik und Plausibilitätsargumentation», in: Ota Weinberger, *Logische Analyse in der Jurisprudenz*, Berlim, 1979, págs. 38-60; cf., igualmente, Ota Weinberger, «Bemerkungen zur Grundlegung der Theorie des juristischen Denkens», in: *Jahrbuch für Rechtssoziologie und Rechtstheorie* 2 (1972), págs. 134-160; Ota Weinberger, «Recht und Logik», in: Dieter Grimm (ed.), *Rechtswissenschaft und Nachbarwissenschaften*, vol. 2, cit., págs. 80-104.
[9] Cf., sobretudo, Arend Soeteman, *Logic in Law. Remarks on Logic and Rationality in Normative Reasoning, Especially in Law*, Dordrecht, 1989.

de referir, igualmente, as investigações de Aulis Aarnio (1937-   )[10], Aleksander Peczenik (1937-2005)[11] e Robert Alexy (1945-   )[12].

Existem também ensaios de utilização na análise da argumentação jurídica de lógicas não-monotónicas, como representação do raciocínio corrigível ou revogável (*defeasible*) em geral. As lógicas não-monotónicas – a lógica do raciocínio não-monotónico (*nonmonotonic reasoning*) ou raciocínio corrigível ou revogável (*defeasible reasoning*) – surgiram nos anos 80 do século xx, no âmbito da inteligência artificial e da programação. Têm que ver com raciocínios cujas conclusões não estão estritamente implicadas pela informação disponível e que podem ser corrigidos ou revogados se nova informação for adquirida. As propostas de substituição da lógica deôntica padrão (SDL: *standard deontic logic*) por sistemas lógicos não-monotónicos na análise formal do raciocínio normativo tornaram-se um tema de moda na literatura de lógica jurídica mais recente[13].

A lógica deôntica é, como referimos, uma lógica para o domínio normativo assente em métodos formais-dedutivos; será, portanto, o sistema lógico mais adequado para a "reconstrução" do modelo ideal logicista (dedutivista) da aplicação do Direito. Por esse facto, justifica-se que comecemos esta nossa exposição sobre a análise lógica do raciocínio normativo com uma breve notícia sobre o processo de construção da lógica deôntica e a sua interpretação.

9.1. A lógica deôntica padrão

A lógica deôntica padrão (SDL: *standard deontic logic*) assenta no acrescentar de um par de operadores deônticos monádicos, O e P – lidos como "é obrigatório que" e "é permitido que", respectivamente – ao cálculo proposicional clássico[14]. No fundo, a lógica deôntica constitui uma extensão da lógica pro-

---

[10] Cf., sobretudo, Aulis Aarnio, *The Rational as Reasonable. A Treatise on Legal Justification*, Dordrecht, 1986.

[11] Cf., sobretudo, Aleksander Peczenik, *Grundlagen der juristischen Argumentation*, Viena, 1983.

[12] Cf., sobretudo, Robert Alexy, *Theorie der juristischen Argumentation. Die Theorie des rationalen Diskurses als Theorie der juristischen Begründung*, Francoforte, 1978.

[13] A abordagem mais significativa é, porventura, a de Henry Prakken, *Logical Tools for Modelling Legal Argument. A Study of Defeasible Reasoning in Law*, Dordrecht, 1997; com interesse, igualmente, Jaap C. Hage, *Reasoning with Rules. An Essay on Legal Reasoning and Its Underlying Logic*, Dordrecht, 1997; Bartosz Brozek, *Defeasibility of Legal Reasoning*, Cracóvia, 2004; Giovanni Sartor, «Defeasibility in Legal Reasoning», in: *Rechtstheorie* 24 (1993), págs. 281--316; cf. igualmente, por último, Jordi Ferrer Beltrán e Giovanni Battista Ratti (eds.), *The Logic of Legal Requirements. Essays on Defeasibility*, Oxford, 2012; e Luís Duarte d'Almeida, *Allowing for Exceptions. A Theory of Defences and Defeasibility in Law*, Oxford, 2015.

[14] Para uma exposição do sistema da lógica deôntica padrão (SDL), cf., por todos, Dagfin Føllesdal e Risto Hilpinen, «Deontic Logic: An Introduction», in: Risto Hilpinen (ed.), *Deontic Logic. Introductory and Systematic Readings*, Dordrecht, 1971, págs. 1-38.

§9. A "RECONSTRUÇÃO" LÓGICA DO PROCESSO DE APLICAÇÃO DO DIREITO

posicional e da lógica de predicados ao domínio do raciocínio normativo[15]. O iniciador da lógica deôntica moderna é o filósofo analítico finlandês Georg Henrik von Wright (1916-2003): ao começo, sob a influência do positivismo lógico do círculo de Viena, deixa, em 1939, Helsínquia, para prosseguir em Cambridge os estudos de lógica filosófica, sob a direcção de C. D. Broad (1887--1971); em Cambridge relaciona-se com G. E. Moore (1873-1958) e Ludwig Wittgenstein (1889-1951), que se tornam as suas maiores referências intelectuais. Após o doutoramento, em 1941, com uma dissertação sobre *O Problema Lógico da Indução* e de estudos sobre lógica modal[16], publica, em 1951, o seu ensaio mais famoso, «Deontic Logic»[17]. Neste período, von Wright concebia a lógica no seu conjunto como lógica modal, assente no cálculo de proposições não interpretadas, começando por construir a lógica deôntica com base numa analogia dos operadores deônticos ou normativos (obrigatório, permitido, proibido) com os operadores da lógica modal alética (necessário, possível, impossível). O seu programa de lógica deôntica parte da assunção de que a lógica deôntica, à semelhança da lógica proposicional, pode apresentar-se como um

---

[15] A lógica proposicional constitui uma teoria das inferências válidas para uma linguagem formal constituída a partir de uma colecção de variáveis proposicionais e um conjunto de conectores, operadores ou functores. O functor proposicional – o termo deve-se aos lógicos polacos Tadeusz Kotarbinski (1886-1981) e Kazimierz Ajdukiewicz (1890-1963) – é um operador que conjuntamente com os argumentos constitui uma proposição lógica. Esses functores são: negação (~), implicação (→), equivalência ou co-implicação (↔), conjunção (&), disjunção (v). A lógica de predicados – que, por vezes, é também chamada como *teoria da quantificação de primeira ordem* – acrescenta às cinco operações consideradas na lógica proposicional duas outras: *i*) a quantificação universal e *ii*) a quantificação existencial.

[16] Cf. Georg Henrik von Wright, *An Essay in Modal Logic*, Amesterdão, 1951.

[17] Cf. Georg Henrik von Wright, «Deontic Logic», in: *Mind* 60 (1951), págs. 1-15. Este ensaio costuma ser referido como o ponto de partida da lógica deôntica moderna. Encontram-se antecedentes no sentido do estabelecimento de relações formais entre normas ou imperativos, por exemplo, nas obras de Leibniz (1646-1716) e de Bentham (1748-1832); Husserl (1858-1939) avança, sobretudo em *Investigações Lógicas* (1900/1901), as bases de uma lógica das normas. Nos anos 20 do século xx, poder-se-iam referir os trabalhos precursores de Ernst Mally (1879-1944); na década seguinte, as investigações de Karl Menger (1902-1985), Albert Hofstadter (1910-1989), J.C.C. McKinsey (1908-1953) e Jørgen Jørgensen (1894-1969); em termos próximos aos de Jørgensen, Alf Ross (1899-1979) apresenta, em 1941, as bases de um sistema de lógica de imperativos como "lógica de satisfação", em que os valores de "satisfeito" e "não-satisfeito" dos imperativos é considerado em analogia com os valores de "verdadeiro" (V) e "falso" (F) das orações indicativas – cf. Alf Ross, «Imperatives and Logic», in: *Theoria* 7 (1941), págs. 53-71; não obstante, em *Directives and Norms* (Londres, 1968), Ross propõe um outro modo de construção da lógica deôntica (cf. ob. cit., *maxime* §36), cuja fonte de inspiração mais directa é a análise linguística e lógica do discurso prescritivo de Richard M. Hare (1919-2002). A obra póstuma de Kelsen *Allgemeine Theorie der Normen* (Viena, 1979) contém uma discussão pormenorizada de toda esta literatura relativa à possibilidade e às bases de construção da lógica deôntica.

sistema dedutivo formal. Esta lógica formal elementar das modalidades deônticas (obrigatório, permitido, proibido) era concebida como um sistema em que as variáveis e as constantes são análogas às da lógica proposicional. Por outro lado, o sistema apresentado em «Deontic Logic» admitia a interdefinibilidade dos operadores deônticos (obrigatório, permitido, proibido).

A contribuição mais importante de von Wright para a lógica deôntica é, porém, o livro *Norm and Action*. *A Logical Enquiry* (Londres, 1963), onde apresenta um sistema de lógica deôntica construído a partir de expressões normativas interpretadas descritivamente e da sua formalização com base nos operadores deônticos O (obrigatório) e P (permitido) e constantes e variáveis pertencentes a uma lógica da acção, da mudança e à lógica proposicional. Neste novo sistema de lógica deôntica, O (obrigatório) e P (permitido) são dois operadores deônticos irredutíveis um ao outro; von Wright reconhece agora, diferentemente do sistema apresentado em «Deontic Logic» (1951), a necessidade de um conceito de "permissão forte", irredutível a uma simples ausência de proibição (permissão fraca).

De um ponto de vista da fundamentação do sistema, von Wright aborda o problema de se a lógica deôntica pode ser interpretada como lógica de normas ou como lógica de enunciados de segundo grau relativos à existência e ao conteúdo de normas válidas, assumindo que os functores proposicionais de negação (~), implicação (→), equivalência (↔), conjunção (&) e disjunção (v) só podem ser usados no cálculo lógico relativo a proposições normativas e não a normas. A este propósito, podemos caracterizar a concepção de von Wright apresentada em *Norm and Action. A Logical Enquiry* (Londres, 1963), recorrendo às suas próprias palavras, como sendo a seguinte: "*A lógica deôntica é uma lógica de expressões interpretadas descritivamente. Mas as leis (princípios, regras) que são peculiares a esta lógica dizem respeito a propriedades lógicas das próprias normas, que são então reflectidas nas propriedades lógicas das proposições normativas*"[18].

Mais tarde, porém, von Wright reconhece, na esteira de Carlos Alchourrón (1931-1996)[19], a necessidade de se distinguir entre o sistema que identifica as propriedades e as relações lógicas entre normas e o sistema que assenta nas propriedades lógicas das proposições normativas, propondo, então, uma genuína lógica das normas (LN) como "reconstrução" da actividade nomothética (*norm-giving activity*) ou de instituição de normas, a par de uma lógica das pro-

---

[18] Cf. von Wright, «Norms, Truth and Logic», in: Georg Henrik von Wright, *Practical Reason. Philosophical Papers*, vol. 1, Oxford, 1983, págs. 130-209, pág. 131.

[19] Cf. Carlos Alchourrón, «Logic of Norms and Logic of Normative Propositions», in: *Logique et Analyse* 12 (1969), págs. 242-268.

§9. A "RECONSTRUÇÃO" LÓGICA DO PROCESSO DE APLICAÇÃO DO DIREITO

posições normativas (LPN)[20]. No plano da lógica das normas (LN), a consistência normativa, como propriedade fundamental do sistema normativo, tem pressupostos que assentam não em critérios lógicos, mas no postulado da vontade racional da *autoridade normativa* – no caso do sistema jurídico, no postulado do legislador racional. Como refere von Wright, "*Se não existisse uma outra fonte, tal como uma vontade, para a unidade de um conjunto de normas, parece que não haveria nenhuma razão para que os conteúdos das normas fossem consistentes entre si, em vez de se contradizerem uns aos outros*"[21].

Uma genuína lógica das normas (LN), se partirmos da caracterização das normas que é comum, por exemplo, a von Wright e a Alchourrón, implicaria, assim, o postulado de um sistema normativo completo e consistente, isto é, o modelo ideal da actividade nomothética de um legislador racional. A caracterização das normas de von Wright e Alchourrón perfilha a concepção tradicional das normas, segundo a qual as normas são expressão de actos de vontade de uma *autoridade normativa*[22]. Na tradição lógica, desde Aristóteles (384-322 a. C.), estabeleceu-se que as relações lógicas de implicação e de contradição têm que ver apenas com o significado das orações indicativas ou declarativas e que o significado das orações prescritivas ou directivas carece de valor-de-

---

[20] Cf. von Wright, «Norms, Truth and Logic», cit. Para uma visão geral sobre os vários sistemas de lógica deôntica propostos por von Wright e a evolução das suas posições em matéria de pressuposições, conteúdo e implicações da lógica deôntica, cf. o próprio Georg Henrik von Wright, «Value, Norm and Action in My Philosophical Writings», in: Georg Meggle (ed.), *Actions, Norms, Values. Discussions with Georg Henrik von Wright*, Berlim, 1999, págs. 11-33; uma informação pormenorizada é oferecida por Daniel González Lagier, *Acción y Norma en G. H. von Wright*, Madrid, 1995; com interesse, igualmente, Tecla Mazzarese, *Lógica Deontica e Linguaggio Giuridico*, Pádua, 1989.

[21] Cf. von Wright, «Norms, Truth and Logic», cit., pág. 149. Numa perspectiva semelhante, cf. Miguel Teixeira de Sousa, *Introdução ao Direito*, Coimbra, 2012, pág. 204 e seg., segundo o qual uma "lógica das regras" não pode operar com os valores de verdade ou falsidade, mas antes com os valores de consistência e de implicação entre regras.

[22] O esteio fundamental desta concepção é Thomas Hobbes (1588-1679). Num escrito muito conhecido (sem datação exacta, mas provavelmente um pouco anterior a 1670), intitulado *A dialogue between a philosopher and a student of the Common Laws of England*, diz Hobbes: "... *A law is the command of him or them that have the sovereign power, given to those that be his or their subjects, declaring publicly and plainly what every of them may do, and what they must forbear to do*". Na linha de Hobbes, John Austin (1790-1859) afirmava que as leis, em sentido próprio, são comandos e procedia à definição de "comando" como sendo a expressão de um desejo por parte de um superior de que certas pessoas se comportem de uma determinada maneira, com a particularidade de que as pessoas a quem é expresso tal desejo estão sujeitas à imposição de um mal no caso de não adequarem o seu comportamento a esse desejo – cf. John Austin, *The Province of Jurisprudence Determined* (1832), edição ao cuidado de Wilfrid E. Rumble, Cambridge, 1995, "Lecture I", *maxime* pág. 21 e seg.

-verdade (V/F). Estas duas pressuposições conduziriam à conclusão de que a lógica deôntica tem de ser interpretada como lógica de enunciados de segundo grau relativo à existência e ao conteúdo de normas válidas – isto é, como lógica das proposições normativas (LPN) e não como lógica das normas (LN) –, sem questionar, sequer, se os operadores deônticos (obrigatório, permitido, proibido) têm as mesmas propriedades lógicas quando são usados prescritiva ou descritivamente, isto é, quando se reportam a normas ou a proposições normativas[23].

A questão de saber se as relações lógicas que ocorrem nos sistemas normativos podem ser "reconstruídas" com base na lógica proposicional clássica e se a lógica deôntica deve ser interpretada como lógica das normas (LN) ou como lógica das proposições normativas (LPN) está relacionada com uma outra questão: a caracterização das normas em função da sua relação com a linguagem.

9.2. Normas, linguagem e lógica

As normas podem ser consideradas quer enquanto factos sociais (padrões de comportamento), quer enquanto entidades ou significações linguísticas. Assumindo que o discurso prescritivo ou normativo não é redutível ao discurso descritivo ou indicativo, e que, de um ponto de vista linguístico, as normas não são asserções, nem o conteúdo semântico de asserções, isto é, proposições, há que começar por explicitar as diferenças linguísticas entre as orações que expressam asserções e as orações que expressam prescrições e normas. Uma via possível consiste em considerar que as diferenças entre umas e as outras radicam na força ilocucionária das expressões[24]: as normas, como significações linguísticas, constituem um caso particular de *uso* prescritivo da linguagem. Chamemos a esta caracterização das normas em função da sua relação com a linguagem concepção pragmática ou "expressiva" das normas[25]. Como representantes desta concepção podemos apontar, entre outros, Jeremy Bentham (1748-1832),

---

[23] Carlos Alchourrón, «Logic of Norms and Logic of Normative Propositions», cit., evidenciou, por exemplo, que a operação lógica de negação (~) exige um tratamento diferenciado consoante os operadores sejam interpretados prescritivamente ou descritivamente e que só sob determinadas condições (completude e consistência) é que são isomorfos o cálculo para os operadores interpretados prescritivamente e o cálculo para os operadores interpretados descritivamente.

[24] Na filosofia analítica da linguagem e na teoria linguística, a dimensão "ilocucionária" do acto de fala (*speech act*) refere-se ao modo de usar a oração: para descrever, advertir, admoestar, aconselhar, etc. A terminologia deve-se a John L. Austin (1911-1960): cf. John L. Austin, *How to Do Things with Words*, Oxford, 1962, *maxime* pág. 101.

[25] Seguimos a terminologia proposta por Carlos Alchourrón e Eugenio Bulygin, «The Expressive Conception of Norms», in: Risto Hilpinen (ed.), *New Studies in Deontic Logic*, Dordrecht, 1981, págs. 95-124.

§9. A "RECONSTRUÇÃO" LÓGICA DO PROCESSO DE APLICAÇÃO DO DIREITO

Jørgen Jørgensen (1894-1969), Alf Ross (1899-1979), Georg Henrik von Wright (1916-2003), Carlos Alchourrón (1931-1996), Eugenio Bulygin (1931-   ) e Joseph Raz (1939-   )[26]. A via alternativa é de base semântica: o seu ponto de partida é a distinção entre o significado das orações descritivas ou declarativas – das orações que indicam que algo *é* – e o significado das orações normativas ou prescritivas – das orações que indicam que algo *deve* ou *não deve* ou *pode* ser feito. O significado do primeiro tipo de orações é a "proposição"; o significado do segundo tipo de orações é a "norma". Como representantes da concepção semântica ou "hylética" das normas[27], podemos fazer alinhar, por exemplo, Eugen Ehrlich (1862-1922), o primeiro Kelsen (1881-1973) – sobretudo, na análise que apresenta na primeira edição (1934) de *Teoria Pura do Direito* –, Felix Kaufmann (1895-1949), Ota Weinberger (1919-2009) e Georges Kalinowski (1916-2000) – e, em geral, os lógicos que trabalham com base em modelos semânticos na linha de Saul Kripke (1940-   ), Jaakko Hintikka (1929-   ) e Stig Kanger (1924-1988).

Enquanto a caracterização pragmática das normas está correlacionada com uma concepção ontológica empirista, que liga a existência da norma a uma acção ou proferimento realizado pelo agente (no caso do discurso jurídico, o legislador), a caracterização semântica das normas está ordenada a um modelo ontológico que supõe uma hipostasiação platonizante de entidades extra-linguísticas: "proposições" e "normas" são entidades semânticas, puramente ideais ou conceptuais[28].

A admissibilidade da existência de "objectos" ideais ou abstractos é uma questão que Aristóteles (384-322 a.C.) levantava na *Metafísica*[29]. Na filosofia do século XX, Karl Popper (1902-1994) falava do "Mundo 3 do conhecimento objectivo", como apoio ontológico à distinção entre conhecimento objectivo e conhecimento subjectivo[30]. A concepção logicista do juízo dos neo-kantianos distinguia o teor lógico do juízo, enquanto "conteúdo significativo" (*Sinngehalt*), da dimensão psicológica do juízo[31]. Edmund Husserl (1851-1938), nas *Investigações Lógicas* (1900-1901), distinguia o "noético" do "noemático",

---

[26] Entre nós, podemos referir Miguel Teixeira de Sousa (1954-   ): cf. Miguel Teixeira de Sousa, *Introdução ao Direito*, cit., *maxime* pág. 205.

[27] Continuamos a apoiar-nos na terminologia proposta por Carlos Alchourrón e Eugenio Bulygin, «The Expressive Conception of Norms», cit.

[28] Sobre esta ontologia de recorte platonizante, cf., por todos, Wolfgang Künne, *Abstrakte Gegenstände. Semantik und Ontologie*, 2ª edição, Francoforte, 2007.

[29] Cf. Aristóteles, *Metafísica*, III, 2, 997 a 34-35.

[30] Cf. Karl R. Popper, *Objective Knowledge: an Evolutionary Approach*, Oxford, 1972.

[31] Cf., sobretudo, Heinrich Rickert, *Der Gegenstand der Erkenntnis. Einführung in die Transzendentalphilosophie*, 4ª/5ª edição, Tübingen, 1921.

fazendo aproximar a noção fenomenológica de "noema" da ideia de teor objectivo do juízo (*objektiver Urteilsgehalt*), característica da concepção logicista do juízo dos autores neo-kantianos. Bernard Bolzano (1781-1848) e Gottlob Frege (1848-1925) hipostasiavam na construção da sua teoria da significação linguística entidades como a "proposição em si mesma" (*Satz an sich*), dando um cunho anti-empirista aos inícios da orientação analítica austro-alemã[32].

Estas duas concepções sobre a caracterização das normas em função da sua relação com a linguagem – a concepção pragmática ou "expressiva" e a concepção semântica ou "hylética" – têm implicações que são distintas entre si no que diz respeito à análise do estatuto dos enunciados normativos ou deônticos, questão que, por sua vez, está directamente associada ao problema do seu tratamento lógico, isto é, às bases da construção da lógica deôntica.

A tese de que a caracterização semântica ou "hylética" das normas se revela a base mais adequada para a construção de uma lógica das normas foi desenvolvida, sobretudo, nas abordagens de Ota Weinberger (1919-2009) e Georges Kalinowski (1916-2000). Tanto Weinberger como Kalinowski partem da assunção de que uma ontologia geral de recorte empirista ou "naturalista" e, nessa linha, uma ontologia das normas que ligue a existência das normas a actos de vontade (à estatuição das normas) não constituem a base adequada para o desenvolvimento de uma lógica das normas[33].

Como ponto de partida da sua construção, Ota Weinberger propõe uma semântica para a filosofia prática em geral e para a teoria analítica do Direito em particular que evidencia a especificidade semântica das orações normativas face às orações declarativas ou indicativas: o significado de uma oração normativa é uma "norma"; o significado de uma oração declarativa é uma "proposição"[34]. Esta "semântica gnoseologicamente diferenciada" (*gnoseologisch differenzierte Semantik*) admite o estabelecimento de relações conceptuais ou lógicas tanto entre proposições, como significados de orações declarativas,

---

[32] A este propósito, cf., por todos, Hans-Johann Glock, «*Vorsprung durch Logik*: The German Analytic Tradition», in: Anthony O'Hear (ed.), *German Philosophy Since Kant*, Cambridge, 1999, págs. 137-166.

[33] Sobre este ponto, em geral, cf. Ota Weinberger, «The Expressive Conception of Norms – An Impasse for the Logic of Norms», in: *Law and Philosophy* 4 (1985), págs. 165-198.

[34] Diz Weinberger: "*A norma é uma entidade ideal específica em sentido objectivo, a sua expressão linguística, a oração normativa, uma espécie particular de oração, que tem de ser categorialmente distinguida das orações declarativas*" – cf. Ota Weinberger, *Normentheorie als Grundlage der Jurisprudenz und Ethik. Eine Auseinandersetzung mit Hans Kelsens Theorie der Normen*, Berlim, 1981, pág. 67.

§9. A "RECONSTRUÇÃO" LÓGICA DO PROCESSO DE APLICAÇÃO DO DIREITO

como entre normas, concebidas estas como conteúdos significativos de orações normativas, isto é, como entidades ideais[35].

Kalinowski adopta uma teoria da significação baseada na decomposição fregeana do "conteúdo" (*Inhalt*) em "sentido" (*Sinn*) e "referência" (*Bedeutung*)[36], distinguindo no interior do *significatum* o *designatum* e o *significatum* propriamente dito, pois no caso dos objectos ideais ou intencionais pode haver *significatum* sem que lhe corresponda um *designatum*; em relação a "entidades reais", existe designação em sentido forte, isto é, existe *significatum* e *designatum*. As normas, que exprimem "relações normativas" – formalizáveis com base nos operadores deônticos (obrigação, permissão e proibição) –, são "entidades reais" ou *designata* prescritivas. Nessa base, podem ser predicados às normas valores-de-verdade (V/F), podendo dizer-se que as normas são "verdadeiras" (V) ou "falsas" (F), consoante o seu significado corresponda ou não ao seu referente ou *designatum* (a "relação normativa"). A lógica deôntica pode, pois, de acordo com Kalinowski, ser construída como lógica normativa genuína, com base na lógica proposicional clássica[37].

Mas será que temos que concluir que o cálculo proposicional formalizado só é susceptível de aplicação às relações inferenciais entre normas se partirmos da concepção das normas como entidades puramente semânticas? Uma via alternativa seria conceber as relações lógicas com independência da semântica, isto é, seria construir a lógica deôntica como cálculo proposicional não interpretado. É esta a proposta de, por exemplo, Ulrich Klug (1913-1993): deve-se, sobretudo, a Ulrich Klug a aplicação à análise das inferências normativas da lógica proposicional e da lógica de predicados de primeira ordem.

9.3. A construção da lógica deôntica como cálculo proposicional não interpretado

A possibilidade de aplicação de regras inferenciais a imperativos (e, portanto, a normas) foi examinada, num texto clássico, pelo filósofo dinamarquês Jørgen Jørgensen (1894-1969)[38]. Partindo da constatação de que as orações impera-

---

[35] Cf., por exemplo, Ota Weinberger, «Die Bedeutung der Logik für die moderne Rechtstheorie. Grundlagenprobleme des institutionalistischen Normativismus», in: Ota Weinberger, *Recht, Institution, Rechtspolitik*, Estugarda, 1987, págs. 85-105.

[36] Cf. Gottlob Frege, «Über Sinn und Bedeutung», in: *Zeitschrift für Philosophie und philosophische Kritik* 100 (1892), págs. 25-50, agora in: Gottlob Frege, *Funktion, Begriff, Bedeutung: Fünf logische Studien*, edição a cargo de Günther Patzig, 2ª edição, Göttingen, 2008, págs. 23-46 [existe tradução em língua portuguesa, inserida na colectânea, organizada por Paulo Alcoforado, de ensaios de Frege, *Lógica e Filosofia da Linguagem*, São Paulo, 1978, págs. 59-86].

[37] Cf., por exemplo, Georges Kalinowski, *La logique des normes*, Paris, 1972.

[38] Cf. Jørgen Jørgensen, «Imperatives and Logic», in: *Erkenntnis* 7 (1937/1938), págs. 288-296.

tivas (*imperative sentences*) "... *can neither be true nor false in any sense in which these words are used in logic*" observa que as orações imperativas são, por esse facto, "... *incapable of being conclusions in logical inferences*"; mas, por outro lado, é levado a admitir que "*it seems... evident that inferences can be formulated in which the one premises at least and the conclusion are imperative sentences*" (cf. ob. cit., *maxime* págs. 289 e 290). O problema assim formulado nestas duas vertentes ficou conhecido por "dilema de Jørgensen" e é legítimo dizer-se que os desenvolvimentos da lógica deôntica podem, em grande medida, ser considerados como tentativas de escapar a este dilema[39].

A primeira vertente do dilema levar-nos-ia a concluir que não é possível uma lógica deôntica como lógica das normas (LN). Esta tese está ligada à concepção "expressiva" das normas. Mas se construirmos as relações inferenciais entre normas com base numa noção puramente sintáctica de consequência lógica e admitirmos a possibilidade de que no caso das normas existem outros valores (*v. g.*: "validade"/"invalidade") que podem funcionar em termos semelhantes aos valores-de-verdade (V/F) predicáveis a enunciados descritivos e a proposições, então poder-se-ia construir a lógica deôntica como cálculo proposicional não interpretado, isto é, como um cálculo sintático-axiomático[40]. A ser assim, uma lógica especificamente normativa, utilizando operadores deônticos, seria supérflua, pois a lógica proposicional e a lógica de predicados seria suficiente na análise ou "reconstrução" das inferências jurídicas: o representante mais proeminente desta linha de pensamento é, como foi já referido, Ulrich Klug (1913-1993).

Esta linha contraria algumas assunções de base da lógica tradicional, que se apoia numa noção semântica de consequência lógica, isto é, caracteriza a noção de consequência a partir de enunciados ou proposições a que podem ser predicados valores-de-verdade (V/F). A caracterização semântica das normas (a concepção "hylética"), como "conteúdos de sentido" (*Sinngehalte*) a que podem ser predicados valores-de-verdade (V/F), torna possível a interpretação da lógica deôntica como lógica das normas (LN) com base numa semântica veritativo-funcional. Ao invés, a caracterização pragmática das normas (a concepção "expressiva") afasta a possibilidade de uma lógica das normas (LN), mas

---

[39] Para uma visão geral, cf., por todos, Pavel Holländer, *Rechtsnorm, Logik und Wahrheitswerte. Versuch einer kritischen Lösung des Jörgenschen Dilemmas*, Baden-Baden, 1993.

[40] A noção sintática de consequência depende, apenas, das noções de axioma e de regra primitiva de inferência, enquanto a noção semântica de consequência depende das noções de interpretação e de verdade, que especificam as condições-de-verdade dos enunciados numa determinada linguagem. Sobre a identificação da lógica como teorização de uma noção puramente sintática de consequência, cf., sobretudo, Rudolf Carnap, *Logische Syntax der Sprache*, Viena, 1934.

§9. A "RECONSTRUÇÃO" LÓGICA DO PROCESSO DE APLICAÇÃO DO DIREITO

admite a possibilidade de construção da lógica deôntica como lógica das proposições normativas (LPN). São estas as pressuposições em que assenta o sistema de lógica deôntica apresentado por Georg Henrik von Wright (1916-2003) em *Norm and Action. A Logical Enquiry* (Londres, 1963), que ele concebe como uma lógica das proposições normativas (LPN).

9.4. A interpretação da lógica deôntica: lógica das normas (LN) e lógica das proposições normativas (LPN)

O livro de Georg Henrik von Wright, *Norm and Action. A Logical Enquiry* (Londres, 1963), não tem interesse somente para os estudiosos da lógica deôntica: constitui, também, uma referência de base da teoria analítica do Direito, nomeadamente quando discute problemas de ontologia das normas, analisa a estrutura das normas ou propõe uma classificação dos tipos de normas[41]. Nesta sua obra, von Wright ocupa-se, quer em matéria de análise da estrutura das normas (cap. V), quer a propósito do problema da existência das normas (cap. VII), sobretudo das normas prescritivas ou "prescrições"[42].

A existência de uma norma prescritiva ou "prescrição" inicia-se, segundo o nosso autor, quando o uso da linguagem prescritiva conduz ou tem como resultado o estabelecimento de uma vinculação normativa (*normative relationship*) entre a autoridade normativa (*norm-authority*) e o (ou os) agente ou sujeito normativo (*normative-subject*), isto é, com a edição ou promulgação da norma. Quer dizer: von Wright liga a existência da norma à acção de prescrição da autoridade normativa, à sua actividade nomothética (*norm-giving activity*)[43]. Ora, se não existem relações lógicas entre actos, não poderia haver uma genuína lógica das normas (LN), mas tão-somente uma lógica das proposições normativas (LPN). Este seria, pois, o resultado a que conduz uma concepção pragmática ou "expressiva" das normas.

A dificuldade da interpretação da lógica deôntica como uma lógica das normas (LN) revela-se, de modo particularmente incisivo, a propósito da contradição entre normas. Em boa verdade, o problema reduz-se aos "comandos" (*commands*; O *expressions*), não tendo que ver com as "permissões" (*permissions*; P *expressions*): uma permissão de agir (p. *of doing*) é, por natureza, compatível com uma permissão de se abster de agir (p. *of forbearing*); só em relação aos "comandos" é que seria ilógico que, nas mesmas circunstâncias (*occasion*), a

---

[41] Para uma visão geral, cf., por todos, Carlos E. Alchourrón e Eugenio Bulygin, «Von Wright on Deontic Logic and the Philosophy of Law», in: Paul Arthur Schillpp e Lewis Edwin Hahn (eds.), *The Philosophy of Georg Henrik von Wright*, LaSalle, Illinois, 1989, págs. 665-693.
[42] Sobre a caracterização e os elementos das "prescrições", cf. *supra*, 2.1.
[43] Cf. Georg Henrik von Wright, *Norm and Action. A Logical Enquiry*, cit., *maxime* cap. VII.

autoridade normativa ordenasse a um determinado agente (sujeito normativo) a execução ou a abstenção de uma determinada conduta. A consistência normativa remete aqui não para critérios lógicos, mas para o postulado da racionalidade do legislador: para a concepção "expressiva" das normas, a lógica deôntica ou é interpretada como lógica das proposições normativas (LPN) ou, se é interpretada como lógica das normas (LN), então é uma lógica da actividade nomothética, uma lógica da legislação racional.

Referimos acima que von Wright começou por estabelecer em «Deontic Logic» (1951) um sistema de lógica deôntica assente no cálculo de proposições não interpretadas, isto é, não esclarecendo nem se preocupando em esclarecer se esse sistema de relações se reportava a propriedades lógicas das normas ou a propriedades lógicas das proposições normativas. Acrescentamos que em *Norm and Action. A Logical Enquiry* (1963) apresentou um sistema de lógica deôntica como lógica de expressões deônticas interpretadas descritivamente, isto é, como lógica das proposições normativas (LPN). E que a sua posição final, documentada em «Norms, Truth and Logic» (1983), ia no sentido do estabelecimento de um sistema de lógica das normas (LN), a par de um sistema de lógica das proposições normativas (LPN): a análise lógica do discurso normativo requereria, segundo von Wright, estes dois sistemas.

Os méritos desta descoberta creditava-os von Wright a Carlos Alchourrón (1931-1996)[44], que chamava a atenção, no seu ensaio «Logic of Norms and Logic of Normative Propositions» (1969), para a necessidade de se distinguir entre a lógica das normas – em que os operadores deônticos são interpretados prescritivamente – e a lógica das proposições normativas – em que os operadores deônticos são interpretados descritivamente. Ao sistema das relações lógicas entre normas chama Alchourrón "lógica deôntica" e ao sistema de relações lógicas entre proposições normativas, "lógica normativa".

Tanto Alchourrón como von Wright argumentam que quer em matéria de interdefinibilidade de operadores (*O, P, V*), quer a propósito das noções lógicas de implicação, disjunção e negação exige-se um tratamento diferenciado, consoante os operadores sejam interpretados prescritivamente ou sejam interpretados descritivamente. As diferenças entre uma lógica das normas (LN) e uma lógica das proposições normativas (LPN) são visíveis, sobretudo, a propósito da operação lógica de negação: a negação de uma norma é também uma norma – von Wright chama-lhe "norma-negação" (*negation-norm*)[45]; para cada norma existe apenas uma norma que é a sua negação; uma norma e a sua norma-nega-

---

[44] Cf. von Wright, «Value, Norm and Action in My Philosophical Writings», cit., pág. 20.
[45] Cf. von Wright, «Norms, Truth and Logic», cit., *maxime* pág. 134.

ção são recíprocas ("Op" é a negação de "P~p", "P~p" é a negação de "Op"); além disso, uma norma e a sua norma-negação são reciprocamente excludentes e conjuntamente exaustivas. Já em relação à negação de proposições normativas, há que diferenciar entre a *negação externa* e a *negação interna*: enquanto a *negação externa* se traduz numa operação lógica que conduz da proposição normativa que afirma a pertença de uma norma a um sistema à proposição normativa que afirma a não pertença de tal norma a esse sistema, a *negação interna* é uma operação que conduz da proposição normativa que afirma a pertença de uma norma ao sistema à proposição que afirma a pertença da sua norma-negação a esse sistema.

A lógica das normas (LN) estabelece critérios de consistência entre normas. Apenas sob as condições de completude e consistência – isto é, no caso em que o legislador racional não deixasse condutas por determinar normativamente e não se contradissesse a si próprio –, é que se pode considerar o isomorfismo ou equivalência entre o sistema de lógica das normas (LN) e o sistema de lógica das proposições normativas (LPN).

9.5. Lógica deôntica, lógica normativa da acção e das relações deônticas entre agentes

A primeira tentativa de von Wright (1916-2003) de desenvolver uma lógica formal das normas assentava no uso de variáveis que representavam classes ou tipos de acções (*v. g.*: matar, furtar, fumar)[46]. As frases deônticas eram formadas com base nestas variáveis que representavam classes ou tipos de acções e os operadores deônticos de obrigação (O) e permissão (P). Em bom rigor, esta era uma lógica do dever-fazer (*ought-to-do, Tunsollen*), distinta, portanto, do sistema-padrão da lógica deôntica (SDL), que é uma lógica do dever-ser (*ought-to-be, Seinsollen*), na medida em que as variáveis representam estados de coisas cuja realização é obrigatória (O) ou permitida (P)[47].

Georg Henrik von Wright depressa reorientou a lógica deôntica para uma lógica do dever-ser, confrontado, sobretudo, com as dificuldades de aplicação de operadores como o de negação (~) a tipos de acções. No entanto, a ideia de uma lógica normativa da acção nunca foi verdadeiramente abandonada, e, a partir dos anos 30 do século XX, voltaram a surgir tentativas de construção

---

[46] Cf. Georg Henrik von Wright, «Deontic Logic», in: *Mind* 60 (1951), págs. 1-5.

[47] Sobre a diferenciação entre estes tipos de abordagem, cf., por todos, von Wright, «Ought to Be-Ought to Do», in: Georg Meggle (ed.), *Actions, Norms, Values. Discussions with Georg Henrik von Wright*, cit., págs. 3-9. Do mesmo modo, Hector-Neri Castañeda (1924-1991) sublinha a necessidade de distinção entre proposições e termos de acção ou "practicidades" (*practitions*): cf., sobretudo, Hector-Neri Castañeda, *Thinking and Doing. The Philosophical Foundations of Institutions*, Dordrecht, 1975.

de uma lógica normativa da acção, sobretudo no contexto da chamada lógica dinâmica, em que a acção é relacionada com uma mudança no mundo, com a passagem de um estado de coisas a outro[48]: a lógica dinâmica inclui, para além da categoria usual de fórmulas interpretáveis como proposições, uma categoria de expressões interpretáveis como acções.

Um dos modos de construir a lógica normativa da acção consiste em recorrer a um operador de acção (*Do*) e a termos de acções, que podem ser simbolizados por letras (A, B, C...), sobre os quais é possível aplicar conectivos de acções análogos aos conectivos da lógica proposicional e conectivos específicos. A lógica dinâmica voltada para acções e eventos é uma das áreas de investigação mais interessantes na lógica deôntica recente[49].

A lógica normativa da acção é um instrumento de análise das relações deônticas entre agentes. Na teoria analítica do Direito, foram desenvolvidos alguns modelos de análise de relações deônticas entre agentes. Jeremy Bentham (1748-1832), por exemplo, apresentava um esquema assente na análise dos conceitos de "obrigação" (*obligation*), "direito" (*right*) e "liberdade" (*liberty*), que, conjuntamente com a sua lógica da imperação (*logic of imperation*) e algumas regras básicas do cálculo proposicional, permitia desenvolver um sistema lógico de posições jurídicas básicas[50]. A teoria das posições jurídicas básicas e a teoria das mudanças nas relações jurídicas (*changes in legal relations*) devem muito à linha de análise empreendida por Bentham, análise que foi complementada, subsequentemente, pelos desenvolvimentos verificados no âmbito da lógica proposicional, da lógica deôntica e da lógica normativa da acção[51].

Outra contribuição clássica para a teoria das posições jurídicas básicas é a de Wesley Newcomb Hohfeld (1879-1918)[52]. Hohfeld identifica oito concei-

---

[48] Sobre este ponto, cf., por todos, Risto Hilpinen, «Deontic Logic», in: Lou Goble (ed.), *The Blackwell Guide to Philosophical Logic*, Oxford, 2001, págs. 159-182, maxime pág. 173 e seg.
[49] Cf., sobretudo, John F. Horty, *Agency and Deontic Logic*, Nova Iorque, 2001.
[50] Cf. Jeremy Bentham, *Of Laws in General* (ed. de H. L. A. Hart), Londres, 1970. A obra, que foi redigida por volta de 1782, permaneceu praticamente desconhecida até 1970, data da sua edição por Herbert Hart (1907-1992).
[51] A contribuição mais significativa é aqui, porventura, a de Lars Lindahl (1936-   ): cf., sobretudo, Lars Lindahl, *Position and Change. A Study in Law and Logic*, Dordrecht, 1977.
[52] Cf. Wesley Newcomb Hohfeld, *Fundamental Legal Conceptions as Applied in Judicial Reasoning and Other Essays*, New Haven, 1923 [existe tradução em língua portuguesa, *Os Conceitos Jurídicos Fundamentais Aplicados na Argumentação Judicial*, Lisboa, 2008, tradução a cargo de Margarida Lima Rego]. Sobre a teoria das posições jurídicas básicas de Hohfeld, cf., com interesse, Mario Losano, «Le fonti dei concetti giuridici fondamentali di Wesley N. Hohfeld», in: *Materiali per una storia della cultura giuridica* 6 (1976), págs. 319-416.

§9. A "RECONSTRUÇÃO" LÓGICA DO PROCESSO DE APLICAÇÃO DO DIREITO

tos jurídicos fundamentais e tenta estabelecer a interdefinibilidade entre esses conceitos, subdivididos em dois grupos:

1. direito, dever, não-direito, privilégio.
2. poder, responsabilidade, inabilidade, imunidade.

Estes conceitos jurídicos fundamentais ou posições jurídicas básicas podem ser ordenados em pares de **opostos** (*opposites*) e pares de **correlativos**, com vista à construção de um sistema de relações lógicas.

O primeiro grupo de conceitos jurídicos fundamentais (direito, dever, não--direito, privilégio) refere-se a situações jurídicas decorrentes de normas jurídicas que dizem respeito a uma conduta.

Assim:

X tem um *direito* em relação a Y a que faça A quando Y tem um *dever* em relação a X de fazer A.

X tem um *não-direito* em relação a Y a que este não faça A quando Y tem um *privilégio* em relação a X de fazer A.

X tem um *privilégio* em relação a Y de fazer A quando sobre X não impende nenhum *dever* em relação a Y de não fazer A.

Nestes termos, poder-se-ia estabelecer o seguinte quadro de relações lógicas entre os conceitos jurídicos fundamentais pertencentes a este primeiro grupo:

Relações de oposição	direito	privilégio
	não-direito	dever

Relações de correlação	direito	privilégio
	dever	não-direito

Em síntese:

i) direito, dever, não-direito e privilégio são interdefiníveis, de acordo com um esquema de "opostos" e de "correlativos".

ii) direito, dever, não-direito e privilégio são relações entre duas partes que dizem respeito à acção (ou omissão) de uma das partes.

O segundo grupo de conceitos jurídicos fundamentais (poder, responsabilidade, inabilidade, imunidade) refere-se à capacidade do agente de introduzir alterações na relação existente entre ele e o outro agente.

Assim:

X tem um *poder* sobre Y para produzir a consequência jurídica C quando há alguma acção de X que produzirá C para Y.

X tem uma *responsabilidade* em relação a Y de efectuar C quando Y tem em relação a X um poder de efectuar C.

X tem uma *inabilidade* em relação a Y de efectuar C quando não há nenhuma acção que X possa executar que produza C para Y.

X tem uma *imunidade* em relação a Y respeitante a C quando Y não tem nenhum *poder* em relação a X de efectuar C.

Em termos de relações lógicas de oposição e de relações lógicas de correlação, poder-se-ia estabelecer o seguinte quadro de relações lógicas entre os conceitos jurídicos fundamentais pertencentes a este segundo grupo:

Relações de oposição: poder   imunidade
                         inabilidade   responsabilidade

Relações de correlação: poder   imunidade
                         responsabilidade inabilidade

Nos tempos mais recentes, as análises de Hohfeld inspiraram um conjunto de investigações em matéria de lógica deôntica e lógica normativa da acção[53]. Há, no entanto, que sublinhar que estes conceitos jurídicos fundamentais ou modalidades jurídicas devem ser considerados, simplesmente, como instrumentos da linguagem do Direito ou veículos por via dos quais o conteúdo normativo das regras jurídicas é expresso[54] – nestes dois grupos de posições jurídicas básicas expressa-se, respectivamente, o conteúdo normativo dos dois tipos fundamentais de normas jurídicas: *i*) as normas de conduta ou de obrigação; *ii*) as normas de competência[55].

---

[53] Cf., sobretudo, Alf Ross, *On Law and Justice*, Berkeley, 1959, *maxime* pág. 161 e segs.; cf., igualmente, Alf Ross, *Directives and Norms*, cit., *maxime* pág. 119 e segs.; Stig Kanger, «New Foundations for Ethical Theory», in: Risto Hilpinen (ed.), *Deontic Logic. Introductory and Systematic Readings*, Dordrecht, 1971, págs. 36-58; Ingmar Pörn, *The Logic of Power*, Nova Iorque, 1970; e, muito principalmente, Lars Lindahl, *Position and Change. A Study in Law and Logic*, cit. Com interesse, igualmente, Carl Wellman, *A Theory of Rights*, Totowa, 1985; e George W. Rainbolt, *The Concept of Rights*, Dordrecht, 2006.

[54] Como Alf Ross (1899-1979), entre outros, prevenia: cf., por exemplo, Alf Ross, *On Law and Justice*, cit., *maxime* pág. 168 e seg.; cf., igualmente, Alf Ross, «Tû-Tû», in: *Harvard Law Review* 70 (1957), págs. 812-825.

[55] Alf Ross (1899-1979) elaborou com base no trabalho de Hohfeld uma tabela das modalidades jurídicas, dividida num diagrama de modalidades básicas relativas a normas de conduta e num diagrama de modalidades básicas relativas a normas de competência, estabelecendo uma interdefinibilidade a partir do termo primitivo "dever" (*duty*): cf. Alf Ross, *On Law and Justice*, cit., pág. 161 e segs.

§9. A "RECONSTRUÇÃO" LÓGICA DO PROCESSO DE APLICAÇÃO DO DIREITO

As normas (*rectius*: as disposições, as formulações linguísticas das normas) são o ponto de partida da análise linguística e lógica do Direito. As disposições jurídicas (melhor dito: as disposições que expressam "prescrições" jurídicas) apresentam uma estrutura sintáctica hipotético-condicional, quer dizer, subordinam a produção de um efeito jurídico (consequente normativo) à verificação de uma hipótese ou condição (antecedente normativo). Ora, não é possível ou, pelo menos, habitual que o antecedente normativo contenha a enumeração exaustiva das condições de aplicação. A teoria analítica do Direito, mormente Bentham (1748-1832) e Kelsen (1881-1973), dava-se conta deste problema e apresentava uma doutrina da individuação da norma jurídica como reconstrução analítica do material jurídico disperso por várias leis[56]. Por outro lado, ao nível do processo judicial, os poderes de iniciativa do juiz e as regras de repartição do ónus da prova condicionam os factos a admitir como premissa da decisão.

A lógica deôntica procura dar resposta a estas duas diferentes ordens de problemas com base na construção de sistemas deônticos corrigíveis, isto é, sistemas que permitam representar o raciocínio normativo como corrigível ou revogável. É sobre esta questão de saber se os métodos de formalização do raciocínio normativo exigem o recurso a sistemas lógicos não-monotónicos (em que se baseia a lógica deôntica corrigível) que se centram os debates mais recentes em matéria da aplicação de métodos lógicos à análise do raciocínio normativo.

9.6. Raciocínio normativo, lógica não-monotónica e lógica difusa

A lógica deôntica e a lógica não-monotónica procuram dar resposta a problemas distintos: a lógica deôntica foi desenvolvida como análise formal das normas e das inferências normativas; a lógica não-monotónica foi, por seu lado, desenvolvida no âmbito das investigações sobre inteligência artificial. O sistema de lógica deôntica padrão (SDL) baseia-se numa lógica monotónica, isto é, o acréscimo de uma premissa adicional a um argumento válido resulta num novo argumento válido. Em contrapartida, num sistema lógico não-monotónico, o acréscimo de uma nova informação pode envolver perda de validade do argumento. Nos últimos anos, tem-se assistido à defesa da tese segunda a qual o estudo formal do raciocínio normativo exige o recurso a sistemas lógicos não-monotónicos e, nessa base, à apresentação de várias propostas de construção de sistemas de lógica deôntica corrigível (*defeasible deontic logic*)[57].

---

[56] Sobre a doutrina de individuação da norma jurídica, cf., por todos, Joseph Raz, *The Concept of a Legal System*, 2ª edição, Oxford, 1980, *maxime* págs. 140-147 e 216-224.
[57] Para uma visão geral, cf., por todos, John F. Horty, «Nonmonotic Foundations for Deontic Logic», in: Donald Nute (ed.), *Defeasible Deontic Logic*, Dordrecht, 1997, págs. 17-44.

A tese segundo a qual o raciocínio normativo tem de ser formalmente representado como raciocínio corrigível ou revogável (*defeasible reasoning*) constitui a base de um conjunto de abordagens que se propõem a análise lógica do raciocínio normativo em geral e da argumentação jurídica em particular[58]. É uma afirmação trivial dizer que a lógica (silogística, proposicional, deôntica) é um instrumento para a representação da estrutura formal das inferências normativas. Mas, na argumentação jurídica em particular, a metodologia jurídica tem sublinhado que no estabelecimento das premissas podem surgir problemas de aplicabilidade e interpretação – susceptíveis de afectar a determinação da premissa normativa – e de relevância, qualificação e prova – relativos à configuração da premissa fáctica[59]. E que o estabelecimento das premissas é um procedimento circular, que supõe "*um ir e vir da perspectiva entre a premissa maior e a matéria de facto*" [ein Hin- und Herwandern des Blicks zwischen Obersatz und Lebenssachverhalt], como dizia sugestivamente Karl Engisch (1899-1990)[60]. É isto mesmo que é retratado pelas noções hermenêuticas de "pré-compreensão" (*Vorverständnis*), como conjectura de sentido que guia o compreender, e de "círculo hermenêutico", noções que tendo sido objecto de "recepção" pela metodologia jurídica, dão conta da espiral de condicionamento recíproco que se estabelece entre a determinação da norma aplicável e a qualificação jurídica dos factos[61]. Quer dizer: na construção da decisão judicial, estamos sempre perante raciocínios corrigíveis ou revogáveis (*defeasible*), que são rectificados à medida que são acrescentadas novas informações.

Uma modalidade de lógica não-monotónica aplicável ao raciocínio prático (jurídico e moral) é a "lógica baseada em razões" (*reason-based logic*, RBL), que procura representar formalmente os procedimentos de ponderação de razões: no contexto do discurso jurídico, a argumentação com base em "princípios", os procedimentos de ponderação, os critérios de proporcionalidade e a concor-

---

[58] Cf. *supra*, nota 13, a indicação das abordagens mais significativas.
[59] Sobre os problemas metodológicos associados ao estabelecimento das premissas da decisão judicial, cf. *supra*, §7.
[60] Cf. Karl Engisch, *Logische Studien zur Gesetzesanwendung* (1942), 3ª edição, Heidelberga, 1963, pág. 15.
[61] A este propósito, cf. Josef Esser, *Vorverständnis und Methodenwahl in der Rechtsfindung*, 2ª edição, Francoforte, 1972; Karl Larenz, *Metodologia da Ciência do Direito*, tradução da 6ª edição (1991), a cargo de José Lamego, Lisboa, 1997, maxime pág. 285 e seg.; Emilio Betti, *Allgemeine Auslegungslehre als Methodik der Geisteswissenschaften*, Tübingen, 1967, maxime pág. 219 e segs.; Wolfgang Fikentscher, *Methoden des Rechts in vergleichender Darstellung*, vol. IV: *Dogmatischer Teil*, Tübingen, 1977, maxime pág. 194 e segs.; Winfried Hassemer, *Tatbestand und Typus. Untersuchungen zur strafrechtlichen Hermeneutik*, Colónia, 1967, pág. 107; Arthur Kaufmann, «Über den Zirkelschluß in der Rechtsfindung», in: Arthur Kaufmann, *Beiträge zur Juristischen Hermeneutik*, Colónia, 1984, págs. 65-77.

§9. A "RECONSTRUÇÃO" LÓGICA DO PROCESSO DE APLICAÇÃO DO DIREITO

dância prática seriam domínios, por excelência, onde uma formalização em termos de uma "lógica baseada em razões" seria mais adequada do que aquela que é oferecida pelos sistemas lógicos monotónicos[62].

Nesta linha de considerações, há que referir a proposta de Joseph Raz (1939-   ) de fundamentar uma teoria do Direito como parte de uma teoria geral da razão prática, isto é, de uma teoria das "razões para a acção" (*reasons for action*)[63]. Raz recorre a um denso instrumentário conceptual para explicar o modo como as "razões para a acção" (*reasons for action*) se relacionam entre si com base no seu peso ou força. Na sua análise, "autoridade" e "norma" devem caracterizar-se a partir do conceito mais primitivo de "razão para a acção" (*reason for action*), sendo que o papel da "norma" é retirar ou afastar de antemão no raciocínio prático do agente um conjunto possível de razões de sinal contrário: nesta base, introduz a noção de "razão excludente" (*exclusionary reason*), como uma "razão de segunda ordem" (*second-order reason*) negativa, isto é, como uma razão que exclui outras razões.

Somos, no entanto, do entendimento de que na representação lógica da argumentação jurídica não existem vantagens na substituição do conceito de "norma" pelo conceito de "razão para a acção" (*reason for action*) e de que não é necessário abandonar o quadro da lógica proposicional clássica para dar conta do problema da revogabilidade (*defeasibility*) das normas: atendendo a que a forma gramatical e lógica dos enunciados jurídicos que expressam prescrições é a de orações hipotético-condicionais, seria possível representar logicamente a revogabilidade (*defeasibility*) no quadro da lógica proposicional clássica, em termos de uma lógica dos condicionais revogáveis (*defeasible conditionals*), como formalização lógica do reforço do antecedente normativo. Vejamos a forma lógica "Se A é, B deve ser"; preenchamos esta forma com um conteúdo, por exemplo: "M matou; deve ser, portanto, condenado em pena de prisão". Mas se se acrescentar ao antecedente normativo a informação de que "M agiu em legítima defesa" (reforço do antecedente), revoga-se ou corrige-se a conclusão[64].

---

[62] Neste sentido, cf., por todos, Jaap C. Hage, *Reasoning with Rules. An Essay on Legal Reasoning and Its Underlying Logic*, Dordrecht, 2010.
[63] Cf., sobretudo, Joseph Raz, *Practical Reason and Norms*, Londres, 1975.
[64] É esta, basicamente, a proposta de Carlos Alchourrón (1931-1996), para quem o problema da revogabilidade (*defeasibility*) das normas é, no fundo, um problema de formulação incompleta do antecedente da norma condicional ou hipotética. Deste modo, seria possível formalizar a revogabilidade (*defeasibility*) com base na lógica proposicional clássica, não havendo necessidade de desenvolver lógicas deônticas não monotónicas. A formalização do reforço do antecedente é feita por Alchourrón no quadro de uma teoria da revisão de crenças (*belief revision theory*), como lógica da revisibilidade epistémica: cf., sobretudo, Carlos Alchourrón, «Fundamentos filosóficos de la lógica deóntica e la lógica de los condicionales derrotables» (1993), agora in: Carlos E.

Bem entendido que a lógica proposicional clássica e a lógica dos condicionais revogáveis (*defeasible conditionals*) é mais adequada para a formalização da revogabilidade das espécies normativas que é costume referir como "normas" ou "regras" – que possuem um elemento descritivo – do que para a formalização da revogabilidade dos "princípios", para a qual a formalização com base na "lógica baseada em razões" (*reason-based logic*, RBL) poderia parecer, eventualmente, mais adequada, uma vez que os "princípios" carecem de pressupostos tipificados de previsão e estatuição.

Frequentemente confunde-se a revogabilidade (*defeasibility*) e a formalização do raciocínio com base em informação deficiente – formalização que é procurada pelos sistemas lógicos não-monotónicos – com a "vagueza" (*vagueness*), cuja formalização deu origem à chamada "lógica difusa" (*fuzzy logic*). A lógica difusa (*fuzzy logic*), ao contrário da lógica proposicional clássica, na qual existem dois valores de verdade – verdadeiro (V) e falso (F) –, reflecte um espectro de indeterminação com base numa escala de valores aproximativos. Apesar de existirem tipos distintos de "vagueza" (*vagueness*), pode dizer-se que se trata de um problema de indeterminação semântica que afecta a linguagem natural e que se traduz na dificuldade de nos casos de fronteira se poder determinar a aplicabilidade ou não aplicabilidade de termos e conceitos. A "vagueza" mereceu um tratamento aprofundado na Teoria do Direito de orientação analítica (Hart, Alchourrón e Bulygin, etc.), a propósito dos problemas de qualificação e subsunção[65]. A lógica difusa (*fuzzy logic*), como formalização lógica da "vagueza", constitui uma reelaboração da lógica polivalente, que foi esboçada nos anos 20 do século xx pelo lógico polaco Jan Lukasiewicz (1878-1956)[66]; em 1965, Lofti A. Zadeh (1921-) introduziu a noção de "conjuntos difusos" (*fuzzy sets*), que são conjuntos onde a relação de membros permite indeterminações[67]. A lógica difusa (*fuzzy logic*) é considerada por alguns autores como alternativa à

Alchourrón, *Fundamentos para una teoria general de los deberes*, Madrid, 2010, págs. 77-127. Para uma crítica das teses de Alchourrón, cf., por todos, R. P. Loui, «Alchourrón and von Wright on Conflict among Norms», in: Donald Nute (ed.), *Defeasible Deontic Logic*, cit., págs. 345-351.

[65] A este propósito, cf. *supra*, 5.1.

[66] Sobre a história da lógica polivalente, cf., por todos, Nicholas Rescher, *Many-Valued Logic*, Nova Iorque, 1969.

[67] Essa relação é uma função no intervalo da unidade [1,0], onde 1 significa definitivamente dentro e 0 definitivamente fora: sobre a lógica difusa (*fuzzy logic*), cf. Susan Haack, *Philosophy of Logics*, Cambridge, 1978, *maxime* pág. 162 e segs.; cf., por último, Susan Haack, *Deviant Logic, Fuzzy Logic: Beyond the Formalism*, Chicago, 1996, *maxime* págs. 232-242.

§9. A "RECONSTRUÇÃO" LÓGICA DO PROCESSO DE APLICAÇÃO DO DIREITO

lógica proposicional bivalente enquanto instrumento de "reconstrução" lógica das decisões judiciais[68].

A questão de saber qual é o sistema lógico mais apropriado para a análise formal das normas, do sistema jurídico e da argumentação jurídica é uma questão que abre espaço para discussões intermináveis, de que aqui pretendemos tão-somente deixar uma notícia resumida[69]. A lógica não tem função heurística, nem de descrição, mas de "reconstrução": é uma teoria das inferências válidas construída para uma linguagem formal. No entanto, a liberdade de construção dos sistemas lógicos está condicionada pela demonstração da adequação aos objectivos a que se propõe.

Depois deste excurso sobre o modo como a análise lógica pode lançar luz sobre alguns dos problemas fundamentais da Teoria do Direito e da metodologia jurídica, abordemos a natureza de cada uma destas investigações e o seu estatuto disciplinar no quadro do sistema dos diversos saberes jurídicos.

---

[68] Cf., por todos, Jerzy Wróblewski, «Fuziness in Legal System», in: Urpo Kangas (ed.), *Essays in Legal Theory in Honor of Kaarle Makkonen*, Vammala, 1983, págs. 311-330.

[69] Um conspecto geral sobre estas discussões pode encontrar-se, por exemplo, em Eckart Ratschow, *Rechtswissenschaft und Formale Logik*, Baden-Baden, 1998.

§10. Filosofia do Direito, Teoria do Direito, ciência do Direito e metodologia jurídica

§10. Filosofia do Direito, Teoria do Direito, ciência do Direito e metodologia jurídica

Comecemos com uma constatação trivial: o perfil disciplinar e a articulação entre os diversos saberes jurídicos (filosofia do Direito, Teoria do Direito, ciência do Direito e metodologia jurídica) têm na base o processo de positivação do Direito. É este o dado histórico a que se encontram vinculados o estatuto disciplinar e as formas de reflexão características de cada um destes saberes jurídicos.

Comecemos pela filosofia do Direito: a filosofia do Direito não é, pura e simplesmente, uma reflexão filosófica que tem por objecto o Direito. É, na sua determinação essencial, uma consideração crítico-valorativa do Direito. Do ponto de vista da História dos conceitos (*Begriffsgeschichte*), corresponde a um novo entendimento da juridicidade do Direito positivo e a um novo mapa de organização dos saberes jurídicos: o seu estabelecimento como disciplina pressupõe o fim do dualismo das "fontes" do Direito (princípios racionais e estatuições legislativas), tal como era admitido pela metodologia do Direito natural racionalista[1].

Sendo, na sua determinação essencial, uma consideração crítico-valorativa do Direito, a filosofia do Direito tem como pressuposto a possibilidade de constituição de uma qualquer objectividade prática, de uma ordem de valores pela qual se possa aferir a "correcção" do Direito positivo. Ora, a crença numa ordem objectiva de valores tem hoje o seu último reduto nos partidários da

---

[1] Os juristas wolffianos do século XVIII e até mesmo os juristas de inspiração kantiana dos inícios do século XIX perfilham ainda o entendimento de que o Direito natural é parte da ciência do Direito, como fonte subsidiária. O marco de rotura com esta concepção é, em primeiro lugar, Gustav Hugo (1764-1844): a este propósito, cf., por todos, Theodor Viehweg, «Einige Bemerkungen zu Gustav Hugos Rechtsphilosophie», in: *Festschrift für Karl Engisch*, Francoforte, 1969, págs. 80-90.

doutrina do Direito natural[2]. Por esse facto, os propósitos de erradicação dos vestígios de "cripto-jusnaturalismo" na teorização jurídica conduziram à eliminação das indagações sobre a "correcção" ou "justiça" do Direito e à afirmação da pretensão de substituição da filosofia do Direito por uma investigação sobre o Direito positivo de cariz estritamente analítico-conceptual, a Teoria do Direito.

O programa da Teoria do Direito consiste na explicitação das estruturas conceptuais que tornam possível a descrição analítica do Direito positivo, entendido como sistema de normas válidas. O perfil disciplinar da Teoria do Direito foi sedimentado por autores como Adolf Merkel (1836-1896), Karl Bergbohm (1849-1927), Ernst Rudolf Bierling (1841-1919) e Felix Somló (1873--1920) e encontrou na Teoria Pura do Direito de Hans Kelsen (1881-1973) a sua expressão mais consistentemente fundamentada. Desde os inícios da sua investigação, Kelsen propõe-se desenvolver o que em *General Theory of Law and State* (Cambridge Mass., 1945) refere como *"a general theory of positive law"*, cujo objecto define como sendo *"(...) the legal norms, their elements, their interrelation, the legal order as a whole, its structure, the relationship between diferente legal orders, and, finally, the unity of the law in the plurality of positive legal orders"* (cf. ob. cit., pág. XIII). E acrescenta que *"the orientation of the pure theory of law is in principle the same as the so-called analytical jurisprudence. Like John Austin in his famous* Lectures on Jurisprudence, *the pure theory of law seeks to attain its results exclusively by an analysis of positive law"* (cf. ob. cit., pág. xv).

Os domínios de investigação da Teoria do Direito são: *i*) a teoria das normas; *ii*) a teoria do sistema jurídico; *iii*) a teoria dos conceitos jurídicos fundamentais[3]. Nesta nossa exposição, estabelecemos alguns pontos de contacto com domínios de investigação próprios da Teoria do Direito, nomeadamente quando analisamos a estrutura lógico-linguística das formulações usadas pelas

---

[2] A este propósito, continua a ser muito interessante a leitura do ensaio de Hans Kelsen, *A Justiça e o Direito Natural*, tradução de João Baptista Machado, Coimbra, 1979 [o ensaio foi originalmente publicado como "Apêndice" à 2ª edição (1960) de *Teoria Pura do Direito*].

[3] Os programas da Teoria do Direito sobrepõem-se, em ampla medida, às investigações de metodologia jurídica. Norberto Bobbio (1909-2004), por exemplo, identifica seis domínios de investigação próprios da Teoria do Direito: *i*) a teoria da norma; *ii*) a teoria das "fontes" do Direito; *iii*) a unidade do ordenamento jurídico, incluindo o problema da validade das normas derivadas e a norma fundamental; *iv*) a completude do ordenamento jurídico, com o estudo das lacunas e a sua integração; *v*) a consistência do ordenamento jurídico, com a análise das antinomias e a sua eliminação; *vi*) as relações entre ordenamentos jurídicos (relações espaciais, temporais e materiais) – cf. Norberto Bobbio, *Giusnaturalismo e positivismo giuridico*, (Milão, 1965), reimpressão, Bari, 2011, pág. 38. Segundo a convenção amplamente aceite, a Teoria do Direito tem uma natureza teórica e descritiva, enquanto a metodologia jurídica tem uma natureza prescritiva, visa orientar a prática institucional da aplicação do Direito.

§10. FILOSOFIA DO DIREITO, TEORIA DO DIREITO, CIÊNCIA DO DIREITO...

autoridades normativas (cf. *supra*, §2), quando referimos os postulados da completude e da consistência como exigências lógicas dos sistemas normativos – a propósito do preenchimento das lacunas e da eliminação das antinomias (cf. *supra*, §5) – ou, ainda, quando abordamos as implicações metodológicas da teoria do sistema jurídico (cf. *supra*, §6).

Tanto a Teoria do Direito como a ciência do Direito são habitualmente apresentadas como tendo uma natureza teórica e descritiva: a Teoria do Direito consiste na análise do Direito numa perspectiva estrutural e formal; a ciência do Direito visa a representação conceptual e a ordenação sistemática dos conteúdos de um determinado sistema jurídico positivo. A diferenciação entre as perspectivas da Teoria do Direito e da ciência do Direito apoia-se, as mais das vezes, na distinção kantiana (e neo-kantiana) entre o que é *a priori* ou formal e o que é *a posteriori* ou empírico[4], por vezes, na distinção fenomenológica entre uma ciência "eidética" (*Wesenswissenschaft*), que visa o puramente formal, e as ciências empíricas, como "ciências de factos" (*Tatsachenwissenschaften*)[5], ou então, na distinção do positivismo lógico entre o formal ou analítico e o factual ou empírico, entre "problemas lógicos" e "problemas objectivos" (Carnap)[6]. Qualquer que seja o arrimo filosófico por que se opte, torna-se claro que a Teoria do Direito se ocupa da análise das normas jurídicas e dos sistemas jurídicos numa perspectiva formal ou estrutural, enquanto a ciência do Direito se ocupa da análise dos conteúdos, apoiando-se, fundamentalmente, em operações de interpretação e sistematização dos conteúdos do Direito positivo.

Mas correspondem, em bom rigor, à realidade as convenções aceites na nossa cultura jurídica sobre a natureza cognoscitiva da ciência do Direito ou dogmática jurídica e as pretensões de generalidade e neutralidade valorativa afirmadas pela Teoria do Direito? A Teoria do Direito de orientação positivista

---

[4] Sobre o formalismo da "Teoria Geral do Direito" ou "Teoria do Direito" (*Allgemeine Rechtslehre*; *Theorie des Rechts*) e o formalismo cognoscitivo kantiano e neo-kantiano, cf., por todos, Jan Schröder, *Wissenschaftstheorie und Lehre der "praktischen Jurisprudenz" auf deutschen Universitäten an der Wende zum 19. Jahrhundert*, Francoforte, 1979, *maxime* pág. 154 e seg.

[5] Cf., sobretudo, Edmund Husserl, *Ideen zu einer Phänomenologie und phänomenologischen Philosophie. Erstes Buch: Allgemeine Einführung in die reine Phänomenologie* (1913), edição de Karl Schuhmann, Haia, 1976, *maxime* §§ 1-9. Nesta linha fenomenológica, cf., por todos, Felix Kaufmann, *Logik und Rechtswissenschaft. Grundriß eines Systems der Reinen Rechtslehre*, Tübingen, 1922, *maxime* pág. 45.

[6] Cf., por exemplo, Rudolf Carnap, *Logische Syntax der Sprache*, Viena, 1934. A distinção característica do positivismo lógico entre verdades *analíticas*, quer dizer, baseadas no significado com independência das matérias de facto, e verdades *sintéticas*, isto é, baseadas nos factos e cujo critério é o princípio da verificação, foi posta em causa por Willard Van Orman Quine (1908-2000) – cf. Quine, «Two dogmas of empiricism» (1951), agora in: W. V. Quine, *From a Logical Point of View*, 2ª edição, Cambridge Mass., 1980, págs. 20-46.

oferece as bases para a "reconstrução" dos aspectos gerais do funcionamento dos sistemas jurídicos modernos, sobretudo dos sistemas jurídicos europeus continentais. Mas é evidente que em sistemas sociais em que não exista uma diferenciação semelhante àquela que se afirmou nas sociedades modernas ocidentais entre Direito e moral ou Direito e religião (como acontece, por exemplo, nos sistemas islâmicos), os esquemas e conceitos (*v. g.*: validade normativa) oferecidos pela Teoria do Direito para a "reconstrução" dos aspectos gerais do funcionamento do sistema jurídico deixam de ser adequados. Do mesmo modo, a "depuração" do método dogmático de análise do Direito positivo de considerações sociológicas ou perspectivas valorativas, que encontra a sua expressão mais conseguida na fase inicial da obra de Hans Kelsen (1881-1893), que culmina com a publicação da 1ª edição (1934) de *Teoria Pura do Direito*, não pode ser dissociada de uma orientação de cariz legalista, formalista e estadualista, que se afirmou na cultura jurídica europeia continental na primeira metade do século xix. A própria orientação conceptual e "construtiva" da ciência jurídica alemã e o pendor mais exegético da ciência jurídica francesa têm que ver, nomeadamente, com o carácter tardio da codificação na Alemanha, que obrigou à construção de um sistema conceptual com vista à reelaboração do material jurídico das "fontes" – o Direito romano, que servia como Direito comum entre os vários Estados alemães –, enquanto em França o modelo de ciência jurídica puramente exegética que prevaleceu (ao menos no âmbito do Direito civil) ao longo do século xix é uma consequência directa da codificação napoleónica.

Pela mesma ordem de razões, as directrizes da metodologia jurídica tradicional são indissociáveis de um quadro geral de representações sobre a estrutura e funcionamento do Direito caracterizado pelo legalismo e pelo formalismo interpretativo[7]. Mas enquanto tanto as investigações da Teoria do Direito como as construções da ciência do Direito pretendem ter um carácter descritivo, as doutrinas da metodologia jurídica assumem abertamente um carácter prescritivo: a metodologia jurídica é a doutrina da aplicação prática do Direito. É a metodologia jurídica, ou deve ser a metodologia jurídica, inde-

---

[7] Conjunto de representações que Norberto Bobbio (1909-2004) referia como "positivismo jurídico como teoria", distinguido esta acepção de "positivismo jurídico" de duas outras acepções: *i*) o "positivismo ideológico", cuja tese central consiste na defesa de que todo o Direito positivo deve ser obedecido; *ii*) o "positivismo metodológico" ou conceptual, isto é, a defesa de uma teoria jurídica metodologicamente descritiva – cf. Norberto Bobbio, «Aspetti del positivismo giuridico» (1961), agora in: Norberto Bobbio, *Giusnaturalismo e positivismo giuridico*, cit., págs. 84-106. Os programas de Teoria do Direito de Hans Kelsen (1881-1973), Alf Ross (1899-1979), Herbert Hart (1907-1992) ou Norberto Bobbio (1909-2004) são positivistas apenas nesta última acepção.

§10. FILOSOFIA DO DIREITO, TEORIA DO DIREITO, CIÊNCIA DO DIREITO...

pendente da filosofia do Direito? Mais uma vez, trata-se aqui também de uma convenção. Se entendermos que a filosofia do Direito consiste, basicamente, numa abordagem crítico-valorativa do Direito existente, então a metodologia jurídica deve ser dissociada da filosofia do Direito. No entanto, certas concepções sobre o conceito de Direito, como, por exemplo, a de Robert Alexy (1945-), ao defender que o conceito de Direito mais adequado para a explicitação das práticas institucionais de aplicação do Direito numa sociedade democrático-constitucional supõe a conexão entre a dimensão institucional (fáctica) e a dimensão discursiva (ideal) do Direito (aferida pelas regras do discurso prático racional), fazem enquadrar o processo de aplicação do Direito numa teoria geral da razão prática, o que não deixa de ter consequências evidentes na questão metodológica da determinação dos argumentos jurídicos válidos[8]; algo de semelhante pode dizer-se em relação às teses de Carlos Santiago Nino (1943--1993) sobre a tríplice conexão (definitória, justificativa e interpretativa) entre Direito e moral[9] – e, em geral, sobre os defensores de uma concepção "constitucionalista" sobre o conceito e a validade do Direito, na linha da teorização jurídica de Ronald Dworkin (1931-2013); entre nós, a crítica ao legalismo e ao formalismo interpretativo desenvolvida por A. Castanheira Neves (1929-) e a sua Escola tem como substrato filosófico uma determinação axiológica do Direito e a defesa de uma racionalidade jurídica material[10].

A independência da metodologia jurídica em relação à filosofia do Direito não é, senão, uma convenção ou um postulado, que tem na base, genericamente, uma visão do Direito de cariz legalista, formalista e estadualista, que aqui, por razões evidentes, não chegamos a problematizar. As teses sobre a natureza cognoscitiva da ciência do Direito ou dogmática jurídica e a independência da metodologia jurídica em relação à filosofia do Direito são, em última análise, decorrências do processo de positivação do Direito e da arquitectura política do Estado democrático-constitucional, assente no princípio da separação dos poderes.

Analisemos, então, com maior pormenor, o perfil disciplinar de cada um destes saberes jurídicos, começando, naturalmente, pela forma de reflexão

---

[8] Cf., sobretudo, Robert Alexy, *Theorie der juristischen Argumentation. Die Theorie des rationalen Diskurs als Theorie der juristischen Begründung*, Francoforte, 1978. Para uma exposição das teses de Alexy, cf., com maior pormenor, *supra*, 8.2.3 e *infra* 11.3.

[9] Apresentadas, sobretudo, no livro póstumo *Derecho, Moral y Política* I: *Metaética, ética normativa y teoría jurídica*, Buenos Aires, 2007.

[10] Cf., por exemplo, A. Castanheira Neves, *Metodologia jurídica. Problemas Fundamentais*, Coimbra, 1992; sobre as suas pressuposições em matéria de juridicidade do Direito positivo, cf. A. Castanheira Neves, *O Problema Actual do Direito. Um Curso de Filosofia do Direito* (lições policopiadas), Universidade Católica Portuguesa, Lisboa, 2006.

sobre o Direito que é a filosofia do Direito e evidenciando a sua vinculação a um determinado horizonte conceptual: a organização jurídica da sociedade moderna e o processo de positivação do Direito.

10.1. A filosofia do Direito

A filosofia do Direito é uma disciplina filosófica, não uma disciplina jurídica[11]. O pressuposto do seu surgimento é o processo de positivação do Direito. Como dizia Adolf Lasson (1832-1917), *"o objecto da filosofia do Direito é apenas o Direito positivo, reconhecido, coercível"*[12]. Trata-se de uma abordagem crítico-valorativa do Direito: é, portanto, uma divisão da Ética normativa ou teoria da justiça. Como indagação sobre os critérios do Direito justo, constitui um sucedâneo da *juris naturalis scientia*[13].

O sentido histórico desta nova forma de reflexão sobre o Direito denominada "filosofia do Direito" é a ocupação do espaço do Direito natural racionalista, na base da reconfiguração dos seus postulados metodológicos, isto é, a filosofia do Direito assume o Direito na sua positividade histórica, tendo, por isso, uma natureza "reflexiva" e não "construtiva". Esta reconfiguração não impede, porém, que ao longo da primeira metade do século XIX se verifique uma oscilação ou um uso combinado das expressões "Direito natural" e "filosofia do Direito": é o que acontece, por exemplo, com o manual de referência do ensino da disciplina em Portugal na segunda metade do século xix, *Elementos do Direito Natural ou Filosofia do Direito* (Coimbra, 1844), de Vicente Ferrer Neto Paiva (1798-1886); ou com o muito influente manual de Heinrich Ahrens (1808-1874), intitulado *Cours de Droit Naturel ou de Philosophie du Droit* (Bruxelas, 1837); a própria tratação de filosofia do Direito de Hegel (1770-1831),

---

[11] Cf. Norberto Bobbio, «Philosophie du Droit», in: André-Jean Arnaud (ed.), *Dictionnaire encyclopédique de théorie et sociologie du droit*, 2ª edição, Paris, 1993, págs. 442-446; Arthur Kaufmann, «Filosofia do Direito, teoria do direito, dogmática jurídica», in: Arthur Kaufmann e Winfried Hassemer (ed.), *Introdução à Filosofia do Direito e à Teoria do Direito Contemporâneas*, tradução da 6ª edição alemã (1994), a cargo de Marcos Keel e Manuel Seia de Oliveira, Lisboa, 2002, págs. 25-53, *maxime* pág. 25.

[12] Cf. Adolf Lasson, *System der Rechtsphilosophie*, Berlim, 1882, pág. 27.

[13] Cf. A. Castanheira Neves, *A Crise Actual da Filosofia do Direito no Contexto da Crise Global da Filosofia*, Coimbra, 2003, *maxime* pág. 29; Felipe Gonzalez Vicen, «La filosofia del Derecho como concepto historico», in: Felipe Gonzalez Vicen, *Estudios de Filosofia del Derecho*, Santa Cruz de Tenerife, 1979, págs. 207-257; Dietmar von der Pfordten, «Die Entwicklung des Begriffs "Rechtsphilosophie" von 17. bis zum Anfang des 19. Jahrhunderts», in: *Archiv für Begriffsgeschischte* 41 (1999), págs. 151-161.

publicada em Berlim em 1821, *Linhas Fundamentais da Filosofia do Direito*, ostenta simultaneamente como título *Compêndio de Direito Natural e Ciência do Estado*[14].

A consciência da génese da filosofia do Direito a partir do horizonte disciplinar do Direito natural e a radicalização, ao longo do século xix, de uma atitude anti-especulativa estão na base da pretensão, propagandeada pelos arautos do positivismo jurídico, de reduzir a filosofia do Direito a uma reflexão de cariz estritamente analítico-conceptual: a Teoria do Direito. A filosofia do Direito, tal como é ensinada nas Faculdades de Direito, tem uma estrutura temática que procura, no essencial, conjugar dois tipos de reflexão: *i*) uma reflexão de cariz crítico-valorativo, ainda moldada pela *forma mentis* do Direito natural e que é, basicamente, uma axiologia jurídica ou teoria da justiça; *ii*) uma investigação analítico-conceptual, que tem por objecto a estrutura do ordenamento jurídico e os conceitos jurídicos fundamentais. Vejamos, com maior pormenor, quais são as linhas gerais deste segundo tipo de investigação sobre o Direito positivo, a Teoria do Direito.

10.2. A Teoria do Direito

A Teoria do Direito exclui do seu campo temático a indagação sobre a "correcção" ou "justiça" do Direito, procurando erradicar os vestígios de "criptojusnaturalismo" na teorização jurídica: este programa anti-metafísico era assumido pelos seus cultores iniciais, como Adolf Merkel (1836-1896), Karl Bergbohm (1849-1972), Ernst Rudolf Bierling (1841-1919) e Felix Somló (1873-1920)[15] e é reafirmado no prefácio do número inaugural (1926) da revista *Internationale Zeitschrift für Rechtstheorie*, editada sob o patrocínio de Hans Kelsen (1881-1973), Léon Duguit (1859-1928) e Franz Weyr (1879-1951) – revista que acolheu estudos ainda hoje marcantes no âmbito da Teoria do Direito e, em particular, sobre lógica das normas.

---

[14] Como bem sublinha Norberto Bobbio (1909-2004), a abordagem de Hegel pode ser considerada, simultaneamente, como ponto de consumação e marco de dissolução da tradição do Direito natural: cf. Norberto Bobbio, *Studi hegeliani. Diritto, società civile, stato*, Turim, 1981, pág. 4.

[15] De entre os escritos programáticos destes autores, refiram-se: Adolf Merkel, «Ueber das Verhältnis der Rechtsphilosophie zur "positiven" Rechtswissenschaft und zum allgemeinen Teil derselben», in: *Zeitschrift für Privat- und Öffentliches Recht der Gegenwart*, vol. I (1874), págs. 1-10 e 402-421; Karl Bergbohm, *Jurisprudenz und Rechtsphilosophie. Kritische Abhandlungen*, Leipzig, 1892; Ernst Rudolf Bierling, *Juristische Prinzipienlehre*, vol. I, Freiburgo e Leipzig, 1894; Felix Somló, *Juristische Grundlehre*, Leipzig, 1917. Para uma visão geral sobre a configuração da Teoria do Direito como teoria formal do Direito positivo na Alemanha do terceiro quartel do século xix, cf., por todos, Annette Brockmöller, *Die Entstehung der Rechtstheorie im 19. Jahrhundert in Deutschland*, Baden-Baden, 1997.

Este tipo de investigação debruça-se sobre os aspectos mais gerais da "experiência" jurídica, como: *i*) o conceito de norma, tipos e funções de normas, validade e eficácia das normas; *ii*) o conceito de sistema jurídico: os problemas de existência, identidade, estrutura e conteúdo do sistema jurídico; *iii*) a análise dos conceitos jurídicos fundamentais (*v. g.*: "direito", "dever", "sanção", "ilicitude", "responsabilidade", etc.). A intenção anti-jusnaturalista e anti-metafísica e o propósito de dar nota dos aspectos e conceitos comuns a todos os ordenamentos jurídicos, que eram professados pela Teoria do Direito continental, também eram perfilhados pela *Analytical School of Jurisprudence* britânica, que tinha como nomes emblemáticos Jeremy Bentham (1748-1832) e John Austin (1790-1859). Austin cometia à *"general jurisprudence"* – distinta, portanto, da *"particular or national jurisprudence"* – a exposição dos princípios e conceitos comuns aos diversos sistemas jurídicos: norma jurídica (*law*); direito subjectivo (*right*); obrigação (*obligation*); ilícito (*injury*); sanção (*sanction*); omissão (*forbearance*), etc.[16]

Enquanto a *"general jurisprudence"* se apoiava num método indutivo – como referia Austin, *"principles abstracted from positive systems are the subject of general jurisprudence"* –, os cultores iniciais da Teoria do Direito na Alemanha dos finais do século XIX arrimam-se ao método transcendental-formal de inspiração kantiana, concebendo a Teoria do Direito como uma investigação sobre os elementos *a priori* que tornam possível a descrição do Direito positivo como sistema de normas válidas. Este programa analítico, avançado, inicialmente, por Adolf Merkel (1836-1896) e desenvolvido, sobretudo, por Karl Bergbohm (1849-1927) e Ernst Rudolf Bierling (1841-1919), é fundamentado na Teoria Pura do Direito de Hans Kelsen (1881-1973) à luz da problemática kantiana das condições formais gerais da "experiência" (*Erfahrung*).

Naquela que constitui a sua primeira investigação de fôlego, *Hauptprobleme der Staatsrechtslehre, entwickelt aus der Lehre vom Rechtssatze* (Tübingen, 1911), Kelsen começa por anunciar a sua fidelidade aos objectivos programáticos da Teoria Geral do Direito (*Allgemeine Rechtslehre*), dizendo: *"Atenho-me sempre aos postulados de uma Teoria Geral do Direito uniforme e de conceitos jurídicos fundamentais unitários, comuns a*

---

[16] Sobre o entendimento de Austin da *"general jurisprudence"* como *"philosophy of positive law"*, cf. Andreas B. Schwarz, «John Austin and the German Jurisprudence of His Time», in: *Politica* 1 (Agosto, 1934), págs. 178-199; cf., igualmente, Wilfried Löwenhaupt, *Politischer Utilitarismus und Bürgerliches Rechtsdenken. John Austin (1790-1859) und die "Philosophie des Positiven Rechts"*, Berlim, 1972; Wilfrid E. Rumble, *The Thought of John Austin*, Londres, 1985. Sobre os desenvolvimentos ulteriores deste programa de análise do Direito, cf., por todos, William Twining, "General and Particular Jurisprudence – Three Chapters in a Story», in: Stephen Guest (ed.), *Positivism Today*, Dartmouth, 1996, págs. 119-146.

todos os domínios do Direito e que devem ser construídos para todos esses domínios com base nos mesmos princípios metodológicos"[17]. À época, as suas pressuposições filosóficas e metodológicas não estavam ainda completamente amadurecidas, apoiando-se ele, nesse período inicial, no dualismo metodológico do neo-kantismo culturalista (*v. g.*: Windelband, Rickert, Simmel) e no "construtivismo" característico da orientação juspublicista representada por Carl Friedrich von Gerber (1823-1891), Paul Laband (1838-1918) e Georg Jellinek (1851-1011)[18]. O elemento nuclear do programa de análise do Direito nesta fase da obra de Kelsen – que culmina na publicação da primeira edição (1934) da *Teoria Pura do Direito* – é a representação cognoscitiva da norma, a "proposição jurídica" (*Rechtssatz*), cuja estrutura lógico-imputativa ele explicita à luz da doutrina transcendental do juízo dos neo-kantianos (*v. g.*: Rickert) e da ideia de uma morfologia pura dos juízos da fenomenologia. No período imediatamente subsequente à primeira edição (1934) de *Teoria Pura do Direito*, Kelsen abandona progressivamente a moldura neo-kantiana que enquadrava as suas exposições anteriores e reorienta o seu programa de análise do Direito numa perspectiva que é, essencialmente, "dinâmica": a apresentação que leva a cabo em *General Theory of Law and State* (Cambridge Mass., 1945) reflecte já esta reorientação do programa kelseniano de análise do Direito[19].

Hans Kelsen representa o ponto de partida e o interlocutor necessário de qualquer programa de Teoria do Direito ou jurisprudência analítica: as investigações de Alf Ross (1899-1979) e de Herbert Hart (1907-1992) constituem, em grande medida, desenvolvimentos e ajustamentos das reflexões de Kelsen. Do mesmo modo, o programa de Teoria do Direito de Norberto Bobbio (1909--2004) consiste, no essencial, numa "transcrição" num registo analítico-linguístico das teses nucleares da Teoria Pura do Direito. A corrente analítica e lógica da denominada "Escola de Buenos Aires" – *v. g.*: Carlos E. Alchourrón (1931-1996) e Eugenio Bulygin (1931-) – tem, igualmente, um esteio fundamental nas teorias kelsenianas sobre a norma e o sistema jurídico. Vejamos, então, em termos muito resumidos, como a obra de Kelsen constitui o ponto focal de toda a Teoria do Direito do século xx.

---

[17] Cf. Hans Kelsen, *Hauptprobleme der Staatsrechtslehre, entwickelt aus der Lehre vom Rechtssatze*, Tübingen, 1911, pág. x.
[18] Sobre as pressuposições de Kelsen na fase inicial da sua investigação, cf., por todos, Stanley L. Paulson, «Konstruktivismus, Methodendualismus und Zurechnung im Frühwerk Hans Kelsens», in: *Archiv des öffentlichen Rechts* 124 (1999), págs. 631-657.
[19] Sobre esta reorientação do programa kelseniano de análise do Direito, cf. o meu artigo «A Teoria Pura do Direito entre logicismo e voluntarismo», agora in: José Lamego, *Caminhos da Filosofia do Direito Kantiana*, vol. I, Lisboa, 2014, págs. 141-160.

Alf Ross (1899-1979) escreve a sua primeira monografia, *Theorie der Rechtsquellen. Ein Beitrag zur Theorie des positiven Rechts auf Grundlage dogmenhistorischer Untersuchung* (Leipzig e Viena, 1929), numa linha de normativismo kelseniano. Tendo feito estudos com Kelsen em Viena, entre 1923 e 1926,da sua passagem pela capital austríaca resultou, igualmente, a tomada de contacto com o grupo de filósofos agrupados em torno de Moritz Schlick (1881-1936) – a filosofia do positivismo lógico do Círculo de Viena. Mas a orientação empirista e anti-metafísica vai Ross buscá-la, sobretudo, a Axel Hägerström (1868-1939): esta influência é patente em *Kritik der sogenannten praktischen Erkenntnis. Zugleich Prolegomena zu einer Kritik der Rechtswissenschaft* (Leipzig, 1933), obra que dedica a Hägerström. Nesta fase, em que o positivismo lógico se constitui como base filosófica da sua concepção de realismo jurídico, há que registar igualmente a influência de Alfred Julius Ayer (1910-1989) e Charles L. Stevenson (1908-1979), como expoentes de uma teoria ética emotivista. O livro de Ross, *On Law and Justice* (Berkeley, 1959) constitui a expressão, por excelência, de uma Teoria do Direito baseada na filosofia da linguagem e na filosofia da ciência do positivismo lógico e da sua projecção no domínio da metaética: o emotivismo ético; por outro lado, é o melhor expoente das concepções sobre o Direito e a ciência do Direito características do realismo jurídico escandinavo. É, depois de *Teoria Pura do Direito*, de Hans Kelsen (1881-1973), e a par de *O Conceito de Direito*, de Herbert Hart (1907-1992), um dos grandes clássicos da Teoria do Direito do século xx.

Numa fase ulterior da sua investigação, documentada, sobretudo, em *Directives and Norms* (Londres, 1968), Ross afasta-se das teses "verificacionistas" sobre o problema da significação linguística características do positivismo lógico – segundo as quais as proposições significantes são apenas aquelas que podemos verificar experimentalmente – em que se baseava em *On Law and Justice* (Berkeley, 1959). Passa, então, a admitir a significatividade das orações prescritivas ou directivas. A sua inspiração filosófica mais directa é agora a análise de Richard M. Hare (1919-2002) sobre as especificidades gramaticais, semânticas e pragmáticas das expressões da linguagem prescritiva, em contraponto às expressões da linguagem descritiva: orações descritivas e orações prescritivas têm em comum uma componente denotativa ou proposicional – o elemento "frástico" –, mas a componente ilocucionária – o elemento "nêustico", para continuarmos a seguir a terminologia de Hare – é distinta nas orações descritivas e nas orações prescritivas[20]. Ora, se é possível isolar uma componente denotativa no discurso prescritivo, então é legítimo conceber uma semântica do discurso prescritivo em termos de teoria das condições-de-verdade (V/F) e admitir que as conexões lógicas que são válidas em relação às proposições descritivas podem também valer para os imperativos e juízos morais, estabelecendo,

---

[20] Cf., sobretudo, Richard M. Hare, *The Language of Morals*, Oxford, 1952, *maxime* 2.1.

§10. FILOSOFIA DO DIREITO, TEORIA DO DIREITO, CIÊNCIA DO DIREITO...

assim, as bases da concepção prescritivista da lógica deôntica[21]. A exposição que Alf Ross leva a cabo em *Directives and Norms* constitui a expressão clássica na Teoria do Direito do prescritivismo semântico e da concepção prescritivista da lógica deôntica.

Por seu turno, o programa de jurisprudência analítica de Herbert Hart (1907-1992) encontra na filosofia da linguagem comum (*ordinary language philosophy*) a ferramenta intelectual para a renovação da tradição britânica da *analytical jurisprudence* de Jeremy Bentham (1748-1832) e John Austin (1790-1859): a concepção de linguagem e de significado do Wittgenstein (1889-1951) tardio, das *Investigações Filosóficas* (1953)[22], constitui a base filosófica fundamental em que Hart se apoia para explicitar o Direito como prática social. Tomando como conceito mais elementar na análise das práticas sociais o conceito de "regra" (*rule*), Hart defende que a análise da prática social que é o Direito deve ser conduzida a partir da perspectiva "interna" dos participantes na prática social – daqueles que tomam as regras jurídicas como fundamento da acção e como padrão de crítica da sua conduta e da conduta alheia[23].

A tese da primazia do ponto de vista "interno" em relação às regras na análise da prática social que é o Direito e a sua compatibilidade com um modelo descritivo-explanatório de teoria jurídica está na base de um extenso debate na literatura jurídica norte-americana, debate que o "pós-escrito" à segunda edição (1994) de *O Conceito de Direito* se faz eco: nesse texto, Hart explica que o seu propósito ao escrever o livro consistia em *"fornecer uma teoria acerca do que é o Direito que seja simultaneamente geral e descritiva. É geral no sentido de que não está ligada a nenhum sistema jurídico ou cultura jurídica em particular, mas procura oferecer um balanço explanatório e clarifi-*

---

[21] Cf., sobretudo, Richard M. Hare, «Imperative Sentences» (1949), agora in: Richard M. Hare, *Practical Inferences*, Londres, 1971, págs. 1-21.

[22] O método de análise desenvolvido pela filosofia da linguagem comum (*ordinary language philosophy*) parte da suposição de que o exame do nosso acervo linguístico e do uso quotidiano da linguagem constitui a via, por excelência, da elucidação dos conceitos. No início dos anos 30 do século XX, Ludwig Wittgenstein (1889-1951) substitui a teoria representacional da linguagem, associada à tese do isomorfismo entre linguagem e realidade – a teoria que é desenvolvida na sua obra *Tractatus Logico-Philosophicus* (1918) –, por uma teoria dos usos da linguagem: esta concepção de análise filosófica como descrição dos nossos usos quotidianos da linguagem é apresentada por Wittgenstein, sobretudo, no livro *Investigações Filosóficas* (1953), obra que viria a constituir o ponto de apoio fundamental de toda uma geração de filósofos analíticos, como John Langshaw Austin (1911-1960), H. Paul Grice (1913-1988) e, no período imediatamente subsequente, P. F. Strawson (1919-2006) e Richard M. Hare (1919-2002), que dão corpo à denominada filosofia da linguagem comum (*ordinary language philosophy*).

[23] Cf. Herbert Hart, *O Conceito de Direito* (1961), tradução a cargo de Armindo Ribeiro Mendes, Lisboa, 1986.

cador do Direito enquanto instituição social e política complexa, com um aspecto governado por regras (e, neste sentido, normativo)"[24].

Um outro programa de Teoria do Direito geral e descritiva, de recorte positivista, é o apresentado por Norberto Bobbio (1909-2004). Para esclarecer o estatuto da Teoria do Direito como disciplina formal, Bobbio remete para a "teoria jurídica fundamental" (*Juristische Grundlehre*) de Felix Somló (1873-1920)[25], para a "ciência jurídica pura" de Ernest Roguin (1851-1939)[26] e para a "teoria pura do Direito" de Hans Kelsen (1881-1973), investigações que se propõem analisar as normas e os ordenamentos jurídicos na sua estrutura e não nos seus conteúdos[27]. A perspectiva geral de Bobbio é a de um positivismo normativista de matriz kelseniana. Mas Bobbio "reconstrói" as teses fundamentais da Teoria Pura do Direito num registo filosófico que é o do positivismo lógico e da filosofia analítica da linguagem. Como sugeria um autor intelectualmente próximo de Bobbio, Uberto Scarpelli (1924-1993), a teoria jurídica kelseniana pode ser representada em termos de uma *"sintaxe da linguagem jurídica"*[28]. Este programa desenvolve-o Bobbio, sobretudo, nos livros *Studi sulla teoria generale del diritto* (Turim, 1955), que acolhe um conjunto de ensaios escritos entre 1949 e 1954, *Teoria della norma giuridica* (Turim, 1958)[29], e *Teoria dell'ordinamento giuridico* (Turim, 1960)[30].

A orientação analítica introduzida na cultura jurídica italiana por Norberto Bobbio (1909-2004)[31] frutificou, sobretudo, em duas direcções: uma orientação normativista, representada pela denominada "Escola de Turim" – em que se contam autores como Uberto Scarpelli (1924-1993), alguns discípulos directos de Bobbio, como Giacomo Gavazzi (1932-   ), Amedeo Giovanni Conte (1934-   ), Giorgio

---

[24] Cf. Herbert Hart, *The Concept of Law*, 2ª edição, Oxford, 1994, "Postscript", pág. 239.
[25] CF. Felix Somló, *Juristische Grundlehre*, Leipzig, 1917.
[26] Cf. Ernest Roguin, *La science juridique pure*, 3 vols., Lausanne, 1923. Sobre a importância da obra de Roguin, cf. Bobbio, «Un dimenticato teorico del diritto: Ernest Roguin» (1978), agora in: Norberto Bobbio, *Diritto e Potere. Saggi su Kelsen*, Nápoles, 1992, págs. 193-213.
[27] Cf., sobretudo, Norberto Bobbio, «Filosofia del Derecho y Teoria General del Derecho», in: Norberto Bobbio, *Contribucion a la Teoria del Derecho*, edição a cargo de Alfonso Ruiz Miguel, Valência, 1980, págs. 71-89, *maxime* pág. 77.
[28] Cf. Uberto Scarpelli, *Filosofia analitica e giurisprudenza*, Milão, 1953, *maxime* pág. 57 e segs.
[29] Existe tradução em língua portuguesa, *Teoria da Norma Jurídica*, a cargo de Fernando Pavan Baptista e Ariani Bueno Sudatti, 4ª edição revista, São Paulo, 2008.
[30] Sobre a Teoria do Direito de Bobbio, cf. Riccardo Guastini, «Norberto Bobbio: analisi del linguaggio e teoria formale del diritto [I], 1949-1960», in: *Materiali per una storia della cultura giuridica* (1978), págs. 293-356; Luigi Ferrajoli, *La cultura giuridica nell'Italia del Novecento*, Roma-Bari, 1996, *maxime* pág. 83 e segs.; A. Ruiz Miguel, *Filosofia y Derecho en Norberto Bobbio*, Madrid, 1983.
[31] Cf., em primeiro lugar, Norberto Bobbio, «Scienza del Diritto e Analisi del Linguaggio» (1950), agora in: Uberto Scarpelli (ed.), *Diritto e Analisi del Linguaggio*, Milão, 1979, págs. 287-324.

§10. FILOSOFIA DO DIREITO, TEORIA DO DIREITO, CIÊNCIA DO DIREITO...

Lazzaro (1938-   ) e Mario Losano (1939-   ) e discípulos de Scarpelli, como Alfonso Catania (1945-   ), Mario Jori (1946-   ) e Letizia Gianformaggio (1944-2004)[32] –, e uma orientação de pendor mais realista, representada pela denominada "Escola de Génova", que teve Giovanni Tarello (1934-1987) como iniciador e que é hoje continuada por autores como Silvana Castignone (1931-   ), Riccardo Guastini (1946-   ), Paolo Comanducci (1950-   )[33] e, na geração mais jovem, por nomes como Pierluigi Chiassoni (1961-   ) e Giovanni Battista Ratti (1975-   ), entre outros[34].

Por último, neste relato sobre as principais linhas de influência da Teoria Pura do Direito de Kelsen (1881-1973) na Teoria do Direito do século XX, há que referir a chamada "Escola de Buenos Aires": essa Escola, de orientação analítica, formou-se em torno de Ambrosio L. Gioja (1912-1971), um discípulo de Carlos Cossio (1902-1987), que tinha frequentado os seminários de Kelsen em Berkeley e que, nos Estados Unidos, se tinha aproximado da filosofia analítica da linguagem. À volta de Gioja, que publicou pouco, reuniu-se, a partir de meados da década de cinquenta do século XX, um conjunto marcante de autores, como Genaro R. Carrió (1922--1997) – que nos anos de 1968/69 realizou trabalhos de investigação em filosofia do Direito na universidade de Oxford, junto de Herbert Hart (1907-1992) –, Roberto Vernengo (1926-   ) e, sobretudo, Carlos Eduardo Alchourrón (1931-1996) e Eugenio Bulygin (1931-   ).

Trabalhando em conjunto desde os finais da década de cinquenta do século XX, Carlos E. Alchourrón e Eugenio Bulygin deixaram trabalhos de referência no âmbito da Teoria do Direito e da lógica deôntica[35]. A base filosófica das suas investigações assentava num estudo sólido de autores como Ludwig Wittgenstein (1889-1951), Rudolf Carnap (1891-1970), Alfred Tarski (1902-1983) e W. V. Quine (1908-2000), a que se agregou posteriormente o estudo de autores como Alf Ross (1899-1979), Herbert Hart (1907-1992) e Georg Henrik von Wright (1916-2003). Num testemunho autobiográfico, Bulygin refere a influência decisiva destes autores e o facto de a Teoria Pura do Direito de Kelsen ter constituído a sua porta de

---

[32] Para um conspecto geral sobre a orientação analítica na filosofia jurídica italiana, cf. Mario Jori e Anna Pintore (eds.), *Law and Language: The Italian Analytical School*, Liverpool, 1997; Luigi Ferrajoli, *La cultura giuridica nell'Italia del Novecento*, cit., pág. 83 e segs.; Enrico Pattaro, «Il positivismo giuridico italiano della rinascita alla crisi», in: Uberto Scarpelli (ed.), *Diritto e Analisi del Linguaggio*, cit., págs. 451-487; María Ángeles Barrère Unzueta, *La Escuela de Bobbio. Reglas y Normas en la Filosofía Jurídica Italiana de Inspiración Analítica*, Madrid, 1990.

[33] Editor, conjuntamente com Riccardo Guastini (1946-   ), da revista *Analisi e Diritto*, que se publica desde 1990 e que pretende constituir uma tribuna para os autores de orientação analítica da Itália e do espaço ibérico e latino-americano.

[34] Cf., por todos, Jordi Ferrer Beltrán e Giovanni B. Ratti (eds.), *El realismo jurídico genovés*, Madrid, 2011.

[35] Para uma visão geral, cf. Carlos E. Alchourrón e Eugenio Bulygin, *Análisis Lógico y Derecho*, Madrid, 1991.

entrada na filosofia jurídica, confessando que *"ainda hoje continuo a acreditar que uma boa formação kelseniana é fundamental para todos aqueles que querem iniciar-se na filosofia jurídica"*[36]. E acrescenta que *"de Kelsen tomei a sua temática: a estrutura da ordem jurídica e das normas que a compõem, assim como o seu positivismo jurídico e o seu cepticismo em matéria de valores"*[37].

Mas, sem dúvida alguma, a investigação que lhes granjeou maior reconhecimento internacional foi a sua teoria dos sistemas normativos, apresentada em *Normative Systems* (Viena-Nova Iorque, 1971). Nesta obra, Alchourrón e Bulygin desenvolvem a concepção kelseniana de sistemas normativos "dinâmicos" – que, por via das normas de competência, permitem adicionar (promulgação) e subtrair (revogação) normas ao sistema –, recorrendo à noção de sistema lógico dedutivo de Tarski (1902-1983) e representando o sistema jurídico como um conjunto de normas *explícitas* (as normas promulgadas por uma autoridade) e normas *implícitas* (as consequências lógicas das primeiras).

Estabelecida a natureza da Teoria do Direito (como análise das estruturas formais dos sistemas do Direito positivo) e passadas em revista as principais formulações desse programa analítico no decorrer do século xx, debrucemo-nos agora sobre o processo de configuração da ciência do Direito como tratamento exegético-dogmático dos conteúdos do Direito positivo.

10.3. A ciência do Direito

A ciência do Direito atribui-se a si própria tarefas de conhecimento e exposição do Direito vigente. A sua configuração específica depende, porém, em grande medida, do estado das "fontes". No âmbito do Direito civil, que tomamos como base de amostragem deste nosso estudo, a ciência do Direito estruturou-se de modo diferenciado: nos países em que entrou em vigor um Código Civil que transportava consigo a visão do mundo da burguesia triunfante – como em França –, a ciência do Direito assumiu uma matriz essencialmente exegética, limitando-se a doutrina a pouco mais do que comentários sobre os textos legislativos; nos países da Europa continental onde vigorou até muito tardiamente o Direito romano comum – como na Alemanha –, assumiu uma configuração dogmático-construtiva[38].

---

[36] Cf. Eugenio Bulygin, «Mi visión de la filosofia del Derecho», in: *Doxa* 32 (2009), págs. 85-90, pág. 86.
[37] Cf. Eugenio Bulygin, «Mi visión de la filosofia del Derecho», cit., pág. 86.
[38] Sobre a configuração dogmático-construtiva da ciência do Direito na Alemanha do século XIX, cf., por todos, Walter Wilhelm, *Zur juristischen Methodenlehre im 19. Jahrhundert. Die Herkunft der Methode Paul Labands aus der Privatrechtswissenschaft*, Francoforte, 1958.

§10. FILOSOFIA DO DIREITO, TEORIA DO DIREITO, CIÊNCIA DO DIREITO...

Nos juristas wolffianos, "científico", "dogmático" e "sistemático" são termos equivalentes: o ideal de cientificidade consubstancia-se num sistema teórico ou cognoscitivo construído de acordo com o *mos geometricus*[39]. A orientação conceptual-sistemática da Pandectística alemã – *maxime*, Georg Friedrich Puchta (1798-1846) e Bernhard Windscheid (1817-1892) – encontra na Lógica wolffiana e no programa iluminista de matematização universal do pensamento as suas credenciais de legitimidade[40]. O domínio intelectual do material jurídico positivo é assegurado por um sistema de conceitos jurídicos caracterizados pelo seu elevado grau de abstracção (*v. g.*: "relação jurídica", "negócio jurídico", etc.), conceitos esses que, no dizer de Windscheid, devem funcionar como "factores de um cálculo" com vista à solução do caso individual[41].

A valorização das operações lógico-formais e a própria ideia de uma ciência jurídica que desenvolve conceitos tinha antecedentes muito longínquos, mormente nos pós-glosadores ou bartolistas – Bártolo (1314-1357) e Baldo de Ubaldis (1327-1400) – e na sistemática da jurisprudência elegante[42]. Mas é, sobretudo, a concepção racionalista e abstractizante do conhecimento científico, que se afirma no século XVIII, que estabelece os parâmetros de cientificidade da dogmática jurídica. As exortações de Johann Stephan Pütter (1725-1807), no sentido de se abandonar a sistemática justiniana, as contribuições de Gustav Hugo (1764-1844) e, em particular, a sistematização de Georg Arnold Heise (1778-1851)[43] contribuíram para a ordenação do material jurídico que viria a ser

---

[39] Sobre a estruturação do método axiomático-dedutivo e as tentativas da sua aplicação aos diferentes domínios do saber, cf. Hermann Schüling, *Die Geschichte der axiomatischen Methode im 16. und beginnenden 17. Jahrhundert*, Hildesheim, 1969; cf., igualmente, Hans Werner Arndt, *Methodo scientifica pertractatum*, Berlim, 1971.

[40] Sobre a influência do método matemático-demonstrativo na ciência do Direito, cf. Gerhard Otte, «Der sogennante mos geometricus in der Jurisprudenz», in: *Quaderni Fiorentini per la storia del pensiero giuridico moderno* 8 (1979), págs. 179-196; Maximilian Herberger, *Dogmatik. Zur Geschichte von Begriff und Methode in Medizin und Jurisprudenz*, Francoforte, 1981, *maxime* pág. 330 e segs.; Jan Schröder, *Wissenschaftstheorie und Lehre der "praktischen Jurisprudenz" auf deutschen Universitäten an der Wende zum 19. Jahrhundert*, Francoforte, 1979, *maxime* pág. 132 e segs.; Paolo Cappelini, *Systema Iuris I. Genesi del Sistema e Nascita della "Scienza" delle Pandette*, Milão, 1984.

[41] Cf. Bernhard Windscheid, *Lehrbuch der Pandekten*, 9ª edição, ao cuidado de Theodor Kipp, vol. I, Francoforte, 1906, §24.

[42] Sobretudo, Cujácio (1522-1590) e Hugo Doneau (1527-1591), no dizer de Wieacker (1908-1994), *"o mais acabado dogmático e sistemático"* do século XVI: cf. Franz Wieacker, *História do Direito Privado Moderno*, tradução portuguesa da 2ª edição alemã (1967), a cargo de António Hespanha, Lisboa, 1980, pág. 179. Sobre a sistemática da jurisprudência elegante, cf. António Menezes Cordeiro, *Tratado de Direito Civil Português*, vol. I, *Parte Geral*, tomo I, 3ª edição, Coimbra, 2005, pág. 68 e seg.

[43] Cf. Georg Arnold Heise, *Grundriß eines Systems des gemeinen Civilrechts zum Behuf von Pandekten-Vorlesungen*, Heidelberga, 1807.

assumida pela Escola Histórica do Direito e que constitui a base da orientação conceptual-sistemática da Pandectística alemã – representada, sobretudo, por Georg Friedrich Puchta (1798-1846) e Bernhard Windscheid (1817-1892), o nome maior da civilística alemã do século xix e a quem se deve a paternidade do Código Civil (BGB) alemão de 1896 – e da sistematização de toda uma família de Códigos Civis.

Se bem que os pontos de vista da orientação conceptual-sistemática da Pandectística alemã tenham sido, em grande parte, abandonados[44] – e isto por via, sobretudo, da introdução de considerações finalísticas e sociologizantes, como anteriormente referimos –, a aceitação do carácter "dogmático" da ciência do Direito mantém-se: ela baseia-se no princípio da inegabilidade dos pontos de partida das suas cadeias argumentativas, como refere Niklas Luhmann (1927--1998)[45]. O afastamento ou negação dos pontos de partida fixados pelo legislador representa o abandono da jurisprudência dogmática e a incursão nos domínios da política do Direito. A ciência do Direito ou dogmática jurídica consiste, para usar a expressão de Josef Esser (1910-1999), num *"método de trabalho determinado pela autoridade de textos vinculativos"*[46].

A visão corrente sobre a ciência do Direito ou dogmática jurídica é a de que ela tem uma natureza teórica e descritiva e que é *"trabalho conceptual valorativamente neutro"* (Esser). Mas a sua função não se esgota numa representação conceptual-sistemática do Direito positivo: cumpre, igualmente, uma função de adaptação do Direito a novas necessidades sociais. Tal é particularmente visível, na ciência do Direito da época moderna, na orientação prática dos juristas do *usus modernus* – v. g.: Hermann Conring (1606-1681), Wolfgang Adam Lauterbach (1618-1678), Georg Adam Struve (1619-1692) e Samuel Stryk (1640--1710) – e no modo como procederam à refundamentação científica do Direito comum[47]. O mesmo vale, numa escala mais reduzida, para a dogmática jurí-

---

[44] Nomeadamente, o dogma da ausência de lacunas, a "construção jurídica" e o "método da inversão": a este propósito, cf., por todos, Eugen Bucher, «Was ist "Begriffsjurisprudenz"?», agora in: Werner Krawietz (ed.), *Theorie und Technik der Begriffsjurisprudenz*, Darmstadt, 1976, pág. 358-389.

[45] Cf. Niklas Luhmann, *Rechtssystem und Rechtsdogmatik*, Estugarda, 1974.

[46] Cf. Josef Esser, «Möglichkeiten und Grenzen des dogmatischen Denkens im modernen Zivilrecht», in: *Archiv für die civilistische Praxis* 172 (1972), págs. 97-130, pág. 97.

[47] A este propósito, cf. Franz Wieacker, *História do Direito Privado Moderno*, cit., pág. 225 e segs.; cf., igualmente, Klaus Luig, «Samuel Stryk und der "Usus modernus pandectarum"», in: *Festschrift für Sten Gagnér zum 70. Geburtstag*, Munique, 1991, págs. 219-235; Dietmar Willoweit, «Der Usus modernus oder die geschichtliche Begründung des Rechts. Zur rechtstheoretischen Bedeutung des Methodenwandels im späten 17. Jahrhundert», in: Dietmar Willoweit (ed.), *Die Begründung des Rechts als historisches Problem*, Munique, 2000, págs. 229-245. Sobre o modo como no período pombalino se recorreu ao *usus modernus* como instrumento de racionalização e de

dica actual: se ela serve, como diz Niklas Luhmann (1927-1998), para reduzir a "complexidade" das decisões possíveis, proporcionando soluções baseadas em pontos de vista constantes, serve igualmente, como também sublinha Luhmann, para acrescer a "complexidade" do sistema jurídico, proporcionando a aplicação das normas a situações multímodas e variáveis[48].

Nesta base, há que reconhecer que a ciência do Direito ou dogmática jurídica desempenha uma função de "controlo" no processo de aplicação do Direito: o instrumentário conceptual oferecido pela dogmática jurídica permite uma diminuição da incerteza e a estabilização das expectativas sociais em relação ao modo como os juízes decidem casos individuais com base em normas gerais; mas proporciona, igualmente, uma capacidade de adaptação do sistema jurídico a novas condições sociais ou até mesmo uma sua reconfiguração interpretativa[49], mormente quando desenvolve e aplica formas de um pensamento jurídico orientado a valores – como os "princípios", os "tipos jurídicos", a ideia de sistema "móvel" e "aberto", a "redução teleológica", etc. No fundo, a ciência do Direito ou dogmática jurídica, mesmo quando assume as formas de um pensamento lógico-classificatório e conceptualista, não tem funções meramente cognoscitivas, mas práticas: está ao serviço do processo de aplicação do Direito. O estabelecimento das directrizes para a aplicação prática do Direito constitui o objecto da metodologia jurídica.

10.4. A metodologia jurídica

O que é a metodologia jurídica e como é que esta disciplina se relaciona com os outros saberes jurídicos? Genericamente, "método" significa o "caminho" (*hodos*) para atingir um determinado "fim" (*metá*). Um "método" consiste, por-

---

modernização do sistema jurídico, cf. Mário Reis Marques, «Elementos para uma aproximação do estudo do usus modernus pandectarum em Portugal», in: *Boletim da Faculdade de Direito*, vol. LVIII (1982). *Estudos em Homenagem aos Profs. Doutores M. Paulo Merêa e G. Braga da Cruz*, II, Coimbra, 1982, págs. 801-826.

[48] Cf. Niklas Luhmann, *Rechtssystem und Rechtsdogmatik*, cit., maxime pág. 23 e segs.

[49] Karl Larenz, *Metodologia da Ciência do Direito*, tradução da 6ª edição (1991), a cargo de José Lamego, Lisboa, 1997, pág. 328, apresenta um conjunto de exemplos, no âmbito do Direito civil, de como as construções dogmáticas vieram a influenciar a jurisprudência dos tribunais alemães: a doutrina de Rudolf von Jhering (1818-1892) da *culpa in contrahendo*, a doutrina de Hermann Staub (1856-1904) do incumprimento positivo do contrato, etc. Sobre estas "descobertas" no âmbito do Direito civil, cf. Thomas Hoeren (ed.), *Zivilrechtliche Entdecker*, Munique, 2001. Para uma documentação do modo como a dogmática jurídica funciona como instrumento de evolução adaptativa do sistema jurídico, cf. António Hespanha, «Sobre a prática dogmática dos juristas oitocentistas», in: António Hespanha, *A História do Direito na História Social*, Lisboa, 1978, págs. 70-149; cf., igualmente, António Menezes Cordeiro, «Evolução juscientífica e direitos reais», in: *Revista da Ordem dos Advogados* (1985), págs. 71-112.

tanto, num conjunto de operações ordenadas a um certo resultado. No período moderno, a noção de "método" está especialmente associada a René Descartes (1596-1650) e ao ideal de cientificidade do saber consubstanciado nas ciências matemático-naturais[50]. Nas *Regulae ad directionem ingenii*, escrito concluído muito provavelmente em 1628, dizia Descartes: *"Per methodum autem intelligo regulas certas et faciles, quas quicumque exacte servaverit, nihil unquam falsum pro vero supponet, et nullo mentis conatu inutiliter consumpto, sed gradatim semper augendo scientiam, pervenit ad veram cognitionem eorum omnium quorum erit capax"* (cf. ob. cit., pág. 46)[51]. Em termos gerais, podemos constatar que a noção de "método" está associada a ideais de organização axiomático-dedutiva do corpo de conhecimentos.

Por "método jurídico" costuma entender-se o paradigma dogmático de análise do Direito positivo[52]. No Direito civil, esse paradigma foi estabelecido, sobretudo, pela corrente romanística da Pandectística, como acima referimos; no Direito público, foi desenvolvido, em primeiro lugar, por Paul Laband (1839-1918) e aprofundado por Georg Jellinek (1851-1911) e Hans Kelsen (1881-1973), para mencionar os autores mais representativos[53]. A exposição clássica desta concepção de "método jurídico", baseado nas operações de análise, concentração lógica e síntese, encontra-se em Rudolf von Jhering (1818-1892), nos §§38-41 do vol. II, 2 (1858) do livro *Geist des römischen Rechts auf den verschiedenen Stufen seiner Entwicklung* [Espírito do Direito romano nos diferentes estádios do seu desenvolvimento], obra cujos quatro volumes foram dados à estampa entre 1852 e 1865. Jhering estabelecia aqui o cânone do "método" a que a Pandectística alemã recorria para elaborar o seu sistema de conceitos, com vista a dominar intelectualmente o material jurídico positivo[54].

---

[50] Sobre este ponto, cf., por todos, Hans-Georg Gadamer, *Wahrheit und Methode. Grundzüge einer philosophischen Hermeneutik* (1960), 4ª edição, Tübingen, 1975.

[51] *"Por método entendo, pois, regras certas e fáceis de que cada um se deverá servir com exactidão, de modo a que não venha nunca a dar por verdadeiro aquilo que é falso, e sem inutilmente consumir o esforço da mente, mas aumentando sempre e gradualmente o saber, chegará ao verdadeiro conhecimento de tudo aquilo de que seja capaz".*

[52] Ou, usando as palavras de A. Castanheira Neves, o "... *"método jurídico" foi prescritivamente elaborado para garantir, num contexto de legalismo triunfante, a autonomia do "jurídico" perante as inquinações ético-culturais, político-sociais, económicas, etc..."* – cf. A. Castanheira Neves, «O sentido actual da metodologia jurídica», in: A. Castanheira Neves, *Digesta. Escritos acerca do Direito, do Pensamento Jurídico, da sua Metodologia e Outros*, vol. 3º, Coimbra, 2010, págs. 381-411, pág. 389.

[53] A este propósito, cf., por todos, Walter Wilhelm, *Zur juristischen Methodenlehre im 19. Jahrhundert. Die Herkunft der Methode Paul Labands aus der Privatrechtswissenschaft*, cit.

[54] Sobre o método jurídico conceptualista e "construtivo" de Rudolf von Jhering (1818-1892), cf. Karl Larenz, *Metodologia da Ciência do Direito*, cit., pág. 29 e segs.; Wolfgang Fikentscher, *Methoden des Rechts in vergleichender Darstellung*, vol. III, *Mitteleuropäischer Rechtskreis*, Tübingen, 1976,

§10. FILOSOFIA DO DIREITO, TEORIA DO DIREITO, CIÊNCIA DO DIREITO...

A metodologia jurídica, tal como vem exposta nestes "Elementos", não consiste na análise das operações dirigidas ao "conhecimento" do Direito, nem, muito menos, pressupõe que a ciência jurídica esteja orientada ao ideal de cientificidade do saber característico das ciências matemático-naturais. Por "metodologia jurídica" entendemos a doutrina da aplicação prática do Direito. Nessa conformidade, identificamos como temas próprios da metodologia jurídica: *i*) a investigação sobre as "fontes" do Direito, como base para o reconhecimento de argumentos jurídicos válidos; *ii*) o estabelecimento de directrizes para a interpretação das disposições legislativas ou de outras bases da argumentação jurídica; *iii*) a análise das antinomias normativas e os critérios para a sua eliminação; *iv*) a integração das lacunas, as modalidades de desenvolvimento judicial do Direito e os limites da sua admissibilidade; *v*) o alcance metodológico da noção de sistema jurídico; *vi*) a "reconstrução" das decisões judiciais, como estabelecimento de modelos de decisão de casos individuais com base em normas gerais.

Apresentados os principais temas que costumam ser discutidos pela metodologia jurídica, como conjunto de directrizes para a aplicação prática do Direito, há agora que examinar algumas das pressuposições da orientação geral que está subjacente a esta nossa exposição. Em primeiro lugar, procuramos abster-nos, tanto quanto possível, de reflexões filosóficas, e limitamo-nos às representações do Direito que são próprias do senso comum: o Direito como forma de controlo do comportamento humano, mediante regras gerais públicas aplicadas por órgãos competentes.

A investigação de metodologia jurídica mais influente em Portugal nas últimas décadas, desenvolvida por A. Castanheira Neves (1929-   ) e a sua Escola, encontra-se, ao invés, ancorada numa profunda meditação filosófica e de filosofia do Direito, defendendo que o método jurídico, "*na complexidade dos seus pressupostos, das suas estruturas e das suas dimensões intencionais culmina numa filosofia*"[55]. A ideia de uma juridicidade supralegal, que possa ser convocada como critério de correcção, preterição ou suparação do Direito legislado, supõe "*a reflexão sobre as estruturas axiológicas do Direito*", matéria que à filosofia

---

pág. 222 e segs.; Maximilian Herberger, *Dogmatik. Zur Geschichte von Begriff und Methode in Medizin und Jurisprudenz*, cit., pág. 409 e seg.; Giorgio Lazzaro, *Storia e teoria della costruzione giuridica*, Turim, 1965, *maxime* pág. 9 e segs.

[55] Cf. A. Castanheira Neves, «Método Jurídico», in: A. Castanheira Neves, *Digesta. Escritos acerca do Direito, do Pensamento Jurídico, da sua Metodologia e Outros*, vol. 2º, Coimbra, 1995, págs. 283-336, pág. 335; num sentido idêntico, cf. Karl Larenz, *Metodologia da Ciência do Direito*, cit., *maxime* pág. 342; Franz Bydlinski, *Juristische Methodenlehre und Rechtsbegriff*, Viena, 1982, *maxime* pág. 183 e segs: Werner Krawietz, *Juristische Entscheidung und wissenschaftliche Erkenntnis*,Viena-Nova Iorque, 1978, *maxime* pág. 24.

do Direito incumbe. A tese segundo a qual o Direito não é uma mera ordem positiva da regulação, desprovida de validade intrínseca, no sentido axiológico--material, inspira o magistério de A. Castanheira Neves, numa linha que não permite dissociar a sua reflexão metodológica das interrogações fundamentais da filosofia do Direito: tanto é assim que o seu mais directo continuador, Fernando José Bronze (1947-), propõe, coerentemente, a alteração da denominação da nossa disciplina – a "metodologia jurídica", como doutrina da aplicação prática do Direito – para "metodonomologia", como doutrina da realização judicativo-decisória do Direito, incluindo nessa realização o *nomos* consubstanciado nos critérios de uma juridicidade supralegal e a implicação desses critérios no balizamento da própria actividade legislativa[56].

A desvinculação da metodologia jurídica da reflexão própria da filosofia do Direito ou, pelo contrário, a subordinação da primeira à segunda têm, como se pode constatar, implicações no modo como se equaciona o papel que cabe à legislação, à jurisprudência dogmática e à actividade judicial na conformação da base normativa em que assenta a decisão de casos individuais. A tese da desvinculação tem uma pressuposição implícita: a defesa de uma orientação metodológica que pode ser, em termos genéricos, caracterizada como "legalista" e "formalista". Ora, há muito que o legalismo e o formalismo metodológico foram declarados mortos e enterrados por um conjunto de orientações metodológicas habitualmente referidas por "modernismo jurídico" – precisamente, na transição do século XIX para o século XX, como anteriormente referimos. No período subsequente à Segunda Guerra, assistiu-se, sobretudo na Alemanha, a um novo ataque ao legalismo e ao formalismo metodológico, desta vez movido pela ideia da necessidade de reconstituição de um núcleo axiologicamente necessário do Direito como "barreira" à perversão despótica do poder e que se traduzia numa compreensão material-axiológica do Direito, de recorte jusnaturalista[57]. Esta compreensão material-axiológica do Direito assume uma nova configuração no quadro das concepções do "constitucionalismo" principialista, que constitui hoje o maior desafio lançado à teoria jurídica positivista. Numa linha distinta de crítica substantiva do Direito, surgiu nas décadas de 70

---

[56] Cf. Fernando José Bronze, *A Metodonomologia entre a Semelhança e a Diferença (Reflexão Problematizante dos Pólos da Radical Matriz Analógica do Discurso Jurídico)*, Coimbra, 1994.

[57] O tom geral deste novo retorno ao Direito natural é dado pelo livro de Heinrich Rommen, *Die ewige Wiederkehr des Naturrechts*, Munique, 1947. Uma boa exposição das motivações desta orientação neo-jusnaturalista na filosofia do Direito alemã no período subsequente a 1945 pode encontrar-se, por exemplo, em Arthur Kaufmann, «Die Naturrechtsrenaissance der ersten Nachkriegsjahre und was daraus geworden ist», in: *Festschrift für Sten Gagnér zum 70. Geburtstag*, Munique, 1991, págs. 105-132; por último, Lena Foljanty, *Recht und Gesetz. Juristische Identität und Autorität in den Naturrechtsdebatten der Nachkriegszeit*, Tübingen, 2012.

e 80 do século XX o movimento dos *Critical Legal Studies*: pese embora as sucessivas ramificações que foi sofrendo, esse movimento converge no propósito de "desconstrução" do discurso jurídico liberal e das pretensões de autonomia e neutralidade do método jurídico. Mas, apesar da diversidade e da pujança destas orientações anti-legalistas e anti-formalistas, não será que devemos considerar as notícias sobre a morte do legalismo e do formalismo metodológico como ligeiramente exageradas?

§11. A crítica ao método jurídico formalista na metodologia jurídica actual

§11. A crítica ao método jurídico formalista na metodologia jurídica actual

A crítica ao método jurídico formalista na metodologia jurídica contemporânea estrutura-se segundo linhas muito diversas entre si. Elas convergem, no entanto, na defesa do activismo judicial. Por um conjunto de razões muito diversas, essas diferentes linhas de crítica ao método jurídico formalista costumam exercer um grande fascínio intelectual sobre os juristas académicos. Mas têm tido um impacto muito reduzido na reorientação da "ideologia normativa" dos juízes e das práticas institucionais de aplicação do Direito, que se pautam, em linhas gerais, por directrizes de cariz legalista[1].

No período imediatamente subsequente ao termo da Segunda Guerra, a concepção positivista-formalista do Direito e o relativismo axiológico liberal foram objecto de um poderoso desafio, por parte de um conjunto de indagações jusfilosóficas, com inspiração na fenomenologia e na filosofia existencial, em torno do estabelecimento dos critérios de uma juridicidade supralegal: entre outras, a proposta de Helmut Coing (1912-2000) de obtenção de princípios jurídicos materiais com base na investigação fenomenológica sobre os valores de Max Scheler (1874-1928)[2]; a abordagem das questões fundamentais da filosofia do Direito à luz das perspectivas da filosofia da existência, exem-

---

[1] Esta afirmação deveria, eventualmente, ser atenuada se atendermos à jurisdição constitucional e à jurisdição laboral. No primeiro caso, pelo facto de os Tribunais Constitucionais se compreenderem a si próprios como "legisladores paralelos" na concretização da Constituição; no segundo, pelo facto da jurisdição laboral se arrimar, frequentemente, a um Direito judicial supletivo da lei (*gesetzvertretendes Richterrecht*), em nome da protecção da parte mais desfavorecida na relação laboral e procurando fazer valer a dimensão prestadora e assistencialista do Estado.

[2] Cf., por exemplo, Helmut Coing, *Die obersten Grundsätze des Rechts. Ein Versuch zur Neubegründung des Rechts*, Heidelberga, 1947.

plarmente documentada na obra de Erich Fechner (1903-1991)[3]; ou a tentativa de Arthur Kaufmann (1923-2001) de superação do positivismo jurídico mediante a análise da estrutura ontológica do Direito[4]. Estas investigações no plano da filosofia do Direito vieram dar suporte à orientação metodológica denominada Jurisprudência de valoração (*Wertungsjurisprudenz*), que configura o modelo de aplicação do Direito como realização no caso individual das estruturas axiológicas do Direito positivo.

Um outro desafio à teoria jurídica metodologicamente descritiva, de recorte positivista, e ao legalismo e formalismo metodológico é o representado pelo "constitucionalismo" principialista e a sua teoria normativa da aplicação jurisdicional do Direito, orientação que entronca, sobretudo, na obra de Ronald Dworkin (1931-2013) e no seu ataque ao positivismo jurídico[5]. Este modelo de teoria jurídica oferece alguns atractivos quando se trata de proceder à "reconstrução" da prática decisória dos tribunais constitucionais, mormente quando se está perante argumentações sobre direitos fundamentais e se invocam elementos materiais-axiológicos da Constituição, mas revela-se menos adequado quando procura explicar os aspectos mais gerais da "experiência" jurídica.

Como uma terceira linha de ataque ao legalismo e ao formalismo metodológico, iremos analisar o movimento dos *Critical Legal Studies* e a sua "desconstrução" (isto é, a denúncia do carácter ideológico oculto) das pretensões de neutralidade, cientificidade e imparcialidade do método jurídico formalista. Se bem que o movimento dos *Critical Legal Studies* tenha tido nas comunidades académicas europeias e norte-americanas um acolhimento pouco mais que marginal, em sociedades multiétnicas e com grandes fracturas sociais a "desconstrução" do discurso jurídico liberal, baseado na referência a um sujeito jurídico universal, e a evidenciação da multiplicidade de identidades (raça, género, orientação sexual, etc.), por um lado, e a atribuição aos juízes de funções de engenharia social, por outro lado, têm um muito maior potencial de aceitação.

Do nosso ponto de vista, as concepções gerais do legalismo e do formalismo metodológico são as que melhor reflectem a estrutura e o funcionamento dos sistemas jurídicos modernos. A metodologia jurídica não pode deixar de tomar

---

[3] Cf., sobretudo, Erich Fechner, *Rechtsphilosophie*, 2ª edição, Tübingen, 1956.
[4] Cf., por exemplo, Arthur Kaufmann, «Gedanken zu einer ontologischen Grundlegung der juristischen Hermeneutik» (1982), agora in: Arthur Kaufmann, *Beiträge zur Juristischen Hermeneutik*, Colónia, 1984, págs. 89-99. Sobre a análise da estrutura ontológica do Direito como base da descrição fenomenológica do processo de determinação positiva do Direito na filosofia jurídica de Arthur Kaufmann (1923-2001), cf. *supra*, 8.3.1.
[5] Cf., em primeiro lugar, Ronald Dworkin, *Taking Rights Seriously*, Londres, 1977. Sobre a concepção "interpretativa" do Direito de Dworkin, cf. *supra*, 4.4.

§11. A CRÍTICA AO MÉTODO JURÍDICO FORMALISTA NA METODOLOGIA JURÍDICA ACTUAL

como ponto de partida a constatação de que o Direito moderno tem uma base de formação que é predominantemente legislativa; por outro lado, os padrões argumentativos quer da doutrina quer da jurisprudência dos tribunais evidenciam uma muito maior conformidade – pelo menos, nos sistemas jurídicos continentais – com os modelos metodológicos de matriz legalista e formalista do que com os modelos "prudenciais", orientados pelo princípio da solução "justa" do caso individual.

O ataque ao legalismo e ao formalismo metodológico, que tinha sido desencadeado nos finais do século XX pelo Movimento do Direito Livre, recebeu, como foi referido (cf. *supra*, 8.3), um novo fôlego por via das várias investigações sobre a estrutura ontológica do Direito e os critérios de uma juridicidade supralegal, que marcaram o panorama da filosofia do Direito na Alemanha dos anos 50 e 60 do século XX e que tiveram projecção, no plano da metodologia jurídica, na chamada "Jurisprudência de valoração" (*Wertungsjurisprudenz*). Esta orientação metodológica fez suas muitas das directrizes fundamentais da Jurisprudência dos interesses (*Interessenjurisprudenz*), mas criticava nesta a orientação sociologizante e o facto de não se desligar, no fundo, da concepção positivista sobre o conceito de Direito. A afirmação da orientação metodológica da Jurisprudência de valoração (*Wertungsjurisprudenz*) representava, ao nível da formação de conceitos na ciência do Direito, a rejeição do pensamento categorial e abstractizante da Jurisprudência dos conceitos (*Begriffsjurisprudenz*); ao nível do processo de interpretação e aplicação do Direito, reclamava a apreensão das valorações fundamentais em que se funda o ordenamento jurídico e, nalgumas das suas variantes, remetia para critérios de valoração fundados na essência axiológica do Direito.

No entanto, a "materialização" do Direito formal e da legalidade formal do Estado legislador parlamentar tinha na História das doutrinas metodológicas alemãs um significado e um conjunto de antecedentes que a recomposição política operada no período subsequente à Segunda Guerra veio a obliterar por completo: o parentesco entre certas concepções materiais-axiológicas que se afirmaram no período subsequente à Guerra e as orientações substancialistas do pensamento jurídico dos anos 30 do século XX não é assim tão ínvio como, à primeira vista, se poderá pensar[6]. Tal como

---

[6] Em meados dos anos 30 do século XX, Karl Larenz (1903-1993), entre outros, defendia a ideia de uma Jurisprudência de valoração (*Wertungsjurisprudenz*) como afastamento do "conceito de Direito positivista" da Jurisprudência dos interesses (*Interessenjurisprudenz*): cf. Karl Larenz, *Rechts- und Staatsphilosophie der Gegenwart*, 2ª edição, Berlim, 1935, maxime pág. 24 e seg. Mas, para além de propor uma superação do "conceito de Direito positivista", a orientação substancialista do pensamento jurídico nacional-socialista criticava a própria noção de "interesse" como base de construção metodológica, porquanto seria expressão de uma mentalidade individualista

o ataque ao positivismo jurídico desencadeado logo a seguir ao termo da Guerra acabou por servir estratégias de ocultação da continuidade e de recalcamento do passado (*Vergangenheitsverdrängung*): no período imediatamente anterior à ascensão do nacional-socialismo, a República de Weimar (1918-1933), o positivismo jurídico tinha estado associado à defesa de formas democráticas e republicanas de governo, enquanto os autores politicamente identificados com a direita nacional-conservadora e o pensamento nacional popular faziam do positivismo jurídico e do formalismo metodológico, rotulados como manifestações da interpretação individualista -liberal do Estado e do Direito, os alvos a abater intelectualmente[7].

11.1. O ataque ao positivismo jurídico

O mote do ataque ao positivismo jurídico que teve lugar depois de 1945 foi dado pelo artigo de Gustav Radbruch (1878-1949) sobre a não juridicidade do Direito injusto e o Direito supralegal[8]. A autoridade intelectual e moral de Radbruch abriu o caminho para que se instalasse a ideia de que apenas uma concepção sobre o conceito de Direito vinculada a valores morais substanciais e o reconhecimento da legitimidade dos juízes para "corrigirem" o Direito legislado com base nesses valores poderia contrariar o arbítrio do poder. Daí à exautoração do positivismo jurídico e à acusação de ter contribuído para a perversão despótica do poder pelo regime nacional-socialista foi apenas um pequeno passo.

Ora, esta imagem assentava numa completa distorção dos factos. Na realidade, o ataque ao normativismo e ao método jurídico formalista tinha sido desencadeado no período de Weimar por autores que cultivavam uma fidelidade interior ao princípio monárquico do Estado de autoridade (*Obrigskeitss-*

---

e egoísta, contrária à essência da comunidade popular (*Volksgemeinschaft*). De bem pouco serviram as alegações de Philipp Heck (1858-1943) de que a Jurisprudência dos interesses era alheia à investigação filosófica e politicamente não comprometida: cf. Philipp Heck, «Die Interessenjurisprudenz und ihre neuen Gegner», in: *Archiv für die civilistische Praxis* 142 (1936), págs. 129-202 e 297-332. Como pouco adiantou a tentativa oportunista e desajeitada de Heck de procurar conciliar a Jurisprudência dos interesses com o espírito do nacional-socialismo: cf. Philipp Heck, *Rechtserneuerung und Juristische Methodenlehre*, Tübingen, 1936, maxime pág. 9 e segs.

[7] Para uma visão geral, cf. Bernd Rüthers, *Entartetes Recht. Rechtslehren und Kronjuristen im Dritten Reich*, 3ª edição, Munique, 1994, maxime pág. 34 e segs.; cf., igualmente, Klaus Anderbrügge, *Völkisches Rechtsdenken. Zur Rechtslehre in der Zeit des Nationalsozialismus*, Berlim, 1968; Oliver Lepsius, *Die gegensatzaufhebende Begriffsbildung. Methodenentwicklungen in der Weimarer Republik und ihr Verhältnis zur Ideologisierung der Rechtswissenschaft unter den Nationalsozialismus*, Munique, 1993.

[8] Cf. Gustav Radbruch, «Gesetzliches Unrecht und übergesetzliches Recht», in: *Süddeutsche Juristenzeitung* 1 (1946), págs. 105-108, ensaio reimpresso em Gustav Radbruch, *Rechtsphilosophie*, 8ª edição, Estugarda, 1973, págs. 327-329.

taat): a este propósito, é de referir, sobretudo, o magistério de Erich Kaufmann (1880-1972). Erich Kaufmann via no recurso a elementos objectivos de inspiração hegeliana a linha de oposição a uma filosofia do Direito dominada pelo formalismo, positivismo e relativismo[9]. A "eticização" (*Versittlichung*) do Direito formal foi propugnada mais tarde pelo neo-hegelianismo jurídico dos anos 20 e 30 do século XX – *v. g.*: Julius Binder (1870-1939) e os seus discípulos Karl Larenz (1903-1993), Gerhard Dulckeit (1904-1954) e Martin Busse (1906--1945). Por fim, a "renovação alemã do Direito" (*deutsche Rechtserneuerung*) e a "nova ciência do Direito" (*neue Rechtswissenschaft*) da cultura jurídica do nacional-socialismo reclamavam o afastamento da concepção dogmática da ciência do Direito e a sua substituição por uma "filosofia jurídica aplicada" (*angewandte Rechtsphilosophie*) como "doutrina dos conceitos fundamentais do Direito alemão"[10]. A reivindicação da primazia da ordenação natural da vida sobre o Direito formal era propagandeada por autores como Carl Schmitt (1888-1985), Karl Larenz (1903-1993), Walther Schönfeld (1888-1958), Ernst Rudolf Huber (1930-1990), Justus Wilhelm Hedemann (1878-1963), entre outros mais: o pensamento jurídico popular (*völkisches Rechtsdenken*) do nacional-socialismo reconfigurava o Direito vigente não por via de alterações legislativas apenas, mas enchia, como se costuma dizer, odres velhos com vinho novo, apoiando-se em orientações metodológicas de cariz substancialista, que privilegiavam formas de pensamento como o "conceito concreto", o "tipo" e as "séries de tipos", em detrimento dos conceitos gerais-abstractos e do sistema desses conceitos[11].

Ao nível da metodologia do Direito público, o formalismo do método "jurídico" da linha Gerber – Laband – Jellinek – Kelsen era posto em causa por um conjunto de orientações: de entre estas, há que sublinhar, em razão da influência que veio a adquirir, o método "científico-espiritual" (*geisteswissenschaftlich*), em que, por exemplo, Rudolf Smend (1882-1975) baseava a sua teoria da Constituição[12]. A teoria constitucional de Smend fazia-se eco de um certo tom de nostalgia provocado pela dissolução dos vínculos comunitários e pela evanes-

---

[9] Cf., sobretudo, Erich Kaufmann, *Kritik der neukantischen Rechtsphilosophie – Eine Betrachtung über die Beziehungen zwischen Philosophie und Rechtswissenschaft*, Tübingen, 1921.

[10] Cf., por exemplo, Karl Larenz, «Zur Logik des konkreten Begriffs. Eine Voruntersuchung zur Rechtsphilosophie», in: *Deutsche Rechtswissenschaft* 5 (1940), págs. 279-299. Heinrich Lange (1900-1977) propugnava, à época, uma nova Jurisprudência de valoração (*Wertungsjurisprudenz*) baseada na consciência axiológica do nacional-socialismo como quadro metodológico no âmbito do Direito civil: cf. Heinrich Lange, «Mittel und Ziel der Rechtsfindung im Zivilrecht», in: *Zeitschrift der Akademie für deutsches Recht* 3 (1936), págs. 922-925, *maxime* pág. 924.

[11] Cf., por exemplo, Karl Larenz, «Neubau des Privatrechts», in: *Archiv für die civilistische Praxis* 145 (1939), págs. 91-107.

[12] Cf., sobretudo, Rudolf Smend, *Verfassung und Verfassungsrecht*, Munique, 1928.

cência dos sentimentos éticos dos membros da comunidade: a crítica ao relativismo dos valores, à fragmentação do Estado de partidos (*Parteienstaat*) e à concepção jurídico-formalista de Estado e de Constituição – que têm em Hans Kelsen (1881-1973) o principal representante – é um denominador comum do pensamento de crise dos finais da República de Weimar[13].

A teorização de Rudolf Smend vem a ser retomada e desenvolvida, no período subsequente a 1949, depois da entrada em vigor da Lei Fundamental (*Grundgesetz*), em termos de uma concepção de Constituição como "ordem de valores" (*Wertordnung*) e de uma teoria da jurisdição constitucional como garante da ordem de valores da Constituição. De um modo geral, a teoria constitucional alemã dos anos 50 e 60 do século XX propugnava a substituição de uma concepção formal por uma concepção material do Estado de Direito[14]. Este "constitucionalismo" axiológico entende o processo de aplicação do Direito como concretização das referências materiais-axiológicas da Constituição e está orientado, genericamente, à defesa de uma posição de personalismo ético.

Tanto a orientação metodológica que é referida como "Jurisprudência de valoração" (*Wertungsjurisprudenz*) como a concepção da Constituição como "ordem valorativamente vinculada" (*wertgebundene Ordnung*) caracterizam-se por um ataque ao legalismo e ao formalismo metodológico, que assenta na invocação de dados pré-positivos e representações valorativas como elementos integradores do processo de aplicação do Direito. O que legitima, naturalmente, uma mais larga margem de actuação da doutrina e da jurisprudência dos tribunais na conformação do Direito vigente.

11.2. A concepção sobre o conceito de Direito da Jurisprudência de valoração (*Wertungsjurisprudenz*)

Como orientação metodológica, a Jurisprudência de valoração (*Wertungsjurisprudenz*) visa tornar operacional um conceito de Direito vinculado a princípios de justiça ou valores materiais. Helmut Coing (1912-2000), por exemplo, iden-

---

[13] Para uma visão sumária sobre as controvérsias no âmbito da metodologia do Direito público no estertor da República de Weimar (1919-1933), cf. o meu estudo «O pensamento político de Hans Kelsen», in: José Lamego, *Caminhos da Filosofia do Direito Kantiana*, vol. I, Lisboa, 2014, págs. 189-211.

[14] A este propósito, cf., por exemplo, Ulrich Scheuner, «Die neuere Entwicklung des Rechtsstaats in Deutschland», in: *Hundert Jahre deutsches Rechtsleben. Festschrift für hundertjährigen Bestehen des Deutschen Juristentages 1860-1960*, vol. II, Karlsruhe, 1960, págs. 229-262; Hans Carl Nipperdey, «Die Würde des Menschens», in: Friedrich Neumann/Hans Carl Nipperdey/Ulrich Scheuner (eds.), *Die Grundrechte. Handbuch der Theorie und Praxis der Grundrechte*, vol. II, Berlim, 1954, págs. 1-50.

tifica dois pressupostos básicos do conceito de Direito: *i*) a ordenação à ideia de Direito, que ele concebe em termos da Ética material dos valores; *ii*) a necessidade de correspondência às estruturas de pré-ordenação[15]. Karl Larenz (1903-1993) julga poder alcançar uma síntese superadora da antítese entre o positivismo jurídico e o Direito natural, considerando que o conceito de Direito, para além da existência do Direito positivo, abrange a essência, isto é, uma qualidade essencial e valorativa, a que chama "correcção" (*Richtigkeit*)[16]. Arthur Kaufmann (1923-2001) estabelece a diferença entre lei e Direito como uma diferença ontológica: *"... a lei e o Direito relacionam-se entre si como potência e acto, como possibilidade e realidade"*[17] – trata-se de aplicar à definição do conceito de Direito e à metodologia da aplicação do Direito a doutrina aristotélica e suareziana de que o ente é constituído por duas dimensões ontológicas, essência e existência (estrutura "relacional" do ser), para basear a sua ideia de um Direito natural histórico concreto, que alcança a sua essencialidade (*Seinhaftigkeit*) na decisão do caso individual[18]. O Direito não é norma abstracta, mas acto (*Recht wird im Akt*): por isso, o Direito realiza-se não na legislação, mas na jurisprudência dos tribunais.

Numa linha bastante diferente do entendimento existencial-ontológico da Hermenêutica de Arthur Kaufmann (1923-2001), Josef Esser (1910-1999) configura, igualmente, uma doutrina da aplicação do Direito dirigida à justiça "material" da decisão. As preocupações de Esser situam-se no plano da metodologia jurídica, ao contrário da investigação de Kaufmann, que é, em primeira linha, uma investigação de filosofia do Direito. Em Esser pode identificar-se uma concepção sociologizante da Jurisprudência de valoração (*Wertungsjurisprudenz*), que atribui às valorações pré-sistemáticas uma função de orientação na busca da norma aplicável no processo de determinação do Direito (*Rechtsfindung*) no caso individual: segundo Esser, esse processo tem como ponto de partida a formação por parte do juiz da convicção de justeza (*Richtigkeitsüberzeugung*) sobre a decisão a assumir; só num segundo momento, se operaria o controlo de concordância (*Stimmigkeitskontrolle*) da decisão assim antecipada

---

[15] Cf., por exemplo, Helmut Coing, *Die obersten Grundsätze des Rechts. Ein Versuch zur Neubegründung des Naturrechts*, cit.

[16] Cf., sobretudo, Karl Larenz, *Richtiges Recht. Grundzüge einer Rechtsethik*, Munique, 1979.

[17] Cf., por exemplo, Arthur Kaufmann, «Gesetz und Recht» (1962), agora in: Arthur Kaufmann, *Rechtsphilosophie im Wandel. Stationen eines Weges*, 2ª edição, Colónia, 1984, págs. 131-165, pág. 152.

[18] Que consiste, como vimos (cf. *supra*, 8.3.1) numa análise da estrutura ontológica do Direito e na descrição do processo de realização do Direito como um processo "analógico" ou de "assimilação" entre ideia de Direito, norma jurídica e decisão judicial.

com o sistema do Direito positivo[19]. Na sua opinião, *"a prática não toma como ponto de partida os métodos doutrinários de determinação do Direito, mas serve-se deles somente para fundamentar* lege artis *a decisão mais adequada de acordo com o seu entendimento do Direito e dos factos"*[20].

Entre nós, como manifestação de um pensamento jurídico axiologicamente determinado, é de referir, em primeiro lugar, a reflexão jusmetodológica de A. Castanheira Neves (1929-), estreitamente imbrincada na sua reflexão jusfilosófica. A investigação sobre as estruturas axiológicas do Direito, que incumbe à filosofia do Direito, adquire, na perspectiva de A. Castanheira Neves, uma dimensão fundacional de todo o processo de realização do Direito no caso individual: sendo assim, o pensamento jurídico deve concorrer para a formação e realização histórica da ideia de Direito, da sua intencionalidade axiológico--normativa. O princípio de justiça constitui o Direito como uma realidade que o transcende, pelo que o objectivo metodológico do pensamento jurídico não pode ser exclusivamente cognoscitivo, isto é, não pode limitar-se à reprodução analítico-interpretativa e à conceitualização do Direito positivo[21].

Defendendo, igualmente, que *"... a ordem jurídica, na sua globalidade, está sob o signo ou sob a postulação vinculante da Justiça"*[22], João Baptista Machado (1927--1989) considera que a conceptualização e sistematização jurídicas têm de captar a tensão dialéctica entre o pólo positivo e o pólo transpositivo (a ideia de Direito a que o legislador adere) da juridicidade: nesta base, procede à rejeição da concepção legalista da juridicidade e da hermenêutica positivista, sustentando que o pensamento jurídico deve contribuir para a realização do sentido axiológico do Direito[23].

Sem idênticas preocupações de natureza especulativa, mas procurando abrir o caminho para uma renovada dogmática do Direito Civil, está a obra de Carlos Alberto da Mota Pinto (1936-1985): tomando como base da exposição da Parte Geral do Código Civil a *Teoria Geral da Relação Jurídica* (Coim-

---

[19] Cf., sobretudo, Josef Esser, *Vorverständnis und Methodenwahl in der Rechtsfindung*, 2ª edição, Francoforte, 1972, *maxime* pág. 19 e seg.

[20] Cf. Josef Esser, *Vorverständnis und Methodenwahl in der Rechtsfindung*, cit., pág. 7.

[21] Recorrendo à formulação do autor, expressa num dos seus textos matriciais: *"Pois ao serviço de uma ideia dinâmica de justiça que se deverá realizar histórico-concretamente, o pensamento jurídico deixa de ser um esquema inteiramente dependente de um* jus normatum, *para ser acto cooperante de uma* justitia normans": cf. A. Castanheira Neves, «O papel do jurista no nosso tempo» (1968), agora in: A. Castanheira Neves, *Digesta. Escritos acerca do Direito, do Pensamento Jurídico, da sua Metodologia e Outros*, vol. 1º, Coimbra, 1995, págs. 9-50, pág. 50.

[22] Cf. João Baptista Machado, *Introdução ao Direito e ao Discurso Legitimador*, Coimbra, 1982, pág. 157.

[23] Cf. João Baptista Machado, *Introdução ao Direito e ao Discurso Legitimador*, cit., *maxime* pág. 207 e segs.

bra, 1960) de Manuel de Andrade (1889-1958), Mota Pinto publica, em 1976, uma *Teoria Geral do Direito Civil* onde faz anteceder a exposição da teoria geral da relação jurídica por uma exposição da teoria geral do ordenamento jurídico civil, que desdobra num capítulo relativo às "fontes do Direito civil português" e num outro relativo aos "princípios fundamentais do Direito civil português" (reconhecimento da pessoa e dos direitos da personalidade, autonomia privada, boa fé, responsabilidade civil, propriedade privada, etc.). Estes "princípios fundamentais do Direito civil português" não são interpretados de uma feição jusnaturalista, mas como *"opções e critérios valorativos de carácter jurídico que dão aqui e agora um certo sentido ao conteúdo do Direito privado"*: constituem, no dizer de Mota Pinto, *"o sistema interno do nosso Direito civil, por oposição ao sistema externo"*.

No quadro da Jurisprudência de valoração (*Wertungsjurisprudenz*) coexistem modelos de aplicação do Direito mais orientados pelo princípio da "justiça" do caso – *v. g.*: Theodor Viehweg (1907-1988), Josef Esser (1910-1999), Franz Wieacker (1908-1994) – e outros mais orientados pelo princípio da vinculação à lei – *v. g.*: Karl Larenz (1903-1993), Claus-Wilhelm Canaris (1937-). No entanto, todos eles admitem, numa maior ou menor extensão, a possibilidade de argumentos "materiais" – *v. g.*: "natureza das coisas" (*Natur der Sache*); "lógica material" (*Sachlogik*); "ideia de Direito" (*Rechtsidee*) – poderem afastar argumentos de natureza sistemática e dogmática, fazendo sobrepor os critérios de uma juridicidade supralegal ao Direito legislado e legitimando, assim, aquilo que Larenz refere como "transformação do Direito vigente" (*Umbildung des geltenden Rechts*).

Muitas vezes, a oposição ao legalismo e ao formalismo metodológico argumenta que o reforço da dimensão prestadora e assistencialista das funções do Estado exige ao pensamento jurídico uma ruptura com os postulados do positivismo legalista e que num Estado de Direito material a compreensão adequada do *corpus juris* implica reconhecer na judicatura uma função demiúrgica, de revelação do sentido axiológico-normativo e material da juridicidade[24].

---

[24] Sobre esta alegada transição do Estado legislador parlamentar para um Estado jurisdicional, como Estado de Direito material, cf. René Marcic, *Vom Gesetzesstaat zum Richterstaat*, Viena, 1957; cf., igualmente, Arthur Kaufmann, «Recht als Maß der Macht» (1958), agora in: Arthur Kaufmann, *Rechtsphilosophie im Wandel. Stationen eines Weges*, 2ª edição, Colónia, 1984, págs. 33-49, *maxime* pág. 48 e seg. Esta é também, entre nós, uma das linhas vertebradoras do magistério de A. Castanheira Neves (1929-): cf., por exemplo, A. Castanheira Neves, «O princípio da legalidade criminal», agora in: A. Castanheira Neves, *Digesta. Escritos acerca do Direito, do Pensamento Jurídico, a sua Metodologia e Outros*, vol. 1º, cit, págs. 349-473; cf., igualmente, Fernando José Bronze, *Lições de Introdução ao Direito*, 2ª edição, Coimbra, 2010, *maxime* pág. 444 e segs.

Os modelos de aplicação do Direito que privilegiam critérios de justiça "material" em detrimento da vinculação do juiz à lei representam um enfraquecimento das qualidades formais e racionais do Direito moderno[25]; legitimam o activismo judicial, consubstanciando uma tendência de transição do Estado legislador parlamentar para um Estado jurisdicional, ou, usando uma expressão com mais forte carga polémica, de um Estado legislador parlamentar para um "*Estado de juízes oligárquico*"[26]. Esta tendência é hoje potenciada pela compreensão material-axiológica do Direito, em geral, e, em particular, pela concepção que aqui referimos como "constitucionalismo" principialista: na base do "constitucionalismo" principialista podemos identificar o ideal político de um Estado jurisdicional executor da Constituição, que acaba por subtrair ao legislador democrático a primazia na concretização das directrizes constitucionais[27].

11.3. O "constitucionalismo" principialista

A dicotomia tradicional "positivismo"/"jusnaturalismo", como duas concepções irredutíveis sobre o conceito e a validade do Direito, é hoje reequacionada, a propósito da análise do Direito das sociedades democrático-constitucionais, como uma contraposição entre "legalismo" e "constitucionalismo"[28]. A concepção constitucionalista sobre o conceito e a validade do Direito estabelece o sistema de valores dos direitos fundamentais como referência axiológica necessária do Direito e como base da realização do Direito no caso individual. Robert Alexy (1945-   ) contrapõe as duas concepções nos seguintes termos:

---

[25] Sobre este ponto, cf., por exemplo, Niklas Luhmann, *Zweckbegriff und Systemrationalität. Über die Funktion von Zwecken in sozialen Systemen*, Tübingen, 1968.

[26] Para um diagnóstico e crítica desta tendência, cf., por último, Bernd Rüthers, *Die heimliche Revolution vom Rechtsstaat zum Richterstaat*, Tübingen, 2014. Em jeito de balanço e sublinhando a necessidade de preservar o essencial do modelo legalista e formalista de aplicação do Direito, dizia Francisco J. Laporta, *El imperio de la ley. Una visión acual* (Madrid, 2007): "*Não foi infrequente na reflexão do passado século XX a aparição periódica de lamentos explícitos pela incerteza a que dava lugar uma administração da justiça que se pretendia liberta de qualquer vinculação a normas pré-estabelecidas. Sempre que se experimentou uma situação em que juízes e magistrados cediam à tentação de erigir-se em protagonistas da vida do Direito, acabou por tornar a reclamar-se as virtudes inerentes à existência de regras jurídicas prévias que governem a decisão judicial. Isso sucedeu até no seio de movimentos jurídicos pragmáticos, como o chamado realismo americano...*" (cf. ob. cit., pág. 127).

[27] Nas palavras carregadas de ironia de Juan Antonio Garcia Amado: "*... os juízes vêem nessa doutrina a justificação perfeita para a ampliação dos seus poderes face ao legislador e da sua condição de oráculos da Constituição*": cf. J. A. Garcia Amado, «Sobre el neoconstitucionalismo y sus precursores», in: Juan Antonio Garcia Amado, *El Derecho y sus Circunstancias. Nuevos Ensayos de Filosofia Jurídica*, Bogotá, 2010, págs. 131-168, pág. 133.

[28] Cf., por exemplo, Ralf Dreier, «Konstitutionalismus und Legalismus. Zwei Arten juristischen Denkens im demokratischen Verfassungsstaat», in: *Rechtsstaat und Menschenwürde. Festschrift für Werner Maihofer zum 70. Geburtstag*, Francoforte, 1988, págs. 87-107.

1) o "constitucionalismo" atribui prevalência aos valores, o "legalismo" atribui prevalência à norma; 2) o "constitucionalismo" defende um modelo de justificação argumentativa da decisão judicial, o "legalismo" defende um modelo lógico-subsuntivo, em ordem ao asseguramento do maior grau possível de vinculação do juiz à lei; 3) o "constitucionalismo" pretende uma omnipresença da Constituição, o "legalismo" procura salvaguardar a autonomia do Direito legislado ordinário; 4) o "constitucionalismo" legitima o activismo judicial, mormente o do Tribunal Constitucional, enquanto o "legalismo" se atém ao modelo do Estado legislador parlamentar[29]. Como expoentes de uma concepção "constitucionalista" sobre o conceito e a validade do Direito podemos apontar autores tão diversos como Ronald Dworkin (1931-2013), Ralf Dreier (1931-), Robert Alexy (1945-), Gustavo Zagrebelsky (1943-) e Carlos Santiago Nino (1943-1993).

A directriz segundo a qual o processo de aplicação do Direito tem de visar a máxima efectivação do sistema de valores dos direitos fundamentais da Constituição tem, na doutrina alemã, como precursor mais directo o acórdão proferido pelo Tribunal Constitucional Federal alemão, em 1958, no chamado caso Lüth, do qual nasceu a tese da eficácia horizontal (*Drittwirkung*) e expansiva dos direitos fundamentais[30]. A tese da eficácia directa das normas de direitos fundamentais, como princípios objectivos que informama totalidade do ordenamento jurídico, tinha na base um entendimento material da Constituição, segundo o qual à Constituição compete não apenas delinear a arquitectura normativa básica do Estado, mas, igualmente, estabelecer os princípios funda-

---

[29] Cf. Robert Alexy, «Rechtssystem und praktische Vernunft», in: *Rechtstheorie* 18 (1987), págs. 405-419.

[30] Muito sucintamente: o caso tinha que ver com o facto de o presidente do clube de imprensa de Hamburgo, Erich Lüth, na abertura da Semana do Cinema alemão, ter publicado uma carta aberta em que incitava os distribuidores de películas e os proprietários de salas de cinema a não incluírem na sua programação o filme do realizador Veit Harlan (1899-1964), *Amada imortal* (1950). A razão do apelo ao boicote prendia-se com o facto de Veit Harlan ter sido, durante a ditadura nacional-socialista, um activo propagandista do anti-semitismo, nomeadamente com o filme *O Judeu Süß* (1940). O Tribunal do Estado de Hamburgo considerou que os apelos ao boicote constituíam uma violação do art. 826º do Código Civil alemão, tendo condenado Erich Lüth ao pagamento de uma indemnização pelos danos causados. Esgotadas as vias da jurisdição comum, Lüth interpôs recurso para o Tribunal Constitucional Federal, que anulou a sentença condenatória (BVerfGE 7, 198). Sobre a importância do acórdão Lüth para assinalar uma dimensão objectiva das normas de direitos fundamentais, cf., por todos, Robert Alexy, «Grundrechte als subjektive Rechte und als objektive Normen», in: *Der Staat* 29 (1990), págs. 49-68. Por mera curiosidade: o filho de Veit Harlan (1889-1964), Thomas Harlan (1929-2010), também ele cineasta, é o autor do filme *Torrebela* (1977), que relata a ocupação popular de uma grande propriedade agrícola no concelho da Azambuja no período revolucionário.

mentais do ordenamento jurídico, inclusivamente na esfera privatística: estes pontos de vista foram desenvolvidos na teoria do Direito público na Alemanha do período subsequente à segunda Guerra e tinham na sua origem a teoria da Constituição de Rudolf Smend (1882-1975), que entendia a Constituição como expressão dos valores materiais que constituem os factores de integração simbólica do grupo social[31].

Estas directrizes metodológicas estavam em consonância com a perspectiva dominante na filosofia do Direito e na metodologia jurídica na Alemanha dos anos 50 e 60 do século XX, que caracterizavam o pensamento jurídico como um pensamento orientado a valores (*wertorientiertes Denken*) e ordenado à realização do sentido axiológico do Direito[32]. Um outro contributo decisivo para a articulação da teoria jurídica do "constitucionalismo" principialista vem do outro lado do Atlântico: é constituído pela obra de Ronald Dworkin (1931--2013). Em alternativa ao modelo de uma jurisprudência analítica descritiva, Dworkin apresenta uma concepção "interpretativista" do Direito como uma teoria da justificação das práticas jurídicas de uma sociedade democrático--constitucional, "reconstruindo" essas práticas à luz dos princípios de uma teoria da justiça política, que se baseia nas pressuposições normativas da cultura pública de uma Democracia constitucional e organiza "interpretativamente" as ideias intuitivas básicas e os princípios nelas implícitos numa concepção coerente de "justiça"[33]. No fundo, a perspectiva de Dworkin não está assim tão distante dos pressupostos de base da teoria e da dogmática dos direitos funda-

---

[31] Sobre a passagem de um entendimento da Constituição como "ordem quadro" (*Rahmenordnung*) da vida estadual em sentido estrito a um entendimento da Constituição como "ordem de valores" (*Wertordnung*) orientadora das múltiplas esferas da vida social, passagem que acompanha, alegadamente, a transição do Estado de Direito liberal-formal para o Estado de Direito social, prestador de serviços, cf., por todos, Ernst-Wolfgang Böckenförde, «Entstehung und Wandel des Rechtsstaatsbegriffs», in: Ernst-Wolfgang Böckenförde, *Staat-Gesellschaft – Freiheit. Studien zur Staatstheorie und zum Verfassungsrecht*, Francoforte, 1976, págs. 65-92. Para uma defesa da tese da eficácia horizontal directa das normas de direitos fundamentais, cf., por todos, Hans Carl Nipperdey, «Grundrechte und Privatrecht», in: *Festschrift für Erich Molitor*, Munique, 1962, págs. 17-33.

[32] Sobre a concepção principialista do Direito como expressão de uma compreensão "material", normativo-axiológica, do Direito, cf., *supra*, 3.3. Sobre o pendor jusnaturalista do "constitucionalismo" principialista – que distingue da sua concepção "garantista" do Direito, que apresenta como aperfeiçoamento do positivismo jurídico –, cf., igualmente, Luigi Ferrajoli, "Constitucionalismo Principialista y Constitucionalismo Garantista», in: *Doxa* 34 (2011), págs. 15-53.

[33] Dworkin apoia-se numa variante do método do "equilíbrio reflexivo" (*reflective equilibrium*) de John Rawls (1921-2002) para especificar os princípios da moralidade constitucional: sobre a relação da teoria jurídica de Dworkin com a teoria política normativa de Rawls, cf., por todos, Dworkin, «Rawls and the Law», in: Ronald Dworkin, *Justice in Robes*, Cambridge Mass., 2006, págs. 241-261.

mentais dominantes na Alemanha dos anos 50 e 60 do século xx, que erigiam o respeito da dignidade humana como princípio nuclear do sistema de valores (*Wertsystem*) da Constituição: a diferenciação assenta, sobretudo, na perspectiva filosófica, pois a noção de uma "ordem objectiva de valores" (*objektive Wertordnung*) como parâmetro da "correcção" ou "justiça" do Direito é considerada como dificilmente compatibilizável com a cultura pública das modernas sociedades "secularizadas", caracterizadas pelo "facto do pluralismo" (Rawls).

Uma boa síntese destes dois veios inspiradores do "constitucionalismo" principialista é constituída pela obra de Robert Alexy (1945-   ), que é, do ponto de vista filosófico, o mais interessante representante desta concepção[34]. Alexy começa por defender a primazia conceptual do "participante" para entender a prática social que é o Direito, seguindo a tese de Herbert Hart (1907-1992), segundo a qual na compreensão das práticas sociais deve ser atribuída primazia conceptual ao ponto de vista daqueles que usam as "regras" como padrões de comportamento socialmente devido, isto é, os "participantes" na prática social[35]. Ora, prossegue Alexy, os "participantes", sejam eles legisladores ou juízes, formulam necessariamente pretensões de correcção (*Richtigkeitsanspruch*), pois não se colocam como "observadores" que "descrevem" normas, mas do ponto de vista de quem está a fornecer genuínas razões para a acção. No âmbito da prática social que é o Direito, a pretensão de correcção (*Richtigkeitsanspruch*) está ligada aos valores da "justiça", da "segurança jurídica" e da "eficácia", valores que têm que ver com a "natureza" do Direito, vale dizer, com as suas propriedades essenciais[36]. A necessidade prática do Direito, isto é, o modo como o Direito desempenha as suas tarefas de solução de problemas de coordenação e cooperação social, é explicitada por Alexy com base em três características: *i*) a *determinação*, isto é, a fixação por via de normas claras e precisas de direitos e deveres; *ii*) a *coercibilidade*; *iii*) a *organização*. Estas três características servem à promoção dos valores formais do Direito: o valor da "certeza" e o valor da "eficácia". Por outro lado, a pretensão de correcção (*Richtigkeitsanspruch*) implica uma ligação ao valor da "justiça". Estes valores decorrem da "natureza" dual do conceito de Direito, tese segundo a qual o Direito possui uma dimensão real ou fáctica e uma dimensão ideal ou crítica.

---

[34] Nas explanações que se seguem, vamos tomar como referência principal o livro de Robert Alexy, *Begriff und Geltung des Rechts*, Freiburgo, 1992.

[35] Cf. Robert Alexy, *Begriff und Geltung des Rechts*, cit., *maxime* pág. 47 e seg.; cf., igualmente, Robert Alexy, «An Answer to Joseph Raz», in: George Pavlakos (ed.), *Law, Rights and Discourse. The Legal Philosophy of Robert Alexy*, Oxford, 2007, págs. 37-55, *maxime* pág. 45 e segs.

[36] Cf. Robert Alexy, «The Nature of Arguments about the Nature of Law», in: Lukas H. Mayer/Stanley L. Paulson/Thomas W. Pogge (eds.), *Rights, Culture and the Law. Themes of the Legal and Political Philosophy of Joseph Raz*, Oxford, 2003, págs. 3-16.

De acordo com Alexy, o conceito de Direito mais adequado para a explicitação das nossas práticas numa sociedade democrático-constitucional requer a conexão entre a dimensão institucional, real ou fáctica do Direito e a sua dimensão discursiva, ideal ou crítica, onde a pretensão de correcção normativa é aferida pelas regras do discurso prático racional, como procedimento intersubjectivo de justificação das normas[37]. A concepção do discurso jurídico como "caso especial" (*Sonderfall*) do discurso prático geral vincula a pretensão de correcção (*Richtigkeitsanspruch*) a uma ideia de justificabilidade prática, concebendo a teoria jurídica como parte da filosofia prática, isto é, como parte da indagação geral de como devemos agir.

O modelo de justificação argumentativa da decisão judicial de Robert Alexy conjuga-se com a sua teoria principialista dos direitos fundamentais, segundo a qual as disposições de direitos fundamentais da Constituição têm propriedades lógicas ou estruturais particulares, pois são exigências ou mandados de optimização (*Optimierungsgebote*), isto é, "princípios"[38]. Esta construção das disposições de direitos fundamentais da Constituição como "princípios" potencia a sua força expansiva ou "efeito de irradiação" (*Ausstrahlungswirkung*) e faz com que o seu modo característico de aplicação sejam juízos de "ponderação" (*Abwägung*)[39].

O "constitucionalismo" principialista de Robert Alexy articula-se em torno de três eixos fundamentais: *i*) a inserção do modelo de justificação das decisões judiciais numa teoria do discurso prático geral, procedendo à "reabilitação" da filosofia prática no âmbiro do Direito[40]; *ii*) uma concepção sobre o conceito e a validade do Direito assente na tese da vinculação conceptual entre Direito e Moral[41]; *iii*) uma teoria principialista dos direitos fundamentais[42]. No seu conjunto, trata-se de um sistema de filosofia do Direito que constitui, porventura, o mais interessante desafio ao positivismo jurídico na cultura jurídica europeia continental das últimas décadas. Do ponto de vista em que nos colocamos,

---

[37] Sobre este ponto, cf., por exemplo, Robert Alexy, «On Necessary Relations between Law and Morality», in: *Ratio Juris* 2 (1989), págs. 167-183; cf., igualmente, Robert Alexy, «Rechtssystem und praktische Vernunft», cit. Para uma crítica das concepções de Alexy, do ponto de vista de uma teoria jurídica positivista, cf., por todos, Eugenio Bulygin, «Alexy's Thesis of the Necessary Connections between Law and Morality», in: *Ratio Juris* 13 (2000), págs. 133-137.

[38] Sobre a "ponderação" (*Abwägung*) como forma característica da aplicação dos "princípios", cf. *supra*, 3.3.3.

[39] Cf., sobretudo, Robert Alexy, *Theorie der Grundrechte*, Baden-Baden, 1985.

[40] Cf., sobretudo, Robert Alexy, *Theorie der juristischen Argumentation. Die Theorie des rationalen Diskurses als Theorie der juristischen Argumentation*, cit. A este propósito, cf. *supra*, 8.2.3.

[41] Cf., sobretudo, Robert Alexy, *Begriff und Geltung des Rechts*, cit.

[42] Cf., sobretudo, Robert Alexy, *Theorie der Grundrechte*, cit.

o da metodologia jurídica, há porém que reconhecer que o "constitucionalismo" principialista debilita a certeza e a segurança na aplicação do Direito, atribuindo um papel central aos procedimentos de ponderação (*Abwägung*), e potencia uma tendência para a jurisdicionalização das escolhas políticas, legitimando o activismo judicial, mormente o do Tribunal Constitucional, convertendo-o numa espécie de "legislador paralelo".

Uma outra linha de crítica, na actualidade, ao modelo metodológico legalista e formalista é constituída pelas correntes de crítica substantiva do Direito e, em particular, pelo movimento dos *Critical Legal Studies*. Mas mais que um ataque ao legalismo e ao formalismo metodológico, o movimento dos *Critical Legal Studies* pretende constituir uma crítica radical das pretensões de neutralidade política do método jurídico e do *rule of law* liberal.

11.4. A rejeição das pretensões de cientificidade, autonomia e neutralidade do método jurídico: o movimento dos *Critical Legal Studies*

O movimento dos *Critical Legal Studies* vê-se a si próprio como parte de uma proposta político-ideológica de redistribuição de poder na sociedade. O método jurídico, com as suas pretensões de cientificidade, autonomia e neutralidade, constituiria uma dissimulação ideológica da defesa da manutenção das relações sociais hierarquizadas existentes. Na decisão dos casos pelos juízes, estes deveriam afastar-se dos princípios *individualistas* que estruturam o *rule of law* liberal e basear-se em princípios *altruístas* de cooperação social[43].

Os *Critical Legal Studies* recuperam "tópicos" clássicos da crítica marxista do Direito – *v. g.*: E. Pashukanis (1891-1937) – relativos à função ideológica de ocultamento das categorias centrais do Direito das sociedades capitalistas, como o carácter geral e abstracto da lei, a igualdade civil e a liberdade negocial e procuram "desconstruir" essas categorias enquanto instrumentos de relações de poder e hierarquia social. Por outro lado, radicalizam as propostas de "uso alternativo do Direito", surgidas em Itália nos inícios da década de 70 do século XX, que, enfatizando a indeterminação da linguagem do Direito, se propunham reconfigurar por via doutrinal e, sobretudo, jurisprudencial o sistema jurídico, que era considerado como estando vinculado aos interesses das classes dominantes[44]. Do mesmo modo, os *Critical Legal Studies* retomam os argumentos do realismo jurídico contra o formalismo (a ilusão de certeza e a aplicabili-

---

[43] Cf., por exemplo, Duncan Kennedy, «Form and Substance in Private Law Adjudication», in: *Harvard Law Review* 89 (1976), págs. 1685-1778.
[44] Sobre as linhas gerais do movimento em favor do "uso alternativo do Direito", cf. Pietro Barcellona (ed.), *L'uso alternativo del diritto*, Bari, 1973; cf., igualmente, António Manuel Hespanha, *Cultura Jurídica Europeia. Síntese de um Milénio*, Coimbra, 2015, pág. 496 e segs.

dade mecânica do Direito), defendendo a ideia de uma indeterminação radical do Direito e propugnando, mesmo, uma estratégia de criação de ambiguidade ou instabilidade dos "textos" jurídicos, em nome da substituição da visão formalista do Direito por uma agenda política de transformação social[45]. A teoria da decisão judicial (*adjudication*) característica do movimento dos *Critical Legal Studies* consubstancia-se numa "... *estratégia de erosão da distinção entre feitura de regras e legislação judicial...*" [Strategy of collapsing the distinction between law making and judicial legislation][46].

No contexto do movimento dos *Critical Legal Studies*, as formulações mais interessantes são, porventura, as de Roberto Mangabeira Unger (1947-   ), com a sua crítica ao formalismo da *rationalizing legal analysis* e a sua proposta de superação desse modelo de pensamento jurídico em termos de uma *legal analysis as institutional imagination*, isto é, de um pensamento jurídico que se assume abertamente como instrumento de reconfiguração social e institucional[47]. Esta reconfiguração consistiria na construção de uma alternativa à organização hierárquica fechada da sociedade liberal, em termos de um experimentalismo democrático a estimular em cada uma das principais esferas da sociedade. O diagnóstico (*mapping*) da realidade institucional existente forneceria o material para a crítica (*criticism*) das relações sociais e institucionais hierarquizadas, no sentido da construção de uma *empowered democracy*, que consubstanciaria uma democracia social alargada (*extended social democracy*) e uma poliarquia radical (*radical polyarchy*).

Apesar do carácter fortemente ecléctico do movimento dos *Critical Legal Studies*, não é difícil descortinar nele os elementos de protesto romântico e comunitarista contra a sociedade individualista e liberal, nem os "tópicos" da crítica pós-moderna ao universalismo e ao carácter logocêntrico do pensamento ilustrado. Nesta base, a sua crítica ao método "jurídico" (*a rationalizing legal analysis*) acaba por constituir uma contra-narrativa em relação ao discurso jurídico liberal, baseado na referência a um sujeito jurídico universal, e uma crítica radical das estruturas institucionais da Democracia representativa: trata-se, assumidamente, de um programa de reconfiguração social e institucional das Democracias liberais, vistas pelos "Crits" como ordens jurídico-políticas baseadas na competição entre interesses individuais egoístas.

---

[45] Ao serviço de uma visão "comunitarista" ou "altruísta", que recusa as assunções básicas (metafísicas, epistemológicas, de teoria política e social) do liberalismo moderno: para uma crítica radical dos princípios constitutivos do liberalismo político, cf. o escrito seminal de Robert M. Unger, *Knowlegde and Politics*, Nova Iorque, 1975.
[46] Cf. Duncan Kennedy, *A Critique of Adjudication (Fin de Siècle)*, Cambridge Mass., 1997, pág. 37.
[47] Cf., sobretudo, Roberto M. Unger, *What Should Legal Analysis Become?*, Londres, 1996.

§11. A CRÍTICA AO MÉTODO JURÍDICO FORMALISTA NA METODOLOGIA JURÍDICA ACTUAL

Em países onde a percepção das desigualdades sociais é mais vincada, é natural uma atitude politicamente mais militante de certos sectores da academia e das profissões jurídicas, no sentido de usar o Direito como instrumento ao serviço de um projecto comunitário inspirado por modelos participativos de Democracia: é o caso, por exemplo, do Brasil, onde a defesa de uma orientação metodológica legalista e formalista é desqualificada politicamente como estando ao serviço de concepções sociais conservadoras[48]. Não é aqui o lugar para proceder à apreciação da agenda dessa frente comum de movimentos de defesa de políticas cidadãs e de participação popular e o pensamento de crítica ao legalismo e ao formalismo metodológico. Devo, no entanto, confessar que me parece que as metodologias de ruptura propostas pelo pensamento de crítica ao formalismo jurídico se arriscam a "deitar fora a criança com a água do banho", isto é, subordinar os elementos garantistas da cultura jurídica a um activismo social e político de pendor populista, em vez de tornar socialmente mais inclusiva a Democracia.

Do ponto de vista intelectual, são, sem dúvida, interessantes as observações das correntes de crítica substantiva do Direito, em geral, e do movimento dos *Critical Legal Studies*, em particular, sobre a racionalização e a formalização como formas de dominação características das sociedades liberais e capitalistas modernas e sobre o carácter mistificatório dos "tópicos" centrais do discurso jurídico liberal, a igualdade e universalidade dos direitos, como véus de opacidade destinados a ocultar as desigualdades sociais reais – assuma o discurso jurídico liberal quer um contorno legalista e formalista, exigindo que as decisões dos casos individuais sejam tomadas pelos juízes de forma "neutra" (isto é, sem recorrerem a considerações éticas ou políticas e sem se deixarem motivar por preferências emocionais), com base, tão-somente, em normas gerais, quer um contorno "principialista", partindo da ideia de que os sistemas jurídicos democrático-constitucionais positivam princípios morais racionalmente fundados e de pretensão universal.

Esta dicussão extravasa, evidentemente, o âmbito desta nossa investigação, que se debruça, tão-somente, sobre questões de metodologia jurídica. Mas, encurtando razões, haveria que constatar que o projecto do Direito moderno se consubstancia na instauração de uma sociedade de coordenação de esferas

---

[48] Para uma visão geral, cf., por exemplo, Alan Hunt, «The Theory of Critical Legal Studies», in: *Oxford Journal of Legal Studies* 8 (1986), págs. 1-45; na literatura jurídica portuguesa, cf. o estudo muito informado de Ana Margarida Simões Gaudêncio, *Entre o Centro e a Periferia. A perspectivação ideológico-política da dogmática jurídica e da decisão judicial* no Critical Legal Studies Movement, Coimbra, 2004 (inédito).

de liberdade e acção individuais[49]. A visão legalista e formalista sobre o Direito e o seu processo de aplicação inscreve-se nesse projecto: apesar de não explicitar os seus pressupostos normativos, o seu sentido último é o asseguramento da liberdade individual e o combate ao arbítrio do poder.

---

[49] A este propósito, cf., por todos, Pietro Costa, *Il Progetto Giuridico. Ricerca sulla Giurisprudenza del Liberalismo Classico*, Milão, 1974.

§12. As pressuposições do legalismo e do formalismo: a visão do Direito do positivismo jurídico

§12. As pressuposições do legalismo e do formalismo: a visão do Direito do positivismo jurídico

Ao longo desta nossa exposição, afirmamos repetidas vezes que ela obedece a uma orientação geral que pode ser caracterizada como "legalista" e "formalista". Cabe agora clarificar melhor os aspectos dessa orientação geral e explicitar as suas pressuposições.

Como pressuposição de base está a defesa de uma distinção rigorosa entre a descrição do Direito e a sua valoração crítica, entre problemas de identificação do Direito e problemas de avaliação da "correcção" moral das normas e das soluções normativas concretas. Quando avançamos, para os propósitos específicos da exposição, uma definição do Direito como forma de controlo do comportamento humano, mediante regras gerais públicas aplicadas por órgãos competentes, e procedemos à caracterização da normatividade ou obrigatoriedade do Direito em termos de explicitação do modo específico como o Direito desempenha a função de orientação da conduta humana, incentivando e, sobretudo, desincentivando comportamentos, estamos a procurar excluir considerações valorativas da nossa investigação. Este modo de abordagem do Direito, como orientação que defende a descrição de uma forma moralmente neutra da prática social que é o Direito e explica a obrigatoriedade ou força vinculativa das normas jurídicas em termos de factos sociais passíveis de serem identificados e descritos, costuma ser referido, na esteira de Norberto Bobbio (1909-2004), como "positivismo metodológico"[1].

Os anátemas lançados contra o positivismo jurídico como ideologia de aceitação incondicional do dever de obediência à lei têm por base a confusão entre a concepção sobre o conceito de Direito que define o Direito em termos formais – o conjunto de normas postas pelos órgãos competentes, de acordo com

---

[1] Cf. Norberto Bobbio, «Aspetti del positivismo giuridico» (1961), agora in: Norberto Bobbio, *Giusnaturalismo e positivismo giuridico* (Milão, 1965), reimpressão, Bari, 2011, págs. 84-106.

certos procedimentos –, independentemente do seu conteúdo, e uma doutrina da obrigação política (da obrigação moral de obediência ao Direito) que fundamenta o dever de obediência ao Direito na ideia de que o Direito, pela sua própria existência e independentemente do seu conteúdo, promove certos fins sociais úteis, como a ordem e a paz[2]: a esta doutrina da obrigação política é usual chamar-se, também na esteira de Norberto Bobbio, "positivismo ideológico".

Uma terceira acepção da expressão "positivismo jurídico" é aquela que, continuando a seguir a análise de Norberto Bobbio, é referida como "positivismo teórico" e a que uma designação mais corrente entre os juristas chama "formalismo jurídico", atendendo a que defende uma teoria formal das "fontes" do Direito e um formalismo na interpretação e aplicação do Direito. Se procurarmos uma determinação mais precisa daquilo que se entende por "positivismo teórico" ou "formalismo jurídico", podemos constatar que se trata de um conjunto de teses que estão associadas à formação do Estado moderno e que podemos identificar do seguinte modo: *i*) a visão imperativista do Direito (a "natureza" coercitiva das sanções jurídicas e as normas jurídicas como "comandos" do legislador); *ii*) a lei como base exclusiva da criação do Direito e a redução do Direito consuetudinário ao papel de "fonte" delegada ou subordinada; *iii*) a interpretação jurídica como actividade cognoscitiva (como explicitação dos conteúdos semânticos das disposições legislativas) e a aplicação do Direito como processo essencialmente lógico; *iv*) a completude ou ausência de lacunas do sistema jurídico.

Como visão do fenómeno jurídico associada à formação do Estado moderno, estas teses caracterizadoras do "positivismo teórico" ou "formalismo jurídico" constituem instrumentos úteis para a "reconstrução" da experiência jurídica nas sociedades europeias continentais da época moderna[3]. No entanto, como directrizes metodológicas têm de ser ajustadas e delimitadas quanto ao seu

---

[2] É este o equívoco em que assenta a condenação do positivismo jurídico por Gustav Radbruch (1878-1949) e a sua tese da não juridicidade do Direito injusto: cf. Gustav Radbruch, «Gesetzliches Unrecht und übergesetzliches Recht», in: *Süddeutsche Juristenzeitung* 1 (1946), págs. 105-108, ensaio reimpresso em Gustav Radbruch, *Rechtsphilosophie*, 8ª edição Estugarda, 1973, págs. 327-329.

[3] A este propósito, cf. Max Weber, *Economy and Society. An Outline of Interpretive Sociology*, edição a cargo de Guenther Roth e Claus Wittich, Berkeley, 1978, *maxime* pág. 809 e segs.; uma análise muito completa é a oferecida pela colectânea de textos organizada por António M. Hespanha, *Poder e instituições na Europa do Antigo Regime*, Lisboa, 1984. Para uma caracterização do "paradigma estadualista do Direito" e a identificação dos factores de crise deste paradigma, cf. António Manuel Hespanha, *Pluralismo Jurídico e Direito Democrático*, São Paulo, 2013, *maxime* pág. 49 e segs.

§12. AS PRESSUPOSIÇÕES DO LEGALISMO E DO FORMALISMO...

verdadeiro alcance: o reconhecimento, por exemplo, do carácter parcialmente indeterminado e incompleto do Direito e as consequências que esse reconhecimento tem em matéria de doutrina da interpretação e aplicação do Direito são hoje de tal modo consensuais que a defesa de um formalismo interpretativo estrito apareceria como um puro anacronismo, como uma sobrevivência fora do seu tempo da ideologia jurídica do Estado de Direito liberal oitocentista.

É este corpo de doutrinas sobre a identificação, interpretação e aplicação do Direito que mais directamente diz respeito à nossa disciplina, a metodologia jurídica. Já a justificação do modo geral e descritivo de teorização sobre o Direito ou a exclusão de conteúdos axiológicos na definição do conceito de Direito e a justificação do dever de obediência (doutrina da obrigação política) são matérias próprias da reflexão que é levada a cabo pela filosofia do Direito: apesar de defendermos a necessidade de delimitar o âmbito próprio da metodologia jurídica das questões da filosofia do Direito, justifica-se uma abordagem, se bem que muito sumária, da concepção do conceito de Direito e do modelo de análise do Direito defendidas pelo positivismo jurídico.

12.1. Uma concepção minimalista do conceito de Direito e um modelo analítico-descritivo de teoria jurídica

Em relação ao que costuma entender-se por "positivismo jurídico" deparam-se, desde logo, duas problemáticas distintas: *i)* um modo de responder à questão "o que é o Direito?"; *ii)* a defesa de uma abordagem descritiva e valorativamente neutra do fenómeno jurídico. Poderíamos dizer que a primeira questão é de natureza definicional e a segunda de natureza metajurisprudencial. Ambas as questões pertencem ao domínio da filosofia do Direito e não da metodologia jurídica.

Relativamente às questões definicionais, há muito que a filosofia abandonou posições "essencialistas", que concebiam a essência como sendo o correlato ontológico da definição: o "essencialismo" está representado, sobretudo, no platonismo antigo e no realismo escolástico medieval. Ao invés, a orientação analítica na filosofia entende as questões definicionais como questões de especificação do significado de termos ou expressões. Para a filosofia analítica, os objectos só têm propriedades "essenciais" na medida em que tais propriedades sejam condições necessárias para o uso do termo[4].

Na filosofia do Direito de inspiração analítica, esta concepção de definição pelo uso foi aplicada à definição do conceito de Direito num ensaio, de carác-

---

[4] Sobre este método de "fenomenologia linguística", como lhe chamou o autor, cf. John L. Austin, «A Plea for Excuses», in: John L. Austin, *Philosophical Papers*, 3ª edição, Oxford, 1979, págs. 175-204.

ter pioneiro, da autoria de Glanville Williams (1911-1997), publicado no *British Yearbook of International Law* (1945)[5]. A definição pelo uso pode ajudar a esclarecer quais as propriedades que se associam a determinado conceito. No caso do conceito de Direito, podemos associar-lhe a ideia de orientação da conduta por meio de regras gerais públicas, o carácter coercitivo das sanções, a natureza institucionalizada dos processos de criação e aplicação do Direito, etc. A definição do conceito de Direito serve, em primeiro lugar, para circunscrever o âmbito da juridicidade, delimitando o Direito de outras ordens normativas.

As orientações jusnaturalistas na filosofia do Direito recorrem a um tipo de definição do conceito de Direito que é um misto de definição "estipulativa", isto é, uma definição que estipula um conteúdo que é independente do conteúdo conceptual usual do termo ou expressão, e de definição "persuasiva", isto é, uma definição que procura suscitar adesão emocional[6]. Por essa via, as orientações jusnaturalistas introduzem sub-repticiamente um conjunto de considerações morais e políticas na definição do que "é" Direito: como costumava dizer Giovanni Tarello (1934-1987), *"um dos modos mais usuais de os juristas fazerem política do Direito é proceder por via de definições"*[7].

A ideia de que o conceito de Direito deve caracterizar-se em termos não valorativos está associada à tese de que o objecto de consideração da ciência do Direito são as normas positivas e que a função da ciência do Direito consiste na descrição dos conteúdos dessas normas e na sua sistematização (o método "jurídico"). Para além deste tratamento exegético-dogmático dos conteúdos do Direito positivo, que é desenvolvido pela ciência do Direito, o positivismo jurídico defende, igualmente, uma outra abordagem de natureza analítico-descritiva, a Teoria do Direito, como análise das estruturas formais do sistema do Direito positivo.

Nesta acepção de "positivismo jurídico" como "positivismo metodológico" encaixam-se, portanto, duas questões distintas: *i)* a questão da estrutura definitória do conceito de Direito; *ii)* o postulado da separação da descrição da avaliação do Direito, em termos de defesa de uma teoria jurídica metodologica-

---

[5] Cf. Glanville Williams, «The Controversy Concerning the Word "Law"», agora in: Peter Laslett (ed.), *Philosophy, Politics and Society*, Oxford, 1975, págs. 134-156; a este propósito, cf., igualmente, Herbert Hart, «Definition and Theory in Jurisprudence» (1953), agora in: H. L. A. Hart, *Essays in Jurisprudence and Philosophy*, Oxford, 1983, págs. 21-48.

[6] Por exemplo, o representante filosoficamente mais sofisticado na actualidade de uma doutrina do Direito natural de filiação tomista, John Finnis (1940-) refere que *"o Direito é uma espécie de plano permanente para o bem comum"*; cf. John Finnis, *Philosophy of Law*, Oxford, 2011, pág. 12.

[7] Cf. Giovanni Tarello, «Diritto», in:Giovanni Tarello, *Diritto, enunciati, usi. Studi di teoria e metateoria del diritto*, Bolonha, 1974, págs. 9-17, pág. 9.

§12. AS PRESSUPOSIÇÕES DO LEGALISMO E DO FORMALISMO...

mente descritiva. O desafio mais poderoso ao positivismo jurídico ocorrido nas últimas décadas deve-se, como foi já referido, a Ronald Dworkin (1931-2013) e parte, basicamente, da ideia da necessidade de incluir os direitos fundamentais como dimensão material do conceito de Direito de uma sociedade democrático-constitucional[8]. Mais tarde, porém, Dworkin passa a centrar a sua linha de ataque ao positivismo jurídico não na estrutura definitória do conceito de Direito, mas na crítica ao modelo de teoria jurídica descritiva do positivismo jurídico: como alternativa, propõe uma teoria do Direito "sob o ponto de vista do participante", cujo escopo é "reconstruir" a prática jurídica da comunidade "*à sua melhor luz*", tomando "reflexivamente" em conta os valores que os participantes associam à prática social que é o Direito e aquela que é considerada a sua melhor justificação[9]. A prática mais relevante para a explicitação desta concepção "interpretativista" do Direito seria a do Supremo Tribunal (*Supreme Court*) quando procede ao julgamento de questões de constitucionalidade das leis (*judicial review*).

O propósito de Ronald Dworkin é a construção de uma teoria jurídica de cariz liberal-progressista, assente numa defesa vigorosa e numa visão expansiva dos direitos fundamentais. É esse, igualmente, o propósito do "constitucionalismo" principialista, que, na cultura jurídica europeia continental, baseando-se numa interpretação material-axiológica da Constituição e num modelo "prudencial" de decisão judicial, tem procurado impor-se como alternativa a uma visão legalista e formalista do fenómeno jurídico, como anteriormente referimos (cf. *supra*, 11.3). No entanto, como também já apontamos (cf. *supra*, 5.3.2), as tentativas de transposição, pura e simples, para a cultura jurídica continental – onde o Direito é composto predominantemente por normas promulgadas de modo explícito por órgãos estaduais – de teses sobre o modo de resolução de casos elaborados à luz do quadro das "fontes" dos países de *common law* não pode senão dar origem a uma "floresta de enganos" na teorização jurídica[10].

No entanto, não são apenas razões de adequação à estrutura e ao funcionamento do sistema jurídico que justificam a defesa do modelo analítico-descritivo de teorização jurídica proposto pelo positivismo jurídico. A razão última de defesa do positivismo jurídico não tem que ver com as suas vantagens analíticas, mas com o facto de o positivismo jurídico estar associado, em ter-

---

[8] Cf. Ronald Dworkin, *Taking Rights Seriously*, Cambridge Mass., 1977.
[9] Cf., sobretudo, Ronald Dworkin, *Law's Empire*, Londres, 1986; cf., igualmente, Ronald Dworkin, *Justice in Robes*, Cambridge Mass., 2006, maxime pág. 187 e seg. e págs. 234-239.
[10] Como diz David Brooke (1966-), "*Dworkin pode apropriadamente ser caracterizado como um jurista que deu uma interpretação moderna e sofisticada ao pensamento clássico da* common law, *mas numa época em que a legislação e não a* common law *é na Inglaterra a fonte de Direito absolutamente predominante*": cf. David Brooke, *Jurisprudence*, 6ª edição, Londres, 2013, pág. 136.

mos gerais, a uma filosofia moral e política assente na relatividade e variabilidade dos valores e estar vinculado historicamente ao Estado moderno liberal e democrático[11].

12.2. Positivismo jurídico, relativismo axiológico e concepção democrática do Estado

A teoria jurídica metodologicamente descritiva defendida pelo positivismo jurídico abstém-se de justificar ou legitimar o Direito existente. Ao invés, as doutrinas de cariz jusnaturalista não distinguem suficientemente as questões de **identificação** do Direito das questões de **avaliação** moral do Direito, uma vez que associam uma dimensão de justiça material ao conceito de Direito, acabando, por esse facto, por fazer radicar na definição do conceito de Direito o dever moral de obediência ao Direito.

Paradoxalmente, nenhuma orientação assumiu de modo tão nítido a doutrina da obrigação política (da obrigação moral de obediência ao Direito) que Norberto Bobbio (1909-2004) refere como "positivismo ideológico" como a teorização sobre o Direito natural filiada na obra de S. Tomás de Aquino (1225?-1274).

Em S. Tomás, a justificação de obediência ao Direito está conexionada com a sua definição filosófica de "lei", que ele desenvolve na *Quaestio* 90 da *Summa Theologiae*, a partir da metodologia aristotélica das quatro causas: *i)* a causa formal, *"um ditame da razão"*; *ii)* a causa final, *"o Bem Comu*m"; *iii)* a causa eficiente, *"aquele que tem a comunidade ao seu cuidado"*; *iv)* a causa material, *"a comunidade"*. E remata a sua definição filosófica de "lei", dizendo que a lei *"não é senão um certo ditame da razão para o Bem Comum, promulgado por aquele que tem a comunidade ao seu cuidado* [... nihil est aliud quam quaedam rationis ordinatio ad bonum commune ab eo qui curam communitatis habet, promulgata]. S. Tomás compreende, portanto, o Direito como instrumento de coordenação para o Bem Comum.

A parte mais importante da filosofia jurídica de S. Tomás está contida na secção da *Summa Theologiae* onde ele aborda as várias questões relativas à lei humana (99.95,96 e 97), apontando como quatro as questões a investigar: *i)* a sua utilidade; *ii)* a origem dela; *iii)* as suas qualidades; *iv)* as suas divisões[12]. Na *Quaestio* 96, onde

---

[11] Para uma defesa do positivismo jurídico não na base dos seus aspectos metodológicos, mas como forma de pensamento jurídico vinculado ao Estado moderno liberal e democrático, cf. Uberto Scarpelli, *Cos'è il positivismo giuridico*, Milão, 1965, *maxime* pág. 105 e segs.

[12] Os diversos tipos de leis vêm identificados na *Quaestio* 91: sobre a noção tomista de *"lex humana"* e as suas relações com a *"lex aeterna"* e a *"lex naturalis"*, cf. Michel Bastit, *Naissance de la loi moderne. La pensée de la loi de saint Thomas à Suarez*, Paris, 1990, *maxime* pág. 79 e segs.; James Bernard Murphy, «Law's Positivity in the Natural Jurisprudence of Thomas Aquinas», agora

§12. AS PRESSUPOSIÇÕES DO LEGALISMO E DO FORMALISMO...

trata do poder da lei humana (*De Potestate Legis Humanae*), depois de subscrever as teses de Santo Agostinho (354-430), segundo as quais as leis injustas *"são mais propriamente actos de violência do que leis"* [magis sunt violentiae quam leges] e que *"uma lei que não seja justa não parece ser lei"* [lex esse non videtur quae justa non fuerit], conclui que a lei injusta *"não tem a virtude de obrigar"* [virtutem obligandi non habet]; mas, se bem que não obrigue em consciência, deve, apesar disso, ser observada, a fim de que a ordem social não seja perturbada – como diz S. Tomás, *"para evitar o escândalo ou a perturbação"* [propter vitandum scandalum vel turbationem].

John Finnis (1940-), o representante filosoficamente mais interessante na actualidade de uma doutrina do Direito natural de matriz tomista, aponta como tarefa principal da filosofia do Direito a identificação dos princípios morais que justificam a autoridade do Direito. Essa justificação só pode fazer-se com base numa doutrina do raciocínio prático, que explique em termos é que o Direito tem aptidão para fornecer genuínas "razões para a acção" (*reasons for action*): Finnis reafirma a concepção de S. Tomás do "Bem Comum" como finalidade intrínseca do Direito, caracterizando o Direito como *"uma espécie de plano para o bem comum"* e defendendo que o Direito só pode ser entendido a partir desta teleologia de base moral. Finnis coloca, assim, a doutrina da obrigação política e da justificação da autoridade no centro da sua investigação de filosofia do Direito. Na linha da tradição tomista, estabelece o princípio do Bem Comum como elemento nuclear da doutrina da obrigação política e da justificação da autoridade[13].

Neste quadro de compreensão do Direito como instrumento de coordenação social para o Bem Comum, Finnis apresenta um conceito gradualista de Direito: no seu sentido focal (*simpliciter*), o Direito está ordenado à realização da justiça, base da sua conveniência para o Bem Comum; num sentido secundário (*secundum quid*), pode considerar-se como Direito o Direito que se afasta dos preceitos da justiça, mantendo, apesar disso, a sua função de coordenação das acções dos membros do grupo social. Toda a obrigatoriedade é, em sentido focal, uma obrigatoriedade moral[14], pelo que a injustiça deveria afastar a obrigatoriedade: todavia, Finnis sustenta, na linha da

---

in: Richard O. Brooks e James Bernard Murphy (eds.), *Aquinas and Modern Law*, Farnham, 2013, págs. 255-323.

[13] Cf. John Finnis, *Natural Law and Natural Rights*, cit., maxime pág. 154 e segs.; John Finnis, «Natural Law and Legal Reasoning», in: Robert P. George (ed.), *Natural Law Theory. Contemporary Essays*, Oxford, 1992, págs. 134-157; John Finnis, «The Authority of Law in the Predicament of Contemporary Social Theory», agora in: Richard O. Brooks e James Bernard Murphy (eds.), *Aquinas and Modern Law*, cit., págs. 375-397.

[14] Finnis reprova ao positivismo jurídico e à sua compreensão intra-sistemática do Direito, precisamente, a incapacidade para dar resposta à questão das razões de autoridade para agir em consciência: cf. John Finnis, «On the Incoherence of Legal Positivism», in: *Notre Dame Law Review* 75 (2000), págs. 1597-1611.

tradição tomista, que no caso da lei injusta existe uma obrigação colateral de acatamento, podendo ser exigido ao bom cidadão que se conforme com a lei injusta, na exacta medida em que tal seja necessário para evitar o enfraquecimento da ordem jurídica como um todo[15]. Em resumo: para Finnis, como para toda a tradição tomista, a centralidade do ponto de vista moral na identificação do Direito acaba por conduzir à conclusão de que o Direito deve ser moralmente obedecido, seja por razões intrinsecamente morais, seja por razões de preservação da ordem social.

O positivismo jurídico insiste, como assinalamos, na distinção entre problemas de **identificação** e problemas de **avaliação** moral do Direito: da tese conceptual do positivismo jurídico segundo a qual as considerações morais não são relevantes para a identificação do Direito não pode retirar-se qualquer doutrina da obrigação política baseada na ideia de que tais considerações morais não têm um papel a desempenhar nas nossas atitudes práticas perante o Direito (de acatamento ou desobediência). Como diz Herbert Hart (1907--1992), *"Os homens perversos editarão regras perversas que outros obrigarão a cumprir. O que seguramente é mais necessário para dar aos homens uma visão clara, quando enfrentarem o abuso oficial do poder, é que preservem o sentido de que a certificação de algo como juridicamente válido não é concludente quanto à questão de obediência e que, por maior que seja a aura de majestade ou de autoridade que o sistema oficial possa ter, as suas exigências devem no fim ser sujeitas a exame moral"*[16].

O problema da obrigação política (da obrigação moral de obediência ao Direito) é um problema de Ética normativa, não um problema de Teoria do Direito. A doutrina do Direito natural é, em bom rigor, uma doutrina ética normativa, que assenta num objectivismo axiológico. Os defensores do positivismo jurídico perfilham diferentes posições meta-éticas, se bem que na sua imensa maioria sejam defensores do não-cognitivismo ético: a excepção mais conhecida é, porventura, constituída por Jeremy Bentham (1748-1832) e John Austin (1790-1859), autores que acreditavam ser possível determinar objectivamente a noção de "bem" a partir do princípio moral utilitário; em termos opostos, Alf Ross (1899-1979), assumindo a teoria da significação do positivismo lógico, defendia um emotivismo ético, segundo o qual os juízos morais não podem ser considerados verdadeiros ou falsos (V/F): são, antes, manifestações de sentimentos ou preferências daqueles que os expressam e evocam sen-

---

[15] Sobre o problema da lei injusta e os seus efeitos na obrigação, cf. John Finnis, *Natural Law and Natural Rights*, cit., pág. 351 e segs.; cf., igualmente, John Finnis, «Law and What I Truly Should Decide», in: *The American Journal of Jurisprudence* 48 (2003), págs. 105-129.
[16] Cf. Herbert Hart, *O Conceito de Direito* (1961), tradução a cargo de Armindo Ribeiro Mendes, Lisboa, 1986, pág. 226 e seg.

timentos naqueles que os escutam[17]; Hans Kelsen (1881-1973) correlacionava o positivismo jurídico com as posições relativistas em matéria de filosofia moral[18]; Herbert Hart (1907-1992), Norberto Bobbio (1909-2004) e Ota Weinberger (1919-2009) são alguns dos autores de orientação positivista que defendem que, apesar da impossibilidade de uma fundamentação objectiva dos valores, é possível uma discussão racional sobre os valores.

As concepções relativistas (nas suas múltiplas variantes) concebem a ideia de "justiça" a partir da noção de liberdade individual. A prioridade da liberdade individual é a linha orientadora de uma filosofia política normativa que defende a Democracia liberal como a "melhor forma de constituição" do Estado, permitindo a convivência pacífica entre visões do mundo distintas que competem livremente entre si com vista à obtenção do poder[19]. A correlação positivismo jurídico/relativismo axiológico/liberalismo político (*hoc sensu*), não sendo uma correlação necessária, como vimos, é a que melhor ilustra os diversos aspectos de uma filosofia do Direito de inspiração positivista.

Por último, nesta caracterização dos vários aspectos do positivismo jurídico, abordemos as teses relativas à estrutura e funcionamento do Direito que Bobbio refere como "positivismo teórico" e com as quais nos tivemos de confrontar ao longo desta investigação sobre os principais temas que costumam ser discutidos pela metodologia jurídica. Basicamente, essas teses correspondem a um paradigma estadualista do Direito, que vê na actividade legislativa o modo determinante ou exclusivo de *criação* do Direito, como sistema de normas completo e coerente, e limita a função jurisdicional à *aplicação* do Direito, denegando-lhe poderes de regulação que não decorram directamente a lei.

12.3. O positivismo jurídico como teoria do Direito moderno: os quadros do legalismo e do formalismo

Procuramos acima estabelecer uma associação do positivismo jurídico a uma filosofia moral e política de cariz racionalista, democrático e progressista.

---

[17] Cf., sobretudo, Alf Ross, *On Law and Justice*, Berkeley, 1959, *maxime* pág. 6 e segs.; cf., igualmente, Alf Ross, *Kritik der sogennanten praktischen Erkenntnis*, Copenhague-Leipzig, 1933; Alf Ross, «On the Logical Nature of Propositions of Value», in: *Theoria* XI (1945), págs. 172-210.

[18] Cf., sobretudo, Hans Kelsen, *A Justiça e o Direito Natural* (1960), tradução a cargo de João Baptista Machado, Coimbra, 1979, *maxime* pág. 91 e segs.; cf., igualmente, Hans Kelsen, *Die philosophische Grundlagen der Naturrechtslehre und des Rechtspositivismus*, Charlottenburg, 1928, agora in: Hans Klecatsky/René Marcic/Herbert Schambeck (eds.), *Die Wiener rechtstheoretische Schule*, 1º vol., Viena, 1968, págs. 231-287.

[19] A fundamentação clássica da Democracia parlamentar a partir da ideia de relativismo dos valores encontra-se em Hans Kelsen, *Vom Wesen und Wert der Demokratie*, 2ª edição, Tübingen, 1929 – a este propósito, cf. o meu artigo «O pensamento político de Hans Kelsen», in: José Lamego, *Caminhos da Filosofia do Direito Kantiana*, vol. I, Lisboa, 2014, págs. 189-211.

Vamos procurar agora identificar alguns aspectos do positivismo jurídico como fenómeno histórico-cultural, a partir de certas ideias nucleares relativas à estrutura e ao funcionamento do Direito. Neste plano, iremos centrar-nos nos sistemas de matriz romano-germânica, caracterizando o positivismo jurídico como um conjunto de teses que procuram "reconstruir" a experiência jurídica das sociedades europeias continentais da época moderna: em termos de contextualização histórico-cultural, trata-se de uma visão do fenómeno jurídico que tem que ver com a monopolização do poder de criação do Direito por parte do Estado e que recebe uma formulação articulada no quadro da ideologia jurídica do Estado de Direito liberal oitocentista[20].

Naturalmente que algumas dessas teses são igualmente pertinentes em relação à experiência jurídica dos países da *common law*: mas muitos dos mal-entendidos na teorização jurídica actual resultam, precisamente, da importação acrítica de concepções e teses geradas no seio da cultura jurídica anglo-americana para a cultura jurídica europeia continental. Parece-me ser esse o caso, por exemplo, em relação à orientação designada como "positivismo jurídico inclusivo" (*inclusive legal positivism*) e à discussão sobre se a identificação do Direito depende ou deve depender de critérios ou argumentos morais[21]; ou a questão, relacionada com a anterior, do grau de discricionariedade (*discretion*) judicial na aplicação do Direito nos "casos difíceis" (*hard cases*), equacionada no âmbito do debate Hart/Dworkin[22].

Como conjunto de teses que procuram "reconstruir" a experiência jurídica das sociedades europeias continentais modernas, o positivismo jurídico (*hoc sensu*) é, no essencial, a expressão do paradigma estadualista do Direito: *i*) assenta numa concepção instrumental do Direito, visto como meio de controlo social de comportamentos assistido pela força coerciva do Estado; *ii*) identifica o Direito com o conjunto das estatuições do legislador; *iii*) aponta para um modelo lógico-subsuntivo de aplicação do Direito como modelo que comporta o maior grau de efectivação do princípio da legalidade. Em termos muito genéricos, diríamos que a defesa de uma orientação legalista e formalista

---

[20] Sobre o significado histórico do positivismo jurídico, cf. Norberto Bobbio, *Il Positivismo Giuridico. Lezioni di Filosofia del diritto*, Turim, 1979; Uberto Scarpelli, *Cos'è il positivismo giuridico*, cit.; Eugenio Bulygin, «Le origini del positivismo giuridico», in: Eugenio Bulygin, *Il Positivismo Giuridico*, Milão, 2007, págs. 9-19.

[21] Para uma caracterização do "positivismo jurídico inclusivo", cf. Wilfrid J. Waluchow, *Inclusive Legal Positivism*, Oxford, 1994; Kenneth E. Himma, «Inclusive Legal Positivism», in: Jules Coleman e Scott Shapiro (eds.), *The Oxford Handbook of Jurisprudence and Philosophy of Law*, Oxford, 2004, págs. 126-165.

[22] Sobre este ponto, cf. Herbert Hart, «American Jurisprudence Through English Eyes: the Nightmare and the Noble Dream», in: *Georgia Law Review* 11 (1977), págs. 969-989.

em matéria de metodologia jurídica entronca nas características estruturais e funcionais dos sistemas jurídicos europeus continentais modernos. Mas essa defesa não implica a aceitação nos precisos termos das teses do "positivismo teórico" ou "formalismo jurídico": *i)* tivemos acima (cf. *supra*, 2.1) oportunidade de pôr em causa a visão imperativista do Direito, rejeitando a concepção de John Austin (1790-1859) do Direito como sistema de comandos apoiados em sanções coercitivas e a doutrina da norma jurídica completa de Kans Kelsen (1881-1973), que considera as normas que conferem poderes ou atribuem competências como "fragmentos" na descrição dos antecedentes que condicionam a aplicação de sanções coercitivas; *ii)* constatamos que a doutrina da aplicação do Direito como operação lógica (lógico-subsuntiva) não passa de um mero postulado, que pretende fazer valer o princípio (constitucional e legal) de vinculação do juiz à lei, não podendo, portanto, ser entendida como tendo uma função meramente descritiva do modo como, de facto, os juízes decidem casos individuais com base em normas gerais – o Movimento do Direito Livre e as orientações de pendor sociológico e realista deitaram por terra as representações sobre o processo de interpretação e aplicação do Direito características do "formalismo interpretativo" (cf. *supra*, 4.5); *iii)* a consistência e completude dos sistemas jurídicos não são propriedades empíricas desses sistemas, mas exigências ou postulados estabelecidos pelos princípios de tratamento igual e de proibição de denegação de justiça.

Em jeito de conclusão: a metodologia jurídica não pode deixar de tomar como ponto de partida o facto de que a ossatura dos sistemas jurídicos europeus continentais é constituída por normas gerais e abstractas expressas em disposições legislativas e de que os juízes decidem não com base em argumentos relativos à justiça do caso, mas com base em critérios gerais e abstractos, isto é, em normas. Estes aspectos da estrutura e do funcionamento do Direito conferem ao legalismo e ao formalismo metodológico vantagens explicativas sobre os modelos alternativos, nomeadamente aqueles que invocam uma *auctoritas* do pensamento jurídico como elemento concorrente do *imperium* estadual na constituição do Direito vigente e definem o pensamento jurídico como pensamento de tipo problemático-tópico[23].

Naturalmente que uma metodologia jurídica construída com base numa orientação geral legalista e formalista tem consciência do seu carácter contingente em termos histórico-culturais e, por esse facto, uma ambição intelectual modesta: reconhece, por exemplo, a sua dificuldade em "reconstruir" a expe-

---

[23] A ideia geral de uma *prudentia juris* e de uma realização judicativo-decisória do Direito ajusta--se melhor, no nosso entender, à "reconstrução" do modo de funcionamento dos sistemas jurídicos pré-modernos e, eventualmente, dos sistemas jurídicos da *common law*.

riência jurídica de sociedades em que coexistam diversos sistemas normativos e de resolução de conflitos[24] ou em dar conta dos processos de globalização da ordem jurídica[25]; por outro lado, como doutrina da aplicação prática do Direito, acaba por excluir do seu campo de análise os processos de resolução alternativa de litígios (negociação, mediação e arbitragem). Mas, mais importante do que tudo isto, assume que as pretensões de neutralidade do método "jurídico" e as orientações formalistas só são justificáveis à luz de um ideal regulador de "cidadania igual", isto é, em sociedades "abertas" e com elevados graus de coesão social – precisamente, o modelo que inspira a Constituição de 1976 (afeiçoada pelas suas diversas revisões) e o processo de construção europeia.

---

[24] Sobre o problema, cf. Carlos Feijó, *A coexistência normativa entre o Estado e as autoridades tradicionais na ordem jurídica angolana*, Coimbra, 2012.

[25] Sobre as linhas de crise do paradigma estadualista do Direito e o surgimento de odenamentos jurídicos transnacionais, cf. António Manuel Hespanha, *Pluralismo Jurídico e Direito Democrático*, São Paulo 2013; cf., igualmente, Neil MacCormick, «Beyond the Sovereign State», in: *Modern Law Review* 56 (1993), págs. 1-18; Roger Cotterrel «Transnational Communities and the Concept of Law», in: *Ratio Juris* 21 (2008), págs. 1-18; Francesco Galgano, «Il dogma della statualità del diritto di fronti alla globalizzazione dell'economia», in: Francesco Galgano, *Dogmi e Dogmatica nell Diritto*, Pádua, 2010, págs. 73-104; por último, cf. Peter Gailhofer, *Rechtspluralismus und Rechtsgeltung*, Baden-Baden, 2016.

CONSIDERAÇÕES FINAIS

Como doutrina da aplicação prática do Direito, a metodologia jurídica deve orientar-se, antes de mais, pelos preceitos do sistema jurídico que oferecem critérios de identificação do Direito positivo (a enumeração legal das "fontes"), orientações para resolver os problemas de indeterminação do Direito positivo (directrizes sobre interpretação e integração de lacunas) e que disciplinam o exercício de competências normativas (mormente, o estatuto constitucional da função jurisdicional).

Por outro lado, as doutrinas metodológicas não podem abstrair das características estruturais dos sistemas jurídicos a que se reportam: os padrões argumentativos quer da doutrina quer da jurisprudência dos tribunais encontram, nos sistemas jurídicos de matriz romano-germânica, uma base mais adequada de "reconstrução" no modelo "cognoscitivo" característico do legalismo e do formalismo interpretativo do que aquela que é fornecida pelo modelo "prudencial" das orientações anti-legalistas e anti-formalistas.

A aceitação, sem ser a benefício de inventário prévio, de certas teses e doutrinas metodológicas geradas no contexto de outras culturas jurídicas gera, inevitavelmente, problemas de desadequação em relação às práticas institucionais consolidadas de resolução de litígios. Essa aceitação resulta mais de fenómenos de atracção intelectual originados no âmbito dos juristas académicos do que da capacidade de tais teses e doutrinas para esclarecer e orientar a prática da aplicação do Direito. Com o alargamento da comunidade científica que se ocupa da investigação nos domínios da filosofia do Direito e da metodologia jurídica, é inevitável a proliferação de escritos com cada vez maior sofisticação intelectual, mas que se produzem em circuito fechado, sem prestar atenção ao Direito positivo, às características estruturais do sistema jurídico e às práticas institucionais de aplicação do Direito.

Defendemos a separação da metodologia jurídica da investigação própria da filosofia do Direito, pretendendo, com isso, evitar que com base numa especulação filosófica se estabeleçam critérios de uma juridicidade supralegal que se possam sobrepor aos elementos do Direito legislado ou que se circunscrevam, por via doutrinal ou jurisprudencial, domínios de juridicidade material subtraídos à disponibilidade do legislador: numa ordem jurídica democrático--constitucional, como a que foi instaurada em Portugal com a Constituição de 1976, os mecanismos de fiscalização da constitucionalidade das leis (cf. CRP, art. 227º e segs.), o estabelecimento de "limites materiais de revisão" que as leis de revisão constitucional devem respeitar (cf. CRP, art. 288º) e o regime constitucional dos direitos, liberdades e garantias (cf. CRP, art. 17º e segs.) estabelecem domínios de "indisponibilidade" de modo mais objectivo, comprovável e eficaz do que a invocação, como tese da filosofia do Direito ou metodologia jurídica, de uma essência axiológica do Direito.

Na nossa opinião, a invocação de uma *ratio juris* constituída por valores jurídicos fundamentais como critério de legitimação de um Direito judicial rectificador ou concorrente da lei é supérflua numa ordem jurídica democrático-constitucional, que tem, precisamente, como referência axiológica esses valores jurídicos fundamentais, plasmados no catálogo dos direitos da Constituição e na arquitectura constitucional sobre a separação e o equilíbrio dos poderes. A defesa da Democracia e da Constituição constitui um remédio mais eficaz contra o arbítrio do poder do que a construção pela filosofia do Direito de modelos axiológicos-normativos do Direito ou a prescrição pela metodologia jurídica à prática institucional de aplicação do Direito de orientações de base principialista e argumentativa.

No panorama intelectual português, sobressai como representante de uma concepção axiológica do Direito vinculada a um personalismo ético a extensa obra de filosofia do Direito e de metodologia jurídica de António Castanheira Neves (1929-   ). Alimentada por uma vasta erudição filosófica e jurídica, a obra deste autor revela uma notável linha de coerência e continuidade no combate aos postulados do legalismo e do formalismo metodológico – desde a sua monumental dissertação de doutoramento, *Questão-de-facto – Questão-de-direito ou o problema metodológico da juridicidade* (*Ensaio de uma reposição crítica*), Coimbra, 1967 – e na reivindicação de uma axiologia específica do Direito enquanto Direito[1]. Há que apontar ainda o papel que a invocação de uma juridicidade supralegal constituída por valores jurídicos fundamentais desempenhou na fase revolucionária, pré-constitucional, da Democracia portuguesa (1974-1976): essa invocação traduzia-se num conjunto de exigências políticas, estribadas

---

[1] Veja-se, por exemplo, o seu escrito de 1968 intitulado «O papel do jurista no nosso tempo», agora in: A. Castanheira Neves, *Digesta. Escritos acerca do Direito, do Pensamento Jurídico, da sua Metodologia e Outros*, vol. 1º, Coimbra, 1995, págs. 9-50.

em postulados de filosofia do Direito (a própria concepção da juridicidade do Direito positivo) e em teses de metodologia jurídica (a admissibilidade da preterição do Direito legislado)[2].

Ora, se a reacção contra o positivismo filosófico e jurídico tinha tido nos inícios do século XX em Portugal um papel importante no revigoramento da filosofia do Direito – por obra, sobretudo, de Paulo Merêa (1889-1976) e Luís Cabral de Moncada (1888-1974) –, essa reacção não arrastou consigo nem o questionamento do "método jurídico", disseminado, ao nível da doutrina do Direito civil, a partir do magistério de Guilherme Moreira (1861-1922), nem os postulados de base de uma cultura jurídica de matriz essencialmente legalista e formalista. A própria recepção em Portugal dos quadros metodológicos da Jurisprudência dos interesses da Escola de Tübingen teve cautelas muito especiais, procurando respeitar as pressuposições do legalismo e do formalismo interpretativo: o desiderato de uma jurisprudência uniforme e previsível norteava a política da administração da justiça[3]. É esse o espírito que preside aos trabalhos preparatórios do Código Civil de 1966, nomeadamente às disposições introdutórias que contêm directrizes sobre metodologia jurídica[4]; do mesmo modo, o legalismo e o formalismo interpretativo eram assumidos pelo, porventura, mais importante ideólogo do Estado Novo e professor de Direito, Marcelo Caetano (1906-1980), que confessava: *"Nutro uma grande desconfiança por todas as modernas doutrinas que visam alargar a liberdade do intérprete quanto à maneira de entender a norma legal... Doutrina que exalte a opinião do intérprete, permitindo-lhe afastar-se, além de certos limites tradicionalmente fixados, do sentido ostensivo da lei é doutrina perigosa"*[5].

Este legalismo e formalismo interpretativo, dominante após a consolidação das instituições do Estado Novo, não tinha como *pendant* jusfilosófico a defesa do positivismo jurídico e do relativismo axiológico, mas a teorização do Direito natural de base tomista e a sua doutrina da obrigação política (da obrigação moral de obediência ao Direito), segundo a qual o Direito assegura uma certa

---

[2] Muito interessante, a esta luz, é a leitura do ensaio «A Revolução e o Direito», publicado inicialmente na *Revista da Ordem dos Advogados*, nos seus anos 35 (1975) e 36 (1976) – texto acessível, agora in: A. Castanheira Neves, *Digesta. Escritos acerca do Direito, do Pensamento Jurídico, da sua Metodologia e Outros*, vol. 1º, cit., págs. 51-239.

[3] Veja-se, como muito elucidativo destas preocupações, Adriano Paes da Silva Vaz Serra, «Discurso do Ministro da Justiça, pronunciado na sessão da abertura dos Tribunais, em 1 de Outubro de 1940», in: *Boletim Oficial do Ministério da Justiça*, Ano I, nº 1, Lisboa, 1940, págs. 5-12.

[4] Cf., sobretudo, Manuel de Andrade, «Fontes do Direito, Vigência, Interpretação e Aplicação da Lei», in: *Boletim do Ministério da Justiça*, nº 102 (1961), págs. 141-152.

[5] Cf. Marcelo Caetano, «O respeito da legalidade e a justiça das leis», in: *O Direito*, ano LXXXI (1949), págs. 5-23, pág. 18 e seg.

ordem de convivência, que é, em qualquer caso, preferível ao domínio do arbítrio ou à irrupção da anarquia[6].

O positivismo jurídico e o relativismo axiológico (que tem como pressuposto a prioridade da liberdade individual sobre os outros valores sociais) são as doutrinas em matéria de Teoria do Direito e Teoria da Justiça mais conformes ao "facto do pluralismo" (Rawls) que caracteriza a estrutura do Estado moderno liberal e democrático – de um Estado que, como dizia Uberto Scarpelli (1924-1993), *"é laico, ou seja, não está definitivamente vinculado às escolhas de uma igreja ou de um partido com as características de uma igreja, mas que com a sua estrutura de garantias liberais e procedimentos democráticos assegura uma panóplia de escolhas diversas"*[7].

A consciência dessas razões constitui hoje, porventura, o factor determinante de uma nova pujança das orientações positivistas na filosofia do Direito e da criação nos países ibero-latino-americanos de uma "comunidade de discussão" que tem como referência unificadora um positivismo jurídico de inspiração analítica.

Retornemos ao plano de discussão da metodologia jurídica, que é o dos problemas relacionados com a aplicação prática do Direito. As directrizes sobre o modo como os juízes devem decidir litígios são, em primeiro lugar, as que se encontram na Constituição (cf. arts. 202º, 203º e 205º) e na lei (cf. arts. 5º, nº 2 e 607º, nºs 3 a 5, do Código do Processo Civil; ou os arts. 3º e 4º do Estatuto da Magistratura Judicial). As disposições contidas no Código Civil relativas ao dever de obediência à lei (art. 8º, nº 2), à interpretação da lei (art. 9º) ou à integração das lacunas da lei (art. 10º) não podem, igualmente, ser descartadas com base em construções de metodologia jurídica ou mediante a invocação de critérios de juridicidade supralegal de elaboração doutrinal[8].

---

[6] No artigo acima mencionado, «O respeito da legalidade e a justiça das leis», Marcelo Caetano reporta-se ao diálogo platónico *Críton*, onde Sócrates defende a prevalência do seu dever de veneração e acatamento das leis sobre a sua própria vida, concluindo: *"A lição deste formosíssimo diálogo parece-me ser esta: vale mais sofrer em silêncio uma injustiça individual do que pôr em causa o respeito devido a uma legalidade que assegure a Ordem social. A justiça que encarna nas leis pode não ser perfeita; falível é sempre a que decorre da execução delas, quer nos tribunais, quer na administração do Estado. Mas, esgotados os recursos legais proporcionados para obter a mais justa solução possível, segundo uma jurisdição regular, não há, para o cidadão consciente dos seus deveres cívicos, outra atitude a tomar senão a de acatamento"* (cf. ob. cit., pág. 13).

[7] Cf. Uberto Scarpelli, *Cos'è il positivismo giuridico*, Milão, 1965, pág. 217.

[8] Em termos opostos, no sentido de que o pensamento jurídico, entendido como "comunidade científica", pode, enquanto instância crítica, afastar ou relativizar o carácter vinculativo de tais preceitos, cf. Fernando José Bronze, «Quae sunt Caesaris, Cesari: et quae sunt jurisprudentiae, jurisprudentiae» (2006), agora in: Fernando José Bronze, *Analogias*, Coimbra, 2012, págs. 139--149.

CONSIDERAÇÕES FINAIS

As concepções materiais-axiológicas do Direito de pendor jusnaturalista assumem hoje uma nova configuração nas concepções principialistas do Direito: na nossa doutrina, a exposição mais completa desta concepção deve-se, no meu entender, a António Cortês (1971-). No entanto, as concepções principialistas do Direito não são, na nossa cultura jurídica, apenas uma reconfiguração das concepções jusfilosóficas de recorte jusnaturalista: são igualmente endossadas, ao nível da metodologia do Direito constitucional, pelos defensores de um activismo judicial na interpretação pelo Tribunal Constitucional das disposições constitucionais.

Não é aqui o lugar próprio para abordar os problemas particulares da doutrina da interpretação da Constituição, a questão da especificidade normativa das normas de direitos fundamentais, o grau de protecção dos direitos sociais na Constituição ou até discutir a própria "natureza" do Tribunal Constitucional, simultaneamente como órgão jurisdicional e órgão de concretização da Constituição: mas, apesar dessas especificidades, há que fazer uma prevenção geral contra os riscos de um excesso de dirigismo constitucional, metodologicamente justificado com base nas concepções que acima designamos (cf. *supra*, 11.3) como "constitucionalismo" principialista e que abre o caminho à judicialização das escolhas políticas.

Por último, uma breve referência ao discurso legitimador do activismo judicial que, ao nível do debate público, tem, nos tempos mais recentes, sido protagonizado pelas associações sindicais de magistrados: este discurso não entronca directamente na reflexão metodológica produzida no âmbito universitário – nomeadamente na vasta e profunda obra metodológica de A. Castanheira Neves (1929-) e da sua Escola, de cunho "jurisprudencialista"; parece, antes, ser um reflexo agregador de indícios de deslegitimação do sistema político democrático-parlamentar e um fenómeno de competição entre elites, fazendo emergir um justicialismo de base corporativa. Não obstante, este género de proclamações defensoras de um maior activismo judicial não tem encontrado eco na prática decisória dos tribunais portugueses, que continuam a orientar-se pelas directrizes metodológicas consolidadas na sua cultura institucional e que são de cariz legalista e formalista.

ÍNDICE

APRESENTAÇÃO — 5
INTRODUÇÃO — 7

§1. AS "FONTES DO DIREITO" — 11
1.1. O sistema constitucional das fontes do Direito — 16
1.2. As disposições introdutórias do Código Civil: a enumeração legal das "fontes" — 19
1.3. O princípio da supremacia hierárquico-normativa da Constituição — 20
1.4. As leis de revisão constitucional — 23
1.5. A legislação e o sistema do Direito positivo — 25
1.6. A relevância do costume — 28
1.7. O papel da jurisprudência consolidada — 30
1.8. A doutrina ou ciência do Direito — 32
1.9. Os instrumentos de *soft law* — 35

§2. A ANÁLISE DA LINGUAGEM DAS "FONTES": OS DIFERENTES TIPOS DE ENUNCIADOS JURÍDICOS — 37
2.1. As "prescrições" — 40
2.2. As definições legais — 44
2.3. As normas de competência — 46
2.4. As disposições revogatórias — 48
2.5. As disposições remissivas — 51

§3. NORMAS E PRINCÍPIOS — 55
3.1. A distinção entre normas e princípios — 59
3.2. Princípios normativos e princípios sistemáticos — 61
3.3. As concepções principialistas do Direito — 63
    3.3.1. A dimensão axiológico-material dos princípios jurídicos — 64

3.3.2. A prioridade axiológico-normativa dos princípios jurídicos	65
3.3.3. Princípios jurídicos e lógica de ponderação	66
3.4. Princípios jurídicos e método jurídico	68

§4. DAS DISPOSIÇÕES ÀS NORMAS: A "NATUREZA" DA INTERPRETAÇÃO JURÍDICA — 71

4.1. A interpretação jurídica como tratamento exegético da linguagem das "fontes"	76
4.2. A afirmação da natureza prática e teleológica da interpretação jurídica: a Jurisprudência dos interesses	79
4.3. A construção do horizonte valorativo para a interpretação: a Jurisprudência de valoração	83
4.4. O carácter "produtivo" da interpretação: metodologia jurídica e Hermenêutica filosófica	87
4.5. A "natureza" da interpretação jurídica: formalismo interpretativo e cepticismo interpretativo	96
4.6. Interpretação jurídica e desenvolvimento judicial do Direito	100

§5. PROBLEMAS DE INDETERMINAÇÃO SEMÂNTICA, PROBLEMAS DE SUBDETERMINAÇÃO DEÔNTICA E PROBLEMAS DE INCONSISTÊNCIA — 109

5.1. A indeterminação semântica dos enunciados jurídicos	112
5.2. Os problemas de subdeterminação deôntica: conceito e espécies de lacunas	114
5.2.1. "Regras de fecho" e "completude" do sistema jurídico	118
5.2.2. A "completude" como coerência valorativa: Ronald Dworkin	121
5.3. Os problemas de sobredeterminação deôntica: as antinomias normativas	122
5.3.1. Kelsen e o problema das antinomias	123
5.3.2. Colisão entre regras e colisão entre princípios: Ronald Dworkin	127
5.4. Consistência (lógica) e coerência (axiológica)	128

§6. O SIGNIFICADO METODOLÓGICO DA NOÇÃO DE SISTEMA JURÍDICO — 133

6.1. A teoria do sistema jurídico como ponto de partida da Teoria do Direito	139
6.2. A teoria sociológica do sistema jurídico	142
6.3. Metodologia jurídica, formação de conceitos e construção do sistema	145
6.4. O significado metodológico da noção de "sistema jurídico"	150

§7.	A APLICAÇÃO JUDICIAL DO DIREITO	153
7.1.	A selecção das disposições jurídicas aplicáveis	157
7.2.	A configuração da base normativa da decisão	159
7.3.	A determinação e qualificação dos factos	161
7.4.	A comprovação dos factos no processo	164
7.5.	A determinação das consequências jurídicas	166
7.6.	A fundamentação da sentença judicial	168
§8.	MODELOS DE APLICAÇÃO DO DIREITO	173
8.1.	O modelo logicista (dedutivista) de aplicação do Direito	178
8.2.	As concepções prático-argumentativas sobre o processo de aplicação do Direito	180
	8.2.1. Tópica e metodologia jurídica	183
	8.2.2. Nova Retórica e análise do raciocínio judicial	187
	8.2.3. A teoria da argumentação jurídica de Robert Alexy	189
8.3.	A descrição fenomenológica do processo de realização do Direito	192
	8.3.1. O "modelo de equiparação" (*Gleichsetzungsmodell*) da realização do Direito	195
	8.3.2. A realização judicativo-decisória do Direito	198
8.4.	Logicismo e instrumentalismo na aplicação do Direito	201
	8.4.1. O realismo jurídico norte-americano e a "*revolta contra o formalismo*"	204
	8.4.2. A decisão judicial como instrumento de emancipação política: os *Critical Legal Studies*	206
§9.	A "RECONSTRUÇÃO" LÓGICA DO PROCESSO DE APLICAÇÃO DO DIREITO	209
9.1.	A lógica deôntica padrão	214
9.2.	Normas, linguagem e lógica	218
9.3.	A construção da lógica deôntica como cálculo proposicional não interpretado	221
9.4.	A interpretação da lógica deôntica: lógica das normas (LN) e lógica das proposições normativas (LPN)	223
9.5.	Lógica deôntica, lógica normativa da acção e das relações deônticas entre agentes	225
9.6.	Raciocínio normativo, lógica não-monotónica e lógica difusa	229
§10.	FILOSOFIA DO DIREITO, TEORIA DO DIREITO, CIÊNCIA DO DIREITO E METODOLOGIA JURÍDICA	235
	10.1. A filosofia do Direito	242

10.2. A Teoria do Direito — 243
10.3. A ciência do Direito — 250
10.4. A metodologia jurídica — 253

§11. A CRÍTICA AO MÉTODO JURÍDICO FORMALISTA NA METODOLOGIA JURÍDICA ACTUAL — 259
11.1. O ataque ao positivismo jurídico — 264
11.2. A concepção sobre o conceito de Direito da Jurisprudência de valoração (*Wertungsjurisprudenz*) — 266
11.3. O "constitucionalismo" principialista — 270
11.4. A rejeição das pretensões de cientificidade, autonomia e neutralidade do método jurídico: o movimento dos *Critical Legal Studies* — 275

§12. AS PRESSUPOSIÇÕES DO LEGALISMO E DO FORMALISMO: A VISÃO DO DIREITO DO POSITIVISMO JURÍDICO — 279
12.1. Uma concepção minimalista do conceito de Direito e um modelo analítico-descritivo de teoria jurídica — 283
12.2. Positivismo jurídico, relativismo axiológico e concepção democrática do Estado — 286
12.3. O positivismo jurídico como teoria do Direito moderno: os quadros do legalismo e do formalismo — 289

CONSIDERAÇÕES FINAIS — 293
ÍNDICE — 299